Juan Pablo Fusi:

Franco

Spanien unter der Diktatur 1936–1975

Aus dem Spanischen von Paul Hoser

Deutscher
Taschenbuch
Verlag

dtv

Die Originalausgabe erschien 1985 unter dem Titel ›Franco. Autoritarismo y poder personal‹ bei Ediciones El Pais, Madrid; der Übersetzung liegt die 4. Auflage von 1990 zugrunde.

Deutsche Erstausgabe
Juli 1992
Deutscher Taschenbuch Verlag, GmbH & Co. KG, München

ISBN 84-86459-01-X

Umschlaggestaltung: Celestino Piatti
Umschlagbild: Franco bei der Siegesparade am 19. Mai 1939 in Madrid (Associated Press)
Gesamtherstellung: C. H. Beck'sche Buchdruckerei, Nördlingen
Printed in Germany · ISBN 3-423-04576-0

Das Buch

Diese politische Biographie des spanischen Diktators vereinigt in sich die Darstellung des Lebens von General Francisco Franco Bahamonde und der jüngsten spanischen Geschichte: Der »Caudillo«, Staatschef von 1936 bis 1975, wurde in den knapp vierzig Jahren seiner Herrschaft zur bestimmenden Figur der spanischen Geschichte des 20. Jahrhunderts.

Juan Pablo Fusi analysiert in seiner Studie die militärische Karriere Francos, seinen Aufstieg zur Macht während des Bürgerkrieges und die Grundlagen seiner Machtausübung in den folgenden Jahrzehnten sowie die Bedeutung seines Regimes für die Entwicklung der spanischen Gesellschaft. Seine prägnante Interpretation macht er im wesentlichen an drei Hauptpunkten fest, dem nicht hoch genug zu bewertenden Faktum, daß Franco ein überzeugter Militär war, der sein Herrschaftssystem als »ein autoritäres Regime der nationalen Integration« definierte und im Grunde kein eigenes, im eigentlichen Sinne politisches Programm besaß.

Der Autor

Dr. Juan Pablo Fusi, geb. 1945, studierte in Oxford, lehrte an der University of California in San Diego/La Jolla, war von 1976 bis 1980 Direktor des Instituts für Iberische Studien am St. Anthony's College in Oxford, danach Professor für Zeitgeschichte an der Universität Santander, zur Zeit an der Universidad Complutense in Madrid. Veröffentlichungen u. a.: ›Politica obrera en al Pais Vasco 1880–1923‹ (1975); ›España. De la dictatura a la democracia‹ (zus. m. Raymond Carr); ›El pais Vasco. Pluralismo y nacionalidad‹ (1984).

Inhalt

Vorwort

Dieses Buch ist sowohl seinem Umfang als auch seiner Konzeption nach eher ein biographischer Essay als eine Biographie im eigentlichen Sinn. Es will eine kurzgefaßte Darstellung von Francos Leben bieten; keinesfalls erhebt es den Anspruch, ein endgültiges Werk zu sein, das sich auf erschöpfende Forschungsarbeit und neue Ergebnisse stützt und originäre und spektakuläre Enthüllungen über dieses Leben bringen könnte.

Es handelt sich vor allem um den Versuch einer historischen Interpretation bereits bekannter Fakten, deren Interesse deshalb nur in der Schlüssigkeit der unternommenen Darstellung und in der Art der begrifflichen Durchdringung liegen kann (die letzten Endes die Geschichtsschreibung von anderen Arten der Analyse unterscheidet).

Die Feststellung, daß dieses Buch den Versuch einer historischen Interpretation unternimmt, will sagen, daß es sich weder um Hagiographie noch um Anklage handelt. Beides ist aus der Sicht des Historikers gleichermaßen untauglich.

Die franquistische Hagiographie wollte sich niemals mit dem großen Problem des Franco-Regimes auseinandersetzen: daß ihm nämlich wegen seines Ursprungs (militärischer Aufstand, Bürgerkrieg) und wegen seines autoritären und unterdrückerischen Charakters in den Augen der liberalen und demokratischen zeitgenössischen Welt stets die echte moralische Legitimität fehlte. Und die Anklageliteratur gegen den Franquismus, die entgegen ihrem Anschein auch aus einer Art intellektueller Bequemlichkeit herrühren kann, weicht ihrerseits nicht weniger beunruhigenden Problemen aus, wie der freiwilligen und andauernden Anpassung weiter Bereiche der spanischen Gesellschaft an den Franquismus, seiner mehrere Jahrzehnte andauernden, nahezu unerschütterlichen Stabilität, der Schwäche der Opposition und dem außerordentlichen Wandel, den Spanien und sein Staat von 1939 bis 1975 durchmachten.

Über Franco und den Franquismus zu schreiben ist weder eine leichte noch eine dankbare Aufgabe. In dieser Studie habe ich versucht, der Gefahr auszuweichen, einer doppelten Versuchung zu erliegen: der Versuchung, an die Stelle der Geschichte des Franquismus die seiner Opposition zu setzen – eine nicht seltene und unzulässige Verwechslung –, und der Versuchung, historische Analyse durch Meinungsäußerung zu ersetzen. Ich bin der Auffassung, daß die Geschichtsschreibung nicht dazu da ist, tendenziöse Meinungen auszudrücken, und daß der Historiker in seiner Arbeit nur seine historischen Schlußfolgerungen zu äußern hat (und nicht seine persönlichen Vorlieben oder seine besonderen Leidenschaften). Dies gilt auch für den Historiker, der sich mit der Biographie Francos befaßt. Ich war zumindest bestrebt, gemäß Max Weber der Verantwortungsethik den Vorrang vor der Gesinnungsethik zu geben.

Erstes Kapitel
Als Soldat in Afrika

In einer am 1. Mai 1936 in Cuenca gehaltenen Wahlkampfrede sprach der Sozialistenführer Indalecio Prieto die Unruhe im Heer an und verwies auf die Gerüchte, die wegen eines möglichen militärischen Aufstandes gegen die Republik in Umlauf waren. Er faßte seine Ansicht in den folgenden Worten zusammen: »General Franco ist auf Grund seiner Jugend, seiner Fähigkeiten und vielfältigen Beziehungen und Freundschaften innerhalb des Heeres der Mann, der im gegebenen Augenblick eine Bewegung dieser Art anführen könnte; er verfügt über ein Maximum von Möglichkeiten, die ihm auf Grund seines persönlichen Ansehens zu Gebote stehen.«[1]

Daß diese Vorahnung Prietos sich schon kurz darauf, nämlich am 18. Juli 1936, bewahrheitete, ist allgemein bekannt. An diesem Tag stand General Franco tatsächlich mit anderen bekannten Offizieren an der Spitze des Aufstandes eines Teils des Heeres; er machte nach drei Jahren des härtesten Bürgerkrieges dem demokratischen Experiment der Zweiten Republik ein Ende (und begründete ein persönliches und autoritäres Regime, das unter der Führung eben dieses Generals Franco 40 Jahre, bis zum 20. November 1975, dauern sollte). Deshalb ist es interessant hervorzuheben, was Prieto in Cuenca bemerkte: daß Franco ein »hervorragender Soldat« sei und daß er sich auf Grund seines unbezweifelbaren Ansehens im Heer als der militärische Führer abzeichne, den die spanische Rechte herbeisehne. Diese Feststellung erhielt dadurch besondere Bedeutung, daß es sich nicht um das Urteil irgendeines Außenseiters handelte. Prieto gab lediglich eine allgemein verbreitete Ansicht wieder.

Franco war 1936 43 Jahre alt. Er war am 4. Dezember 1892 in El Ferrol in einer Familie zur Welt gekommen, die traditionellerweise der Marine verbunden war und die nach den

[1] Indalecio Prieto, Discursos fundamentales. Vorwort von Edward Malefakis, Madrid 1975, S. 257.

Worten seines Vetters mit der »ehrlichen und anständigen Bescheidenheit« lebte, die einer Familie des Mittelstandes mit vier Kindern (Nicolás, Francisco, Pilar und Ramón) angemessen war[2].

Nach einer harmlosen Kindheit und nach dem ersten Grundschulunterricht in örtlichen Schulen begann 1907 mit seinem Eintritt in die Militärakademie von Toledo eine der schnellsten und glänzendsten militärischen Karrieren im spanischen Heer des 20. Jahrhunderts. Seine Studienerfolge waren zwar offensichtlich nur mittelmäßig – er schloß 1910 mit dem Rang eines Leutnants der Infanterie ab und erreichte unter 312 Offizieren des 14. Jahrgangs die Platzziffer 251 –, aber danach stieg Franco blitzartig auf: 1912 war er Oberleutnant, 1915 Hauptmann, 1917 Major, 1923 Oberstleutnant, 1925 Oberst und am 3. Februar 1926 mit 33 Jahren Brigadegeneral.

Franco verbrachte mit Ausnahme einiger kurzer Zeitabschnitte praktisch seine ganze militärische Karriere von 1912 bis 1926 in Afrika. Es handelt sich dabei um die 17 Monate, während derer er vom August 1910 bis zum Februar 1912 nach El Ferrol abkommandiert war, die drei Jahre vom Mai 1917 bis zum September 1920, als er in Oviedo diente, und das weitere halbe Jahr, in dem er sich vom Januar bis zum Juni 1923 wiederum in Oviedo aufhielt. Alle seine Beförderungen mit Ausnahme der ersten erhielt er für Kriegsverdienste. Er empfing insgesamt 13 Medaillen, Kreuze und Auszeichnungen (allerdings nicht die angesehenste von allen, das Lorbeerkreuz des heiligen Ferdinand, das er sich bei Ende des Bürgerkriegs 1939 selbst bewilligte); bei all diesen Gelegenheiten wurden seine Gelassenheit, sein Mut und seine Kompetenz als seine unbestreitbaren Fähigkeiten anerkannt. Franco hatte überdies Glück: Obwohl er an einer außerordentlich hohen Zahl von Gefechten und immer an vorderster Front teilnahm (al-

[2] Eine weitere Schwester, Pacita, starb im Alter von fünf Jahren. Die Eltern Francos waren Nicolás Franco Salgado-Araújo und Pilar Bahamonde Pardo. Franco wurde am 17. Dezember 1892 in der Kirche San Francisco de El Ferrol getauft. Francos Vater, von Beruf Superkargo, verließ die Familie, als er befördert und nach Madrid versetzt wurde. Dieses Verhalten nahm Franco seinem Vater ein ganzes Leben lang übel. Siehe dazu Francisco Franco Salgado-Araújo, Mis conversaciones privadas con Franco, Barcelona 1976, S. 174.

lein zwischen Juni 1918 und November 1924 verbuchte man 47), wurde er nur ein einziges Mal verwundet, am 29. Juni 1916 in El Biutz, nahe bei Ceuta, und dies in einem Krieg, der zwischen 1916 und 1926 das Leben von 915 Kommandeuren und Offizieren und das von rund 16000 spanischen Soldaten kostete.

Franco war selbst der Ansicht, daß die Erfahrungen der Jahre 1920 bis 1925 in Afrika seine Persönlichkeit geformt hätten; in dieser Zeit diente er in der Legion, d.h. der von Millán Astray 1920 als Kampftruppe geschaffenen Fremdenlegion (Tercio de Extranjeros), in die er als stellvertretender Kommandeur eintrat[3]. Während dieser Zeit festigte sich sein Ansehen, und die Grundlagen seiner Popularität wurden gelegt. Diese verdankte er vor allem seinem entscheidenden Beitrag zu den Operationen zur Wiedereroberung der Kommandantur von Melilla in der zweiten Hälfte des Jahres 1921. Im Juli hatte ein Angriff der aufständischen Truppen Abd el Krims gegen Annual das größte militärische Desaster hervorgerufen, das das spanische Heer seit Beginn des Krieges in Marokko im Jahr zuvor erlitten hatte; die Schlappe von Annual hatte den ungeordneten Rückzug der von General Silvestre kommandierten spanischen Truppen, den Tod von rund 9000 Soldaten und den Verlust der wichtigsten Stellungen um Melilla zur Folge.

Franco war im Oktober 1920 nach Ablauf der drei langen Jahre, während derer er nach Oviedo abkommandiert war, nach Afrika beordert worden und wieder in die Legion eingetreten; er hatte in den ersten Monaten des Jahres 1921 an zahllosen Gefechten der von Oberst Castro Girona kommandierten Truppen im Gebiet von Xauen teilgenommen. Nach den Erfolgen von Annual bildete die Legion die Vorhut der Entsatztruppen, die unter dem Kommando des Generals Sanjurjo nach Melilla entsandt wurden; Franco und seine Männer nahmen unter dem Befehl Sanjurjos an der Wiedereroberung verschiedener Stellungen nahe bei Mellila (Casabona, Nador, Sebt, Atlaten, Segangan, Tifasor, Uixán usw.) teil; danach, d.h. schon zu

[3] Luis Suárez Fernández, Francisco Franco y su tiempo, Madrid 1984, Bd. 1, S. 145.

Beginn des Jahres 1922, war praktisch das ganze ein Jahr zuvor an Abd el Krim verlorene Gebiet wiedergewonnen. Dies war das Ergebnis der Offensive gegen Dar Drius und der Operationen gegen Tafersit, Bu Hafora und Tizzi Azza im Oktober, die als einige der riskantesten und verdienstvollsten Gefechte in der Geschichte der Legion im Gedächtnis bleiben sollten. Deshalb hoben verschiedene nationale Zeitungen den Major Franco als »den Helden des marokkanischen Feldzugs« hervor; wenige Monate danach, im Juni 1923, wurde er zum Oberstleutnant befördert und an Stelle des Oberstleutnants Valenzuela zum neuen Kommandeur der Legion ernannt, der kurz zuvor im Kampf gefallen war.

Franco diente noch drei weitere Jahre in Afrika. Er nahm nach wie vor an zahlreichen Kämpfen teil; am 7. Februar 1925 wurde er für seine Teilnahme an einer großen Zahl von Gefechten zwischen dem 1. August 1923 und dem 31. Januar 1924 zum Oberst befördert. Bei seiner Beförderung zum Brigadegeneral am 3. Februar 1926 hob man ganz besonders seine Beteiligung an zahlreichen Gefechten hervor, die sich im Verlauf des Rückzugs aus Xauen während der letzten Monate des Jahres 1924 abgespielt hatten; dies geschah offensichtlich zu Recht, da Franco und der Legion die schwere Aufgabe zugefallen war, eine äußerst riskante Operation zu decken, bei der 2000 Mann fielen. Franco hatte überdies die Operation mißbilligt, weil er in ihr den Beweis dafür sah, daß der nach dem Staatsstreich vom 13. September 1923 an die Macht gekommene General Primo de Rivera in Afrika weiterhin eine Politik des Rückzugs und der Passivität verfolgen wollte.

Dies war jedoch nicht der Fall, unter anderem wegen des Drucks seitens des Afrikaheeres, an dem, wie wir sehen werden, Franco einen gewissen Anteil hatte; der Krieg ging weiter und weitete sich sogar noch aus, bis die spanischen Truppen das marokkanische Territorium 1927 als befriedet ansahen. Den Abschluß des Feldzuges bildete die spektakuläre Landung in der Bucht von Alhucemas am 8. September 1925. Franco und die Legion waren bei der Evakuierung Xauens die letzten; sie waren die ersten bei der Landung am Strand von Alhucemas. Franco zeichnete sich in Alhucemas, in dessen Umgebung er bis zum Ende dieses Monats weiterkämpfte, wie bisher als tapferer Kommandant der Vorhut aus. Die eigentliche Operation, die in Alhucemas durchgeführt wurde, lag nicht in seiner Verantwortung. An ihr waren neben zahlreichen Barkassen und Schleppern, 76 Flugzeugen und Wasserflugzeugen 40 spanische und französische Kriegsschiffe und 15000 Mann beteiligt; die Art des Krieges, wie er damals im Jahr 1926 in Marokko geführt wurde, ging über seinen Erfahrungshorizont hinaus. Es war eine Kriegsführung auf der Grundlage einer modernen Konzeption, die die Errichtung kontinuierlicher Linien und Fronten erforderte und die Planung weitreichender Umzingelungsoperationen voraussetzte. In Afrika machte sich Franco zwar als Führer einer Marschkolonne verdient, nicht aber als Stratege. Er führte bestimmte taktische Neuerungen ein, keinesfalls beherrschte er jedoch die moderne Kriegsführung, wie sie 1926 in Marokko der Generalstabschef des von Sanjurjo befehligten Afrikaheeres, General Manuel Goded, verwirklichte.

Wirklich wichtig ist freilich, daß Afrika den Schlüssel zum Verständnis für das Leben Francos liefert: Er war im Grunde seines Wesens Soldat. Zur Bestätigung mag es genügen, schlicht und einfach die wichtigsten Dienststellungen aufzuzählen, die er seit seiner Rückkehr aus Marokko im Jahr 1926 bis zum Ausbruch des Bürgerkrieges zehn Jahre später innehatte: Direktor der Allgemeinen Militärakademie von 1928 bis 1931, Kommandant von La Coruña im Jahr 1932, kommandierender General auf den Balearen in den Jahren 1933 und 1934 (diese beiden letzten Positionen bereits in der Zweiten Republik, die am 14. April 1933 ausgerufen wurde), Oberbefehlshaber der spanischen Streitkräfte in Marokko während der ersten Hälfte des Jahres 1935, Chef des Generalstabs des Heeres vom 17. Mai 1935 bis zum Februar 1936 und anschließend kommandierender General auf den Kanarischen Inseln bis zum 18. Juli. Um es noch einmal zu wiederholen, Franco war Soldat; ein Soldat, der, wie man stets hinzufügen muß, durch sein Eintreten für das koloniale Engagement und seine Erfahrung in Afrika geprägt war *(africanista);* er gehörte überdies der sogenannten Militärgeneration von 1915 an (zu der gewöhnlich die zwischen 1880 und 1895 geborenen Männer wie Orgaz, Goded, Mola, Varela,

Aranda, Vigón, Kindelán, Rojo und Martínez de Campos gezählt werden)[4].

Diesen beiden Voraussetzungen entsprechend kam Franco zu einer Reihe fester und wesentlicher Überzeugungen, die er nie wieder aufgab, so etwa seine militaristisch-nationalistische Einstellung, nach der das Heer die Verkörperung des Patriotismus und die letzte Garantie der nationalen Einheit war, und zwar zu einer Zeit, als die liberale Monarchie von 1876–1923 mit dem historischen Niedergang Spaniens gleichgesetzt wurde, wie er sich in der Niederlage gegen die Vereinigten Staaten im Jahr 1898 gezeigt hatte. Er glaubte, daß das militärische Vorgehen in Marokko dem Heer das 1898 verlorene Prestige zurückgewinnen und die Ideale des spanischen Patriotismus wiederbeleben würde. Außerdem war er fest davon überzeugt, daß die spanische Geschichte eine militärische Intervention zum Zweck der Verteidigung der nationalen Ordnung und als letzte Rettung zum »Überleben des Vaterlandes« rechtfertige.

Francos Glaube an das Engagement in Afrika *(africanismo)* zeichnete sich nicht nur in seiner militärischen Laufbahn, sondern auch in dem Buch ab, das er 1922 schrieb: ›Marruecos. Diario de una bandera‹ (›Marokko. Tagebuch einer Kompanie‹); er kam auch in den zahlreichen Artikeln über den Krieg in Marokko zum Ausdruck, die er in verschiedenen militärischen Zeitschriften veröffentlichte. In ›Diario de una bandera‹ berichtete er über die Gefechte der Legion seit ihrer Ankunft in Marokko im Herbst 1920: Der erste Teil beschrieb die Operationen im Gebiet von Tetuán bis zum Juli 1921, der zweite diejenigen, die in Melilla unmittelbar nach dem Desaster von Annual und bis zum April 1922 stattfanden.

Das ›Diario‹ Francos konnte man eigentlich nicht als politisches Buch verstehen; die späteren Obsessionen des Verfassers, d.h. Kommunismus, Freimaurertum und politische Parteien werden darin nicht einmal erwähnt. Trotz seines trockenen, technischen und direkten Stils eines Kriegstagebuchs war es aufschlußreich und bedeutsam. Es verklärte die militärischen und nationalen Werte und verteidigte das mili-

[4] Speziell dazu siehe das Buch von Julio Busquets, El militar de carrera en España, Barcelona, Ausgabe von 1971, S. 141–147.

tärische Handeln in Marokko. Franco unterstellte indirekt, daß der Verlust der Ideale des Heroismus, der Tapferkeit und des Patriotismus wesentlich für das Scheitern Spaniens verantwortlich sei.

Gerade als sich in Madrid Vorstellungen durchzusetzen schienen, die auf ein zivil verwaltetes Protektorat in Marokko abzielten, hielt Franco daran fest, daß ohne militärisches Vorgehen eine Befriedung unmöglich sei; diese konnte seiner Ansicht nach nur durch ein Heer verwirklicht werden, das in seinem Handeln von der Zivilgewalt und der nationalen öffentlichen Meinung ermutigt und gedeckt werde. Deshalb beklagte er sich in seinem ›Diario‹ über die Gleichgültigkeit, mit der das Land dem Handeln oder dem »Opfer«, wie Franco schrieb, des Heeres und seines Offizierskorps gegenüberstand; ferner klagte er darüber, daß man sogar die Schaffung eines nicht auf der iberischen Halbinsel stationierten, unabhängigen Kolonialheers verweigerte, wie es einige militärische Kreise gefordert hatten. Franco war der Ansicht, daß Marokko die beste Schule für das spanische Heer sei; er wollte, daß es dort ausgebildet werde, und meinte, daß die Kombination von ziviler Verwaltung und reinem Kolonialheer einen »höchst gefährlichen Verfall« der militärischen Begeisterung hervorrufen werde. Kriegskorrespondenten, Schriftsteller und Politiker stellten den Krieg in Marokko als ein unschönes Vorgehen im Dienste nutzloser und wenig sauberer Ziele dar; gleichzeitig gewann auf der spanischen Halbinsel sowohl im Kongreß als auch im Senat die Kampagne an Einfluß, die Rechenschaft für das Desaster von Annual forderte. Demgegenüber hob Franco die Bedeutung hervor, die der Krieg in Afrika für das Heer hatte, und lieferte in seinem Buch eine Beschreibung, die ihm zu einer Saga von Heroismus und Tapferkeit der Legion geriet[5].

Franco war in seiner Erfahrung durch und durch von Afrika geprägt, weshalb er sich gegen die Militärjuntas stellte. Das waren eine Art Offiziersgewerkschaften des Heeres, die 1917 in Spanien entstanden waren; ihr Eingreifen in die Politik trug entscheidend zur Krise der liberalen Monarchie bei, die zum Staatsstreich des Generals Primo de Rivera am

[5] Das Buch erschien 1922; vgl. die Neuauflage: Major Franco, Diario de una bandera. Vorwort von Manuel Aznar, Madrid 1976.

13. September 1923 führte. Sie widersetzten sich Beförderungen auf Grund von Kriegsverdiensten und bevorzugten eine zivile Politik in Marokko.

Aus dem gleichen Grund war Franco auch ein Gegner der Politik des Rückzugs, die von Primo de Rivera nach dessen Machtergreifung anfänglich befürwortet wurde. Die Verkörperung dieser Politik waren Operationen wie die Evakuierung von Xauen. Franco brachte seine Ansichten seinen Vorgesetzten bei verschiedenen Gelegenheiten zur Kenntnis. Er tat dies auch gegenüber Primo de Rivera selbst. Der Anlaß dafür war ein für seine Persönlichkeit aufschlußreicher Zwischenfall. Bei einem Essen im Lager der Legion in Ben Tieb (im Gebiet von Melilla, nahe Annual) am 24. Juli 1924 führte Franco dem Diktator die Befürchtungen des Offizierskorps über die Pläne einer Aufgabe Marokkos vor Augen. Angesichts der Forderung Primo de Riveras nach »eiserner Disziplin« des Afrikaheeres brachte ein Offizier, der spätere General Varela, seine Unzufriedenheit laut brüllend zum Ausdruck. Das Treffen verlief in gespannter Atmosphäre und endete brüsk. Franco übernahm die Verantwortung für das Benehmen seiner Offiziere. Der Zwischenfall hatte keine Weiterungen, und die Beziehungen zwischen dem Diktator und dem Führer der Legion kamen bei einem erneuten Treffen einige Tage später in Melilla wieder in Ordnung. Aber es war klar geworden, daß Franco nicht nur der – nach den Worten einer Madrider Zeitung[6] – »bescheidene, aufrichtige und ehrliche« Verfasser des ›Diario de una bandera‹ war, sondern daß sich hinter seinen knappen Worten und Gebärden ein fester Wille verbarg; dieser Wille befähigte ihn auch dazu, herausfordernd vorzugehen, wenn er für das eintrat, was seiner Ansicht nach getan werden mußte.

Francos leidenschaftliches Eintreten für Afrika trug ohne Zweifel zur endgültigen Herausbildung seiner Meinung über die spanische Politik seiner Zeit bei. Er hatte stets eine sehr kritische Auffassung von der liberalen und parlamentarischen Monarchie, die in Spanien zwischen 1876 und 1923 herrschte, obwohl er sich dazu vor dem Bürgerkrieg nicht geäußert hatte. Er machte die Monarchie für den Verlust der »größten Teile unseres Vaterlandes« verantwortlich, wie er

[6] El Debate, 26. Februar 1923.

im Januar 1942 in Barcelona sagte. Er bezog sich dabei auf die Niederlage von 1898 und den Verlust Kubas, Puerto Ricos und der Philippinen, die ein »Verrat« der zivilen Gewalt am Heer gewesen sei, das erfolgreich gekämpft hätte, wenn man es nur besser ausgerüstet hätte. Er war davon überzeugt, daß der Liberalismus des 19. Jahrhunderts für den historischen Abstieg Spaniens verantwortlich zu machen war, der die Ursache für seine ruinöse Lage war. Die Geschichte des 19. Jahrhunderts erschien ihm, wie er bei der Einweihung des Denkmals für Calvo Sotelo am 13. Juli 1960 in Madrid sagte, als die Geschichte eines »seichten und platten Spanien, erfüllt von dekadentem Geist, unfähig, das Haupt eines Imperiums zu sein oder auf seinen Schultern das Gewicht seines Ruhmes zu tragen«. Die knapp hundert Jahre von 1833 bis 1931 wollte Franco aus der Geschichte Spaniens tilgen.

Der Antiliberalismus Francos war ein wesentliches und entscheidendes Charakteristikum seiner Vorstellung von Spanien und seines politischen Programms. Dieser Auffassung hing er im Lauf der 40 Jahre an, die er an der Spitze des spanischen Staates stand, und kam wiederholt auf sie zurück. Zum Beispiel führte er am 17. November 1967 aus Anlaß der Eröffnung der neuen Legislaturperiode der Cortes an, daß es zwischen 1833 und 1868 41 Regierungen, 2 Bürgerkriege, 2 Regentschaften, 3 Verfassungen und 15 militärische Aufstände gegeben habe; daß zwischen 1868 und 1902 27 weitere Regierungen aufeinander gefolgt seien, daß es zwei Monarchien, eine Republik und einen Bürgerkrieg gegeben habe und die letzten Gebiete seines amerikanischen Kolonialimperiums verlorengegangen seien; und daß Spanien unter der Monarchie Alfons XIII. (1902–1931) 29 weitere Regierungen erlebt habe, zwei Präsidenten ermordet worden und verschiedene revolutionäre Bewegungen ausgebrochen seien.

Alfons XIII. hielt er für einen großen König, doch hatte er sich Francos Meinung nach 1930/31 geirrt, als er zuerst Primo de Rivera entließ und dann nicht auf das Heer zurückgriff. Von den Politikern der Restaurationszeit ließ er nur Antonio Maura gelten. Franco verstand offensichtlich weder das politische System des Liberalismus, noch begriff er das tiefere Wesen der konstitutionellen und parlamentarischen Regierungssysteme. Er sah im Liberalismus ein politisches

System, dem es an Autorität, Einheit und Kontinuität mangelte, die er für das Handeln der Regierung für unverzichtbar hielt[7].

Aus demselben Grund muß Franco den Militärputsch Primo de Riveras vom 13. September 1923 mit Genugtuung aufgenommen haben, obwohl das ganze Afrikaheer die anfänglichen Pläne für eine Aufgabe Marokkos mit Argwohn verfolgte. Nachdem diese 1925 korrigiert worden waren, diente Franco dem neuen Regime bis zum Fall Primo de Riveras im Jahr 1930 und der Ausrufung der Zweiten Republik am 14. April 1931 loyal. Er diente auf dem herausragenden Posten des Leiters der allgemeinen Militärakademie in Saragossa, die man nach ihrer Schließung im Jahr 1893 1927 neu geschaffen hatte. Franco wurde auf diese Stellung am 4. Januar 1928 berufen. Er hielt sich weiterhin von jeder politischen Betätigung und von allen Verschwörungen gegen die Diktatur fern (bei denen bald sein jüngerer Bruder Ramón eine herausragende Rolle spielen sollte, der Held der spanischen Luftfahrt, der nach dem Flug mit der ›Plus Ultra‹ zwischen Palos de Moguer und Buenos Aires im Jahr 1926 außerordentliche Popularität genoß). Als ein Journalist ihn 1928 fragte, ob er ein Politiker sei, antwortete der Leiter der Militärakademie: »Ich bin Soldat.«[8] Als solcher behielt er General Primo de Rivera und sein Regime stets in guter Erinnerung: Franco war der Ansicht, daß in den sieben Jahren der Diktatur Friede, Ordnung und Fortschritt geherrscht hätten, daß Primo de Rivera Marokko befriedet und die Größe und den Wiederaufstieg Spaniens angestrebt habe[9]. Er hatte dennoch einige Vorbehalte, die wahrscheinlich nicht damals, zwischen 1923 und 1930, entstanden waren, sondern später, als Franco über die Errichtung seines eigenen Regimes nachdachte, namentlich, daß Primo de Rivera die liberale Verfassung von 1876 nicht abgeschafft und keine

[7] Siehe die Zusammenstellung der Meinungen Francisco Francos zu dieser Frage, die in das Werk Pensamiento político de Franco, Madrid 1975, Bd. 1, S. 77–93, aufgenommen wurde.

[8] Interview in Estampa, 29. Mai 1928, nachgedruckt in Ricardo de la Cierva, Francisco Franco. Un siglo de España, Madrid 1973, Bd. 1, S. 214, 278 und 293.

[9] Siehe dazu die Rede Francos bei der Einweihung des Denkmals für General Primo de Rivera in Jerez am 30. Oktober 1970, in: Pensamiento político, Bd. 1, S. 197.

neue politische Ordnung geschaffen habe. Darunter zählte für Franco auch die Erfahrung, daß die Dualität von König und Diktator, die von 1923 bis 1930 vorhanden war, dazu beigetragen habe, das diktatorische System scheitern zu lassen.

Als Soldat in Afrika war Franco nicht nur tapfer und kompetent, sondern überdies ein harter und rasch entschlossener Offizier: Er selbst erinnerte seinen Vetter daran, wie er die Erschießung eines Legionärs befahl, der bei einem bedeutungslosen Zwischenfall wegen des Essens den Respekt gegenüber seinem Vorgesetzten nicht gewahrt hatte[10]. In die Militärakademie von Saragossa brachte er eine traditionsbewußte Vorstellung vom Heer ein, die als ideale Werte für die Kadetten und zukünftigen Offiziere den Patriotismus, die eiserne soldatische Schulung, die rigorose Disziplin, die Ritterlichkeit, das Pflicht- und Verantwortungsgefühl, die Selbstverleugnung, die Tapferkeit und die Opferbereitschaft betonte[11].

Als Direktor der Militärakademie war Franco bereits antikommunistisch und konservativ: In Saragossa abonnierte er eine Zeitschrift, die Fragen der Komintern behandelte und in Genf erschien; sie überzeugte ihn davon, daß der Kommunismus bereits in Spanien »wühle«[12]; bei den Wahlen im Jahr 1933 wählte er die Confederación Española de Derechas Autónomas (CEDA), die von José Maria Gil Robles geführte Partei der rechten Katholiken. Franco war nicht nur antikommunistisch und konservativ, er wurde auch allmählich zunehmend religiös, was er in seiner Jugend nicht gewesen war: In der Legion nannte man ihn den Offizier mit den drei M, d.h. sehr viel Mut, keine Mädchen und keine Messe.

Diese Veränderung scheint auf seine Ehe zurückzugehen, die er am 22. Oktober 1923 mit Carmen Polo Martínez Valdés einging. Franco war offensichtlich ein Mann mit strengen sexuellen Grundsätzen, von dem auf diesem Gebiet lediglich einige sehr unschuldige Beziehungen bekannt waren.

[10] Francisco Franco Salgado-Araújo, Conversaciones, S. 184.

[11] Die »Zehn Gebote«, die Franco für seine Kadetten aufstellte, sind in allen seinen Biographien enthalten; siehe zum Beispiel J. Arrarás, Franco, Valladolid 1939, S. 150–151.

[12] Siehe dazu Francos eigene Aussage bei George Hills, Franco: The Man and his Nation, London 1967, S. 157.

Die Ehe gab ihm Stabilität, und überdies nahm die Familie Polo eine verhältnismäßig arrivierte Stellung ein. Daher stellte diese Ehe auch die Ambitionen Francos hinsichtlich seiner sozialen Aufstiegsmöglichkeiten zufrieden. In Saragossa war Franco schon praktizierender Katholik und, was politisch wichtiger war, er glaubte bereits, daß der Katholizismus der Schmelztiegel der spanischen Nation gewesen sei. Dies äußerte er in seiner Antwortrede gegenüber dem päpstlichen Nuntius anläßlich der Überreichung von dessen Beglaubigungsschreiben am 24. Juni 1938.

Am Vorabend der Ausrufung der Zweiten Republik war Franco ein Soldat, der öffentlich kaum irgendeine politische Auffassung geäußert hatte, obwohl ihn seit seiner Rückkehr aus Afrika politische Themen zu interessieren schienen und obwohl er selbst viel später feststellte, seine Beschäftigung mit den sozialen Fragen gehe auf das Jahr 1917 zurück; damals war er nach Oviedo abkommandiert worden und hatte die revolutionären Ereignisse im August dieses Jahres erlebt (an deren Niederwerfung er entgegen späterer Darstellungen keinerlei Anteil hatte)[13].

Franco war freilich jemand, der das politische Geschehen in Spanien nicht ignorieren konnte, und sei es nur wegen des Amts, das er innehatte; dies um so weniger in einer so kritischen Situation, in der sich das Land 1930/31 befand. Wie er später offenbarte, glaubte Franco, daß Alfons XIII. sich gegenüber Primo de Rivera ungerecht verhalten habe, als er ihn am 29. Januar 1930 seines Amtes enthob. Er glaubte, daß die Ernennung des Generals Dámaso Berenguer zum neuen Regierungschef an Stelle von Primo de Rivera ein Irrtum gewesen sei, da die Position Berenguers äußerst schwach war, vor allem seitdem ihn die öffentliche Meinung auf Grund seiner Stellung als Hochkommissar für Marokko und damaliger Oberkommandierender der spanischen Truppen als den Verantwortlichen für das Desaster von Annual im Jahr 1921 ausgemacht hatte.

Schließlich glaubte Franco auch, daß Alfons XIII. nicht die Macht hätte abgeben dürfen, wie er es am 14. April 1931

[13] Die Erklärung, die Ricardo de la Cierva für das Verhalten Francos im Jahr 1917 gibt, scheint überzeugend zu sein; siehe dazu Ricardo de la Cierva, Francisco Franco. Un siglo de España, Madrid 1973, Bd. 1, S. 122ff.

getan hatte; er war der Ansicht, daß die Monarchie und nicht die Republik die Wahlen des 12. April gewonnen habe. Er war der Meinung, daß das Heer einig und bereit gewesen sei, die Monarchie zu verteidigen, und dies auch getan hätte, wenn General Sanjurjo, der Chef der Guardia Civil, sich nicht distanziert hätte, wie es tatsächlich der Fall gewesen war[14].

Aus all dem ergibt sich logisch, daß Franco der am 14. April 1931 ausgerufenen Zweiten Republik mit außergewöhnlichem Argwohn begegnete. Er gehorchte dem neuen Regierungssystem und diente ihm, wie bereits erwähnt, in verantwortlichen Stellungen. Aber er identifizierte sich in keinem Augenblick mit der neuen Lage. Gegenüber seinem Vetter erinnerte er sich am 25. Mai 1964: »Ich brachte niemals ein Hoch auf die Republik aus, auch nicht zu den Zeiten, als ich Chef des Afrikaheeres war, das die republikanische Regierung Lerroux entsandt hatte; ich versagte mir stets, dieses Hoch auszubringen, hinter dem ich nicht mit meinem Gefühl stand.«[15]

Und tatsächlich holte er in der Militärakademie weder die zweifarbige Fahne der Monarchie ein, noch hißte er die republikanische, bis die neuen republikanischen Behörden es ihm am 20. April schriftlich befahlen. Da man verbreitet hatte, daß die neue Regierung seine Ernennung zum Hochkommissar in Marokko beabsichtige, erschien am nächsten Tag in der Madrider Zeitung ›Abc‹ ein Brief Francos, den er schon am 18. verfaßt hatte; darin dementierte er diese Notiz und unterstrich die Loyalität, mit der er der Monarchie gedient hatte. Er schrieb: »Die provisorische Regierung kann nicht an so etwas gedacht haben; auch hätte ich keinen Posten akzeptiert, auf den zu verzichten mir freistand, wenn mir dies irgendwer in dem Sinn hätte auslegen können, daß ich dafür dem neu eingesetzten System entgegenkäme; ebensowenig hätte ich dies getan, wenn es so ausgesehen hätte, als zeigte ich auch nur die kleinste Lauheit oder den geringsten Vorbehalt in der Erfüllung meiner Pflichten oder in meiner Loyalität gegenüber denen, die bis gestern die Vertretung

[14] Vgl. Francos Gespräch am 29. Juni 1965 mit seinem Cousin: Francisco Franco Salgado-Araújo, Conversaciones, S. 452.

[15] Ebenda, S. 425.

der Nation im monarchischen Regierungssystem verkörperten; ihnen habe ich diese Loyalität immer geschuldet und habe sie auch gewahrt.«

Dies war zweifellos ein mutiger und ehrenhafter Brief (Franco hätte schweigen oder sich der neuen Lage anpassen können, wie viele es taten); er tat damit öffentlich dem neuen System seine Abneigung kund. Bald darauf wurde er noch deutlicher, als er sich am 14. Juli 1931 von den Kadetten der Militärakademie von Saragossa, die einige Tage zuvor auf Grund einer Verordnung geschlossen worden war, mit einer harten und schroffen Ansprache verabschiedete. Nachdem er die mühevolle in der Akademie geleistete Arbeit und die dort propagierten militärischen Werte gerühmt hatte, hob er in dieser Rede in einer mehr als eindeutigen Anspielung auf die Entscheidung der republikanischen Regierung zur Schließung der Akademie die Disziplin hervor, mit der sogar ein willkürlicher und falscher Befehl befolgt würde. Franco schloß seine Rede absichtlich mit einem Hoch auf Spanien, um es nicht auf die Republik ausbringen zu müssen, als ob es sich um zwei einander ausschließende Dinge handelte. Der Kriegsminister, Manuel Azaña, forderte seine Mitarbeiter auf zu untersuchen, ob die Rede nichts Strafbares enthielte. Er erteilte dem General einen Verweis und versetzte ihn in den Wartestand, bis er ihn bereits im Februar 1932 zum Befehlshaber der 15. Infanteriebrigade und Militärkommandanten von La Coruña ernannte.

Danach diente Franco bis zum 18. Juli 1936 diszipliniert dem neuen System, obwohl er der Republik feindlich gesinnt war. Er wollte von den Gesetzen Azañas nicht Gebrauch machen, die den aktiven Militärs den Übertritt in die Reserve ohne Schlechterstellung in ihren Bezügen ermöglichte. Franco wollte seine Berufskarriere fortsetzen. Lediglich 1933 schwankte er offenbar, als die Möglichkeit, bei den Wahlen für die CEDA zu kandidieren, eine Versuchung für ihn darstellte. Aber schließlich widerstand er ihr und blieb bis zum Februar 1933 in La Coruña, bis er im gleichen Jahr auf einen höheren Posten berufen wurde, die Militärkommandantur auf den Balearen. Diese Versetzung sollte Franco dennoch als »Zurücksetzung« empfinden.

Franco war an dem gescheiterten promonarchistischen Staatsstreich von General Sanjurjo, seinem ehemaligen Vorgesetzten in Afrika, vom 10. August 1932 nicht beteiligt. Zweifellos hatten die Verschwörer jedoch bei ihm vorgefühlt. Er war mit Sanjurjo am 13. Juli in La Coruña beim Essen, als die Verschwörung schon im Gang war. In den letzten Julitagen begab er sich seiner eigenen Aussage zufolge nach Madrid, um ein Dienstpferd in Empfang zu nehmen. Er traf sich dort mit Sanjurjo und den in den Putsch verwickelten Generälen Varela und Goded, denen gegenüber er eindeutig klarstellte, daß man mit ihm bei keinerlei militärischer Verschwörung rechnen könne. Erst viel später sollte Franco sagen, daß er nicht daran gedacht habe, sich gegen die Republik zu erheben, bis er erkannte, daß diese bereits 1936 dabei war, in den Kommunismus abzugleiten. Am 10. August 1932 blieb Franco auf seinem Posten in La Coruña, obwohl man ihn zu seiner Verärgerung gerüchteweise zu den Putschisten zählte und obwohl Azaña die Abteilung für Staatssicherheit warnte, auf ihn ein wachsames Auge zu haben, weil er ihn für den »gefährlichsten« der Generäle hielt.

Der 18. Juli 1936 sollte beweisen, daß Azañas Urteil nicht weit hergeholt war. Aber auf kurze Sicht hatte er sich geirrt. Franco schloß sich auch nicht der Unión Militar Española (UME) an, obwohl er über ihre Bestrebungen informiert war. Es handelte sich dabei um eine geheime Vereinigung monarchistischer Militärs, die Ende 1932 ins Leben gerufen worden war, und seitdem im Mittelpunkt verschiedener verschwörerischer Aktivitäten stand. Er wollte nicht einmal Sanjurjo in dem Prozeß verteidigen, den man gegen ihn anstrengte, obwohl dieser ihn darum bat. Mehr noch, er gab ihm eine Antwort, die die Kälte entlarvte, die zunehmend für seinen Charakter bezeichnend wurde. Er soll zu ihm gesagt haben, als er ihn im Gefängnis aufsuchte: »Ich denke, daß Sie von Rechts wegen auf Grund Ihres Aufstandsversuchs und Ihres Scheiterns den Tod verdient haben.«[16]

Der Triumph der Mitte-Rechts-Gruppierung bei den Wahlen vom November 1933 begünstigte die militärische Laufbahn Francos. Die verschiedenen Regierungen des sogenannten *bienio negro* von 1934 bis 1936, die die Radikale

[16] Zitiert bei Rogelio Baón, La cara humana de un Caudillo. 401 anécdotas, Madrid 1975, S. 110. Zu der Rolle Francos am 10. August 1932, siehe Luis Suárez Fernández, Franco, Bd. 1, S. 246–248.

Partei (Partido Radical) unter Lerroux mit Unterstützung der CEDA unter Gil Robles bildete, sollten die seit 1931 verfolgte militärische Politik ändern und sich dabei auf die von Afrika geprägten Offiziere *(africanistas)* stützen; Azaña hatte diese in den zwei vorangegangenen Jahren an den Rand gedrängt. Franco selbst wurde bereits im März 1934 zum Divisionsgeneral befördert, obwohl er zu diesem Zeitpunkt auf seinem Posten auf den Balearen verblieb. Er entwickelte ein gutes Verhältnis zu dem Radikalen Diego Hidalgo, Kriegsminister von Januar bis November 1934, den Franco im Februar dieses Jahres in Madrid aus dem für ihn sehr betrüblichen Anlaß des Todes seiner Mutter kennenlernte. Hidalgo gewann dabei einen äußerst günstigen Eindruck von Franco und seinen militärischen Kenntnissen und pflegte weiter den Umgang mit ihm. Beim Ausbruch der von der sozialistischen Partei und der katalanischen Linken getragenen Revolution am frühen Morgen des 5. Oktober 1934 griff er auf Franco als Berater zurück. Der Eintritt der CEDA in die Regierung hatte diese Revolution zuerst in Asturien und Barcelona entfesselt.

Tatsächlich leitete Franco ohne einen anderen Titel als den eines Beraters des Ministers vom Kriegsministerium aus die militärischen Operationen, die der Revolution ein Ende machten. Das geschah hauptsächlich durch eine Einschließung der Hauptstadt Asturiens, an der Einheiten der Flotte, aus Afrika herbeigeschaffte Truppen unter dem Befehl des Obersten Juan Yagüe sowie zahlreiche Einheiten unter dem Oberbefehl des Generals López Ochoa, die man aus Galizien, Santander und León abgesandt hatte, beteiligt waren. In einer großen Zangenbewegung wurde die Erhebung praktisch in einer Woche niedergeworfen.

Dieses Eingreifen prägte die Persönlichkeit Francos endgültig. Er verstand sein Handeln nicht als einen Dienst an der Republik und noch viel weniger als eine Verteidigung der demokratischen und verfassungsmäßigen Legalität. Nicht einen Augenblick befaßte er sich mit den Beweggründen, die die Arbeiter Asturiens zu dem Aufstand veranlaßt haben konnten. Eine große Rolle spielte dabei zweifelsohne die Furcht vor einer fortschreitenden faschistischen Umwandlung der Republik.

Franco, der sich am 21. Juni 1934 in die Entente Internationale Anticommuniste eingetragen hatte, betrachtete den Aufstand in Asturien als den Versuch einer kommunistischen Revolution; er wollte nichts anderes gelten lassen, als daß die Linke und der katalanische Nationalismus die Legalität verletzt hätten. In einer viel später angefertigten Denkschrift stellte er fest, daß die Revolution in Asturien und Katalonien dem Offizierskorps die Augen geöffnet habe. Ihn selbst bestätigte sie natürlich in seinen Vorurteilen und Überzeugungen, und sie machte ihn zum wichtigsten General des Heeres und zum militärischen Favoriten der spanischen Rechten, wie ein Brief belegt, den ihm Tage vor der Revolution, am 24. September der Führer der Falange, José Antonio Primo de Rivera, geschrieben hatte. Er hatte Franco darauf aufmerksam gemacht, was auf ihn zukam, und ihn aufgefordert, über den Ernst der Lage nachzudenken[17].

Franco glaubte ohne Zweifel, daß das Heer Spanien vor der Revolution gerettet habe. Die Regierung bewilligte ihm das Großkreuz des militärischen Verdienstordens und ernannte ihn am 15. Februar 1935 zum Oberbefehlshaber in Marokko. Aber Franco hielt sich nur drei Monate in Afrika auf. Nachdem im Mai eine neue Koalitionsregierung von Radikalen und CEDA unter dem Vorsitz von Lerroux und mit José Maria Gil Robles als Kriegsminister gebildet worden war, kehrte er auf die spanische Halbinsel zurück, wo er auf den angesehensten Posten des Heeres berufen wurde, den des Generalstabschefs. Diese Stellung sollte er die nächsten zehn Monate innehaben, bis die Wahlen vom Februar 1936 den Sieg der Volksfront brachten.

Franco trat gleichzeitig mit anderen Republikgegnern *(desafectos)* und von Afrika geprägten Offizieren *(africanistas)* wie den Generälen Fanjul, Goded und Mola ins Kriegsministerium ein; er verrichtete seine Arbeit in einem betont professionellen und technischen Sinn. Seine Hauptsorge galt der Modernisierung der Streitkräfte: dem Erwerb von neuem Material, der Verbesserung der Ausbildung der Truppe, dem Ausbau der Verteidigungsanlagen an den Küsten und der Flugplätze sowie der Förderung der Rüstungsindustrie. Er hielt sich weiterhin abseits von der Politik, wenn man von

[17] Zum Verhalten Francos im Oktober 1934 siehe Luis Suárez Fernández, Franco, Bd. 1, S. 271–281.

der politischen Bedeutung absieht, die man seiner Anwesenheit in einem Ministerium beimessen konnte, das der wichtigste Vertreter der katholischen Rechten, Gil Robles, leitete; mit dessen Arbeit identifizierte sich Franco stets voll und ganz und zeigte sich mit ihr zufrieden. Aber zu keiner Zeit gab er irgendein Urteil darüber ab, was er über die politische Lage Spaniens dachte[18].

Daß sie ihn beunruhigte, war offensichtlich; besonders die Bildung der Volksfront, einer Koalition der spanischen Linken von Azaña bis zu den Kommunisten, die sich an den Wahlen vom Februar 1936 beteiligte, war ihm ein Dorn im Auge. Franco sah in der Volksfront mehr als sie wirklich war, eine anläßlich der Wahlen aus innenpolitischen Gründen entstandene Koalition, die sich um die linken Republikaner und die Sozialisten gruppierte. Auf Grund seiner Lektüre der Mitteilungen der Entente Internationale Anticommuniste verstand Franco die Volksfront als eine spanische Version einer internationalen, von der UdSSR gesteuerten kommunistischen Operation (wenn überhaupt, betraf dies nur die Beteiligung der Kommunistischen Partei an der Volksfront, aber nicht die übrigen Parteien).

Aber welcher Art seine Besorgnis auch war, es ist nicht klar zu erkennen, daß Franco eine feste und eindeutige Entscheidung getroffen hätte, welches Verhalten er an den Tag legen sollte. Es steht durchaus zu vermuten, daß er irgendwann mit seinen Kollegen im Ministerium, Fanjul, Mola und Goded – der Seele aller Verschwörungen gegen die Republik – ein militärisches Eingreifen besprach; obwohl Franco Ende 1935, Anfang 1936 noch immer dafür eintrat, die Legalität der Republik zu respektieren. Dabei verhielt er sich ablehnend, als ihn im Dezember 1935 der von Gil Robles dazu ermächtigte General Fanjul, der damals Unterstaatssekretär im Kriegsministerium war, wegen eines Militärputsches zu Rate zog – Anlaß war das Veto des Staatspräsidenten der Republik gegen die Bildung einer Regierung der CEDA –, wie er ein Jahr zuvor, im November 1934, abgelehnt hatte, als Fanjul und Goded bei ihm auf ähnliche Weise vorgefühlt hatten.

Daß Franco jedoch bis zu einem gewissen Grad daran

[18] José Maria Gil Robles, No fue posible la paz, Barcelona 1968, S. 223–264.

teilhatte, was sich vorbereitete, ist offensichtlich. Im Januar 1936 reiste er mit Major Antonio Barroso, dem Militärattaché in Paris, nach London, um als Generalstabschef den Krönungsfeierlichkeiten für Eduard VIII. beizuwohnen. Barroso gegenüber äußerte er, daß sich das Heer auf das Schlimmste vorbereiten müsse, wenn die Volksfront die Wahlen gewinnen würde; wenn er, Franco, nach Afrika gehen werde, bedeute dies, daß er sich für eine Erhebung entschieden habe. Aber Dr. Gregorio Marañón, der ihn bei der gleichen Gelegenheit in Paris traf, war davon überzeugt, daß Franco zwar einen kommunistischen Sieg bei diesen Wahlen fürchtete, ihm aber nicht durch einen Staatsstreich zuvorkommen werde[19].

Ein ähnlicher Vorfall ereignete sich an jenem Sonntag, dem 16. Februar 1936, an dem sich der Wahlsieg der Volksfront bestätigte. Am 31. Dezember des Vorjahres hatte der Zentrumsmann Portela Valladares eine Regierung gebildet. Beunruhigt verlangte Franco, der weiterhin Chef des Generalstabs war, daß die von Portela geführte Regierung das Kriegsrecht ausrufen solle, schenkte jedoch einer erneuten Aufforderung der Generäle Fanjul und Goded, die diesmal von Rodríguez de Barrio unterstützt wurden, wieder kein Gehör. Sie hatten ihm nahegelegt, die Stimmung der Garnisonen in Madrid im Hinblick auf eine Initiative des Heeres zu erkunden. Franco bestand auf der Ausrufung des Kriegsrechts, eine Forderung die von vielen Persönlichkeiten der Rechten geteilt wurde. Aber er wollte unbedingt, daß es der Regierungschef Portela selbst verkünden solle. Zu diesem Zweck traf er sich am Montag, dem 17. Februar, mit ihm; zuvor hatte er bereits mit dem Kriegsminister, General Molero, und dem Chef der Guardia Civil, General Pozas, gesprochen, deren Meinung seiner diametral entgegengesetzt war: Franco wollte den Gegenvorschlag Portelas nicht akzeptieren, der sich in dem Sinne geäußert hatte, daß das Heer und nicht die Regierung aus eigener Initiative die von Franco geforderte Entscheidung treffen solle.

Obwohl neue Gerüchte auf einen von Franco und Goded angeführten Militärputsch hindeuteten, die Portela kategorisch dementierte, konnte der Führer der Volksfront, Manuel

[19] Luis Suárez Fernández, Franco, Bd. 1, S. 271–281.

Azaña, am 19. Februar 1936 eine Regierung bilden. Franco kann sich keine übermäßigen Illusionen über seine Zukunft gemacht haben. Obwohl ihm die neue Regierung mit der Militärkommandantur der Kanarischen Inseln ein ganz und gar nicht zu verachtendes Kommando übertrug, faßte Franco sein neues Kommando als Verbannung auf und trennte sich im Unfrieden von den neuen Machthabern.

Damit waren die Würfel gefallen. Bevor er nach Teneriffa ging, hatte Franco am 8. März zwei Begegnungen. Die eine im Haus seines Schwagers Ramón Serrano Súñer mit dem Führer der Falange, José Antonio Primo de Rivera, war kontraproduktiv, weil sie keine Sympathie füreinander entwikkeln konnten (im April sollte Primo de Rivera sein Veto dagegen einlegen, Franco als Kandidat auf die Liste zu setzen, die die Rechte bei einem zweiten Wahlgang in Cuenca einreichte). Die andere Begegnung fand im Haus von José Delgado y Hernández de Tejada, einem bekannten Mann der CEDA, statt; sie war wesentlich bedeutsamer, da die Generäle Mola, Orgaz, Fanjul, Varela, Kindelán, Saliquet, Villegas, Rodríguez del Barrio, Galarza, Gónzales Carrasco und natürlich Franco (Goded war Tage zuvor zu seinem Kommando auf die Balearen abgereist) bei dieser Gelegenheit bereits Vorbereitungen für ein militärisches Eingreifen vereinbarten, und zwar für den Fall, daß sie es für unbedingt notwendig erachteten (spätestens Ende April muß dieser Fall eingetreten sein, als Mola die Führung der militärischen Verschwörung übernahm, die am 18. Juli 1936 zum Tragen kam).

Franco, der sich am 10. März in Cádiz einschiffte, war nun tatsächlich Mitglied der militärischen Aufstandsbewegung geworden. Es steht zu vermuten, daß er niemals daran gezweifelt hat, daß das Heer moralisch, institutionell und historisch dazu legitimiert sei, einzugreifen, um zu verwirklichen, was die Militärs als Rettung des Vaterlandes auffaßten. Franco glaubte an die nationalistisch-militärische Vorstellung, derzufolge das Heer Garant der nationalen Einheit war. In einem Brief an Gil Robles vom 2. April 1937, der in der Zeitung ›El Diario de Burgos‹ veröffentlicht wurde, als der Bürgerkrieg schon längst im Gang war, äußerte er, daß das Heer »sich erheben kann, wenn eine so heilige Sache wie das Vaterland in unmittelbarer Gefahr ist«. Am 19. Juli 1937 erklärte Franco gegenüber der Sevilla-Ausgabe der Zeitung ›Abc‹: »Dem Heer ist es nicht erlaubt, sich gegen eine Partei oder gegen eine Verfassung zu erheben, weil sie ihm nicht gefallen, aber es hat die Pflicht, in Waffen aufzustehen, um das Vaterland zu verteidigen, wenn es sich in Lebensgefahr befindet.«

Das waren keine Worte, mit denen er sich selbst entschuldigen wollte. Franco und mit ihm die meisten spanischen Militärs glaubten wirklich an ihre »Pflicht«. Er erinnerte daran auch in vielen seiner Ansprachen als späterer Staatschef. Noch am 29. Oktober 1970 betonte er, daß das Heer »der aufmerksame Wächter des nationalen Gewissens« sei. Franco, der als eingefleischter Militär an soldatische Werte wie Gehorsam, Disziplin und Ehre glaubte, lehnte die verfassungsrechtliche und demokratische Theorie ab, die das Wesen des Soldatentums auf den Gehorsam gegenüber der legal erlangten Macht beschränkte. Für ihn hatte das Heer sich einem Gehorsam verschrieben, den er als einen Gehorsam höherer Art verstand und mit einer unumstößlichen und unwandelbaren Vorstellung von Vaterland verband.

Da Franco schon das liberale und parlamentarische Regierungssystem von 1876 bis 1923 unbegreiflich war, konnte er sich um so weniger mit der Zweiten Republik der Jahre 1931 bis 1936 anfreunden. Er sah in ihr ein dem historischen Rang Spaniens unangemessenes Regierungssystem, ein System, das mit seinem politischen Schaukelkurs den von ihm als »tragisch« bezeichneten Prozeß des nationalen Zerfalls bis zum äußersten verschärft hatte. In einer Ansprache am 22. Juli 1969, in der er den Cortes die Ernennung des Prinzen Juan Carlos zu seinem Nachfolger vorschlug, sagte er: »Die Republik, die vom April 1931 bis zum 22. Juni 1936 dauerte, umfaßte all die Revolutionen, Anarchien und Zügellosigkeiten einer Ära mit zwei Präsidenten, 18 Regierungen, einer ständig aufgehobenen Verfassung, andauernder religiöser Verfolgung, Brandstiftungen in Klöstern und Kirchen, beständigen Unruhen, die die öffentliche Ordnung störten, die Öffnung gegenüber dem Kommunismus und Separationsbestrebungen zweier Regionen; Ereignisse, die in der auf direkten Befehl der Regierung erfolgten Ermordung des Führers der parlamentarischen Opposition, Calvo Sotelo, gipfelten«. Nie fand Franco auch nur ein einziges Wort der Großzügigkeit oder des Verständnisses für die Republik, unabhängig davon, ob seine Ausführungen den Tatsachen entsprachen oder nicht. Franco war für die demokratischen Werte, die das republikanische Regierungssystem verkörperte, völlig unempfänglich, wenn er ihnen nicht sogar feindselig gegenüberstand. Ebensowenig vermochte er den tieferen moralischen und historischen Sinn des ehrgeizigen Reformwerks, das die Republik auf der Grundlage von Freiheit und Demokratie errichten wollte, in irgendeiner Form zu würdigen.

Im Frühjahr 1936 gingen Francos unmittelbare Befürchtungen kurzfristig in eine andere Richtung. Als Anhänger eines militärischen Eingreifens teilte er den Optimismus seiner Mitverschwörer nicht. Er fürchtete, im Heer fehle die Einigkeit, was ja auch der Fall war, und die Regierung könne die Verschwörung zu Fall bringen. Er zweifelte daran, daß sich die Garnisonen von Madrid, Barcelona und Valencia erheben würden und mußte aus diesem und aus anderen Gründen befürchten, daß das Eingreifen des Militärs in einen langen und harten Bürgerkrieg münden werde. Am 11. Juni 1936 hatte Mola mit Kindelán und Jorge Vigón bereits vereinbart, auf welche Weise sie ihn nach Afrika entsenden wollten, damit er sich dort an die Spitze des Kolonialheeres stelle. Doch Franco schrieb zwölf Tage später noch einen überraschenden Brief an den Regierungschef, Casares Quiroga. Überraschend deshalb, da es nicht üblich ist, daß ein in eine Verschwörung verstrickter Soldat entgegen den Interessen der Verschwörer die Regierung vor der im Heer herrschenden Mißstimmung und Unzufriedenheit warnt, wie Franco es tat. Und überraschend auch wegen der kalkulierten Mehrdeutigkeit, mit der er abgefaßt war. Niemand, der ihn las, hätte sagen können, ob Franco sich dem Regierungschef mit einer letzten versöhnlichen Geste zur Verfügung stellte oder ob es sich um ein echtes Ultimatum handelte: Er informierte ihn darüber, daß der Zustand der Unsicherheit im Heer äußerst ernst sei, und versicherte ihm gleichzeitig, daß im Heer die Abneigung gegen die Republik überwiege; er warnte ihn davor, daß eine Spaltung des Heeres »künftige Bürgerkriegskämpfe« vorausahnen lasse, aber er erinnerte ihn auch daran, daß es leicht sei, dies zu vermeiden, wenn er mit Gelassenheit und Gerechtigkeit vorgehe; er schien ihm zu drohen, falls er ungerechtfertigte Gewaltmaßnahmen gegen die führenden Militärs ergreifen wollte, aber er kam ihm auch entgegen, indem er ihn dringend aufforderte, sich mit den unpolitischen und um das Heer besorgten Generälen und Offizieren zu beraten (zu denen er, auch wenn er es nicht sagte, sich selbst zählte).

Aber zu diesem Zeitpunkt hatte Franco bereits seine Zustimmung zu der Erhebung gegeben, und Mola konnte dies Fanjul am 6. Juli bestätigen. Am Tag zuvor hatte Juan Ignacio Luca de Tena den Korrespondenten seiner Zeitung ›Abc‹ in London, Luis Bolín, beauftragt, ein Flugzeug zu mieten: Franco sollte diesen ›Dragón‹ benützen, um sich am 18. Juli von Las Palmas nach Tetuan zu begeben, am 12. Juli sollte er in Casablanca und am 15. in Las Palmas sein. Am 13. wurde der Oppositionsführer, José Calvo Sotelo, ermordet, ein Ereignis, das dazu führte, daß sich die Dinge überstürzten. Am 17. Juli erhob sich in den frühen Abendstunden die Garnison von Melilla: Oberst Solans übernahm »im Namen Francos« das Kommando. Kurz darauf übernahmen Yagüe das Kommando in Ceuta, die Obersten Sáenz de Buruaga, Asensio Cabanillas und Beigbeder das in Tetuan.

Franco, der sich am 16. Juli von Teneriffa nach Las Palmas begeben hatte, gab am frühen Morgen des 18. Juli den Befehl zum Aufstand. Nach dem Rücktritt von Casares Quiroga hatte in Madrid der Radikale Diego Martínez Barrio die Regierung übernommen. Möglicherweise machte sie sich Hoffnungen hinsichtlich eines Abkommens mit den putschenden Militärs; dies hätte dem Vorgehen entsprochen, das für Putsche *(pronunciamientos)* im 19. Jahrhundert üblich gewesen war. Derartige Hoffnungen aber hatte General Mola an diesem 18. Juli schon vor 9 Uhr morgens zunichte gemacht; er hatte sich in Pamplona erhoben. Bei Morgengrauen verließ Franco am 18. in dem ›Dragón‹ Las Palmas, übernachtete in Casablanca und kam am 19. Juli um sieben Uhr morgens in Tetuan an; dort übernahm er den Befehl über das Afrikaheer.

Die Züge, die Francos Charakter 1936 bestimmten, sollte er sich bis zu seinem Tode bewahren: Er galt als kalt, distanziert, reserviert, mißtrauisch und vorsichtig, obwohl er gute Manieren besaß, gelegentlich sehr gesprächig und sogar auf konventionelle Art liebenswürdig sein konnte und eines gewissen Sinns für Humor nicht entbehrte. Er war stolz, obwohl er nicht so erschien, und nachdenklich; er traf sehr überlegte Entscheidungen, die er überdies sehr lange durchdachte, was seine eigentlichen Absichten tatsächlich häufig undurchsichtig erscheinen ließ. Er besaß hohes Ansehen als Militär, fügte sich aber kaum in das Bild einer charismatischen Persönlichkeit: Er war sehr klein (1,64 m) und ein schlechter Redner; er hatte überdies eine unangenehm hohe Stimme. 1936 hatte Franco nicht mehr die kleine, aber durchtrainierte Figur aus den Jahren der Legion, sondern zeigte einen Hang zur Dicklichkeit, was nicht gerade zur Stattlichkeit seiner Erscheinung beitrug. Admiral Wilhelm Canaris, Experte für spanische Fragen in der deutschen Abwehr, machte Hitler darauf aufmerksam, daß Franco »nicht den Anblick eines Helden, sondern den eines kleinen Männchens« biete. Don Juan de Borbón meinte nach seinem Zusammentreffen mit dem General im August 1948, daß nur seine Augen »Lebendigkeit und Scharfsinn« verrieten.

Franco hatte lange gezögert, sich für den Aufstand gegen die Republik zu entscheiden. Als er es getan hatte, rechtfertigte er sein Handeln und das des Heeres, indem er den Militärputsch gegen eine legal gebildete Regierung als nationale Bewegung *(movimiento)* bezeichnete; diesen Begriff gebrauchte er von Anfang an. Außerdem betrachtete er den Putsch als einen Akt der Verteidigung in einer Lage, die nach seiner Auffassung durch die Anarchie, das öffentliche Chaos, die Angriffe auf die Ehre des Heeres, den Zerfall des Staatsgebietes, die Mißachtung der Gesetze und der Institutionen und die kommunistische Infiltration gekennzeichnet war; all diese Begriffe benutze er in der Ansprache, die er von Las Palmas aus am frühen Morgen des 18. Juli 1936 an das spanische Volk richtete, die er jedoch bereits zwei Tage zuvor in Teneriffa verfaßt hatte.

Es handelte sich zuerst darum, die Republik zu beseitigen. Weder Franco noch seine Mitverschwörer hatten einen endgültigen Plan hinsichtlich des Staatstyps und des politischen Systems, die sie etablieren wollten, um ihren Absichten zum Triumph zu verhelfen. Angesichts der Unterschiede, die zwischen ihnen bestanden, forderte Franco in den vorbereitenden Treffen, daß es sich um eine Bewegung handeln müsse, die schlicht und einfach »spanisch und katholisch« sei.

Wahrscheinlich dachten sie alle an ein mehr oder weniger lang andauerndes Militärregime nach dem Vorbild der Diktatur Primo de Riveras. Franco befürchtete, daß sich das Scheitern des Aufstands Sanjurjos im Jahr 1932 wiederholen könnte. Er war sich bewußt, daß man bei einem Aufstand Karriere und Leben aufs Spiel setzte und daß ein Bürgerkrieg ausbrechen könne, der zu lange dauere. Es war ihm nicht klar, welche Rolle er im Gefüge der Militärmacht spielen würde, die aus der Erhebung hervorging. Eigentlich sollte der im Exil in Portugal lebende General Sanjurjo die Führung der Bewegung übernehmen, zumindest dem Namen nach, obwohl er keinerlei Anteil an der Vorbereitung des Staatsstreiches hatte.

Franco kehrte am 19. Juli 1936 zunächst einmal nach Afrika zurück. Seine Rückkehr sollte jenen Satz bestätigen, den José Ortega y Gasset in ›España invertebrada‹ (›Das rückgratlose Spanien‹) über den Krieg in Marokko geschrieben hatte: Er habe »aus der versprengten Seele unseres Heeres eine geschlossene Faust« gemacht, die »moralisch zum Angriff bereit sei«. Oder wie es Franco am 1. Januar 1939 gegenüber dem Journalisten Manuel Aznar formulierte: »Ohne Afrika könnte ich mich selbst kaum verstehen.«

Zweites Kapitel
Caudillo von Spanien

Am 27. April 1968 erklärte Franco seinem Cousin und Mitarbeiter aus der Zeit in Afrika, dem Generalleutnant Francisco Franco Salgado-Araújo, er habe am Vorabend des 18. Juli 1936 die Auffassung vertreten, daß »der Soldat, der sich gegen eine verfassungsmäßige Regierung erhebt, kein Recht auf Vergebung oder Straffreiheit hat und deshalb bis zum äußersten kämpfen muß«[1].

Dies traf auch in seinem Fall zu: Franco erhob sich im Sommer 1936 gegen eine verfassungsmäßige Regierung und kämpfte gegen sie bis zum Äußersten, bis er den endgültigen Sieg errungen hatte. Doch das sollte ihm nicht vor dem 1. April 1939 gelingen. Wie er befürchtet hatte, hatte die Erhebung nur in einem Teil Spaniens triumphiert (auf den Kanarischen Inseln, in Marokko, Galizien, Altkastilien und León, in Navarra, Álava, den drei aragonesischen Hauptstädten und einem Großteil Aragoniens, im westlichen Andalusien und in den Provinzen Córdoba und Granada mit ihren Hauptstädten, auf den Balearen – außer Menorca –, in Cádiz und in der isolierten asturischen Provinzhauptstadt Oviedo), im übrigen Land aber war sie gescheitert (in Asturien, Santander, Vizcaya, Guipúzcoa, Katalonien, Valencia, Ostandalusien, Murcia, Albacete, Badajoz, Menorca und Neukastilien). Das Heer und die Ordnungskräfte hatten sich praktisch in zwei Hälften gespalten. Bekannte Offiziere waren sowohl in der einen als auch in der anderen Zone sofort bei Beginn des Aufstandes füsiliert worden, unter anderem die Generäle Fanjul und Goded; von den republiktreuen Generälen traf es Núñez de Prado, Batet, Romerales und Campins, einen Mitarbeiter Francos an der Akademie in Saragossa. Der Bürgerkrieg wurde unvermeidlich und war irreversibel. Für Franco bedeutete der Bürgerkrieg unter anderem seine Ausrufung zum Staatschef und Generalissimus – »caudillo« war die bevorzugte und definitive Bezeich-

[1] Generalleutnant Francisco Franco Salgado-Araújo, Mis conversagciones privadas con Franco, Barcelona 1976, S. 526.

nung – der aufständischen Zone, die sich bald die »nationale« nannte. Von diesem 1. Oktober 1936 an übernahm Franco die militärische und politische Führung des nationalen Spanien mit dem doppelten Ziel, den Bürgerkrieg zu gewinnen und einen neuen Staat zu errichten.

Im Bürgerkrieg lag die strategische Leitung und die Koordination der Operationen des nationalistischen Heeres bei Franco, eine Aufgabe, die weit über die Erfahrungen hinausging, die er in Marokko oder 1934 bei der Niederschlagung des Aufstandes in Asturien gemacht hatte. Es wird sich zeigen, wie Francos Handeln im Krieg beurteilt werden muß, wobei festzustellen ist, daß Franco sich als vorsichtiger und überlegener Stratege erwies, als Feind jeder Art von Improvisation und als Bewunderer der französischen Armee und ihrer Methoden, weshalb er um die Logistik und die Geländebeherrschung besorgt war. Er war gegen die Errichtung allzu ausgedehnter Fronten und bevorzugte es stets, eine Truppe an strategischen Punkten zu konzentrieren und ihre rückwärtigen Verbindungen zu sichern. Weniger hielt er von der mechanisierten und schnellen Art der Kriegsführung, wie sie die jungen Offiziere in Europa in den dreißiger Jahren auf Grund der Entwicklung neuartiger Waffentechnik verfochten und wie sie von den Deutschen und den Italienern im Zweiten Weltkrieg in die Praxis umgesetzt wurde.

Grundsätzlich konzentrierte sich die Strategie der aufständischen Generäle auf einen gemeinsamen Vorstoß der von Mola befehligten Divisionen im Norden, des Südheeres und des Marokkoheeres unter dem Befehl Francos, auf Madrid. Diese Aufteilung hatte die Junta der Nationalen Verteidigung (Junta de Defensa Nacional) am 25. Juli 1936 getroffen, die am Tag zuvor in Burgos von den Hauptvertretern der Erhebung gebildet wurde (aber ohne Franco, der ihr erst am 30. Juli beitrat)[2].

Von Franco, der in Marokko saß und das beste Heereskorps beider Zonen, das Afrikaheer mit seinen 47127 Mann unter seinem Befehl hatte, verlangte diese Strategie, unver-

[2] Die Junta der Nationalen Verteidigung setzte sich anfänglich aus General Cabanellas als Vorsitzendem, den Generälen Saliquet, Mola, Ponte und Dávila und den Obersten Montaner und Moreno Calderón zusammen; am 30. Juli 1936 traten ihr Franco und Kapitän zur See Francisco Moreno bei, am 18. August General Gil Yuste, am 19. September die Generäle Orgaz und Queipo de Llano.

züglich das Problem des Überschreitens der Meerenge zu lösen. Er verfügte über keine Flugzeuge und Schiffe für den Transport seiner Truppen (der Republik verblieben etwa 60–65 Prozent der Luftwaffeneinheiten und die erdrückende Mehrheit der Flotteneinheiten), weshalb er sich zu einem entscheidenden Schritt entschloß und den Erwerb von Transportflugzeugen in Deutschland und von Jagdflugzeugen und Bombern in Italien in die Wege leitete. Mit anderen Worten, er appellierte an die totalitären Regime in Europa um Unterstützung. Die Antwort war positiv: Am 29. Juli kamen in Marokko die ersten deutschen Junkers-Flugzeuge und am darauffolgenden Tag die ersten italienischen Jagdflugzeuge an. Franco konnte allein von Juli bis August etwa 10500 Mann nach Andalusien transportieren. Am 7. August 1936 errichtete er sein Hauptquartier in Sevilla. Franco hatte an diejenigen appelliert, von denen er – wie Mola, der ähnliche Schritte unternommen, aber keinen Erfolg gehabt hatte – glaubte, daß sie am ehesten helfen würden. Wahrscheinlich handelte Franco dabei nicht aus ideologischer Affinität zu Hitler und Mussolini, die sich, wenn überhaupt vorhanden, stark wandeln sollte. Aber deswegen war die Entscheidung politisch nicht weniger bedeutsam. Franco war sich der Tatsache bewußt, daß nur die totalitären Diktaturen wie das nationalsozialistische Deutschland und das faschistische Italien – und das Ständestaatssystem Salazars in Portugal – eine militärische Erhebung gegen ein demokratisches Regierungssystem wie das der Zweiten Spanischen Republik unterstützen würden. Und er war sich dabei auch bewußt, daß diese Entscheidung in jeder Hinsicht, d.h. ideologisch, politisch, wirtschaftlich und diplomatisch, die Zukunft des Herrschaftssystems mitbestimmen würde, das er im Lauf des Krieges und nach dem Sieg errichten sollte.

Sobald sie auf der Halbinsel waren, verwirklichten das Marokko- und das Südheer die ihnen zugewiesene Aufgabe des Marsches auf Madrid mit einer spektakulären und unerwarteten Schnelligkeit und Wirksamkeit (im Gegensatz zum Nordheer, das seit Ende Juli in Sosmosierra aufgehalten wurde). Franco wurde dafür kritisiert, daß er sich dafür entschieden hatte, durch die Estremadura nach Madrid zu marschieren, anstatt den direkteren Weg, d.h. über Córdoba, Ciudad Real und Toledo, zu wählen. Aber als am 3. September 1936 Francos Einheiten unter dem Befehl der Obersten Yagüe, Asensio Cabanillas, Castejón, Barrón und Tella in Talvera de la Reina erschienen, nachdem sie in einem Monat über 500 Kilometer vorgerückt waren und Llerena, Almendralejo, Zafra, Mérida und Badajoz erobert hatten, waren die Kritiker vergessen und Francos Ansehen sichtbar gestärkt. Der Erfolg des aufständischen Generals wurde auch dadurch nicht geschmälert, daß die republikanischen Streitkräfte außer in Badajoz seinem Vormarsch weder wirksamen Widerstand entgegenzusetzen noch einen Vorteil aus ihrer Luftüberlegenheit zu ziehen vermochten und daß sie praktisch nichts anderes taten, als sich ungeschickt zurückzuziehen.

Am 20. September war Franco bereits in Maqueda (Toledo) und traf dort eine anfechtbare Entscheidung (zumindest nach Ansicht General Kindeláns, des Befehlshabers seiner Luftwaffe, und Oberst Yagües, des Befehlshabers seiner Vorhutkolonnen, der wegen seiner abweichenden Meinung schließlich durch General José Enrique Varela in seinen Funktionen abgelöst wurde). Statt entschlossen auf Madrid vorzurücken, marschierte er auf Toledo, dessen Alcázar seit Juli von Oberst Moscardó, einigen Hundert Soldaten, Angehörigen der Guardia Civil und Zivilpersonen besetzt gehalten wurde. Die Truppen Varelas nahmen Toledo am 27. September ein. Es steht zu vermuten, daß dieser Umweg die Chancen für den Marsch auf die Hauptstadt beeinträchtigte. Franco entschied sich für Toledo aus Gründen, in denen sich propagandistische und psychologische Ziele sowie sentimentale und symbolische Motive miteinander verbanden: Es handelte sich um eine Stadt mit großem internationalen Bekanntheitsgrad, die Republikaner hatten besondere Anstrengungen unternommen, diesen Brandherd der militärischen Erhebung auszulöschen, weil der Alcázar der Sitz der Infanterie-Akademie war, auf der die Mehrheit der Führungsspitzen beider Heere einschließlich Francos studiert hatte, und Toledo hatte große Bedeutung in der Geschichte Spaniens. Die Propaganda machte aus dem Widerstand des Alcázar bald eine legendäre Heldentat. Nachdem die Festung entsetzt worden war, verbuchte Franco in der öffentlichen Meinung einen wichtigen Punkt zu seinen Gunsten, den er überdies geschickt zu seinem Vorteil auszunutzen wußte.

Dies geschah in dem Augenblick, als die nationalistischen

Generäle die endgültige Entscheidung über die Zusammenfassung des militärischen Oberbefehls fällen und darüber hinaus über die Art des politischen Systems bestimmen mußten, das in der nationalen Zone geschaffen werden sollte. Diese beiden Fragen waren seit dem 18. Juli ungelöst. Sanjurjo, das nominelle Oberhaupt der Bewegung, war am 20. Juli gestorben, als das Flugzeug zerschellte, das ihn von Cascaes in Portugal nach Spanien bringen sollte. Am 24. Juli hatte sich in Burgos unter dem Vorsitz von General Miguel Cabanellas eine Junta der Nationalen Verteidigung gebildet, der Ende September alle wichtigen Generäle der aufständischen Partei angehörten. Aber die Junta war gewissermaßen nur ein Provisorium, in dem man nicht zwingend die Keimzelle des neuen Staates sehen mußte, und sie hatte außerdem das Problem nicht gelöst, das ihre ersten Mitglieder am meisten beschäftigte, das des vereinigten Oberbefehls in der Kriegsführung.

Darum ging es im September 1936. Wahrscheinlich hatten Franco und Mola, offenkundig die Führer der Bewegung des Militärs, bereits auf den Mitte August in Sevilla, Burgos und später in Cáceres abgehaltenen Treffen darüber gesprochen. Franco war vermutlich der qualifiziertere und sogar der naheliegendere Anwärter, vor allem wegen seines Ansehens aus der Zeit in Afrika und an der Akademie in Saragossa, aber auch auf Grund seines im Vergleich zu Mola höheren Ranges sowie der Geradlinigkeit seiner öffentlichen Laufbahn, mit der General Queipo de Llano, um einen anderen möglichen Kandidaten anzuführen, nicht konkurrieren konnte. Er hatte sich in Sevilla erhoben und war ein angesehener Militär, galt aber politisch als unsicherer Kantonist. Franco schien durch seine wichtigen Siege seit dem 18. Juli (wobei insbesondere die Befreiung Toledos von Bedeutung war, da sie Molas Erfolg bei der Einnahme San Sebastiáns am 13. September ausglich) für die alleinige Übernahme des Oberbefehls prädestiniert, aber auch grundsätzlich wegen der Bedeutung des Marokkoheeres und des Südheeres innerhalb der nationalen Armee. Er hatte überdies von Anfang an de facto die Richtung bestimmt, die die Kriegsführung einschlug, und die außenpolitischen Beziehungen in seiner Zone bestimmt. In der Funktion des Oberbefehlshabers wurde er offenbar auch von den ausländischen Interviewern, einer Reihe von Medien, einigen seiner Waffengefährten und den Einwohnern vieler Städte und Dörfer, die seine Armeen erobert hatten, wahrgenommen; sogar die Republik hatte ihn vor seinen aufständischen Kameraden ausgezeichnet, indem sie ihn zum Hauptziel ihrer Angriffe machte.

Daher brachte der Entschluß keine Überraschung, zu dem die Führer der Erhebung auf den am 21. und 28. September auf einem Flughafen in Salamanca abgehaltenen Treffen gelangten: Sie ernannten Franco zum »Generalissimus der nationalen Land-, See- und Luftstreitmacht« und zum »Regierungschef des spanischen Staates«, wie es die Junta für die Nationale Verteidigung am 29. September 1936 verkündete. Diese Entscheidung kam nicht nur nicht überraschend, sie führte auch zu keinerlei Meinungsverschiedenheiten oder ernsthaften Widerständen, obwohl den Teilnehmern an den Treffen von Salamanca nicht alles behagte, was dort gesagt wurde.

Franco fand in General Kindelán seinen Hauptfürsprecher, sein einziger Gegner war der Vorsitzende der Junta, General Cabanellas, ein Veteran, der ihn seit seiner Zeit in Afrika kannte und deshalb eine gemeinsame Führung bevorzugte. Mola, dessen Votum die Entscheidung hätte verhindern können, beschränkte sich darauf, sein Einverständnis zur Ernennung Francos auszusprechen.

Gut möglich, daß es den Generälen wenig behagte, daß in Cáceres, das seit dem 26. August das Hauptquartier Francos war, am 27. September anläßlich der Befreiung Toledos eine feierliche Kundgebung zu Ehren Francos organisiert wurde und daß Francos Leute (sein Bruder Nicolás und Oberst Yagüe) ausgerechnet in Salamanca aus Anlaß des entscheidenden Treffens am Montag, dem 28. September, ein aufsehenerregendes Zeremoniell mit Falangisten, Männern der Requeté und Soldaten zu Ehren ihres Befehlshabers in Szene setzten. Mit beiden Manövern versuchte man Druck auf die Junta auszuüben, um die Ernennung Francos zu erzwingen. Das widersprach dem Eindruck, den Kindelán sich vom zukünftigen Caudillo gemacht hatte; er hatte anfänglich das Gefühl, Franco sei einer Übernahme des alleinigen Oberbefehls abgeneigt. Es ist durchaus wahrscheinlich, daß es so war. Aber seit er sich dafür entschieden hatte, verlangte und erhielt Franco nicht nur den militärischen Oberbefehl, den ihm anscheinend niemand streitig machte, sondern übernahm die uneingeschränkte Macht im neuen Staat. Kindelán hatte gewollt, daß Franco die Leitung des Staates nur für die Dauer des Krieges übernehmen sollte; dabei erwartete er wahrscheinlich, daß dies nur eine Übergangsphase sein werde, nach welcher die Restauration der Monarchie erfolgen werde. Im Schlußkommunique, das von Anhängern Francos verfaßt worden war, erschien freilich keinerlei einschränkende Wendung[3].

So übernahm Franco am 1. Oktober 1936 in der Militärregion (capitanía general) von Burgos nach einer kurzen Zeremonie, in deren Verlauf ihm der Vorsitzende der Junta der Nationalen Verteidigung, Cabanellas, die Gewalt übertrug, die Führung des Staates. Gegenüber dem Korrespondenten der japanischen Zeitung ›Asahi‹ äußerte er sich ein Jahr später, am 25. November 1937, dahingehend, daß er zurücktreten werde, sobald seine Mission beendet sei: »Ich werde mich aufs Land zurückziehen, um ein ruhiges Familienleben zu führen.«[4] Angesichts dessen, was danach geschah, könnte man denken, es habe sich um einen zynischen Scherz des Generals gehandelt. Aber Franco meinte es nicht ironisch, wenn er sagte, daß die Politik ihn nicht interessiere; er wiederholte es häufiger und glaubte tatsächlich, daß die Führung des Staates eine Verantwortung und eine Pflicht bedeute, die ihm aus Gründen zufielen, die nicht seinem Willen unterlagen. Auf jeden Fall betrachtete er seine Mission nie als beendet: Er starb am 20. November 1975 als Staatschef.

Seit jenem 1. Oktober 1936 hatte Franco die absolute Macht. Dennoch erscheint es zweifelhaft, ob er eine klare Vorstellung davon hatte, was er mit ihr anfangen wollte. Nach dem 18. Juli hatte er sich mit einer beträchtlichen Anzahl von Proklamationen, Ansprachen und Erklärungen an die Öffentlichkeit gewandt, die jedoch vor allem von militärischem und patriotischem Geist getragen und sehr undeutlichen politischen Inhalts waren. Eine Ausnahme bildete lediglich seine wiederholte Charakterisierung der militäri-

[3] Zur Ernennung Francos zum Staatschef siehe Ricardo de la Cierva, Francisco Franco. Un siglo de España, Madrid 1973, Bd. 1, S. 506–528 und Philippe Nourry, Francisco Franco: la conquista del poder, Madrid 1976, S. 369–395.

[4] Palabras del Caudillo. 19 de abril 1937–31 de diciembre 1938, Barcelona 1932, 2. Ausg., S. 214.

schen Erhebung als »nationale Bewegung« und – manchmal im religiösen Sinn – als »Kreuzzug« gegen den Kommunismus und für die Größe Spaniens. Am 15. August hatte er in Sevilla die zweifarbige Fahne gehißt, doch konnte man dem keine ausdrückliche politische Absicht entnehmen: Franco betrachtete sie als die nationale Fahne und nicht als die Fahne der Monarchie. Etwas bestimmter gab er sich in seinen ersten Erklärungen gegenüber der Presse. Dem portugiesischen Journalisten Leopoldo Nunes, dem Korrespondenten von ›O Seculo‹, sagte er, ebenfalls am 15. August 1936, daß »eine kurzfristige Militärdiktatur« errichtet würde, nach der die Militärs andere Elemente zur Mitarbeit heranziehen würden: »Die Verwaltungsarbeit wird Fachleuten, nicht Politikern anvertraut werden, um die Nation mit der für Spanien typischen organischen Struktur ausstatten zu können, die unverzichtbar für sie ist.« Gegenüber Luigi Bargina, Mitarbeiter von ›Il Popolo d'Italia‹ gebrauchte er ähnliche Worte und betonte, daß er »Spanien eine starke Regierung und eine moderne Diktatur der Neugestaltung« geben werde[5].

Franco hatte offensichtlich das Modell der Diktatur Primo de Riveras oder auf jeden Fall ein System vor Augen, das dem portugiesischen »Neuen Staat« Oliveira Salazars ähneln sollte, dessen Denken auf vielfältige Weise dem seinen verwandt war. Deshalb ernannte er am 2. Oktober kein Ministerkabinett, sondern eine Regierungsjunta aus Fachleuten; in diese nahm er Persönlichkeiten von geringem politischem Gewicht auf, die nur wegen ihrer beruflichen Kompetenz bekannt waren; eine Reihe von ihnen waren ehemalige Mitarbeiter Primo de Riveras[6]. Unter dem Einfluß seines Bruders Nicolás, der die Aufgaben eines politischen Sekretärs wahrnahm, dachte er auch an eine Art politischen Organis-

[5] Die Erklärungen Francos befinden sich in José Emilio Díez, Colección de proclamas y arengas del Excmo. Sr. General D. Francisco Franco, Jefe del Estado y Generalísimo del Ejército Salvador de España, Sevilla 1937, S. 86 und 92.

[6] Ihr gehörten Andrés Amado, Mauro Serret, José María Pemán, Joaquím Bau, Eufemio Olmedo, Alejandro Gallo, José Cortés als Vorsitzende der verschiedenen Kommissionen an (Haushalt, Öffentliche Arbeiten, Kultur und Unterricht, Industrie, usw.); General Fidel Dávila fungierte als Vorsitzender dieser Junta, die Generäle Fermoso und Gil Yuste wurden zum Generalgouverneur bzw. zum Staatssekretär für Kriegswesen ernannt.

mus, in den er die verschiedenen politischen Kräfte integrieren wollte, die an der Erhebung des 18. Juli mitgewirkt hatten: die Falange, die Karlisten, die Monarchisten und die Katholiken. So ließ er es jedenfalls am 6. Oktober 1936 den deutschen Gesandten in Lissabon anläßlich eines Empfangs in Salamanca wissen, wo er nach seiner Einsetzung als Staatschef im Bischofspalast seine neue Residenz eingerichtet hatte.

Die Ansprache, die Franco bei dieser Gelegenheit hielt, wurde am 1. Oktober 1936 nach seiner Ernennung zum Staatschef gesendet; sie war im Hinblick auf seine politischen Pläne bedeutender als alles, was er bis dahin gesagt hatte. Zum ersten Mal sprach Franco darüber, wie der neue Staat organisiert werden sollte, und zwar »nach einem umfassenden totalitären Konzept«. Er kündigte die »Einführung der strengsten Grundsätze der Autorität« an, unterstrich, daß man die Besonderheiten der Regionen respektieren würde, allerdings im Dienste der »ganz und gar absoluten nationalen Einheit«, und daß die Gemeinden als öffentliche Körperschaften reorganisiert werden würden. Er benutzte die Gelegenheit, Formen demokratischer Beteiligung abzuqualifizieren, und wies darauf hin, daß sich der nationale Wille mittels »Fachorganen und Körperschaften«, die national verwurzelt seien, Ausdruck verschaffen werde; er lehnte die klassenorientierten Gewerkschaften ab, kündigte aber soziale Maßnahmen an, um die Löhne und die Beteiligung der Arbeiter an den Gewinnen zu gewährleisten, wobei er versicherte, daß man die bisherigen Errungenschaften respektieren werde. Er fügte einige Gemeinplätze über die Unterstützung der Bauern und die wirtschaftliche Gemeinschaft mit anderen Völkern hinzu, mit Ausnahme der Sowjetunion, mit der er jede Art von Kontakt ausschloß, und kündigte den Wunsch nach einem Konkordat mit der katholischen Kirche an, das allerdings die Nichtkonfessionalität des Staates unangetastet lassen sollte[7].

Es handelte sich zweifelsohne um eine aufschlußreiche Erklärung der Grundsätze, nach denen sein Regime sich in Zukunft und bis 1975 in vieler Hinsicht richten sollte. Aber immer noch hing vieles in der Luft. Nichts war über die Staatsform, über die Funktionsweise der Regierung und

[7] Siehe die Rede bei Díez, Colección, S. 50–55.

über die politische Ordnung gesagt, die man etablieren wollte; es gab weder einen Hinweis auf die zukünftigen Institutionen noch auf die Formen, mit denen die gesetzgebende und die richterliche Gewalt ausgestattet sein sollten. Franco hatte auch nichts davon erwähnt, ob es Parteien (oder eine Einheitspartei) geben würde oder nicht. Wahrscheinlich hatte er über all das nicht nachgedacht und natürlich noch viel weniger darüber entschieden. Das einzige, was seit diesem 1. Oktober 1936 unzweideutig klar zu sein schien, war seine Entschlossenheit, die volle persönliche Verantwortung für die Ausübung der Macht zu übernehmen, die man ihm an diesem Tag übergab, und von Anfang an den Regierungsstil eines Caudillo zu pflegen, der offensichtlich von totalitären Vorbildern inspiriert war und sich bald zu einem maßlosen Personenkult entwickelte (er stand übrigens im Gegensatz zu der Kargheit und Schlichtheit, die Franco in seinem Privatleben an den Tag legte).

Franco hatte überdies eine wichtige ideologisch-politische Reserve zu seiner Verfügung, die ihm besonders nahestand und sich als sehr nützlich erweisen sollte: die Verkündigung und Lehre der katholischen Kirche. In permanenter Konfrontation mit dem laizistischen Geist der Zweiten Republik und ein Opfer der Gesetzgebung, war die Kirche in der republikanischen Zone mit Ausnahme des Baskenlandes verfolgt worden, und warf nun ihr ganzes Gewicht für die Unterstützung Francos in die Waagschale. Zuerst bezeichneten die Bischöfe Olaechea (Pamplona) und Múgica (Vitoria) in ihrem Hirtenbrief vom 6. August 1936 die Erhebung als »bürgerlich-militärische« Bewegung zur Verteidigung der Religion. Dann folgte am Vorabend der feierlichen Einsetzung Francos als Staatschef der Hirtenbrief des Bischofs von Salamanca, Enrique Pla y Deniel, vom 30. September: Pla y Deniel definierte den Krieg als einen »Kreuzzug für die Religion, für das Vaterland und für die Zivilisation«. Damit gab er Franco das beste Propagandaargument in die Hand, das dieser sich wünschen konnte, und zeigte ihm rechtzeitig den grundlegenden Bezugsrahmen auf, in den er seine Politik und sein Regierungssystem stellen konnte. Denn klare Pläne dafür besaß Franco noch immer nicht, und es scheint so, als hätte er sie solange nicht gehabt, bis sein Schwager Ramón Serrano Súñer nach seiner Flucht aus Madrid nach Salamanca kommen konnte, was erst Ende Februar 1937 der Fall war. Tage zuvor hatte er gegenüber dem gerade eingetroffenen italienischen Botschafter Roberto Cantalupo geäußert: »Der Staat, den ich errichten will, ist die Antithese zu dem, den die Roten errichten wollen.«[8] Vermutlich war dies tatsächlich das einzige, was ihm klar war.

In militärischer Hinsicht waren seine Vorstellungen dagegen äußerst klar[9]: Madrid war zumindest bis zum Frühjahr 1937 das Hauptziel seiner Strategie, was nicht heißt, daß er nicht auch andere, sekundäre Ziele verfolgte, an anderen Fronten kämpfte oder daß er nach diesem Zeitpunkt auf Madrid verzichtet hätte.

Die Offensive gegen Madrid, das bereits zuvor unter vereinzelten Bombardierungen gelitten hatte, begann Anfang Oktober 1936, steigerte sich im November erheblich und endete am 23. des gleichen Monats, als Franco eingesehen hatte, daß ein Frontalangriff auf die Hauptstadt unmöglich war. Die erste Phase der Offensive war gut konzipiert; sie bestand aus einem dreifachen gleichzeitigen Vorstoß von Tajo und Toledo aus über Pozuelo, Alcorcón und Getafe, Ortschaften in der Nähe von Madrid. Die nationalen Streitkräfte erreichten ihre Ziele trotz des starken Widerstands, auf den sie stießen und der weit größer war, als der, den die republikanischen Armeen dem Afrikaheer auf seinem Marsch durch die Estremadura nach Toledo entgegengesetzt hatten. Am 6. November verließ die republikanische Regierung, die seit dem 4. September von dem Sozialisten Largo Caballero geleitet wurde, angesichts der Nähe von Francos Truppen Ma-

[8] Zitiert bei Ricardo de la Cierva, Franco, Bd. 1, S. 504.

[9] Entsprechend dem Charakter dieses Buchs wird hier der Bürgerkrieg nur in bezug auf die Biographie Francos behandelt; es beansprucht nicht, auch eine schematische Zusammenfassung des Geschehens zu geben. Die Analysen des Kriegs, die in diesem Text erfolgen, gründen sich nur auf die Bibliographie zu dem Thema, die bekanntlich sehr umfangreich ist. Deshalb wurde auf den üblichen Anmerkungsapparat verzichtet. Es genügt, an das Buch von Hugh Thomas, The Spanish Civil War, Harmondsworth 1965, zu erinnern, das nach wie vor der gelungenste Versuch einer Gesamtdarstellung des Bürgerkrieges bleibt; die zahlreichen von Oberst Martínez Bande veröffentlichten Monographien sind für die militärische Betrachtung des Krieges unerläßlich; sehr nützlich ist das polemische Buch von Ramón Salas Larrazábal, Los datos exactos de la guerra civil, Madrid 1980; und zu Franco und dem Krieg die bereits zitierte Biographie von Ricardo de la Cierva.

drid (Varela stand bereits in Carabanchel-Villaverde, praktisch am Stadtrand Madrids) und ging nach Valencia. Die Verteidigung Madrids überließ sie einer Junta unter dem Vorsitz von General Miaja, mit Oberst Vicente Rojo als Stabschef.

Der zweite Teil der Offensive, der frontale Vorstoß auf Madrid über Casa de Campo und das Universitätsviertel war ein Fehlschlag: Die Nationalen griffen die Hauptstadt an Punkten an, wo sie durch das Gelände, d.h. den Graben des Manzanares, am besten geschützt war. Nach äußerst harten Gefechten an allen Fronten und in allen Stellungen wurden Francos Truppen, an deren Spitze die von ihm bevorzugten Offiziere Varela, Barrón, Asesio, Tella und Delgado Serrano standen, bei der Puente de los Franceses aufgehalten. Nach einem erfolgreichen Gegenangriff Miajas am 19. November erkannte Franco, als er sich mit seinen Generälen in Leganés traf, daß der Angriff auf Madrid gescheitert war, und fing an, neue Operationen zu entwerfen, um die Übergabe der Stadt zu erreichen (dabei beließ er dennoch einen Teil seiner Truppen in der Keilstellung am Manzanares an einer Front, die bis Ende des Krieges nicht mehr in Bewegung kam).

Die Schlacht um Madrid hatte unter anderem gezeigt, daß die republikanischen Truppen mehr Widerstands- und Angriffskapazität hatten als vermutet, daß der Sieg nicht leicht sein und eine wesentliche Steigerung der Rüstung erfordern würde und daß der spanische Krieg sich trotz der französisch-britischen Anstrengungen zugunsten der Nichtintervention eindeutig internationalisierte, was ihm völlig neue Dimensionen gab. Franco hatte in den Monaten August und November weiterhin deutsches und italienisches Kriegsmaterial erhalten (Flugzeuge, Panzer und Panzerfahrzeuge) und hatte es für den Angriff auf Madrid eingesetzt. Die Republik hatte französische Flugzeuge und seit Oktober sowjetische Flugzeuge und Panzerwagen erhalten (zwei Ressorts der Regierung Largo Caballero waren mit Kommunisten besetzt); die Flugzeuge waren am 6. November an einer großen Luftschlacht über Madrid beteiligt und die Panzer an den Offensivvorstößen (Seseña, Pinto), die man unternahm, um den Vormarsch der Kolonnen Francos zu brechen.

Nun setzte die direkte ausländische Beteiligung ein: Deutschland schickte im November die Legion Condor (hundert Flugzeuge mit deutschen Piloten und unter deutschem Befehl), die am 18. November an der Front vor Madrid eingriff, und stellte Franco darüber hinaus im Lauf des Krieges etwa 5000 Berater zur Verfügung. Die Kommunisten – und nicht nur sie allein – schufen die Internationalen Brigaden, in deren Reihen rund 60000 Mann kämpften. Ihre Einheiten traten ebenfalls in der Schlacht um Madrid erstmals in Aktion. Anfang November 1936 agierten in der republikanischen Zone bereits etwa 500 sowjetische Berater, Flieger, Offiziere, Ausbilder, Artilleristen usw. Schließlich wurden es mehr als 2000. Die italienische Intervention zur Unterstützung Francos war noch umfangreicher. Sie erreichte die Zahl von 70000 Mann; etwa 8000 nahmen an der Offensive gegen Málaga in der zweiten Januarhälfte des Jahres 1937 teil.

Deutschland und Italien hatten Franco am 18. November 1936 offiziell anerkannt. Alle Anstrengungen Englands und Frankreichs von 1937 und 1938, die internationale Intervention in Spanien zu verhindern und den spanischen Konflikt mittels einer Seeblockade, die die Lieferung von Kriegsmaterial an die beiden Parteien unterbinden sollte, örtlich zu begrenzen, um eine Verhandlungslösung des Krieges zu finden, blieben erfolglos. Sie waren zum Scheitern verurteilt, denn die Politik des Appeasement, die die westlichen Demokratien verfolgten, ermutigte praktisch nur die Politik Deutschlands und Italiens im Bürgerkrieg. In Spanien war dies auf Grund verschiedener Ereignisse ganz klar zu erkennen: Es geschah nichts, als die deutsche Flotte im Mai 1937 als Vergeltung für einen republikanischen Flugzeugangriff auf eines ihrer Schiffe Almería bombardierte, und auch nicht, als die italienische Luftwaffe von ihrer Basis in Mallorca aus bereits im März 1938 Barcelona bombardierte, um nur zwei Beispiele anzuführen. Franco schätzte das internationale Klima richtig ein und zog daraus den größtmöglichen Nutzen für sich und seine Sache.

Auf Madrid wollte er keinesfalls verzichten. Nachdem der Frontalangriff aufgehalten worden war, entwarf er eine neue Strategie, die in der Umzingelung der Hauptstadt von zwei Flanken her bestand: im Nordwesten durch eine Blockade der Straße von La Coruña nach Madrid, ausgehend von den Ortschaften Boadilla del Monte, Majadahonda, Las Rozas,

Aravaca und Pozuelo; im Südosten mit der Überquerung der Linie des Flusses Jarama, wodurch die Straße von Madrid nach Valencia abgeschnitten werden konnte. Die Operation gegen die Straße nach La Coruña, die nach Art des Blitzkriegs erfolgte, wie ihn die Deutschen empfohlen hatten, begann Anfang Dezember 1936; sie fand unter äußerst schlechten klimatischen Bedingungen (Nebel und Kälte) statt und endete Mitte Januar 1937 ohne eine klare Entscheidung: Die Truppen Francos hatten zwar die Straße nach La Coruña abgeschnitten, aber die Umzingelung der Hauptstadt nicht in vollem Maße erreicht. Die Schlacht am Jarama fand im Februar 1937 statt; sie war ebenso wie die vorangegangene besonders hart, doch erreichte Franco nur geringe Geländegewinne. Seine Truppen wurden einmal beinahe zurückgeworfen, und der Kampf endete mit einem Patt, was in Wirklichkeit bedeutete, daß Franco gescheitert war: Er hatte Madrid einnehmen wollen und es nicht geschafft.

Deshalb war die Genugtuung, die ihm in der Zwischenzeit die Einnahme Málagas am 8. Februar 1937 durch das von General Queipo de Llano befehligte Südheer und die neu in Spanien eingetroffenen italienischen Truppen bereitete, keine vollkommene. Gegenüber dem italienischen Botschafter, mit dem er sich einige Tage nach dem Erfolg von Málaga in Salamanca traf, meinte er, daß der Krieg lange dauern würde und man ihn bis zum Ende führen müsse. Er plante ein letztes Manöver gegen Madrid, mit dem er sein Ziel erreichen wollte: Er gab grünes Licht für eine ehrgeizige italienische Offensive mit rund 35 000 Mann, die in vier Divisionen formiert waren (und weiteren von Moscardó befehligten 15 000 Mann, die eine der Flanken deckten), sowie 70 Flugzeugen, 2000 Lastwagen, 80 Panzern etc. Sie ging von Guadalajara aus und unternahm den Versuch, direkt vom Nordosten her in Madrid einzudringen. Die am 8. März 1937 eingeleitete Offensive hatte im Hinblick auf die geographischen Gegebenheiten militärisch mehr Sinn als die vorausgegangenen Angriffe auf die Hauptstadt. Nach einem spektakulären Vormarsch der Italiener zu Beginn, die von Franco praktisch im Stich gelassen wurden, als er die Jarama-Front hätte reaktivieren müssen, gelang es jedoch den republikanischen Truppen Lísters und El Campesinos nach härtesten Kämpfen, die Offensive aufzuhalten und die Männer Mussolinis sogar zurückzudrängen und zum Rückzug zu zwingen.

Von da an zögerte Franco nicht länger und traf Ende März, als sich die italienische Niederlage am 20. bestätigte, seine wahrscheinlich beste strategische Entscheidung, nämlich den Krieg im Norden zu führen. Franco entschloß sich also zu einer Strategie des schrittweisen Vorgehens, der Konfrontation mit dem Feind von Region zu Region, die er jeweils nur auf Grund seiner festen Entschlossenheit modifizierte, auf jeden einzelnen Gegenangriff, den das republikanische Heer unternehmen sollte, sofort zu antworten. Wie wir sehen werden, gab es davon einige mit unbestreitbarer Bedeutung. Der Fall des Nordens – Vizcayas, Santanders und Asturiens – hieß für Franco die Eroberung der Hauptgebiete der Schwerindustrie und der Bergwerke des Landes sowie die Besetzung von Städten und Häfen (Bilbao, Santander und Gijón), die von außerordentlichem wirtschaftlichen, militärischen, internationalen und auch politischen Wert waren.

Zuerst erfolgte vom 31. März bis zum 19. Juni 1937 die Offensive gegen Vizcaya. Franco, dessen Skepsis gegenüber einem Blitzkrieg nach dem italienischen Scheitern in Guadalajara noch zugenommen hatte, wollte keine Risiken eingehen: Unter dem Befehl Molas konzentrierte er gegen Vizcaya, das seit Oktober 1936 als autonome Provinz von der Baskischen Nationalistischen Partei regiert wurde, fast die gesamte Artillerie und Luftwaffe, über die er verfügte, außerdem besonders mobile Infanteriestreitkräfte, die navarrischen Brigaden, die von italienischen Truppen flankiert wurden. Die Taktik war einfach, aber wirksam: massive, kombinierte Bombardements durch Luftwaffe und Artillerie und darauffolgender Angriff der Infanterie. Sie hatte Erfolg, was hauptsächlich der totalen Luftüberlegenheit Francos in diesem Gebiet zu verdanken war, aber das Ausmaß der Zerstörung, die sie verursachte, rief Reaktionen hervor, die sich auf sein Bild in der internationalen Öffentlichkeit sehr negativ auswirkten; die Bombardierung Guernicas durch die Legion Condor am 26. April erschütterte die internationale öffentliche Meinung. Dank Picassos Genie symbolisiert der Name dieses baskischen Ortes für immer den Schrecken des Krieges und die Barbarei des Faschismus. Franco, der anscheinend vorher von der Tragweite der Bombardierung nichts ahnte, muß erkannt haben, daß ihn Guernica international in Mißkredit brachte. Es gab während des ganzen Krieges keine weiteren Aktionen dieser Art. Guernica war eine zivile Ortschaft von geringer militärischer und strategischer Bedeutung. Er akzeptierte sogar die Vorschläge der Kirche, die ihm empfahl, beim Einmarsch in Bilbao milde vorzugehen, das schließlich am 19. Juni 1937 nach harten Kämpfen auf den Höhen von Sollube, Bizcargui und Peña Lemona und in den Bergen um die Hauptstadt Vizcayas fiel. Mola sollte es nicht mehr erleben; er war am 3. Juni in der Nähe von Burgos abgestürzt.

Die Republik hatte versucht, den Druck auf Vizcaya durch verschiedene Gegenangriffe abzumindern (im April in Alcubierre, im Juni in Huesca und Ende Mai durch eine Offensive gegen die Linie Valsáin-Segovia), die jedoch alle vergeblich waren. Francos Erfolg war politisch deshalb so bedeutsam, weil mit der Eroberung Vizcayas der baskische Nationalismus besiegt war, der mit der Idee der nationalen Einheit unvereinbar war, für die die aufständischen Militärs des 18. Juli eintraten (Franco unterdrückte die baskische Autonomie sofort), und weil Bilbao bei weitem die wichtigste Stadt war, die er bisher erobert hatte (deshalb war ihr Fall ein wahrer Tiefschlag für die neue republikanische Regierung, die seit dem 17. Mai von Dr. Juan Negrín von der sozialistischen Partei geführt wurde; vier ihrer Minister – Prieto, Zugazagoitia, Irujo und Uribe – waren überdies selbst Basken). Am 1. Juli war der Erfolg Francos vollkommen: Die Unterstützung, die seine Sache an diesem Tag durch das gemeinsame Schreiben des spanischen Episkopats erfuhr, bedeutete die geistliche Legitimierung der militärischen Erhebung und die religiöse Rechtfertigung des Krieges. (Der Brief war von 48 Bischöfen unterzeichnet, lediglich der Erzbischof von Tarragona, Vidal y Barraquer, und der Bischof von Vitoria, Mateo Múgica, bildeten die nicht unwichtigen Ausnahmen.)

Aber Francos Freude war nur von kurzer Dauer. Am 6. Juli durchbrach ein beachtliches republikanisches Kontingent, das aus zwei Armeekorps mit 90000 Mann, 600 Geschützen, 200 Flugzeugen und 130 Panzern bestand, die nationalen Linien bei Brunete, nahe Madrid, und drang auf einer Tiefe von 10 Kilometern in sie ein. »Sie haben mir die Front bei Madrid umgeworfen«, soll Franco angeblich gesagt haben. Die republikanische Offensive, die der militärisch geniale neue Generalstabschef, General Vicente Rojo, entworfen hatte, hatte Franco völlig unvorbereitet getroffen. Er gab selbst zu, daß er bei Madrid sehr wenige und überdies sehr schlecht plazierte Einheiten belassen hatte (man muß hinzufügen, daß die gesamte Order, die er gegeben hatte, zumindest eigenartig war, denn er hatte Madrid nur halb eingekreist zurückgelassen). Aber Franco verstand es glänzend zu reagieren; er verschob die Offensive gegen Santander, entsandte zahlreiche Reserven nach Brunete, zog aus dem Norden die gesamte Luftwaffe, die seit der Schlacht am Jarama offenkundig überlegen war, und verschiedene Brigaden heran, richtete sich selbst nahe bei Brunete ein und gab General Varela den Befehl über dieses improvisierte Heer. Am 11. Juli hatte sich das Schlachtenglück gewendet: Am 25., dem Tag des heiligen Jakob, des spanischen Schutzheiligen, hatte Franco die republikanischen Truppen geschlagen.

Dies erlaubte ihm, nach Norden zurückzukehren und die Offensive gegen Santander zu eröffnen, die am 14. August 1937 eingeleitet wurde und die in ihrer Planung und Ausführung dieses Mal fast perfekt war und von einem republikanischen Gegenangriff bei Belchite in Aragonien nicht gestoppt werden konnte. Am 25. August rückten die navarrischen und die italienischen Brigaden in Santander ein; überdies hatten sich in Santoña die Reste des baskischen Heeres den Italienern ergeben. Die nächste Etappe war Asturien: Die bekanntesten Ortschaften der Hochburg der linken republikanischen Arbeiterbewegung fielen eine nach der anderen, allerdings nicht ohne sehr starken Widerstand. Am 1. Oktober, dem »Tag des Caudillo«, nahm Franco Covadonga, die Wiege der Reconquista, ein: Sein Propagandaapparat nutzte dieses zufällige Zusammentreffen, wie er das auch am Tag des heiligen Jakob in Brunete getan hatte, um das wundersame Eintreffen der Siege Francos jeweils genau an diesen Tagen hervorzuheben. Franco fing nun selbst an, an seine messianische Sendung zu glauben. Am 21. Oktober hatte mit der Einnahme von Avilés und Gijón die Front im Norden zu existieren aufgehört, und Franco war Herr über das ganze Küstenland Kantabriens.

Der Sieg im Norden verstärkte Francos internationale Stellung beträchtlich. Im April 1938 hatten ihn außer Deutschland und Italien bereits El Salvador, Guatemala, Nicaragua, Albanien, Japan, Ungarn, Portugal und, was ihm am wichtigsten war, der seit Oktober 1937 durch Nuntius Antoniutti vertretene Heilige Stuhl anerkannt. Franco hatte begonnen, in der internationalen Politik geschickt mitzuspielen. Seit der Befreiung Bilbaos wurde über eine mögliche Anerkennung des nationalen Spanien durch Großbritannien spekuliert, das schon immer an den Eisenerzen Vizcayas interessiert gewesen war. Dazu kam es zwar nicht, doch ernannte Großbritannien im November 1937 einen Vertreter in Burgos, das seit August Francos neue Hauptstadt war, und der Herzog von Alba fungierte seitdem als offizieller Repräsentant Francos in London. Franco konnte sogar den Druck, den seine deutschen Verbündeten wegen einer Konzession für die Ausbeutung der Bergwerke auf ihn ausübten, abwehren, ohne daß die sich daraus ergebenden Reibungen, die sich während des Jahres 1938 wiederholten, die hervorragenden Beziehungen zwischen Franco-Spanien und Hitler-Deutschland getrübt hätten und ohne daß die umfangreiche Hilfe Hitlers für das nationale Spanien eingeschränkt worden wäre.

Der Aufbau des zukünftigen franquistischen Staates hatte seit dem Dienstantritt Ramón Serrano Súñers, Schwager von Franco, Ex-Abgeordneter der CEDA und enger Freund und Testamentsvollstrecker des Gründers der Falange, José Antonio Primo de Rivera, in der aufständischen Zone beträchtliche Fortschritte gemacht. Im Unterschied zu den früheren Mitarbeitern im Hauptquartier des Caudillo, dem Bruder Francos, Nicolás, dem Diplomaten Sangróniz und dem Militärrichter Martínez Fuset, hatte Serrano auf Grund seiner politischen und juristischen Erfahrung eine genaue Vorstellung davon, wie der Staat beschaffen sein sollte: Die Ausrichtung war in seiner Konzeption rein totalitär, aber ausgestattet mit dem gesamten, für das Funktionieren notwendigen Rechts-, Verwaltungs- und Herrschaftsapparat.

Die erste Aufgabe bestand in der Schaffung einer politischen Struktur. Durch eine von Serrano inspirierte Verordnung vom 19. April 1937 wurden alle politischen Kräfte, die den militärischen Aufstand unterstützt hatten, in einem neuen Organismus zusammengeschlossen, der sich Falange Española Tradicionalista y de las JONS (Juntas de Ofensiva Nacional-Sindicalista) nannte und vom Staatschef, einer politischen Junta (dem Sekretariat) und einem Nationalrat (Consejo Nacional) geleitet wurde.

Franco selbst hatte zwei Tage zuvor in einer Rede in Salamanca die ideologische Grundlage des neuen Organismus zusammengefaßt, ein flexibles Gemisch aus patriotischen, katholischen, traditionalistischen und nationalsyndikalistischen Werten. Der 19. April war der Geburtstag des Franquismus. Das nationale Spanien zeichnete sich als katholischer und totalitärer Staat ab (letzteres ging aus der genannten Verordnung hervor), als ein Einparteienregime (obwohl Franco den Ausdruck »Bewegung« dem Wort »Partei« vorzog). Die Verordnung vom 19. April erklärte alle übrigen politischen Organisationen und Parteien für aufgelöst. Die im August 1937 erlassenen Statuten des FET y de las JONS schufen wie in jedem totalitären Staat eine Struktur von Parallelinstitutionen zur Regierung. Die persönliche Macht Francos wurde überdies verstärkt. Die Statuten erkannten ihm das Recht zu, die Mitglieder des Nationalrats zu ernennen, erklärten ihn nur gegenüber Gott und der Geschichte für verantwortlich – also nicht gegenüber der Partei und noch weniger gegenüber dem spanischen Volk – und statteten ihn mit der Befugnis aus, seinen eigenen Nachfolger zu bestimmen und zum Staatschef zu ernennen. Eine Verordnung vom 30. Oktober 1937 legte als einziges Ritual des neuen Staates die Rufe »Franco! Franco! Franco!«, »Arriba España!« (den Ruf der Falange) und »Viva España!« (den Ruf des Militärs) fest.

Franco hatte in Salamanca gesagt, daß sein Staat der Demokratie des liberalen Staates, die er als »rein verbal und formal« einstufte, eine »wirksame Demokratie« entgegenstellen werde; er hatte auch gesagt, daß sein System die politische Beteiligung über die familiären, kommunalen und syndikalistischen Funktionen organisieren werde. Es war aber weiter offen, welche Form der neue Staat haben würde. Franco bezog sich in einigen Erklärungen am 17. Juli 1937 gegenüber ›Abc de Sevilla‹ zum erstenmal auf die Monarchie, stellte aber klar, daß im Fall einer Restauration die neue Monarchie sich stark von derjenigen unterscheiden müsse, die am 14. April 1931 zu Fall gekommen sei. Es konnte also kaum Zweifel geben. In einem Artikel für ›La Revue Belge‹ schrieb Franco am 15. August 1937: »Wir gründen die zukünftige Herrschaft nicht auf demokratische Systeme, die unserem Volk mit Gewißheit nicht entsprechen«. »Wir glauben nicht an das demokratisch liberale Regierungssystem«, sagte er am 19. April des folgenden Jahres in Saragossa[10]. Niemand zweifelte an dieser Aussage. Das Regime Francos sollte ein totalitäres werden, wie er selbst bei verschiedenen Gelegenheiten 1937 und 1938 feststellte. Natürlich sollte es keine pure Nachahmung des deutschen, italienischen oder portugiesischen Modells sein, sondern einer eigenen Formel entsprechen, deren Originalität sich auf den ständigen Appell an die spanische Vergangenheit, an das Spanien Ferdinands und Isabellas und das imperiale Spanien sowie auf die Verbundenheit mit den Grundsätzen der katholischen Kirche gründete (was zum Beispiel den ersten deutschen Botschafter, Faupel, über die Maßen irritierte).

Deshalb setzte gleichzeitig mit der fortschreitenden faschistischen Umgestaltung des Staatsapparates und des politischen Stils des nationalen Spanien die Restauration des religiösen Lebens ein. Dies zeichnete sich umso deutlicher ab, als sich die militärischen Erfolge und die am 18. Juli 1936 ins Leben gerufene Bewegung festigten. Am 12. Oktober 1937 erschien Franco in Burgos zum erstenmal im Blauhemd der Falange, die in das neue Gebilde der Falange Española Tradicionalista y de las Juntas de Ofensiva Nacional-Sindicalista (FET y de las JONS) eingegliedert worden war. Bald darauf erklärte er, daß seine Revolution von den Lehren der katholischen Kirche inspiriert sei, daß sein Staat katholisch sein werde und daß »Spanien katholisch war, ist und sein wird« (womit er den bekannten Satz des republikanischen Führers Azaña korrigierte, der 1931 gesagt hatte, daß »Spanien aufgehört habe, katholisch zu sein«)[11].

[10] Dieser Artikel, die Erklärungen gegenüber ›Abc‹ und die Rede Francos in Salamanca finden sich in Palabras del Caudillo. 19 de abril 1937–31 de diciembre 1938, Barcelona 1939, 2. Aufl. Zum Wirken von Serrano Súñer siehe seine Bücher Zwischen Hendaye und Gibraltar. Feststellungen und Betrachtungen angesichts einer Legende über unsere Politik während zweier Kriege, Zürich 1948, S. 27–40, und Memorias, Barcelona 1977, S. 181–209.

[11] Palabras del Caudillo, S. 230.

Im Oktober 1937 hatte Franco den ersten Nationalrat der Falange ernannt. Im Januar 1938, als ein Gesetz über den Staatschef praktisch die gesamte Befugnis zur Gesetzgebung in seine Hände legte, ging er noch einen Schritt weiter: Er bildete seine erste Regierung und setzte sie an die Stelle der Junta aus Fachleuten, die er im Oktober 1936 geschaffen hatte. Dies war auch deshalb ein entscheidender Schritt, weil der Ministerrat (Consejo de Ministros) während der ganzen 40 Jahre des Franquismus das wirkliche Machtorgan des Regimes und die einzige Institution war, auf die Franco wirklich zählte. Alle anderen, der Nationalrat der Bewegung, die 1942 gebildeten Cortes, die seit 1940 geschaffene Syndikatsorganisation und der Staatsrat (Consejo de Estado) sowie der Reichsrat (Consejo del Reino) waren in der Praxis reine Staffage, wie es Serrano Suñer sehr viel später selbst zugab.

Serrano hatte an der Bildung dieser Regierung entscheidenden Anteil. Er war als Innenminister und Kabinettssekretär der wirklich starke Mann des nationalen Spanien, zumal er den gesamten Presse- und Propagandaapparat in seinen Händen hielt; er benannte für Franco diejenigen, die Minister werden sollten. Diese Regierung nahm ihrer Zusammensetzung nach schon alle anderen franquistischen Regierungen vorweg. Sie war ein Kabinett der nationalen Konzentration, in dem alle Kräfte des 18. Juli (Falange, Traditionalisten, Militärs und Monarchisten) vereinigt waren[12].

Die Regierung verkündete die »national-syndikalistische« Organisation des Staates und bereitete bald darauf ein wichtiges Paket von Gesetzen und Verordnungen vor. Darunter war am bedeutendsten die Charta der Arbeit (Fuero del Trabajo) vom 9. März 1938 als tatsächliche Definition dessen, was dieser »Nationalsyndikalismus« sein sollte. Die Charta

[12] General Gómez Jordana war Minister für Auswärtige Angelegenheiten; Fidel Dávila, ebenfalls General, der Mola im Oberbefehl des Nordheeres abgelöst hatte, übernahm das Verteidigungsressort. Zwei ehemalige Leute Primo de Riveras (Andrés Amado und General Martínez Anido) erhielten die Ministerien für Finanzen und öffentliche Ordnung; zwei Fachleute (Peña Boeuf und Juan Antonio Suances, Seemann und Freund Francos seit Kindertagen) wurden Minister für öffentliche Arbeiten und für Industrie und Handel; ein Falangist, Raimundo Fernández Cuesta, Generalsekretär der FET y de las JONS, erhielt das Landwirtschaftsministerium; ein Traditionalist, Graf Rodezno, wurde Justizminister; ein Monarchist, Sainz Rodríguez, wurde Erziehungsminister und ein Mann Serranos, Pedro González Bueno, bekam das Ministerium für Syndikatsangelegenheiten.

war ebenso von faschistischem wie katholischem Geist getragen; sie kündigte die Schaffung vertikaler Syndikate an, verkündete die Rolle des Staates als Beschützer und Helfer, erkannte das Privateigentum an und erklärte die Familie zur Keimzelle der Gesellschaft.

Danach folgten Verordnungen über die Wiederanbringung des Kreuzes in Schulen und Gerichtssälen; das republikanische Gesetz über die Zivilehe (und die Scheidung) wurde ebenso wie das Autonomiestatut für Katalonien aufgehoben, obwohl dieses Gebiet von den Nationalen noch gar nicht erobert war; der Staat übernahm die uneingeschränkte Pressekontrolle und errichtete eine rigorose Zensur (durch das Pressegesetz vom 22. April 1938, das bis in die sechziger Jahre hinein in Kraft blieb); der Jesuitenorden wurde wiederhergestellt, die Koedukation in den Schulen verboten; Arbeitsgerichte und die Sozialversicherungsanstalt für die Marine wurden geschaffen, ebenso wie ein System der Familienbeihilfe; im Juli 1938 wurde die Todesstrafe wieder eingeführt; im September desselben Jahres billigte die Regierung einen neuen Plan für das höhere Schulwesen (ein Werk des Erziehungsministers, Sainz Rodríguez), der den Religionsunterricht und die klassischen humanistischen Fächer in den Vordergrund stellte; man fing an, die Organisation der vertikalen Syndikate zu entwerfen und traf zahlreiche Maßnahmen zu dringenden Problemen wie den öffentlichen Arbeiten, der Wohnungsfrage, dem Gesundheitswesen, dem Bankwesen und dem Bildungswesen, kurzum zu allem, was den im Aufbau befindlichen Staat betraf, den Franco am 18. Juli 1938 als »von einer Mission erfüllt« und als »totalitär« definierte.

»Der Krieg ist bereits gewonnen« hatte Franco am 2. November 1937 behauptet. Er war es nicht. Mehr noch, Francos Fähigkeit als Militär wurde bald darauf erneut auf die Probe gestellt, als ihn im Dezember 1937 nach drei langen Monaten relativer Untätigkeit ein neues Manöver des republikanischen Heeres wiederum überraschte; dieses Mal lag der Schauplatz des Geschehens bei Teruel, während Franco und seine Generäle in Medinaceli eine neue Operation gegen Madrid über Guadalajara vorbereiteten.

Das republikanische Heer nahm Teruel am 7. Januar 1938 ein. Es war das erste Mal, daß die Republik eine Provinzhauptstadt zurückerobern konnte. Franco, dessen Strategie beinahe obsessiv von der Frage des Geländegewinnes oder -verlustes beherrscht war, entschied sich wie bei Brunete dafür, den feindlichen Angriff mit einem Gegenschlag zu beantworten. Aber dieses Mal reagierte er nicht so instinktsicher wie ein paar Monate zuvor. Seine Gegenoffensive war ziemlich überstürzt, Ziele wie Operationen waren schlecht ausgewählt, und man konnte offensichtliche taktische Mängel in seinem Vorgehen feststellen. Erst Ende Januar berichtigte er seine Fehler und stellte dann eine wirklich glänzende Umfassungsoperation in den Bergen von Alfambra weit im Norden von Teruel auf die Beine; die Manöver der Artillerie, der Luftwaffe, der Infanterie und sogar der Kavallerie, die wiederum von Yagüe und einem Offizier, der sich im Norden besonders ausgezeichnet hatte, García Valiño, ausgeführt wurden, waren äußerst wirksam, so daß am 22. Februar Teruel wiedergewonnen wurde. Daß seine anfängliche Reaktion jedoch falsch gewesen war, wurde aus den Berichten des neuen deutschen Botschafters, von Stohrer, aus den Kommentaren, die der italienische Außenminister Ciano in seinen Tagebüchern machte, und sogar aus der Analyse eines seiner Offiziere, Carlos Martínez de Campos, ersichtlich.

Kurz danach, am 7. März 1938, begann Franco seine Offensive in Richtung auf das Mittelmeer und stieß mit seinen, von Varela, Yagüe, Aranda, Moscardó, dem Italiener Berti, Solchaga, einem der Männer der navarrischen Brigaden, García Valiño und Escámez befehligten Truppen am 19. April durch das Ebrotal vor; die Vorhut, die von seinem Freund und Kameraden aus der Zeit an der Akademie in Toledo und zukünftigen Mitarbeiter bei Regierungsaufgaben, Oberst Alonso Vega, geführt wurde, erreichte das Meer bei Vinaroz und teilte die republikanische Zone in zwei Gebiete.

Hier traf Franco wiederum eine umstrittene Entscheidung: Er marschierte auf Valencia, das bis kurz zuvor die Hauptstadt des republikanischen Spanien und der Sitz seiner Regierung gewesen war, und verzichtete auf die Offensive gegen Katalonien, zu der ihm anscheinend alle seine Mitarbeiter geraten hatten. Franco schien zu befürchten, daß er eine französische Reaktion provozieren und auf diese Weise die internationale Lage verschärfen könnte, die ohnehin schon sehr gespannt war, seit Hitler sich im März 1938 Österreichs bemächtigt hatte. Die Möglichkeit, daß die internationale Lage völlig unvorhersehbar etwa zu einem europäischen Krieg oder aber zu einem umfassenden internationalen Abkommen zwischen Großbritannien, Frankreich, Deutschland und Italien führen konnte, das in irgendeiner Weise auch Spanien eine Regelung aufzwingen würde, war das ganze Jahr 1938 über vorhanden. Deshalb entschied sich Franco dafür, Katalonien nicht anzugreifen. Aber die alternative Entscheidung, auf Valencia vorzustoßen, hatte negative Folgen für seine Armee; die nationalen Truppen rückten in dem Gelände, das den Widerstand begünstigte, äußerst langsam vor. Der Vorstoß wurde schließlich im Bergland von Espadán im Norden Valencias aufgehalten.

Francos Irrtum wurde offenkundig, als ihn am 25. Juli Rojo zum dritten und letzen Mal überraschte: An diesem Tag überquerte die republikanische Ebroarmee unter dem Befehl von Oberstleutnant Modesto an mehreren Stellen einer 75 Kilometer langen Front den Fluß, schaffte einen großen Vorstoß in einem Geländebogen um die Ortschaft Gandesa und drohte nach Alcañiz vorzudringen und die Linien Francos aufzubrechen. Die Obsession des Caudillo, kein Gelände preiszugeben, kam nun mit größerer Hartnäckigkeit denn je zum Tragen; er ließ sich auf eine Taktik des defensiven und offensiven frontalen Kampfes auf Leben und Tod gegen die feindlichen Stellungen ein, bis das republikanische Heer aus ihnen vertrieben war.

Zur Verärgerung seiner ausländischen Berater – Mussolini dachte schon, Franco könne den Krieg verlieren – wollte er die Möglichkeit von Manövern nicht einmal in Betracht ziehen, die darauf abzielten, ein Heer zu umzingeln, das sich in einem Kessel von 35 Kilometern Tiefe mit dem Fluß im Rücken befand. In seinem Hauptquartier bei Alcañiz versuchte Franco seinen Militärberatern die Zerstörungswirkung seiner Taktik zu beweisen: Ein ums andere Mal schickte er zwischen dem 11. August und dem 16. November seine Soldaten in einen erschöpfenden, hauptsächlich von der Artillerie geführten Zermürbungskrieg gegen die feindlichen Stellungen; einige ihrer Namen (wie la Venta de Campesines, Gandesa, die Sierra von Cavalls) schrieben sich wegen der besonderen Härte der Gefechte, die dort geführt wurden, für immer in die Erinnerung an den Krieg ein.

Franco selbst hielt die Schlacht am Ebro für die härteste und – nach seinen eigenen Worten – »häßlichste« des Krieges: Es gab 50000 bis 60000 Tote und Verwundete auf beiden Seiten; wobei die Zahl der Toten annäherend 20000 betrug. Während der Monate, in denen sich die Schlacht am Ebro abspielte, erlebte Franco einen der schlimmsten Augenblicke seines Lebens, wie er ein Vierteljahrhundert später gegenüber ›Abc‹ erklärte. Und dies nicht oder zumindest nicht allein wegen des Bürgerkrieges, sondern hauptsächlich wegen der internationalen Lage. Der Ehrgeiz Hitlers richtete sich auf die Annexion der Tschechoslowakei und bedrohte seit April 1938 erneut ernsthaft den Frieden in Europa. Frankreich, wo die Volksfront, die dort bereits 1936 einmal regiert hatte, wieder an die Macht gekommen war, und Großbritannien hatten die neuen deutschen Ansprüche zurückgewiesen.

Angesichts der Furcht vor einem europäischen Krieg ließ Franco Großbritannien und Frankreich vertraulich wissen, daß Spanien neutral bleiben werde. Dies verärgerte Deutschland und Italien, weshalb Franco befürchtete, daß ihn auf der Konferenz, die Hitler, Mussolini, der britische Premierminister Chamberlain und der französische Ministerpräsident Daladier am 29. September 1938 in München abhielten, seine Verbündeten für ein internationales Abkommen opfern würden. Dies war jedoch nicht der Fall. Während des Jahres 1938 wurde klar, daß Chamberlain in seinem unbedingten Willen, ein internationales Abkommen zur Garantie des Friedens zu erreichen, wegen Spanien keinen Krieg riskieren würde. Frankreichs Haltung schien anders zu sein. Von März bis Juni des Jahres hatte die Volksfront-Regierung, aufgeschreckt durch die tschechoslowakische Krise, wiederum die spanische Republik unterstützt. Aber München erwies sich als eine erneute Kapitulation der westlichen Demokratien vor Hitler, als Deutschland im März 1939 die Tschechoslowakei besetzte.

Auch die UdSSR sollte ihre eigenen Interessen über die des Bürgerkrieges in Spanien stellen. Aus Furcht, daß Deutschland nach dem Münchner Abkommen sich gegen sie wenden könnte, begann die UdSSR ihre Hilfe für die Republik im Herbst 1938 überstürzt zurückzuziehen und versuchte, alte Nichtangriffspakte mit dem nationalsozialistischen Deutschland wiederzubeleben. All dies kam Franco zugute. Der Völkerbund hatte den Vorschlag der Regierung Negrín über einen Rückzug aller ausländischen Freiwilligen akzeptiert. Die Internationalen Brigaden begannen Spanien am 22. November 1938 zu verlassen. Die Italiener hätten am 16. November das gleiche tun müssen, als ein davor geschlossenes britisch-italienisches Abkommen in Kraft trat: Etwa 10000 Soldaten wurden in die Heimat zurückgeschickt, aber weitere 12000 kämpften unter dem Befehl des General Berti in Spanien bis zum Ende des Krieges weiter; ebenso verhielt sich die Legion Condor.

Der Republik blieben nach der Schlacht am Ebro immer noch Katalonien, Madrid, ein großer Teil von La Mancha, Valencia und der spanische Südosten. Der Regierungschef Negrín und die Kommunisten glaubten, dies würde ihnen einen Widerstand erlauben. Das war ein Irrtum. Die Schlacht am Ebro – damit hatte Franco recht – hatte die Moral und die operative Fähigkeit ihres immer noch zahlenstarken Heeres erschüttert: General Rojo konnte seinen letzten strategischen Schachzug nicht mehr ins Werk setzen, den er mit unbestreitbarer militärischer Intelligenz entworfen hatte; eine Offensive in der Estremadura und in Zentralspanien sowie eine Landung in Motril.

Franco seinerseits hatte bereits für den 10. Dezember die Offensive gegen Katalonien geplant und vorbereitet (obwohl er es anscheinend vorgezogen hätte, gegen Valencia vorzurücken). Er hatte überdies die Umsicht seiner besten Tage wiedergefunden. In seiner globalen Planung, in der Verteilung seiner Einheiten, in der angemessenen Festlegung der den verschiedenen Heereskorps zugewiesenen Aufgaben, in der Koordinierung der verschiedenen Waffengattungen und in der synchronen Vereinheitlichung der gesamten Kampfhandlungen war die Offensive gegen Katalonien neben denen gegen Santander und der am Alfambra die glänzendste Operation, die Franco während des ganzen Krieges befahl.

Wirklich gekämpft wurde nur in den ersten Tagen der Offensive. Franco wehrte überdies die von der Republik am 5. Januar in der Estremadura in Gang gebrachte Gegenoffensive mit Leichtigkeit ab. Dann brach Katalonien wirklich blitzartig zusammen: Barcelona fiel am 26. Januar 1939; die Truppen Francos erreichten am 10. Februar die Grenze, über die eine halbe Million Menschen ins Exil ging – unter ihnen der republikanische Präsident Azaña selbst. Irland, Uruguay, Polen, Peru und Bolivien erkannten Franco an, am 27. Februar schließlich auch Großbritannien und Frankreich.

Vor dem Fall Kataloniens hatten Agenten Francos begonnen, in Madrid bei einigen Militärs, die Negrín und den Kommunisten feindlich gegenüberstanden, auf geheimem Wege Möglichkeiten für eine Verhandlungslösung zu sondieren. Angesichts der Haltung Frankreichs und Großbritanniens schien es keine andere Alternative zu geben, auch wenn die Republik im Zentrum Spaniens noch eine Armee von 800 000 Mann stehen hatte. Oberstleutnant Casado, der führende Kopf der republikanischen Kreise, die zum Abfall von der Regierung bereit waren, bekannte sich zu dieser Initiative und erhob sich am 4. März 1939 gegen Negrín; vom 6. bis zum 12. des Monats erlebte Madrid ernste Zusammenstöße zwischen den Truppen Casados und den Anhängern Negríns, während derer Casado einen Nationalen Verteidigungsrat bildete, dem bekannte Persönlichkeiten der Zweiten Republik wie der Sozialist Julían Besteiro und General Miaja angehörten. Dieses Gremium sollte einen Frieden mit Franco aushandeln.

Franco, der im Verlauf des ganzen Bürgerkrieges wiederholt und unzweideutig jeden Vorschlag zu einer Verhandlungslösung zurückgewiesen hatte, handelte jedoch, bestärkt durch die Sicherheit seiner unbezweifelbaren Überlegenheit, aus rein militärischer Sicht: Er forderte die bedingungslose Kapitulation, und er setzte sie durch. Am 28. März 1939 rückten seine Truppen unter dem Befehl von General Espinosa de los Monteros in Madrid ein; am 1. April unterzeichnete Franco, der mit hohem Fieber auf Grund einer Grippe in Burgos blieb, den letzten Kriegsbericht, der den Sieg bestätigte.

Am 5. Juli 1965 erinnerte er sich gegenüber seinem Vetter: »Wir Militärs erhoben uns, um das Vaterland vor dem Chaos zu retten und um zu verhindern, daß in dieser finsteren Situation eine kommunistische Republik errichtet würde.« Vieles an dieser Behauptung war ungenau und ungerechtfertigt (ganz abgesehen von der Tatsache, daß 1936 weder die Militärs die einzigen waren, die Spanien retten wollten, noch daß der Aufstand die einzig mögliche Vorgehensweise dafür war). Was zählt ist jedoch, daß Franco 1936 und sein ganzes späteres Leben felsenfest daran glaubte. Die Rettung des Vaterlands hatte 300000 Menschenleben (etwa 140000 an der Front, den Rest im Hinterland der beiden Zonen) gekostet, 250000 Häuser und 183 Stadtkerne wurden zerstört oder unbewohnbar gemacht, wobei teilweise Zerstörungen nicht eingerechnet sind, 50 Prozent der gesamten Eisenbahn, ein Drittel des Viehbestandes und ein Drittel der Handelsmarine wurden vernichtet. Ihrem Wert im Jahr 1935 entsprechend, addieren sich diese Sachschäden auf etwa 30 Milliarden Peseten (was 2,6 Billionen Peseten im Jahr 1982 entspricht).

Drittes Kapitel
Der »Dritte Mann«

»Ich hatte nie persönliche Machtambitionen«, sagte Franco am 12. Dezember 1966 vor den laufenden Kameras des Spanischen Fernsehens, als er die Spanier um ihre Stimmen für das Staatsgrundgesetz (Ley Orgánica del Estado) bat, das damals Gegenstand eines Volksentscheids war. Und er fügte hinzu: »Der Dienst am Vaterland hat mein Leben ununterbrochen und zu jeder Stunde in Anspruch genommen.« Dreißig Jahre hatte er also nach seinen eigenen Worten »am Ruder des Staatsschiffes«, »Gewehr bei Fuß« verbracht, und es sollten noch neun weitere werden.

Daher wäre es wohl weder unangebracht noch ungerecht, ihm etwas von jenem Machtehrgeiz zu unterstellen, der ihm nach seinen eigenen Worten abging. Aber es wäre nicht richtig. Franco war ein zutiefst aufrichtiger Mensch und von einer fast messianischen Vorstellung seiner Mission durchdrungen, wie immer man diese auch beurteilen mag[1], und deshalb von der Legitimität seiner Autorität überzeugt. In einem Brief vom 6. Januar 1944 erinnerte er Don Juan de Borbón, den Sohn des Ex-Königs Alfons XIII., Graf von Barcelona und dynastischen Erben der 1931 untergegangenen Monarchie, an die Gründe, die ihm das unbestreitbare Recht zur Ausübung der Macht verliehen hätten: »die Rettung der spanischen Gesellschaft«, »im Laufe eines Lebens voll unermüdlichem Einsatz wohlerworbene Verdienste«, »Ansehen und anerkannter Rang in allen Schichten der Gesellschaft«, »öffentliche Anerkennung« – so Franco in seinen eigenen Worten –, seine Ausrufung als Staatschef durch das Heer und durch all die Kräfte, die sich am 18. Juli 1936 erhoben hatten, und schließlich »der mit Hilfe der ihm wiederholt überschwenglich bewiesenen göttlichen Gnade errungene Sieg ...«[2]

[1] Siehe Luis Ramírez, Francisco Franco. La obsesión de ser, la obsesión de poder, Paris 1976; und Carlos Castilla del Pino, Psicopatología de un dictador, in: El Viejo Topo, Sondernummer 1, 1976.

[2] Der ganze Brief in Laureano López Rodó, La larga marcha hacia la Monarquía, Barcelona 1977, S. 520–522.

Dies war das Bild, das Franco von sich selbst hatte. Vom 1. April 1939 bis zum 20. November 1975, seinem Todestag, war das Leben Francos mit dem seines Regimes identisch; er meinte selbst einmal, daß er im Grunde keine individuelle Person mehr sei. Seit dem 18. Oktober 1939 hatte er seine Residenz in den Pardo-Palast verlegt, der Teil eines großen Anwesens mit Hügeln und Wäldern ist, das in einer halbgebirgigen Landschaft, etwa zehn Kilometer vor Madrid, liegt. Dort bewohnte Franco einige wenige, bescheiden im Geschmack einer Mittelklassefamilie ausgestattete Zimmer, gerade so viele, wie er für seine Familie brauchte. Er verfügte über zwei Arbeitszimmer, davon ein geräumigeres, das er als Empfangsraum benutzte, die Ministerratssitzungen fanden im Galadiner-Saal des Palastes statt. Im Sommer hielt sich Franco abwechselnd in San Sebastián, einer alten Sommerresidenz des Hofs, oder seinem Stammhaus in Meirás in der Nähe von La Coruña auf, das ihm die dortige Stadtverwaltung geschenkt hatte.

Seine Familie erlebte im Verlauf von 40 Jahren logischerweise einige Wechselfälle. Francos Bruder Ramón, Flieger und unberechenbarer Politiker, der ursprünglich extremistische Positionen eingenommen, aber schließlich im Bürgerkrieg doch mit Franco zusammengearbeitet hatte, war am 28. Oktober 1938 bei einem Flugzeugunglück umgekommen. Er war Francos Lieblingsbruder, trotz der Verärgerung, die sein politisches Abenteurertum bei ihm ausgelöst hatte, und sein Tod ging ihm sehr nahe. Im Februar 1942 starb der Vater der beiden, zu dem Franco keinerlei Beziehung mehr gehabt hatte, seit er die Familie verlassen hatte. Seine einzige Tochter, Carmen, die der Caudillo leidenschaftlich liebte, wurde im Jahre 1926 geboren. Ihre Besonnenheit und sympathische Persönlichkeit fanden stets einmütige Anerkennung; sie heiratete 1950 den Arzt und Aristokraten Cristóbal Martínez Bardiú, Marqués von Villaverde, der im Gegensatz zu ihr bald die allgemeine Ablehnung der öffentlichen Meinung auf sich zog; sein Verhalten zeichnete sich durch Arroganz und mondäne Blasiertheit aus, und er nutzte seine privilegierte familiäre Stellung zu seinem Vorteil. Von 1951 bis 1964 bekamen sie sieben Kinder, denen Franco zweifellos zugetan war. Das erstickende Klima der Schmeichelei um den Staatschef veranlaßte die Cortes sogar zu dem Vorschlag, daß ein Enkel, nämlich der 1954 geborene Francisco, die Reihenfolge in der Anführung der Familiennamen ändern solle, damit auf diese Weise Name und Familienname des Großvaters weiterlebten.

Franco war ein Mann von schlichtem Geschmack und regelmäßiger Lebensweise. Seine Auslandsreisen lassen sich an einer Hand abzählen: 1941 besuchte er Mussolini in Bordighera und Pétain in Montpellier; im Jahr zuvor hatte er sich mit Hitler in Hendaye getroffen, und 1949 hielt er sich auf Einladung Oliveira Salazars vom 25. bis zum 27. Oktober in Portugal auf; im Jahr darauf begleitete er den portugiesischen Diktator nach Oporto, kehrte aber sofort danach nach Spanien zurück. Er nahm seine Amtsgeschäfte jeden Morgen um zehn Uhr auf. Zivile und militärische Audienzen legte er jeweils auf den Dienstag und den Mittwoch, Ministerbesprechungen fanden von Montag bis Donnerstag statt; er empfing die Minister an den Nachmittagen einzeln, für kurze halbstündige Arbeitssitzungen. Der Donnerstagmorgen war reserviert für eine ausführliche Unterredung mit dem Unterstaatssekretär beim Amt des Regierungschefs (Subsecretario de la Presidencia del Gobierno), Admiral Luis Carrero Blanco (1903–1973), der bald zu Francos wahrem Alter ego wurde; an den Feiertagen versammelte er den Ministerrat im Pardo-Palast.

Viele Wochenenden und auch seinen Urlaub widmete Franco seinen Lieblingsbeschäftigungen, der Jagd und dem Fischen. Eine seiner Leidenschaften war die Jacht ›Azor‹, auf der er im Sommer auf hoher See fischte. Außerdem angelte er in den lachsreichen Flüssen Asturiens. Noch bis 1973, als er 80 geworden war, ging er seinen Neigungen mit beträchtlichen Fangerfolgen nach, deren er sich mit kindlichem Stolz rühmte. Er stand um acht Uhr auf, und solange es sein Alter zuließ, spielte er Tennis oder ritt frühmorgens; später spielte er Golf. Er hatte Freude an Filmen, die er sich in Privatvorstellungen im Pardo-Palast ansah, am Fernsehen und an Fußballspielen. 1967 gewann er fast eine Million Peseten durch einen Treffer im Toto, das er regelmäßig spielte.

Er malte, jedoch mit mehr Beharrlichkeit als Talent. Obwohl Carmen Polo 1927 sagte, daß Valle-Inclán der Lieblingsautor ihres Mannes sei, und obwohl es immer hieß, daß er gerne lese und studiere, hatte er keine intellektuellen Neigungen. Er mißtraute den Intellektuellen, wenn er sie nicht sogar verachtete. 1940 schrieb er den Roman ›Raza‹ (›Ein Geschlecht‹), ein militärisches Melodram, das die Geschichte der Familie Churruca von 1898 bis zum Bürgerkrieg erzählt, der Familie Francos nachempfunden und sie verherrlichend. Das Buch war ein naiver Lobpreis des Patriotismus und Heroismus und hatte die Qualität eines Groschenromans. Auf Grund seines reservierten und distanzierten Wesens, das, wie gesagt, Liebenswürdigkeit nicht ausschloß und Augenblicke der Gesprächigkeit zuließ, hatte der Caudillo nur einen sehr begrenzten Freundeskreis: seine Jagdkameraden und Anglerfreunde (Max Borell, Doktor Juan José Iveas Serna, Andrés Zala und Admiral Nieto Antúnez), seine Waffengefährten (Alonso Vega, González Gallarza, Martín Alonso, Millán Astray usw.), seinen Leibarzt von 1940 bis 1974, Vincente Gil, und dessen Bruder, Federico, seinen Beichtvater, Pater Bulart, einige Verwandte sowie Personen aus seiner zivilen und militärischen Umgebung. Er traf sich mit ihnen gerne nach Tisch in gemeinsamer Runde und spielte Domino, Mus und Tresillo.

Franco rauchte nicht und trank kaum. Er war auch nicht anspruchsvoll in seinen Mahlzeiten, die frugal und einfach waren, wenn es sich nicht um offizielle handelte; seine Lieblingsspeise war Leberpastete, jedoch kontrollierten die Ärzte seit den siebziger Jahren seine Diät, um seiner Neigung zum Dickwerden entgegenzuwirken. Seinen Hausstand führte er auf eigene Rechnung. Dazu erwarb er zuerst das Landgut Valdefuente in Navalcarnero bei Madrid, wo er sich ein Landhaus einrichtete, später noch ein weiteres, Canto del Pico, in Torrelodones. Es wird geschätzt, daß er seinen Enkeln insgesamt 20 Millionen Peseten hinterließ[3].

Als Staatschef verband Franco in seinem Regierungsstil den protokollarischen Prunk eines königlichen Hauses mit dem Massenpopulismus, wie er für totalitäre, auf der persönlichen Macht fußende Systeme charakteristisch ist. Das royale Gepränge zeigte sich in prächtigen Zeremonien, etwa der Vorstellung der Botschafter im Königspalast von Madrid

[3] Jimmy Giménez-Arnau, Yo, Jimmy. Mi vida entre los Francos, Barcelona 1981, S. 76. Eine große Zahl von Anekdoten über das Privatleben Francisco Francos finden sich bei Rogelio Baón, La cara humana de un Caudillo, Madrid 1975.

oder der jährlichen Feier aus Anlaß des 18. Juli in der Königsresidenz La Granja de San Ildefonso, ferner in Statussymbolen, wie dem Sommeraufenthalt in San Sebastián, in der maurischen Wache, die zum Gefolge des Caudillo gehörte und 1956 durch die Franco-Garde ersetzt wurde, sowie in ungewöhnlichen Gnadenerweisen, wie der Verleihung von Adelstiteln; davon vergab er seit 1969 etwa 30, meist an seine Waffengefährten. Franco nahm überdies an den eigentlichen Staatsakten teil, wie z. B. der Eröffnung der Cortes und den Sitzungen des Nationalrates der Bewegung, der Militärparade am 6. Januar, den Siegesparaden, die zuerst am 1. April, dann an einem beliebigen Tag im Frühjahr stattfanden, Staatsbegräbnissen und religiösen Feiern in der alten nationalen Tradition. Häufig nahm er dabei das königliche Privileg eines Baldachins in Anspruch. Nicht umsonst stellte Franco am 1. Mai 1956 in Sevilla fest, daß sein Herrschaftssystem weder einer Republik noch einem Präsidialsystem gleiche: »Wir sind in Wirklichkeit eine Monarchie ohne Königswürde, aber wir sind eine Monarchie.«

Es handelte sich jedoch um eine Monarchie, die ihre anfängliche nationalsyndikalistische Ausrichtung nicht mehr zurücknehmen konnte. Sie zeigte sich in populistischen Ritualen, die, wie bereits erwähnt, neben der Prachtentfaltung weiterexistierten. Bis zum Ende seiner Tage unternahm Franco sehr häufig Reisen durch ganz Spanien. Es war üblich, daß er dabei vom Balkon des Rathauses oder von irgendeiner anderen öffentlichen Tribüne das Wort an die Menge richtete, die sich aus Anhänglichkeit und zu Ehren ihres Caudillo versammelt hatte. Die Massenversammlungen von Abertausenden auf der Plaza de Oriente in Madrid wurden zur Legende: Die wichtigsten waren die des Jahres 1946, als Franco die Verurteilung Spaniens durch die UNO zurückwies, die von 1970 als Reaktion auf den internationalen Protest wegen des Prozesses von Burgos gegen eine Reihe militanter Mitglieder der baskischen Separatisten-Organisation ETA, die von 1971, die »einfach nur so« stattfand, und die von 1975, deren Anlaß ebenfalls die internationale Verurteilung des Franco-Regimes auf Grund der Erschießung von fünf Mitgliedern der FRAP und der ETA bildete.

Franco hatte regelmäßig den Ehrenvorsitz bei festlichen oder sportlichen Veranstaltungen von großer Popularität:

dem Stierkampf zu wohltätigen Zwecken, dem Endspiel um die Fußballpokalmeisterschaft und den Regatten der Sardinenfischer im Kantabrischen Meer. Er wandte sich jedes Jahr zum Jahresende zuerst über Radio und dann über Fernsehen an das spanische Volk; seit 1958 präsidierte er in Madrid der »Demonstration der Syndikate«, einer spektakulären, folkloristisch-sportlichen Veranstaltung, die die staatlichen Syndikate am ersten Mai inszenierten. All dies entsprach einer überlegten Politik, die auf eine Art von plebiszitärem, hurrapatriotischem Populismus hinauslief, eine Form von direkter Demokratie, wenn man so will, zwischen dem charismatischen Führer Franco und dem Volk, in einem Herrschaftssystem ohne repräsentative Institutionen. Franco glaubte an den Wert solcher Massenveranstaltungen: Obwohl viele dieser Kundgebungen von den Behörden des Regimes organisiert wurden, nahm er sie als Ausdruck der Unterstützung des spanischen Volks für seine Person und seine Politik.

Er selbst definierte bei einer Gelegenheit im Jahr 1959 sein Herrschaftssystem als eines der persönlichen Macht. Sein Amt als Staatschef betrachtete er stets als ein dauerndes. Im Zusammenhang mit einigen Äußerungen gegenüber der Tageszeitung ›Arriba‹ am 27. Februar 1955 hatte Franco von seinem Amt als einem lebenslangen gesprochen und diese Formulierung bei unzähligen Gelegenheiten wiederholt. Zu keiner Zeit hatte er die Absicht, auf die Macht zu verzichten oder den Weg für ein anderes System als das des Franquismus freizugeben; 1960 erinnerte er Franco Salgado-Araujo an diese Tatsache: »Ich habe es schon bei verschiedenen Gelegenheiten und anläßlich von Staatsakten gesagt, daß ich, solange ich gesund und im Besitz meiner geistigen und körperlichen Kräfte bin, die Leitung des Staates nicht abgeben werde.«[4]

Das tatsächliche Regierungsinstrument war der Ministerrat. Unter Franco gab es insgesamt 19 Regierungen, von denen nur 12 grundlegend neugebildete waren, was eine durchschnittliche Amtsdauer von etwa zwei Jahren bedeutete und etwa 120 Minister. Franco fand es angebracht, seine

[4] Generalleutnant Francisco Franco Salgado-Araújo, Mis conversaciones privadas con Franco, Barcelona 1976, S. 280. Franco hatte sein Regime gegenüber dem ›Observer‹ am 5. Juli 1959 als System der persönlichen Macht definiert.

Minister alle vier oder fünf Jahre auszuwechseln, wenn auch etwa fünfzig von ihnen länger dienten: Carrero Blanco war fast 25, José Antonio Girón de Velasco mehr als 15 Jahre in der Regierung. Franco ließ den Ministern in der Ausübung ihrer Ämter weitreichende Selbständigkeit, aber es ärgerte ihn, wenn man sie ihm gegenüber vertraulich kritisierte und er verteidigte stets ihre Amtsführung. Nur wenige wurden von ihm im Zorn abgesetzt, wie zum Beispiel 1940 der damalige Luftfahrtminister Yagüe, der an verschiedenen Intrigen gegen Francos Autorität mitgewirkt hatte, und 1956 der Erziehungsminister Ruiz-Giménez und der Minister für die Bewegung, Fernández Cuesta, anläßlich der Zwischenfälle zwischen Studenten und Falangisten, die sich im Februar desselben Jahres ereigneten.

Er verfuhr salomonisch, wenn er sah, daß es starke Meinungsverschiedenheiten im Kabinett gab; 1942 setzte er beispielsweise die Minister ab, die sich bei einem falangistischen Anschlag auf eine Veranstaltung der Traditionalisten die Hände schmutzig gemacht hatten (Innenminister Galana, Heeresminister Varela und den Außenminister, seinen Schwager Serrano Súñer); 1969 ging er ähnlich gegen eine Reihe dem Opus Dei angehörende Minister vor, die von einem großen Finanzskandal, dem Matesa-Skandal betroffen waren, sowie gegen die Minister (Solís Ruiz, Fraga Iribarne), die die Gelegenheit benutzen wollten, das Opus Dei aus der Regierung zu verdrängen.

Mit Ausnahme der Genannten und noch einem weiteren setzte Franco seine Minister für gewöhnlich auf eine herablassend-gnädig autokratische Art ab; er ließ es sie durch einen Brief wissen, den er ihnen durch einen Motorradboten überbringen ließ. Den Vorsitz in den Ministerratssitzungen führte Franco trotz ihrer oft sehr langen Dauer ohne Unterbrechung; er duldete nicht, daß seine Minister dabei rauchten und ließ keine Diskussionen und noch weniger Unhöflichkeiten zu. Auch er selbst, ein außerordentlich höflicher Mensch, beging keine; bei der Ausübung seines Amts gelang es ihm, auf erstaunliche Weise unpersönlich zu sein, wie sein Minister Girón einmal feststellte. Lediglich auf Kosten seines Freundes Alonso Vega, der von 1957 bis 1969 Innenminister war, erlaubte er sich Scherze, und nur bei sehr seltenen Gelegenheiten fuhr er einen seiner Minister hart an, wie etwa

1965 Fraga Iribarne. Als dieser ihm in der Frage, ob Monarchie oder Republik widersprach, unterbrach ihn Franco mit den Worten: »Glauben Sie, ich begreife nicht, um was es geht, glauben Sie, ich bin ein Zirkusclown?«[5]

Seine Regierungen entsprachen immer dem gleichen Schema, einer Konzentration der franquistischen Kräfte, unter Einschluß der verschiedenen am 18. Juli beteiligten Richtungen. Franco selbst definierte sie in Erklärungen gegenüber ›Abc‹ am 2. April 1957 als »Regierungsmannschaften, die die Grundsätze und den historischen Auftrag der Bewegung akzeptieren«. Die Akzente konnten jeweils wechseln. Von 1939 bis 1945 gab es eine gewisse falangistische Vorherrschaft, von 1945 bis 1957 ein Übergewicht des politischen Katholizismus und von 1957 bis 1973 eine starke Präsenz des Opus Dei und der Technokraten. (Die Regierungen von 1974 und 1975 bildete der Regierungschef, Arias Navarro, und nicht Franco, wobei Arias dem Schema der vorhergehenden folgte.)

Franco interessierte sich wenig für das, was er unter Politik verstand, d.h. eigentlich demokratische Politik, von der er eine äußerst geringe Meinung hatte. Das, was er machte, hielt er nicht für Politik, auch wenn sie unter autoritären Vorzeichen stand. Er war, wie bereits erwähnt, der Ansicht, was er tue, sei Dienst und Pflichterfüllung. Mehr noch, er besaß kein politisches Denken im wahren Sinne des Wortes. Seine Wirtschafts-, Sozial- und Außenpolitik folgte weder einem staatsmännischen Plan noch war sie die Kristallisation einer Lehre oder Ideologie. Franco war ein Pragmatiker und kein Doktrinär oder Ideologe. Wie wir noch sehen werden, tat er nichts anderes, als seine Politik den Erfordernissen der Umstände anzupassen. Man ist fast in Versuchung, über ihn das zu wiederholen, was Wellington über Lord Liverpool sagte, der von 1812 bis 1827 britischer Premier war: Das Geheimnis seiner Politik sei es, daß er keine Politik mache.

Franco hatte offensichtlich eine Reihe von fundamentalen Grundsätzen, an die er glaubte: Sein Innenminister von 1969 bis 1973, Tomás Garicano Goñi, benannte sie als das Vaterland, die Religion, die Einheit und die Ordnung. Und er hatte recht. Das Denken Francos bestand in vagen und ele-

[5] Laureano López Rodó, Marcha, S. 229–230.

mentaren Vorstellungen von Autorität, Religiosität und sozialem Paternalismus. Er dachte gleichsam weiter in den Kategorien, die er beim Militär gelernt hatte. Am 17. November 1967 betonte er vor den Cortes: »Ohne fest gegründete Autorität und ohne eine letzte Entscheidungsgewalt gibt es weder Frieden noch Ordnung noch Recht.«[6] Und beharrlich verkündete er in seiner Neujahrsbotschaft des Jahres 1968: »Ohne Autorität ist das menschliche Zusammenleben nicht möglich; ohne Macht und ohne Regierung könnte es keine im Gleichgewicht befindliche Gesellschaft geben.« Die Komplexität des modernen Lebens begriff Franco nicht; die Konflikte in der Arbeitswelt, der Politik und der Gesellschaft sowie den ideologischen Pluralismus schrieb er der Tätigkeit agitatorischer und subversiver Minderheiten zu, (Kommunismus und Freimaurerei waren regelrecht pathologische Alpträume des Caudillo); er glaubte, Spanien brauche vor allem Einigkeit und Ordnung: Die Freiheit wollte er nur »innerhalb der Ordnung« erlauben, wie er es am 9. März 1963 bekräftigte und bei zahlreichen Gelegenheiten wiederholte, bis er diese Formulierung in eine eintönige Phrase verwandelt hatte; dies war auch bei anderen charakteristischen Wendungen der Fall, so etwa »Einheit der Völker und Länder Spaniens« (»Unidad entre los pueblos y tierras de España«), »geregelt und gut geregelt« (»atado y bien atado«), »wir alle als Spanier« (»españoles todos«) usw.

Er haßte aus all diesen Gründen die politischen Parteien und die liberale Demokratie. »Wir verabscheuen die politischen Parteien«, sagte er am 4. Dezember 1952. Er sah in ihnen nicht den Ausdruck verschiedener Meinungen und Sichtweisen einer pluralen und entwickelten Gesellschaft, sondern die Plattform für Klassenkampf und nationalen Zerfall. Er konnte sie nicht als eine konstruktive Lösung ansehen, insbesondere nicht für eine Gesellschaft wie die spanische, gegenüber deren politischen Fähigkeiten er unbestreit-

[6] Die Belegstellen zu den im Text zitierten Reden Francos sind meist nicht eigens angeführt. Die Reden wurden bis 1970 regelmäßig in Bänden mit dem Titel ›Discursos y mensajes del Jefe del Estado‹ von der Dirección General de Información (später Dirección General de Cultura Popular y Espectaculos) veröffentlicht. Die Reden und Botschaften der Jahre 1970 bis 1974 wurden von Ediciones del Movimiento veröffentlicht. Alle nicht anderweitig belegten Zitate stammen aus diesen Ausgaben.

bare Vorbehalte hegte; am 22. November 1966 sprach er deshalb in den Cortes eine Warnung aus: »Die Spanier mögen sich daran erinnern, daß jedes Volk von seinen eigenen Dämonen bedrängt wird, die bei jedem anders, aber typisch sind. Die Spaniens heißen: Geist der Anarchie, negative Kritik, fehlende Solidarität der Menschen untereinander, Extremismus und gegenseitige Feindschaft.« Die FET y de las JONS hatte Franco stets als eine nationale Bewegung betrachtet, nicht als eine Partei; er bezog sich auf sie sogar als auf eine »große Antipartei«, wie er die Bewegung ebenfalls in den Cortes am 27. November 1967 nannte.

Franco war weder Doktrinär noch Ideologe noch Politiker aus Berufung; er stand schon der Idee der Parteien innerlich feindlich gegenüber. Und er war auch kein Faschist, wie dies die ersten Botschafter des italienischen Duce und des deutschen Führers beim spanischen Caudillo direkt bestätigten: Roberto Cantalupo und Wilhelm Faupel, der Franco für einen Klerikalen und einen Reaktionär hielt, was tatsächlich zutraf. Franco dachte auch selbst so. Gegenüber seinem Vetter betonte er am 6. März 1965: »Ich bin, wie Du weißt, nie ein Faschist gewesen.«[7]

Franco gelangte nicht zu einer Verständigung mit José Antonio Primo de Rivera, dem Führer der Falange, der Partei der nationalsyndikalistischen Revolution, d.h. der spanischen Version des Faschismus. Er glaubte zwar an die Falange – wie er im Dezember 1942 sagte –, aber nur aus Dankbarkeit für die Loyalität, die ihm die falangistischen Massen stets bezeugt hatten. Aber er glaubte weder an einen falangistischen Staat, noch ließ er, wie wir noch sehen werden, zu, daß die Falange den Staat kontrollierte. Seine Vorstellung kam der Position Victor Praderas sehr nahe, des im Bürgerkrieg ermordeten Führers der Traditionalisten und Gründers des Nationalen Blocks der äußersten Rechten in der Zweiten Republik; dessen Gedankengut ließ sich in dem Wahlspruch »Religion, Staat, Eigentum und Familie« zusammenfassen; seine These vom neuen Staat – sein Buch ›El nuevo Estado‹ erschien 1935 –, verherrlichte die traditionelle und soziale Monarchie Ferdinands und Isabellas. Dies kam Francos Ideen in der Tat sehr nahe. 1945 schrieb er ein Vor-

[7] Francisco Franco Salgado-Araújo, Conversaciones, S. 443.

wort zur Ausgabe der vollständigen Werke Praderas; in seinen Aktennotizen findet sich überdies eine Aufzeichnung, in der er sich auf seine Freundschaft mit dem baskisch-navarrischen Politiker bezog[8]. Das Denken Francos stimmte also in einer Reihe von Punkten mit dem Praderas weitgehend überein; das waren die Ideen, an denen er festhielt, und natürlich am Glauben an die Stärke seines Regimes und die Legitimität des 18. Juli.

Nachdem am 1. April 1939 der Sieg errungen war, neigte Francos Regime zwangsläufig den faschistischen Mächten zu, die ihn bei seinem militärischen Aufstand unterstützt hatten. Dies kam hauptsächlich in folgenden Punkten zum Tragen:

1. Freundschaft und Zusammenarbeit mit Italien und Deutschland in der Außenpolitik.

Am 27. März 1939 trat Spanien dem Antikominternpakt bei – seine Mitgliedschaft wurde 1941 für fünf Jahre erneuert –, am 31. März unterzeichnete es einen Freundschaftsvertrag mit Deutschland, am 8. Mai trat es aus dem Völkerbund aus, und am 31. Mai besuchte eine spanische Delegation unter der Leitung Serrano Súñers Italien und eine andere, der verschiedene angesehene Militärs (Aranda, Alonso Vega, Solchaga, García Valiño und Yagüe) angehörten, Deutschland. Im Juli 1939 besuchte der italienische Außenminister Ciano Spanien; und im Oktober des folgenden Jahres der SS-Führer Heinrich Himmler.

2. Verstärkung der Macht der Falange im Staatsapparat und im gesellschaftlichen Leben.

Die Mitgliederzahl der Falange stieg seit Kriegsende schwindelerregend an; sie zählte bald etwa 650000 Mitglieder. Die Frauenorganisation, die Jugendfront und der Verband der Universitätsstudenten – falangistische Gliederungen – dienten als Mittel zur Erfassung verschiedener Gesellschaftsbereiche. Die Falange bildete von Anfang an das Rückgrat der 1940 geschaffenen Syndikatsorganisation; die Presse, der Rundfunk und die offizielle Propaganda waren in

[8] Siehe dazu Luis Suárez Fernández, Francisco Franco y su tiempo, Madrid 1984, Bd. 2, S. 116, Anm. 44.

ihren Händen. Die falangistischen Syndikate und Rituale (das Blauhemd, der Faschistengruß, der Ruf »Arriba España!«, die Anrede »Genosse«, die schwarz-rote Fahne mit Joch und Pfeilen und die Hymne ›Cara al sol‹) erhielten offizielle Gültigkeit. Vom 20. bis zum 30. November 1939 inszenierte der Staat mit der Überführung der sterblichen Überreste José Antonio Primo de Riveras von Alicante in den Escorial ein eindrucksvolles Schauspiel. Am 10. August 1939 ernannte Franco eine neue Regierung; sein Schwager Serrano Súñer, der »Mann Italiens«, der die neue Falange der Nachkriegszeit zur Grundlage seiner persönlichen Macht gemacht hatte, wurde der wirklich starke Mann des neuen Kabinetts, wenn es auch weiterhin dem franquistischen Schema des Gleichgewichts und der Konzentration entsprach; es gab Minister, die Gegner Serranos waren, insbesondere die Militärs und vor allem der Heeresminister, General José Enrique Varela. Am 17. Oktober 1940 übernahm Serrano, der bereits das Amt des Innenministers und des Präsidenten der politischen Junta der FET y de las JONS innehatte, auch noch das Ressort des Außenministers. Von 1940 bis 1945 verstärkte sich die falangistische Präsenz im Nationalrat der Bewegung.

3. Ausrichtung der Wirtschafts- und Sozialpolitik auf Autarkie, Staatswirtschaft und Ständestaat.

Die Grundvorstellungen Francos in wirtschaftlicher Hinsicht trafen sich mit den Autarkie-Idealen der Ideologen seines Regimes. In einer am 5. Juni 1939 vor dem Nationalrat der FET y de las JONS gehaltenen Rede hatte er bereits gesagt, der Triumph der nationalsyndikalistischen Revolution bilde »den Triumph von Wirtschaftsprinzipien, die im Widerspruch zu den alten liberalen Theorien stehen«. Die Losung, die er ausgab – »produzieren, produzieren, produzieren« – war unzweideutig: Franco wollte die nationale Produktion erhöhen und die Importe einschränken, um die Beschäftigung zu fördern und die Auslandsschuld zu verringern[9]. Im Februar 1940 besuchte er Puertollano in Ciudad Real, in dessen Kohlerevier 1942 ein großer Industriekom-

[9] Siehe dazu seine handschriftlichen Anmerkungen über diesen Punkt bei Luis Suárez Fernández, Franco, Bd. 3, S. 52–59.

plex geschaffen wurde, eines der ersten Symbole der Autarkieanstrengungen des Regimes; am 24. Januar 1941 wurden die Eisenbahngesellschaften verstaatlicht und die Renfe geschaffen; am 30. September desselben Jahres wurde nach italienischem Vorbild das Nationale Industrieinstitut (Instituto Nacional de Industria, INI) geschaffen, die gigantische und äußerst kostspielige Fassade für die staatlichen Industrialisierungsbemühungen. An die Spitze stellte Franco seinen Freund Juan Antonio Suances. Seit August 1937 gab es eine nationale Weizenbehörde (Servicio Nacional de Trigo), über die der Staat die Getreideproduktion regelte; im Jahr 1939 wurde die Allgemeine Behörde für Wirtschaft und Steuern (Comisaría General de Abastecimientos y Tasas) und im Jahr darauf die Preisüberwachungsbehörde (Fiscalía de Tasas) geschaffen: Der Staat war damit zur Kontrolle der Versorgung und der Preise für Konsumgüter übergegangen. Per Gesetz vom 26. Januar 1940 wurden die Einheitssyndikate gegründet, und im Dezember darauf wurden die ebenfalls faschistisch inspirierten vertikalen Syndikate geschaffen. Franco sah in ihnen wahrscheinlich nur ein Schlichtungsinstrument zur Überwindung des Klassenkampfes, für die seine Erfahrungen mit dem konfliktreichen Asturien (1917–1920 und 1934) seine Aufmerksamkeit geschärft hatten. Sie waren jedoch sehr viel mehr, nämlich das Instrument zur Integration der Arbeiterklasse und der Unternehmerinitiative im Dienste der Interessen des totalitären Staates. Die ganze Wirtschaft wurde der Politik untergeordnet, gemäß den Vorbildern der Achsenmächte.

4. Andauernde Unterdrückung.

Gesetze wie das über die politischen Verantwortlichkeiten (Ley de Responsibilidades Políticas) von 1939, das zur Unterdrückung der Freimaurerei und des Kommunismus (vom 1. Mai 1940), das über die Staatssicherheit (von 1941) und andere legten die Grundlage für ein hartes Unterdrückungs- und Polizeisystem, auf dem die Stabilität und die Kontinuität der Diktatur Francos fußten. Zu den 300 000 Kriegsexilanten kamen noch weitere 300 000 Personen hinzu, die zwischen 1939 und 1945 Gefängnisstrafen erlitten; eine schwer zu präzisierende Zahl von Personen – nach Schätzungen zwischen 28 000 und 200 000 – wurde in derselben Zeit erschossen (Die Abweichung der Zahlen ist auf die verschiedenen Kriterien der jeweiligen Autoren zurückzuführen. Die von Ramón Salas Larrazábal errechnete Zahl von 28000, die bisher niedrigste, würde bedeuten, daß an jedem Tag der sieben Jahre von 1939 bis 1945 etwa 10 Personen erschossen wurden)[10]. Franco war kein Mann, der persönlich zur Gewalttätigkeit neigte. Seine Gegner verfolgte er so unbeeindruckt und unerbittlich, als ob es sich um die Erfüllung einer Pflicht handelte. Er führte ein System des Straferlasses durch Arbeit ein: Hunderte von politischen Gefangenen waren bei den Arbeiten für das Valle de los Caídos (Tal der Gefallenen) beschäftigt, die 1940 begannen und 1959 beendet waren; dieses gigantische Mausoleum errichtete Franco zum Andenken an die Gefallenen der siegreichen Partei im Bergland von Madrid, eine Replik der Basilika Philipps II. im Escorial. Es gab auch schon vor 1945 verschiedene Begnadigungen, aber nicht die allgemeine und großzügige Amnestie, die die nationale Versöhnung besiegelt und den Bürgerkrieg beseitigt hätte. 1945 war die Zahl der Inhaftierten auf 39527 Personen gesunken; 1940 waren es dagegen 270719 gewesen. Die Zahl von 1945 übertraf noch immer die in Spanien in »normalen« Zeiten übliche Höhe (die nicht vor 1950 erreicht wurde); annähernd 17000 von den 39527 Häftlingen waren politische Gefangene.

5. Verstärkung von Francos Führerstellung.

Franco, dessen Form von Herrschaft in Schriften wie der des Professors Javier Conde über die Stellung des Führers (1942 erschienen) ihre theoretische Legitimierung erfuhr, war in Personalunion Staatschef, Regierungschef und Führer der Bewegung (FET y de las JONS) und hatte den Oberbefehl über die Streitkräfte und die gesetzgebende Gewalt im Staat inne. Dies wurde durch das neue Gesetz über den Staatschef vom 8. August 1939 ratifiziert. Weder die Schaffung des Staatsrats als Hilfsorgan im Jahr 1940 noch die der Cortes im Jahr 1942 änderten etwas an Francos Stellung. Das Gesetz über die Cortes vom 17. Juli 1942 besagte ausdrück-

[10] Eine Zusammenfassung der Diskussion bei Daniel Sueiro und Bernardo Díaz Nosty, Un imperio en ruinas. Historia del franquismo, Bd. 1, Barcelona 1985, S. 146–163.

lich, daß das Amt des Staatschefs weiter mit der Befugnis ausgestattet sei, Rechtsnormen von allgemeinem Charakter zu erlassen, d.h. Gesetze, Verordnungen usw. Franco schuf die Cortes als ein Instrument zur Mitarbeit an seinen Aufgaben, nicht als eine gesetzgebende Kammer zur Einschränkung seiner Macht.

Nicht ohne Grund konnte daher Don Juan de Borbón in seinem Lausanner Manifest vom 19. März 1945 – ein Dokument, das Franco wahrscheinlich in den 40 Jahren seiner Herrschaft am meisten aufbrachte – behaupten, daß das von General Franco eingesetzte Regime »von Anfang an von den totalitären Systemen der Achsenmächte inspirierte« gewesen sei, d.h. von Deutschland und Italien[11]. Dies traf insbesondere seit dem Ausbruch des Zweiten Weltkriegs am 4. September 1939 zu, als sich Franco-Spanien an der Seite Deutschlands befand, und noch verstärkt seit dem Kriegseintritt Italiens am 10. Juni 1940, der Spanien eindeutig auf die Seite der beiden totalitären Mächte brachte.

Und dennoch trat Spanien nicht in den Krieg ein, eine Entscheidung, die das Franco-Regime stets als einen der entscheidenden historischen Erfolge des Caudillo herausstrich. Spanien erklärte angesichts des Konflikts am 4. September 1939 seine Neutralität, entschied sich am 12. Juni 1940 für die Nichtkriegführung, was einen Schritt über die bloße Neutralität hinausging, und kehrte im Oktober 1943 zur Neutralität zurück. Die spanische Nichteinmischung in den Zweiten Weltkrieg war das Ergebnis des Zusammentreffens einer Reihe von strategischen, diplomatischen und wirtschaftlichen Faktoren, die nicht unbedingt dem Willen und den Wünschen der leitenden Männer Spaniens und damit auch nicht Francos selbst unterworfen waren. Franco wünschte sich eine lange Friedens- und Stabilitätsperiode, die ihm den Wiederaufbau seines Landes erlaubte. Ungeachtet seiner Ausrichtung an der Achse wollte er die Zusammenarbeit mit der internationalen Völkergemeinschaft. Bereits 1940 hatte er verschiedene Handelsabkommen mit Großbritannien und Frankreich unterzeichnet, für die der Weltkrieg einen schweren Rückschlag bedeutete. Wahr-

[11] Der Text bei X. Tusell, Relaciones secretas Franco-D. Juan, in: Actualidad Económica, 4. Mai 1976.

scheinlich wollten weder er noch seine verantwortlichen Mitarbeiter (an erster Stelle Serrano Súñer, der zusammen mit ihm bis August 1942 der Konstrukteur der Außenpolitik war), daß Spanien in den Krieg eintrat. Deshalb verkündete Spanien 1939 seine Neutralität; Franco intervenierte sogar bei den Achsenmächten, um die Aufteilung Polens zu verhindern.

Aber als Deutschland zwischen April und Juni 1940 Westeuropa überfiel und die Kapitulation Frankreichs erzwang, mußten die führenden Männer Spaniens zu der Ansicht kommen, es werde entweder angemessen oder sogar unvermeidlich sein, daß Spanien in den Krieg eintrete. Spanien erklärte weder Frankreich noch Großbritannien den Krieg, wie es Italien tat, und griff auch Frankreich in Nordafrika nicht an, wie man erwartet hätte, sondern beschränkte sich auf die Besetzung Tangers am 14. Juni 1940 und auf die Erklärung seiner Nichtkriegführung. Aber gleichzeitig ergriff Franco im Juni die Initiative, um bei Hitler eine mögliche Antwort auf ein von General Vigón überbrachtes Angebot auszuloten, das den Kriegseintritt Spaniens gegen substantielle militärische und wirtschaftliche Hilfe, Gibraltar und einen beachtlichen Zuwachs der spanischen Gebiete in Afrika in Betracht zog.

Das deutsche Desinteresse am spanischen Angebot veränderte die Linie der franquistischen Diplomatie. Deutschland glaubte nicht, daß Spanien in der Lage sei, sich wirksam am Krieg zu beteiligen; wenn es etwas an Spanien interessierte, dann die Möglichkeit, daß Franco deutsche Truppen passieren ließ, falls man sich dafür entscheiden sollte, Gibraltar anzugreifen. Deutschland hielt überdies die spanischen Forderungen in Marokko für unangemessen hoch und hielt es für besser, wenn das spanisch-französische Gleichgewicht in Nordafrika nicht ins Wanken geriet – auch Italien sollte sich in Nordafrika ruhig halten – denn die Zusammenarbeit mit dem im Juni 1940 von Marschall Pétain in Vichy errichteten französischen Kollaborationsregimes sollte nicht zunichte gemacht werden.

Von da an entschied sich Franco für eine Politik, die sich genaugenommen ziemlich dem Attentismus Pétains, d.h. der Politik des Abwartens, annäherte: Beteuerungen der Freundschaft mit Deutschland, als deren Sprecher Serrano

Súñer, die Falange und die Regierungspresse auftraten, bei gleichzeitig unbestimmtem Hinausschieben der Entscheidung über einen Kriegseintritt, die zumindest bis zu dem Zeitpunkt verzögert werden sollte, an dem Deutschland den von Spanien gewünschten Gegenleistungen zustimmen würde. Dies war die Haltung, die Serrano Suñer bei seinem Besuch in Deutschland im September 1940, als er noch nicht Minister war, gegenüber Hitler und Ribbentrop vertrat und die Franco bei dem Treffen mit Hitler in Hendaye am 23. Oktober 1940 beibehielt; Serrano gab sie auch bei späteren Treffen mit führenden Nationalsozialisten nicht preis[12].

In Francos Biographie war die Unterhaltung mit Hitler in Hendaye ein entscheidendes Datum. Wenn man die kunstvolle Fassade, die die franquistische Hagiographie um das Treffen errichtete, einreißt, so bleibt als wesentliches Ergebnis, daß Hitler und Franco sich nicht verstanden. Franco hielt die Fassade weder aufrecht, noch brachte er sie zum Einsturz, aber er bewahrte immer große Diskretion in bezug auf diese Angelegenheit, denn Hitler hatte einen sehr schlechten Eindruck von dem spanischen General gewonnen. Tatsache ist, daß Franco dem »Führer« die spanischen Wünsche in Afrika und den Bedarf darlegte, den Spanien an Lebensmitteln, Rohstoffen und Waffen hatte, und daß Franco und Serrano noch in derselben Nacht des 23. Oktober, als sie bereits wieder in San Sebastián waren, ein Protokoll verfaßten. Diesem Protokoll zufolge schloß sich Spanien der Militärallianz zwischen Deutschland, Italien und Japan an und verpflichtete sich zum Kriegseintritt, behielt sich aber die Entscheidung über das Datum des Eintritts vor. Hitler

[12] Die Literatur über Spaniens Rolle im Zweiten Weltkrieg ist sehr umfangreich; hier werden lediglich einige der grundlegenden Arbeiten aufgeführt: Ramón Serrano Súñer, Zwischen Hendaye und Gibraltar. Feststellungen und Betrachtungen angesichts einer Legende über unsere Politik während zweier Kriege, Zürich 1948; José M. Doussinague, España tenía razón, 1939–1945, Madrid 1949; Ramón Garriga, La España de Franco, 2 Bde., Barcelona 1976; Angel Viñas u.a., Política comercial exterior en España 1931–1975, 2 Bde., Madrid 1979, die Ausgabe der ›Revista de Occidente‹ zu eben diesem Thema (Oktober 1984) mit Beiträgen von Angel Viñas, A. Marquina, X. Tusell und Genoveva García Queipo de Llano. Unverzichtbar sind die bereits angeführten Biographien Francos von Ricardo de la Cierva und Luis Suárez Fernández sowie die von B. Crozier, Franco. Historia y biografia, 2 Bde., Madrid, (in der Ausgabe von 1975); George Hills, Franco. The Man and his Nation, London 1967 und J. W. D. Trythall, Franco, London 1970.

erzwang in Hendaye keine spanische Entscheidung, und es ist in gewisser Weise müßig zu fragen, was Franco getan hätte, wenn Hitler seinen Forderungen zugestimmt hätte. Der zog es weiterhin vor, sich die Mitarbeit von Pétains Frankreich zu sichern, und begnügte sich mit einem neutralen, aber loyal und freundschaftlich gesinnten Spanien; diese Loyalität und Freundschaft hatte Franco ein weiteres Mal in Hendaye bekräftigt. Die Möglichkeit einer deutschen Operation gegen Gibraltar lag freilich weiter in der Luft. Hitler hatte sie wiederholt in Betracht gezogen, seit im August 1940 die Schlacht um England begonnen hatte; wäre sie zur Ausführung gelangt, hätte sie Spanien vor eine äußerst schwierige Entscheidung gestellt. Aber im Dezember verschob Deutschland diese Operation, und bald darauf, im Frühjahr 1941, verlegte die Offensive gegen die UdSSR Hitlers Kriegsengagement weit von Spanien weg, wozu bereits der Angriff Italiens auf Griechenland, fünf Tage nach Hendaye, beigetragen hatte.

Es war deshalb nicht sicher, ob Franco – und Serrano – in Hendaye tatsächlich die spanische Neutralität gewahrt hatten[13]. Aber sie hatten es auf jeden Fall vermieden, eine unumkehrbare Verpflichtung einzugehen. Von diesem Zeitpunkt an wurde die spanische Haltung, auf die der undurchsichtige und vorsichtige Carrero Blanco zunehmend Einfluß hatte, immer fester. Zu dieser Festigkeit trug schließlich als entscheidender Faktor die Politik der bedingten Unterstützung mit der Lieferung von Nahrungsmitteln und Erdöl bei, die zuerst Großbritannien und dann die Vereinigten Staaten nach Kriegsausbruch gegenüber Spanien verfolgten. Großbritannien hatte eine internationale Seeblockade gegen Deutschland errichtet und setzte die Lizenzvergabe für den Schiffstransport (navycerts) von für Spanien bestimmtem Getreide und Benzin als Druckmittel ein, um es zu zwingen, seine Neutralität zu wahren; die Vereinigten Staaten taten das gleiche mit ihren Benzinlieferungen.

Spaniens Existenz hing von diesen Lieferungen ab. Es konnte den Krieg nicht wollen. Es war daher Verzögerungstaktik, laufend in dem Maße die Forderungen zu erhöhen, in

[13] Siehe auch Ricardo de la Cierva, Hendaya. Punto final, Barcelona 1981 und Ramón Serrano Súñer, Memorias, Barcelona 1977, S. 283f.

dem der deutsche Druck zunahm. Dies war Anfang 1941 besonders deutlich spürbar geworden, auch wenn sich die deutsche Verärgerung über die zweideutige Haltung Spaniens, die zum Beispiel der Brief Hitlers an Franco vom 6. Februar 1941 widerspiegelte, nicht in ein echtes Ultimatum umsetzte. Deutschland bat Italien um Vermittlung. Franco besprach sich mit dem italienischen Duce am 12. Februar 1941 in Bordighera. Die Besprechung verlief sehr herzlich, wobei Mussolini Verständnis für die spanischen Argumente zeigte und mit der Gewißheit wegging, daß Franco in den Krieg weder eintreten wollte noch konnte. Franco hatte sich mit seinen Argumenten erneut behauptet[14]. Er bekräftigte seine Haltung in einem Brief an Hitler vom 26. Februar, in dem er eine neue Überlegung ins Spiel brachte: Er wies Hitler darauf hin, daß die Einnahme Gibraltars ohne die vorherige Besetzung von Suez, am anderen Ende des Mittelmeeres, nutzlos sei.

In einem Brief vom 6. Februar 1941 hatte ihm Hitler seinerseits geschrieben, »... daß wir drei Männer, der Duce, Sie und ich, durch den härtesten Zwang der Geschichte ... aneinander gebunden sind«[15]. Franco hegte wahrscheinlich ähnliche Vorstellungen. Er bewahrte Mussolini immer ein dankbares Andenken und war stets der Meinung, Mussolini und Hitler hätten ihre Länder mit Energie, Autorität und Patriotismus hochgebracht, wie er viel später, d.h. 20 Jahre danach, gegenüber Franco Salgado-Araújo feststellte. Aber es war klar, daß Franco nicht mehr der Ansicht war, daß jener »härteste Zwang der Geschichte« bedeutete, daß Spanien in den Krieg eintreten werde. Hitler muß ihn so verstanden haben, da er seitdem nicht mehr darauf bestand. Für ihn stand die spanische Loyalität fest: Die spanischen Häfen dienten den deutschen U-Booten sowohl 1940 als auch 1941 als Nachschubbasen; die Freundschaft zwischen beiden Ländern drückte sich in einer ziemlich starken deutschen Präsenz in Spanien aus.

Franco tat noch mehr. Am 28. Juni 1941, nur sechs Tage

[14] Javier Tusell und Genoveva García Queipo de Llano, Franco y Mussolini: las relaciones hispano-italianas en la II Guerra Múndial, in: Revista de Occidente, Oktober 1984, S. 101–117.

[15] Siehe Akten zur Deutschen Auswärtigen Politik 1918–1945, Göttingen 1969, Serie D, Bd. XII, 1, S. 35.

nach dem Angriff Deutschlands auf die UdSSR stellte Spanien nach einer unverhohlen kriegstreiberischen Pressekampagne die Blaue Division auf. Etwa 18000 spanische Freiwillige kämpften, zunächst unter dem Befehl von General Muñoz Grandes, der Minister in der Regierung von 1939 gewesen war, bis 1944 an der sowjetischen Front auf der Seite der deutschen Truppen. Die Entscheidung verärgerte die alliierten Westmächte, die daraufhin die Lieferungen für Spanien einschränkten. Ihre Reaktion war um so verständlicher angesichts der unklugen Rede Francos vor dem Nationalrat der Bewegung am 17. Juli, in der er geprahlt hatte, daß die Alliierten den Krieg verloren hätten, und verdächtigerweise den Blutzoll erwähnte, den er seinen »Kameraden von der Achse« schulde.

Der angelsächsische Druck, den die Botschafter Hoare und Weddell in Madrid äußerst geschickt ausübten, zeigte Wirkung[16]. Es blieb bei der Blauen Division, und die spanische Diplomatie entwickelte die »Theorie von den zwei Kriegen«, um die westlichen Demokratien zu beruhigen. Es handelte sich um ein geschicktes, wenn auch nicht gerade überzeugendes Argument, stand doch die UdSSR auf seiten der Alliierten. Spanien führte demzufolge Krieg gegen den Kommunismus, wie es das seit dem Bürgerkrieg getan hatte, und im Konflikt zwischen der Achse und der westlichen Welt war es neutral. Im Dezember 1941, nach dem japanischen Angriff auf Pearl Harbor, wurden aus den zwei Kriegen drei, wobei sich Spanien an zweien (dem im Pazifik und dem europäischen) nicht beteiligte und am 18. Dezember seine Haltung der »Nichtkriegsführung« bestätigte.

Die zwiespältige Haltung Spaniens war offensichtlich. Franco rief eine neue Welle der Entrüstung in der westlichen Welt hervor, als er am 14. Februar 1942 in Sevilla für den Fall eines kommunistischen Sieges eine Million Freiwillige zur Verteidigung Berlins anbot; dennoch hatte er vermutlich seine Begegnung mit Oliveira Salazar gleichzeitig dazu benutzt, um über die portugiesische Verbindung – Portugal war traditionell Verbündeter Großbritanniens – eine Brücke zu den Alliierten zu bauen.

[16] Hoares Erinnerungen sind erschienen als Ambassador on Special Mission, London 1946 (dt.: Gesandter in besonderer Mission, Hamburg 1949).

Diese Zweideutigkeit war nichts anderes als der Ausdruck offenkundiger Widersprüche, zwischen denen sich das Franco-Regime bewegte, die nach einer Reihe bemerkenswerter Ereignisse 1942 zum Ausbruch kamen und sowohl im Zusammenhang mit dem Zweiten Weltkrieg als auch mit den internen Meinungsverschiedenheiten der Franquisten gesehen werden müssen. Kurz gefaßt handelte es sich dabei um die aufkommende Unzufriedenheit der Monarchisten, den Fall Serrano Súñers und den Beginn der Rückkehr zu einer strikten Neutralität in der Außenpolitik (als ersten Schritt hin zu einer »wohlwollenden« Neutralität gegenüber den Alliierten, der jedoch erst 1944 erfolgte). Nichts davon sollte das Wesen von Francos Regime oder seine persönliche Machtstellung in diesem Regime verändern, aber es taten sich neue Problemstellungen auf, die logischerweise die Entscheidungen des Caudillo bestimmten.

Die Unzufriedenheit der Monarchisten war nichts als die logische Konsequenz aus der Ernüchterung darüber, daß die Monarchie nicht restauriert wurde. Im Dezember 1939 hatte Franco das »doppelköpfige« System kritisiert, das seiner Meinung nach die Diktatur Primo de Riveras lahmgelegt hatte. Er schickte nur ein knappes Telegramm, als Alfons XIII. im Februar in Rom 1941 starb (obwohl er für drei Tage Staatstrauer anordnete). In Barcelona hatte Franco am 28. Januar 1942 im Rahmen einer seiner »Triumphzüge« durch Spanien wenig Zweifel an seiner Sichtweise gelassen: »Wir haben nie gesagt, daß wir das Spanien, das uns die Republik bescherte, wiederherstellen werden, oder das Spanien, das die größten Teile unseres Vaterlandes verloren hat.« Es wurde sehr deutlich, daß Franco nicht daran dachte, die liberale Monarchie zu restaurieren, die Alfons XIII. bis 1931 verkörpert und deren Rechte sein Sohn Don Juan geerbt hatte.

Der Konflikt schien unvermeidlich. Franco wußte, daß es sowohl 1941 als auch 1942 Kontakte zwischen der britischen Botschaft und wichtigen monarchistischen Militärs (wie den Generälen Aranda, Kindelán, Orgaz und anderen) gegeben hatte. Es galt als sicher, daß Großbritannien im Fall einer Besetzung der Iberischen Halbinsel durch die Deutschen die Bildung einer Militärjunta unter dem Vorsitz General Arandas zum Zweck einer Wiedereinsetzung Don Juans und der

Bildung einer liberalen und neutralen Regierung unterstützen würde. Im August 1942 mußten daraufhin die beiden monarchistischen Politiker, die die wichtigste Rolle bei diesen Verschwörungen – besser gesagt – Fühlungnahmen und Spekulationen – gespielt hatten, der Ex-Minister Sainz Rodríguez und Eugenio Vegas Latapié, ins Exil gehen. Am 12. Mai hatte Franco die Initiative ergriffen, indem er an Don Juan, der in Lausanne lebte, geschrieben und ihm deutlich gemacht hatte, daß die »Revolution«, die er und die Falange betrieben, mit der Restauration der Institution der Monarchie nicht vereinbar sei, wobei er ihm versicherte, daß in Spanien keinerlei monarchistisches Gefühl existiere (was wahrscheinlich stimmte).

Don Juan antwortete nicht sofort, sondern erst am 11. November 1942, ein paar Tage nach der Landung der Alliierten in Nordafrika, und auch nicht direkt, sondern gegenüber einer Genfer Tageszeitung. Es handelte sich um kurze, aber überzeugende Worte, die überdies eine klare Herausforderung Francos bedeuteten: Don Juan bestätigte die versöhnende und offene Rolle der Monarchie und trat für eine »absolute Neutralität« im Krieg ein. Und er wurde noch deutlicher in dem persönlichen Brief, den er Franco am 8. März 1943 schrieb. Don Juan sprach von einer »verhängnisvollen Hilflosigkeit«, die durch die »ausschließliche Bindung der Macht an eine einzige Person ohne ein Statut auf rechtlich institutioneller Grundlage«, mit anderen Worten, durch die persönliche Diktatur Francos, für Spanien entstanden sei; er drängte ihn zur Restauration der Monarchie und wies die Vorstellung, sich mit dem Programm der FET y de las JONS zu identifizieren, die ihm Franco in seinem ersten Brief aufgedrängt hatte, entschieden zurück. Don Juan hielt an seiner Meinung von der Doppelrolle der Monarchie als Herrschaftssystem zur Versöhnung der Spanier und als Garant der strikten spanischen Neutralität fest, wie es die internationale Lage erfordere.

Der Brief Don Juans mußte Franco verärgern. Seine Antwort war ein schroffer, in einigen Ausdrücken cholerischer, arroganter und mehr als deutlicher Brief vom 27. Mai 1943. Er stellte darin gegenüber Don Juan klar, daß er, Franco, der Staatschef und Don Juan nur ein Thronprätendent sei, und warnte ihn vor seinen Mitstreitern (unter denen sich bereits

José Maria Gil-Robles hervortat). Er erinnerte ihn daran, daß unter der Monarchie eineinhalb Jahrhunderte lang Niedergang und politische Auseinandersetzung sowie Bürgerkriege geherrscht hätten, und kritisierte das Verhalten, das Alfons XIII., der Vater Don Juans, gegenüber Primo de Rivera 1930 an den Tag gelegt hatte. Franco machte deutlich, daß sein Regime weder provisorisch, noch zufällig, noch parteiisch, sondern eine Bewegung zur Rettung der Nation sei, und gab ihm abschließend zu verstehen, daß seine internationale Politik – Neutralität im europäischen Konflikt, »Nichtkriegführung« im Mittelmeer, Intervention an der sowjetischen Front – im Interesse Spaniens erforderlich sei.

Der weitere Dialog zwischen Franco und der Monarchie erschien deshalb unmöglich. Höchstwahrscheinlich hatte Franco seit dieser Zeit Don Juan als Kandidaten für den hypothetischen Fall einer zukünftigen Restauration der Monarchie verworfen. Seit 1942/43 repräsentierte Don Juan für Franco die von ihm völlig abgelehnte liberale und konstitutionelle Monarchie. Vermutlich hatte er eine monarchische Lösung nicht vollkommen verworfen, aber wenn er Überlegungen in diese Richtung hatte, dann doch wohl stärker im Sinne der katholischen, sozialen und von den Idealen des 18. Juli inspirierten Monarchie, wie sie zum erstenmal Carrero Blanco in einer am 28. September 1942 erstellten Denkschrift entworfen hatte. Auf jeden Fall ließ die endgültige Entscheidung bis 1969 auf sich warten. Franco hatte Don Juan mit Härte geantwortet und kurzfristig gesehen auch mit jener Dosis an Klugheit und Geschicklichkeit gehandelt, die bereits sprichwörtlich für sein Verhalten als Herrscher zu werden begann. Von den monarchistischen Militärs setzte er nur Aranda als Direktor der Hochschule des Heeres (Escuela Superior del Ejército) ab (und ersetzte ihn überdies durch einen anderen sehr bedeutenden monarchistischen Militär, den General Kindelán); bekannte Monarchisten wurden zu Abgeordneten der 1942 geschaffenen und am 20. März 1943 eröffneten Cortes ernannt.

Diese Politik der Einbindung trug dennoch fragwürdige Früchte. Die »Schlammpfütze der Politik«, wie es Franco ausdrucksstark und mit entlarvender Offenheit am 17. Juli 1943 formulierte, war aufgewühlt. Am 5. Juni hatten ihm 27 der Abgeordneten, an ihrer Spitze der Herzog von Alba, in außerordentlich respektvoller Form die Restauration der Monarchie vorgeschlagen. Am 15. September übergab ihm nach dem Sturz Mussolinis, der alliierten Landung in Kalabrien und der Kapitulation Italiens General Varela (der bis zum Jahr davor Heeresminister gewesen war) ein von ihm und sieben anderen Generalleutnants, die unbestreitbar Ansehen und Autorität genossen, unterzeichnetes Schreiben (Unterzeichner waren Orgaz, Dàvila, Kindelán, Solchaga, Saliquet, Monasterio und Ponte; es fehlte Aranda, der, nachdem er jede Verbindung zu dem Regime abgebrochen hatte, bereits Kontakte mit der Linken aufgenommen hatte). Darin stellten sie ihm »mit Loyalität, Respekt und Wohlwollen« die Frage, ob er nicht wie sie »den Augenblick für gekommen« erachte, »um Spanien ein Regierungssystem« zu geben, das sich mit der »Form der Monarchie« vereinbaren ließe. Franco jedoch hielt diesen Augenblick offenbar nicht für gekommen. Er reagierte nicht auf sie, aber er unternahm auch nichts gegen sie; er empfing sie alle getrennt voneinander und machte die potentiell gefährlichen Herausforderer zunichte, indem er Gesten der Autorität mit Zeichen des Wohlwollens und der Kameradschaft verband[17].

Ohne eine entschiedene Militäraktion war die Restauration der Monarchie unmöglich. Denn die Stellung Francos innerhalb seines Regimes wurde unabhängig von den durch die Kriegssituation aufgeworfenen Problemen zunehmend stabil. Franco reagierte zweifellos mit großer Geschicklichkeit auf die beiden 1941 und 1942 auftretenden Krisen; beide führten zu einer spürbaren Stärkung seiner Machtgrundlage und waren wesentlich für den Prozeß der von oben her – durch Franco – erfolgenden Kontrolle der verschiedenen Institutionen, wie er sich in Spanien abspielte.

Die Krise vom Mai 1941 verlief in zwei Etappen. Am 5. hatte Franco General Valentín Galarza zum Innenminister ernannt, eine Ernennung, die nur konsequent war angesichts der Tatsache, daß Serrano Súñer bis dahin dieses Ministerium innehatte. Das Außenministerium behielt er zunächst noch. Aber die Ernennung rief eine gewisse Ungeduld in der

[17] Zu den Beziehungen zwischen Franco und Don Juan und der Unzufriedenheit der Monarchisten siehe den bereits erwähnten Beitrag von Javier Tusell zu diesem Thema und das ebenfalls genannte Buch von Laureano López Rodó.

Falange hervor, die sich in einem sarkastischen Artikel gegen den neuen Minister in der falangistischen Tageszeitung ›Arriba‹ vom 18. Mai Luft machte. Deshalb ging Franco daran, sein Kabinett umzuformen, und nahm zum Ausgleich drei bekannte Falangisten auf: José Antonio Girón de Velasco, José Luis de Arrese und Miguel Primo de Rivera. Aber er ging noch einen Schritt weiter und setzte auf Grund der in ›Arriba‹ geäußerten Ansichten die für die Kontrolle der Presse und Propaganda des Regimes Verantwortlichen ab, Dionisio Ridruejo und Antonio Tovar, zwei junge Intellektuelle des Neofalangismus, der sich mit Serrano verband. Die Ernennung Galarzas hatte die Militärs zufriedengestellt, in deren Kreisen man die außerordentliche Machtfülle übelnahm, die Serrano seit 1937 erlangt hatte; der Eintritt der drei falangistischen Minister begünstigte die Falange, aber nur diejenigen Kreise der Falange, die nicht Serrano zuneigten und ihre Identität in der unerschütterlichen Loyalität gegenüber Franco fanden. Nun verlor Serrano zudem die Kontrolle über Presse und Propaganda: Im August 1941 beförderte Franco zwei reine Franquisten in diese beiden Ämter, Gabriel Arias Salgado und Juan Aparicio. Einen Monat zuvor hatte er den unabhängigen Chef der Syndikate, Gerardo Salvador Merino, abgesetzt und ihn durch einen anderen »alten Kämpfer« (camisas viejas), Manuel Valdés, ersetzt; im November schaffte er den nationalen Apparat der Falange – eine Art parallel existierender Verwaltung – ab und integrierte ihn in drei von stellvertretenden Staatssekretären geleitete Abteilungen (vicesecretarías del Estado).

Die Isolierung Serranos, der sich im Widerspruch zu den Militärs und der franquistischen Falange Arrieses, des neuen Generalsekretärs der Bewegung befand, nahm im Laufe des Jahres 1942 noch weiter zu (man behauptete schließlich sogar, daß er, der einer der entschiedensten Gegner der Restauration gewesen war, die Annäherung an die Monarchisten suche). Im August kam es zu dem ernstesten Zwischenfall, den das neue Regime bis dahin erlebt hatte. Am 15. warfen einige junge Falangisten am Ende einer religiösen Zeremonie, die die Traditionalisten in Bilbao in der Basilika von Begoña organisiert hatten, eine Bombe; die Feierlichkeit hatte unter dem Vorsitz des Heeresministers, General Varela, stattgefunden. Varela war anglophil, monarchistisch und ein bekannter Gegner Serranos; auf Grund der Verbindungen der Familie seiner Frau galt er als dem Karlismus verpflichtet. Er prangerte das Attentat als einen Angriff auf das Heer an und forderte – und erreichte – die Erschießung eines der beiden verhafteten jungen Falangisten.

Franco verlor angesichts dieser Zwischenfälle, die ernste Spannungen zwischen dem Heer und der Falange, zwischen Karlisten und Falangisten, hervorzurufen drohten, nicht die Gelassenheit. Er zeigte sich in Galizien, wo er den Sommerurlaub verbrachte, mit dem Minister Arrese in der Öffentlichkeit, tadelte Varela öffentlich wegen der Wendung, die er den Ereignissen gegeben hatte und tat zwei Wochen lang nichts. Aber am 3. September traf er eine spektakuläre Entscheidung. Er setzte Varela ab und ersetzte ihn durch einen anderen seiner besten Mitarbeiter aus dem Krieg, den General Asensio Cabanillas; er entließ jedoch auch Galarza, den Innenminister, der das Attentat nicht verhindert hatte, und ernannte einen Mann, der für seine harte Haltung bekannt und mit keiner politischen Gruppierung verbunden war, Blas Pérez (der das Innenministerium bis 1957 leitete). Das heißt, er löste zwei Militärs ab und auf Empfehlung Carrero Blancos auch Serrano Suñer, wobei er von sich aus anscheinend nicht daran gedacht hatte, auf ihn zu verzichten, und machte General Gómez Jordana, einen gemäßigten und diplomatischen Mann, zum neuen Außenminister, der sich bereits als Neutralist zu erkennen gegeben hatte und der Außenpolitik des Franco-Regimes eine neue Richtung gab. Zum erstenmal seit 1938 war Serrano nicht in der Regierung vertreten. Die neue Regierung, die bis 1945 nur noch eine Veränderung erfuhr, nämlich die Einsetzung von José Felix de Lequerica nach dem Tode Jordanas im Jahr 1944, war homogener als die vorherige, und sie war vor allem ein williges, gehorsames Instrument des Caudillo. Franco mochte dynamische und unabhängige Persönlichkeiten wie seinen Schwager Serrano Suñer im Grunde nicht[18].

Serrano mußte die Regierung wegen innenpolitischer Fragen verlassen, denn seine Außenpolitik war auch die Francos

[18] S. Ellwood, Prietas las filas. Historia de la Falange Española. 1933–1983, Barcelona 1984, S. 125f.; das Gespräch Franco-Varela bei Laureano López Rodó, Marcha, S. 503–507.

gewesen, sosehr das Regime später daran Interesse hatte, ihm die ausschließliche Verantwortung für die unbestreitbare Germanophilie des Franquismus in den Jahren 1939 bis 1942 anzulasten.

Mit dem Eintritt Jordanas änderte sich nichts an der spanischen Politik der Freundschaft mit Deutschland und Italien (obwohl dieses nach dem Sturz Mussolinis im Juli 1943 schließlich vom Horizont der spanischen Diplomatie verschwand; Franco erkannte das Marionettenregime, das Mussolini mit deutscher Hilfe in Norditalien errichtete, die Republik von Saló, nicht an). Die Blaue Division blieb weiter an der Front, führende spanische Politiker besuchten weiterhin und mit einer gewissen Häufigkeit Deutschland, der Handelsaustausch zwischen beiden Ländern florierte nach wie vor: Allein der Wert der Wolframexporte, der 1940 2,1 Millionen Goldpeseten betragen hatte, stieg 1944 auf 200 Millionen. Aber das Intermezzo Jordana (1942–1944) war von der Bemühung des Ministers bestimmt, sich den Alliierten des Westens und insbesondere den Vereinigten Staaten zu nähern. Diese Annäherung sollte um so mehr erforderlich sein, als sich im Sommer 1942 die verschiedenen Operationspläne für eine alliierte Landung in Nordafrika abzeichneten; bis Ende September war nicht deutlich erkennbar, ob zum Beispiel die Kanarischen Inseln möglicherweise am Rande mitbetroffen sein könnten.

Die Westalliierten gestanden angesichts der Bedeutung Gibraltars für jede Operation in Nordafrika den Spaniern ein besonderes Interesse zu, sich strikt neutral zu verhalten. Dem im Juni 1942 entsandten nordamerikanischen Botschafter Carlton J. Hayes fiel die Aufgabe zu, dies zu erreichen[19]; wieder sollten sich die Lieferungen als entscheidendes Druckmittel erweisen. Offiziell gab Spanien bis zum Oktober 1943 den Status der »Nichtkriegführung« nicht auf und kehrte nicht zur »Neutralität« zurück. Aber kurzfristig trug der gegenseitige Wille zur Annäherung seine Früchte. Am 2. November 1942 teilte Hayes Jordana mit, daß die USA weder die Souveränität Spaniens noch die seiner Kolonien verletzen würden; am 8. übergab er Franco einen Brief des nordamerikanischen Präsidenten Roosevelt, in dem die-

[19] Siehe sein Buch Wartime Mission in Spain, New York 1945.

ser mit sehr herzlichen Worten dem Generalissimus garantierte, daß spanisches Gebiet von der unmittelbar bevorstehenden alliierten Landung in Nordafrika nicht betroffen würde.

Die Landung fand tatsächlich an ebendiesem Tag statt. Drei Tage später besetzten die Deutschen ganz Frankreich, dachten aber nicht ernsthaft daran, ebenso gegen Spanien vorzugehen und Gibraltar anzugreifen. Beide Seiten waren aus verschiedenen Gründen gleichermaßen an der spanischen Neutralität interessiert, was letztlich Spanien rettete. Diese Feststellung soll nicht das Verdienst schmälern, das möglicherweise die leitenden Politiker und Diplomaten des Franco-Regimes daran hatten. Franco schätzte die Lage offenbar richtig ein, auch wenn er wußte, daß die letzte Entscheidung nicht in seinen Händen lag; die Nacht vom 7. zum 8. November 1942, in der er den Brief Roosevelts noch nicht erhalten hatte, verbrachte er im Gebet[20].

Franco schien seine neue Lage so zu verstehen, daß sie ihm Vermittlungsmöglichkeiten im internationalen Rahmen ermögliche. Er, der sich über den militärischen Ausgang des Krieges noch immer nicht sicher war – bis 1944 war er noch nicht überzeugt, daß Deutschland ihn verlieren werde –, versuchte in den ersten Monaten des Jahres 1943 eine Friedensinitiative der neutralen Länder zustande zu bringen. Er gründete sie auf eines seiner Lieblingsargumente, daß die Sowjetunion Stalins die wahre Gefahr für die westliche Welt darstelle und ein starkes Deutschland als Wall zur Eindämmung des Kommunismus notwendig sei.

Francos Vorschlag war Unsinn, auch wenn man auf Grund der späteren Entwicklung nach 1945 etwas anderes vermuten könnte. Weder die Briten noch sonst jemand konnten das Land als Feind betrachten, das die größte Kriegslast trug, und das gerade zu diesem Zeitpunkt, Anfang Februar 1943, einen der Siege errang, die das Blatt des Krieges wendeten (Stalingrad). Der Vorschlag Francos, den Jordana in Barcelona in einer Rede vom 17. April 1943 wiederholte, erweckte den Verdacht der Alliierten, kam er doch einer Überlebensgarantie des nationalsozialistischen Deutschlands gleich (ein Verdacht, den verschiedene Ereig-

[20] Rogelio Baón, Cara, S. 140.

nisse wie das Abkommen über Waffenkäufe, das Spanien im Februar abschloß, oder das neue Handelsabkommen, das beide Länder im Dezember 1942 unterzeichnet hatten, zu bestätigen schienen).

Was die Alliierten von Spanien wollten, legte Hayes Franco in einer Unterredung am 29. Juli 1943, einige Tage nach Mussolinis Sturz dar: die Rückkehr zur strikten Neutralität und den Rückzug der Blauen Division. Am 19. August fügte der englische Botschafter Hoare zwei weitere Punkte hinzu: die Schließung des deutschen Konsulats in Tanger und die Einstellung der Lieferungen von Wolfram an Deutschland.

Franco schien nicht geneigt, den Forderungen der Alliierten sofort nachzugeben. Aber nachdem diese bereits in Italien vorrückten und Italien selbst sich jetzt gegen Deutschland gewandt hatte, und weil Pläne für neue alliierte Landungen in Europa greifbar wurden, hatte er keine Wahl. Am 1. Oktober 1943 kehrte die spanische Regierung zur Neutralität zurück, am 17. November löste sie die Blaue Division auf (obwohl es weiterhin ein kleines Kontingent Freiwilliger gab, die in einer sehr kleinen Blauen Legion formiert waren).

Und dennoch hatten Francos Probleme gerade erst angefangen und waren weit von einer Lösung entfernt. Franco selbst betonte einige Jahre später, am 18. Mai 1949, daß die kritischsten Augenblicke, die er während des Zweiten Weltkriegs erlebt hatte, in den ersten Tagen des Jahres 1944 lagen. Dies war zurückzuführen auf

1. den Druck der Vereinigten Staaten und Großbritanniens, die wegen der spanischen Weigerung, den Verkauf von Wolfram an Deutschland zu unterlassen, die Lieferungen von Erdöl total einstellten (dahinter konnte jedoch sehr wohl, wie die spanische Regierung vermutete, eine Strategie zur Förderung der Spannungen stecken, die in diesem Fall dazu gedient hätten, eine eventuelle Invasion zur Unterstützung der in der Normandie geplanten Landung zu rechtfertigen);

2. die Furcht, daß in Spanien eine Widerstandsbewegung von Partisanen ähnlich wie in Jugoslawien, Italien, Griechenland und Frankreich entstehen werde;

3. eine neue Phase in den Spannungen Francos mit Don Juan.

Angesichts dieser Faktoren ist klar, weshalb das Franco-

Regime den alliierten Druck mit besonderer Unruhe betrachtete. Die spanische Regierung konnte nicht umhin, vor ihm zu kapitulieren. Am 3. Februar 1944 bestätigte sie ihre Neutralität, am 11. verlangte sie von Deutschland die Auflösung der Blauen Legion, am 2. Mai verpflichtete sie sich gegenüber Großbritannien und den Vereinigten Staaten, die Lieferungen von Wolfram einzuschränken, das deutsche Konsulat in Tanger zu schließen und der deutschen Spionage Einhalt zu gebieten. Die Alliierten nahmen die Lieferungen von Erdöl wieder auf. In Europa wurde nur die Operation Overlord verwirklicht, weshalb es keine andere Landung gab als die vom Juni 1944 in der Normandie.

Es gab auch keine Guerillabewegung in Spanien, zumindest so lange nicht, bis sich nach der Befreiung Südfrankreichs die für eine Operation dieser Art notwendigen Einheiten in den Pyrenäen ausrüsten und vorbereiten konnten; dies geschah schließlich im April 1944, als die Kommunisten ein Guerillaheer von 12000 Mann aufstellten, das über das Tal von Arán nach Spanien eindrang.

Franco schrieb am 6. Januar desselben Jahres erneut einen Brief an Don Juan, in dem er im Grunde die gleichen Argumente wiederholte, die er ihm gegenüber am 27. Mai 1943 angeführt hatte; der Brief kam diesmal aber einem endgültigen Bruch gleich. Zumindest stellte er ganz klar, was nach seiner, Francos, Ansicht geschehen war: Die Monarchie hatte 1931 auf die Macht verzichtet; die Militärs hatten sich gegen die Republik erhoben, die Bewegung war nicht monarchistisch, sondern »spanisch und katholisch«; die Monarchisten seien nur eine winzige Minderheit von einer Million »Kreuzzugsteilnehmern« gewesen. »Deshalb hat«, wie er erklärte, »mein Regime weder die Monarchie gestürzt, noch ist es zu ihrer Anerkennung verpflichtet.« Sowohl im spanischen Heer als auch in den Außenministerien der Alliierten fand Don Juan keine Unterstützung, die über bloße Sympathie hinausgegangen wäre und konnte daher wenig unternehmen. Er tat das einzig Mögliche (und dies schrieb er auch Franco in seinem Brief vom 25. Januar 1944): Er brachte öffentlich zum Ausdruck, daß »keinerlei Solidarität« zwischen der Monarchie und dem »nationalsyndikalistischen Regime« Francos bestehe, und bekräftigte so die moralische Legitimität der Monarchie im Hinblick auf die Zukunft Spaniens (die Generäle Aranda, Kindelán und Beigbeder entwarfen 1944 bis 1946 eine Reihe von Verschwörungsplänen, zur Wiedereinsetzung der Monarchie, bei denen sie mit der Sympathie des britischen und des nordamerikanischen Botschafters rechneten; die Pläne gewannen jedoch niemals wirklich operative Substanz).

Franco hatte deshalb, nachdem er die schwierigen Phasen des Jahres 1944 überstanden hatte, weitere Schritte unternommen, die das Überleben seines Regimes sichern sollten. Für einige Monate führten sie zu einem Verhältnis mit den Alliierten, das Botschafter Hayes als »wohlwollende Neutralität« beschrieb und das das Ergebnis einer »konjunkturellen« Annäherung war. Es bedeutete weder, daß es von Dauer sein müßte, noch daß die Alliierten in Zukunft die Existenz eines Regimes tolerieren würden, das seinen Caudillo zur dritten Ausgabe des deutschen Führers und des italienischen Duce hatte machen wollen.

Aus diesem Grund leitete Franco im Herbst 1944 eine politische Schönheitsoperation ein, die seinem Regime ein annehmbares Gesicht geben sollte. Am 8. Oktober 1944 wandte er sich brieflich an Churchill, den britischen Premierminister, der kurz zuvor verständnisvolle Worte für das spanische Regime geäußert hatte, und schlug ihm eine Allianz auf der Grundlage des Antikommunismus vor, eine Frage, die den britischen Politiker stets beschäftigt hatte. Am 3. November 1944 gab Franco einige Erklärungen gegenüber der britischen Nachrichtenagentur United Press ab, in denen er unter anderem bestritt, daß Spanien nazistisch oder faschistisch gewesen sei, und in denen er kundtat, daß das politische System in Spanien auf jeden Fall kein Hindernis für die Zusammenarbeit mit den Alliierten sein werde. Bald darauf gab Minister Arrese bekannt, daß ein Grundgesetz der Spanier (Fuero de los Españoles) in Vorbereitung sei; das heißt, eine Art von Erklärung, die die Rechte definierte, die dem einzelnen zustanden.

Franco merkte dennoch bald, worin das wahre Problem seines Regimes bestand (was ihn 40 Jahre lang verfolgen sollte): Es hatte keine echte moralische demokratische Legitimität. Er konnte dies bereits im Januar der Antwort Churchills auf seinen Brief entnehmen, der ihn an den deutschen

Einfluß in Spanien erinnerte und daran, wie oft Franco selbst die Niederlage der Alliierten vorhergesagt sowie an die »enge Beziehung«, die er mit Deutschland und Italien aufrechterhalten hatte. Bald darauf, am 19. März, veröffentlichte Don Juan sein Lausanner Manifest, in dem er feststellte, daß Francos Regime »von Anfang an von den totalitären Systemen der Achsenmächte inspiriert« gewesen sei. Am 25. März erfuhr Franco die Meinung Präsident Roosevelts: »Es gibt keinen Platz in den Vereinten Nationen für eine auf die faschistischen Prinzipien gegründete Regierung«, hatte dieser in den Instruktionen für seinen neuen Botschafter in Spanien, Norman Armour, geschrieben. Und es gab tatsächlich keinen: Am 19. Juni 1945 – Hitler und Mussolini waren bereits tot und Deutschland hatte kapituliert – wurde die Zulassung Spaniens zu den Vereinten Nationen abgewiesen, deren Eröffnungskonferenz am 25. April 1945 in San Francisco begonnen hatte.

Dies genügte, um zu wissen, auf welche Reaktionen das Franco-Regime in der neuen internationalen Nachkriegsordnung stoßen würde; auf Mißbilligung und Isolierung, die ihren Höhepunkt in der Verurteilung durch die UNO-Resolution vom 12. Dezember 1946 und dem darauffolgenden Abzug der Botschafter fand. Bis dahin hatte Franco das Tempo seiner Strategie für ein besseres Image beschleunigt. Am 13. Juli 1945 hatte er das Grundgesetz der Spanier (Fuero de los Españoles) verkündet, am 17. gewährte er eine Teilamnestie, am 11. September verbot er den Faschistengruß, am 18. räumte Spanien Tanger, am 22. Oktober verkündete er das Gesetz über den nationalen Volksentscheid, das zum erstenmal in Erwägung zog, gewisse Gesetze den Spaniern zur Abstimmung zu unterbreiten.

Am wichtigsten war die Bildung einer neuen Regierung am 20. Juli 1945. Sie war wegen des Eintritts von Alberto Marín Artajo in das Außenministerium und des Rücktritts Arreses als Minister und Generalsekretär der Bewegung besonders wichtig, denn dieses Amt blieb bis 1951 unbesetzt. Die von Admiral Carrero Blanco vorgeschlagenen Änderungen markierten einen offensichtlichen Wandel der Identität und der Zusammensetzung des Franquismus: Sie bezeichneten den Beginn der Mitwirkung des politischen Katholizismus und die Definition des Systems als eines katholischen Staates[21].

Es handelte sich dabei freilich nicht nur um die Beteiligung Artajos. Franco suchte die Rückendeckung der katholischen Kirche und er erhielt sie bereitwillig und spontan. Diese hatte, wie wir bereits sahen, seit 1936 auf der Seite Francos gestanden, obwohl einige Fragen, wie die der Einheitssyndikate, die der Orientierung am Nationalsozialismus und die der Ernennung der Bischöfe, gelegentlich Reibereien und Meinungsverschiedenheiten hervorgerufen hatten. 1945 spielte Franco offen die katholische Karte aus (aus keinem anderen Grund als dem, das Überleben des Regimes zu sichern, gemäß dem Wahlspruch, den ihm Carrero Blanco mit zynischer Offenheit an die Hand gab: »Ordnung, Einigkeit und Durchhalten«)[22].

Die Signale waren unzweideutig. Vor der Bildung der neuen Regierung brach am 9. Juli 1945 Kardinal Pla y Deniel nach langer Zeit sein Schweigen und veröffentlichte einen Hirtenbrief zur Verteidigung des Regimes, am 28. August sprach er sich für das Grundgesetz der Spanier aus, und am 17. Juli hatte man bereits ein neues Gesetz über das Grundschulwesen (Ley de Enseñanza Primaria) verabschiedet, das eindeutig auf die katholische Erziehung ausgerichtet war. Die neue Regierung legte die Kontrolle über die Presse und die Zensur in die Hände von Katholiken. Am 18. November 1945 richtete Papst Pius XII. eine beredte Botschaft an das spanische Volk, im Dezember besuchte der Präsident der kirchlichen Organisation Pax Romana, Joaquín Ruiz-Giménez, gleichsam als fliegender Botschafter im Auftrag Francos London und New York, wo er in Kardinal Spellmann einen einflußreichen Verteidiger des spanischen Regimes und seines Führers fand.

Am 14. Mai 1946 hielt Franco eine wichtige Rede in den Cortes, die deshalb wesentlich war, weil er darin eine neue Definition formulierte, wie er sein Regime verstanden wissen wollte. Der Schlüssel lag in der folgenden Behauptung: »Dieser herkömmlichen Demokratie stellen wir eine katho-

[21] Javier Tusell, Franco y los católicos. La política interior española entre 1945 y 1957, Madrid 1984.

[22] Ebenda, S. 99.

lische und organische Demokratie gegenüber ...« Seine These lautete also, daß auch der Franquismus eine Demokratie sei (wenn auch eine »organische«, ein Ausdruck, den Franco bereits in einer Erklärung gegenüber United Press am 7. November 1944 gebraucht hatte). Als solche wurde sie – nach den Worten Francos – durch den Staatsrat, das Grundgesetz der Spanier, die Cortes und das Gesetz über den Volksentscheid verkörpert. Er wollte damit vor allem bekräftigen, daß das spanische Regierungssystem keine Diktatur sei, sondern daß es, wie er am 9. Februar 1946 bei einer anderen Gelegenheit gesagt hatte, »eine neue soziale, katholische und spanische Lösung« darstellte.

Mit unverkennbarem Zynismus nannte Franco dies »sich das demokratische Mäntelchen umhängen«. Es war wirklich ein zu kleines Mäntelchen, um damit den internationalen Gleichklang zu erzielen, den er suchte. Weder erkannte das Grundgesetz der Spanier die demokratischen Grundrechte der freien Meinungsäußerung, der Vereinigungs-, Versammlungs- und Demonstrationsfreiheit an, noch waren die spanischen Cortes ein demokratisches Parlament, da ihre Mitglieder nicht einmal gewählt, sondern ernannt wurden, und auch der Volksentscheid begründete kein demokratisches Wahlsystem.

Die internationale öffentliche Meinung betrachtete das Regime Francos weiterhin als das, was es in Wirklichkeit war: eine personale Herrschaft, und, sosehr das Franco auch ärgern mochte, eine Diktatur, die von Ideen inspiriert war, die sich radikal vom Geist der liberalen Demokratie unterschieden. Am 1. März 1946 schloß die französische Regierung die Grenze, am 4. veröffentlichten die Vereinigten Staaten, Frankreich und Großbritannien eine gemeinsame Erklärung, in der sie die Hoffnung aussprachen, daß es den Spaniern gelingen werde, Franco zu einem friedlichen Rücktritt zu bewegen und eine Interimsregierung zu bilden, die freie Wahlen abhalten werde. Im April brachen die Länder des Ostblocks, die diplomatische Beziehungen zu Spanien unterhielten, diese einseitig ab.

Polen war es dann, das den »Fall« Spanien vor die Vereinten Nationen brachte. Die Untersuchung wurde bis zum Herbst und Winter 1946 vertagt, aber das endgültige Ergebnis konnte man schon früher absehen. Die Erklärung gegen das spanische Regime, die die Vereinigten Staaten, Großbritannien und die UdSSR am 2. August in Potsdam verfaßt hatten, ließ wenig Raum für Zweifel. Und so entschied die Vollversammlung der Vereinten Nationen am 12. Dezember 1946 mit 34 Ja-Stimmen bei 6 Gegenstimmen und 13 Enthaltungen über einen Antrag, der das spanische Regime verurteilte und den Abbruch der diplomatischen Beziehungen zu ihm empfahl.

Die Regierungen kamen der Resolution sofort nach. Eine nach der anderen zog ihre Botschafter aus Madrid ab; in Madrid verblieben lediglich der Vertreter Portugals, der päpstliche Nuntius und die diplomatischen Repräsentanten Irlands und der Schweiz. Nur ein Land trotzte offen dem Beschluß der UNO: Argentinien, wo sich seit dem 24. Februar das justizialistische Regime des Generals Perón etabliert hatte, das den totalitären Achsenmächten so außerordentlich glich, ernannte Doktor Radío zum Botschafter bei Franco.

Damit hatte Franco seit der Erhebung am 18. Juli 1936 die erste große Niederlage erlitten. Die Resolution der UNO erklärte, daß das Regime Francos »auf Grund seiner Entstehung, seines Wesens, seiner Struktur und seines gesamten Gebarens ein faschistisches Regime« sei, »das zum Großteil mit der Hilfe des nationalsozialistischen Deutschland und des faschistischen Italien Mussolinis organisiert und an die Macht gebracht« worden sei. Es war eine sehr harte Sprache, in der die Resolution die Überzeugung ausdrückte, daß das Franco-Regime dem spanischen Volk mit Waffengewalt aufgezwungen worden sei und den Ausschluß Francos aus allen internationalen Organisationen empfahl. Darüber hinaus forderte sie für den Fall, daß es nicht im Lauf der Zeit wieder zur Errichtung eines freiheitlichen Regierungssystems kommen sollte, von der Vollversammlung der UNO entsprechende Maßnahmen.

Doch Franco gab sich keineswegs geschlagen. Als er am 16. Februar 1946 eine Militärparade abgenommen hatte, verkündete er: »Uns entreißt niemand den Sieg.« Er war nicht müßig geblieben, während der internationale Druck auf sein Regime wuchs: Seine Antwort bestand sowohl darin, auf die Katholiken und die Kirche zu setzen, als auch darin, die öffentliche Meinung des Landes zur Unterstützung seiner

Person zu mobilisieren. Dabei appellierte er an den nationalen Patriotismus und Heroismus und stellte das, was in Wirklichkeit eine Verurteilung seines Regimes war, als eine Verschwörung gegen Spanien hin. Diese Strategie funktionierte: Mehr als eine halbe Million Menschen spendete Franco auf der Plaza de Oriente in Madrid am 9. Dezember Beifall, drei Tage, bevor die UNO ihre vernichtende Resolution verabschieden sollte. Es handelte sich nicht um ein nationales Plebiszit, aber um den Ausdruck der breiten Anhängerschaft im Volk, die seine Person in Spanien hatte. Franco genügte es offenbar, um die Abstimmung in der UNO weniger besorgt aufzunehmen. Er hob später hervor, daß er den Tag der Verabschiedung der Resolution mit Malen verbracht habe[23]. Dies war wahrscheinlich nur eine arrogante Phrase, denn Franco mußte eine Resolution wie die der Vereinten Nationen kränken. Am 1. Januar 1939 hatte er zu dem Journalisten Manuel Aznar gesagt: »Ich möchte ganz einfach sagen, daß ich nicht nur siegen, sondern überzeugen will. Mehr noch, es würde mich nicht oder fast nicht interessieren zu siegen, ohne zu überzeugen.«[24] Zumindest in bezug auf die internationale Meinung war Franco im Dezember 1946 ganze Welten davon entfernt, die Erfüllung seiner Absicht zu erleben.

[23] Nach L. Galinsoga, Centinela de Occidente (Semblanza biográfica de Francisco Franco), Barcelona 1956, S. 387; zu der Frage der Verurteilung des Franco-Regimes durch die UNO siehe Ricardo de la Cierva, Historia del franquismo. Aislamiento, transformación, agonía (1945–1975), Barcelona 1978, S. 13–42.

[24] Palabras del Caudillo, Ediciones Fe 1939, S. 302.

Viertes Kapitel
Der »Wächter des Abendlandes«

»Wir sind stolz darauf, die erste Nation zu sein, die sich erhob, um die von den Ideen des Ostens bedrohte westliche Zivilisation zu verteidigen«, hatte Franco in der Erklärung verkündet, in der er offiziell die Erhebung des Heeres vom 18. Juli gegen die Republik ankündigte[1]. Wie wir gesehen haben, hatte es ihm die westliche Zivilisation zehn Jahre später immer noch nicht gedankt. Sie sollte es nie tun und auch nicht die selbstgefällige These des spanischen Generals übernehmen. Aber was sie tat, genügte Franco: mit ihm zu leben und ihn als Mitglied der internationalen Gemeinschaft zu akzeptieren. Dabei handelte es sich jedoch keineswegs um die Anerkennung der moralischen Legitimität des Franquismus, sondern schlicht um die Anerkennung der Legitimität seiner Machtausübung.

Und das war nicht wenig. 1955 wurde der Franco, den man zusammen mit Hitler und Mussolini der Verschwörung zur Entfesselung des Zweiten Weltkrieges für schuldig erklärt hatte, in eben die Körperschaft, die UNO, aufgenommen, die ihn verurteilt und festgestellt hatte, daß Spanien, solange sein Regime an der Macht sei, nicht in die Vereinten Nationen zugelassen werden könne. Diesen Wandel, der für Franco einen großen Sieg bedeutete, hatten verschiedene Faktoren herbeigeführt. Aber das Entscheidende war zweifelsohne die Unterstützung, die er von den beiden Grundpfeilern der westlichen Zivilisation erhielt: den Vereinigten Staaten und dem Heiligen Stuhl.

Franco mußte dafür keine große Anstrengung unternehmen. Zu seinen Gunsten entschieden sicher die internationale Lage und der Kalte Krieg. In einer Situation, in der die Eindämmung des Expansionismus der UdSSR die strategischen Erfordernisse der westlichen Welt bestimmte, genügte es Franco, auf seine Herkunft hinzuweisen: Es gab wenige, die besser für die Stellung eines »Wächters des Abendlan-

[1] Den Text siehe in: La voz y la obra de Francisco Franco, Caudillo, Madrid 1989, S. 19.

des« geeignet waren als er (so war auch der Tenor der offiziellen Propaganda in einer 1956 unter diesem Titel von Luis de Galinsoga unter Mitwirkung von Francisco Franco Salgado-Araújo verfaßten Lebensbeschreibung des Caudillo).

Aber das war noch nicht alles. Franco überlebte die doppelte Herausforderung der außenpolitischen Isolation und der Möglichkeit einer demokratischen Initiative im Inneren. Als die Klippe der fünfziger Jahre umschifft war, schien sein Regime bereits voll gefestigt, trotz offenkundigen Schiffbruchs im wirtschaftlichen und sozialen Bereich. Und was fast noch wichtiger war – Franco hatte kaum Zugeständnisse machen müssen. Im Gegenteil, die politische Entwicklung seines Regimes war zu den von ihm diktierten Bedingungen erfolgt. Am 1. Oktober 1953 konnte er erklären: »Dies ist für unsere Außenpolitik die Stunde der Erfüllung.« Wie wir sehen werden, war sie es auch für seine Innenpolitik.

Wie das vorhergehende Kapitel zeigte, hatte seine Antwort auf die Ereignisse vom Dezember 1947 viel damit zu tun. Franco und seine Berater, allen voran Carrero Blanco, erkannten die Notwendigkeit und die günstige Gelegenheit, eine politische Strategie einzuleiten, die einerseits der internationalen Zurückweisung die Stirn bot und andererseits den Bestrebungen der verschiedenen oppositionellen Zentren die Wurzeln abschnitt. Die Antwort war das Gesetz über die Nachfolge (Ley de Sucesión) von 1947, die nach der Charta der Arbeit, nach der Schaffung der Cortes, nach dem Grundgesetz der Spanier und dem Gesetz über den Volksentscheid ein neues Glied in der Kette des langsamen und mühevollen Prozesses der Herausbildung der originellen Lösung war, die der Franquismus nach Ansicht Francos darstellte.

Das Gesetz über die Nachfolge war außerordentlich wichtig. Sein erster Artikel definierte die aus dem 18. Juli hervorgegangene Staatsform. Er lautete: »Spanien ist als politische Einheit ein katholischer, sozialer und repräsentativer Staat, der gemäß seiner Tradition als Königreich konstituiert ist.« Franco hatte sich damit für eine monarchische Lösung entschieden. Aber das Gesetz bestätigte gleichzeitig den dauernden Charakter seiner persönlichen Macht. Der zweite Artikel verkündete, daß Franco die Leitung des Staates zustehe, der sechste Artikel gab ihm das Recht, die Person vorzuschlagen, die auf ihn folgen sollte, entweder als König oder als Regent. Die Idee einer Restauration war damit vorerst ausgeschlossen. Wie Franco am 27. April 1947 gegenüber der Londoner ›Sunday Times‹ erklärte, handelte es sich um die Einsetzung einer Monarchie neuer Art, nicht um die Restauration der Monarchie aus der Zeit vor 1931.

Eben deshalb konnte Don Juan das Gesetz über die Nachfolge nicht akzeptieren (sosehr Franco auch versuchte, seine Billigung zu erhalten, und deshalb seinen getreuen Carrero Blanco nach Estoril sandte, wo sich seit 1946 die neue Residenz des Grafen von Barcelona befand). Am 7. April 1947, einige Tage, nachdem Franco den Cortes den Text des Gesetzes zugeleitet und über Radio Nacional de España einen baldigen Volksentscheid darüber angekündigt hatte, gab Don Juan in Estoril in seinem viel beachteten Manifest seine Ablehnung bekannt. Kurz zusammengefaßt besagte es, daß er im Namen der dynastischen Legitimität das Gesetz über die Nachfolge ablehne und legte offen, was sich dahinter verbarg: »Was man jetzt will, ist schlicht und einfach die Umwandlung dieser persönlichen Diktatur in eine lebenslange.«

Don Juan hatte recht, aber seine Anstrengungen und die der übrigen Gruppen der Opposition waren vergeblich. Franco hatte die gesamte Macht in seiner Hand und setzte sie zur Unterstützung seines Plans ein. In der Presse wurde eine wahre Diskreditierungskampagne gegen Don Juan inszeniert, die Unterdrückungsmaßnahmen wurden verschärft, und keine auch nur im geringsten von dem Gesetz abweichende Meinung wurde geduldet. Die öffentliche Meinung wurde mobilisiert (Franco bereiste im Mai verschiedene Provinzen und sorgte dafür, daß der Besuch von Eva Duarte Perón, die mit zahlreichen Kundgebungen empfangen wurde, mit der Verabschiedung des Gesetzes in den Cortes zusammenfiel). Am 4. Juli forderte Franco über den Rundfunk zu einer positiven Stimmabgabe beim Volksentscheid auf, der am 6. abgehalten wurde. Bei der Manipulation und Fälschung der Ergebnisse hielt man sich nicht zurück, das Resultat war skandalös: Von 16187992 eingetragenen Stimmberechtigten hatten 14054026 abgestimmt und von diesen hatten angeblich 12628983 – 78,01 Prozent – zugestimmt. Das waren die Daten, die man Franco unterbreitete, und als ob dies noch nicht genügte, ließ man in der Presse veröffentlichen, daß 15219563 Stimmberechtigte ihre Stimme abgegeben hätten und es 14145153 Ja-Stimmen gegeben habe[2].

Es spielte ohnehin keine Rolle, denn die Bedeutung lag nicht in den Zahlen, sondern in Francos Überzeugung, daß das Ergebnis ein offenkundiger politischer Sieg war, wie er selbst behauptete. Mehr noch, er stellte fest, daß es sich um ein Ergebnis von weitreichender Bedeutung in der zeitgenössischen Geschichte Spaniens handle. Noch am 22. November 1966 redete Franco davon, daß das Referendum ein demokratischer Volksentscheid zugunsten seines Regimes gewesen sei, den selbst die Opposition anerkannt habe. Phillip Bonsal war der erste, der dies begriffen hatte: Er war seit der Abberufung der Botschafter nordamerikanischer Geschäftsträger und derjenige, der zusammen mit den Generälen Aranda und Beigbeder am stärksten auf eine Annäherung der Monarchisten und der Gruppen der Alianza Nacional de Fuerzas Democráticas (Nationale Allianz der Demokratischen Kräfte) hingearbeitet hatte; und er meinte darüber hinaus, daß die ganze Frage des Nachfolgegesetzes die unbestreitbare politische Geschicklichkeit Francos deutlich gemacht habe.

Diese Bemerkung war zutreffend, denn das Gesetz warf mit einem Schlag die monarchistische Alternative Don Juans zum alten Eisen und zerstörte die Bedeutung, die der republikanischen Regierung im Exil noch hätte zukommen können (die ohnehin nur sehr gering war, vor allem nachdem sie von der UNO nicht anerkannt worden war).

Unabhängig voneinander kamen Don Juan und die exilierten Sozialisten zu dieser Erkenntnis. Indalecio Prieto, einer der wichtigsten Politiker und mehrfacher Minister in der Zeit der Zweiten Republik, gab auf Grund der Verabschiedung des Nachfolgegesetzes den Anstoß zu einer Politik der Zusammenarbeit mit den Monarchisten und des allmählichen Verzichts auf die republikanische Alternative als einziger Möglichkeit, die Wiedererrichtung eines demokratischen Regierungssystems zu erreichen. Von Estoril aus verfolgte José Maria Gil Robles, der ehemalige Führer der katholi-

[2] Luis Suárez Fernández, Francisco Franco y su tiempo, Madrid 1984, Bd. 4, S. 175.

schen Rechten und Kriegsminister im Jahre 1935 – Franco war in seiner Eigenschaft als Generalstabschef damals sein Untergebener gewesen – ähnliche Ziele (er war 1936 ins Exil geschickt worden und 1942 zu den Monarchisten um Don Juan gestoßen). Prieto und Gil Robles führten in London unter der Obhut der britischen Labour-Regierung Gespräche und unterzeichneten am 30. August 1948 in San Juan de Luz ein Abkommen, in dem sie die Grundsätze formulierten, zu deren Einhaltung sie sich für den Fall eines eventuellen Übergangs zur Demokratie verpflichteten; der wichtigste betraf die Bildung einer unparteiischen Regierung, die einen Volksentscheid über die Frage der Monarchie oder der Republik durchführen sollte.

Und dennoch war das Abkommen ein totgeborenes Kind. Don Juan war wahrscheinlich seit dem Volksentscheid vom 6. Februar 1947 davon überzeugt, daß die von Gil Robles verfolgte Linie des Bruchs mit Franco gescheitert sei, weil sie die Tatsache der Festigung des franquistischen Regimes ignorierte.

Beinahe zur gleichen Zeit, als Gil Robles und Prieto die Vereinbarungen von San Juan de Luz unterzeichneten, traf Don Juan sich das erste Mal mit Franco. Die Begegnung, die auf Initiative verschiedener Berater Don Juans, insbesondere Julio Danvilas, zustande gekommen war, fand am 25. August 1948 auf der Yacht ›Azor‹, in den Gewässern von San Sebastián statt. Franco und Don Juan empfanden keine Sympathie füreinander, doch konnten sie sich darauf einigen, daß Prinz Juan Carlos, der älteste Sohn Don Juans und Erbe der Dynastie, in Spanien studieren solle. Don Juan entschied sich also für den langen Weg zur Restauration, der die niemals begeisterte und stets voller Vorbehalte zugestandene Anerkennung der Notwendigkeit einer Verständigung mit Franco bedeutete und von der Gruppe der Monarchisten um ihn (Julio Danvila, der Graf von Ruiseñada, José María Pemán usw.) sowie von seiten der integrationswilligen Katholiken des Opus Dei (Rafael Calvo Serer, Florentino Pérez Embid und anderen) unterstützt wurde.

Noch existierte ein monarchistischer Verschwörer (General Aranda gab bis 1949 nicht auf), gelegentlich gab es auch noch monarchistische Proteste, wie etwa den Brief, den rund 300 monarchistisch gesinnte Persönlichkeiten im Januar

1950 an den neuen nordamerikanischen Geschäftsträger, Paul Culbertson, sandten, in dem sie aus Anlaß gewisser profranquistischer Äußerungen des Außenministers seines Landes, Dean Acheson, protestierten; es kam zu erneuten liberalen Bekundungen Don Juans (wie seinen Brief an Franco vom 10. Juli 1951); zur Verärgerung der franquistischen Behörden stellte man sogar bei den Kommunalwahlen im November 1954 monarchistische Kandidaten auf. Aber seit 1948 war Franco der Meinung, daß der Monarchismus, wie Gerald Brenan es 1950 beschrieb, nichts anderes sei als »eine schwache Fronde von Kaffeehauspolitikern und Unzufriedenen«[3].

Der Volksentscheid von 1947 gab wahrscheinlich auch das Signal für das Verschwinden einer weiteren antifranquistischen Front. Zumindest trafen die Kommunisten bald darauf, 1948, die Entscheidung, ihr Guerillaheer aufzulösen. Die Bilanz war viel dramatischer als es die spanische Gesellschaft damals wissen konnte: Die Guardia Civil hatte seit 1944 etwa 500 Mann verloren, die Guerilleros etwa 4500, von denen wohl etwa die Hälfte umgekommen waren. Die Guerilla war ein Fehlschlag: Die Guerilleros, die in ländlichen Gebieten isoliert waren und keine Verbindung zu einer eingeschüchterten und der Gewalt überdrüssigen Bevölkerung hatten, waren nur damit beschäftigt, vor der Polizei zu fliehen.

Franco hatte deshalb mit seinem Volksentscheid von 1947 ein beinahe unfehlbares Manöver vollzogen, mit dem er sich überdies zu nichts verpflichtet hatte. Er hatte die dynastische Frage nicht eindeutig zugunsten der Linie Alfons XIII. entschieden, was zweifellos Probleme mit dem karlistischen Traditionalismus zur Folge gehabt hätte. Der allem Anschein nach antimonarchisch eingestellten Falange hatte er die Möglichkeit eines Regenten angeboten. Diese Konstruktion blieb für den Falangismus auch künftig akzeptabel und schien auf jeden Fall die Gewißheit zu bieten, daß die zukünftige Monarchie keine liberale und demokratische Monarchie sein würde. Dem politischen Katholizismus hatte Franco einen Staat übergeben, der offiziell ein katholisches

[3] Gerald Brenan, The Face of Spain, London 1950, S. 11. Zum Monarchismus siehe das bereits angeführte Buch von López Rodó.

Königreich und überdies sozial und repräsentativ war. Diese Definition sollte Außenminister Artajo, die Führungsfigur der katholischen Richtung, zufriedenstellen, dessen persönliches Programm die Einsetzung der traditionellen Monarchie gewesen war, als er 1945 in die Regierung eintrat[4].

Francos unbestreitbare Geschicklichkeit, deren Entfaltung ihm der autokratische Charakter seiner Macht erst ermöglichte, wurde durch eine weitere wesentliche Eigenschaft ergänzt. Es war die kluge Berechnung, die Vorsicht, von der Franco sowohl zur Zeit der Republik als auch im Bürgerkrieg und während des Zweiten Weltkrieges zahllose Beweise geliefert hatte.

Die Klugheit wurde Franco sicher zur zweiten Natur und mußte notwendigerweise auch in seinem politischen Verhalten durchscheinen. Zu Doktor Soriano, der ihn nach dem Jagdunfall, den er 1961 erlitt, bei der Rehabilitationstherapie seiner rechten Hand betreute, sagte Franco, die einzige Fähigkeit, die er für sich in Anspruch nehme, sei die des »Hirten«, das heißt, die »weite und geduldige Sicht«. »In meinem Leben als Herrscher haben mir die Geduld, die Gelassenheit und der Versuch, das klar zu sehen, was sich am Horizont abzeichnet, eine große Hilfe bedeutet.«[5]

Franco ging stets »mit der von den Umständen gebotenen Klugheit« vor, wie er es am 8. Juli 1964 vor den Cortes formulierte. Diese Klugheit ließ es ihm geraten erscheinen, daß die institutionelle Entwicklung seines Herrschaftssystems stets äußerst langsam vor sich ging: 22 Jahre sollten vergehen, bis Franco das Gesetz über die Nachfolge von 1947 erfüllte; bis 1966 hatte sein Herrschaftssystem kein ›Staatsgrundgesetz‹ (Ley Orgánica del Estado), das heißt keine Rechtsordnung, die das Rückgrat für die Arbeit des institutionellen Apparates gebildet hätte. Darin bestand die nach den Worten Francos vom 31. Dezember 1955 »offene und nicht abgeschlossene« Verfassung seines Herrschaftssystems, oder eben auch die Untätigkeit Francos – »die meisterhafte Untätigkeit«, wie es hieß.

Franco verzögerte und verschleppte bewußt die institutio-

[4] Javier Tusell, Franco y los católicos. La política interior española entre 1945 y 1957, Madrid 1984, S. 84–93.

[5] Ramón Soriano, La mano izquierda de Franco, Barcelona 1981, S. 60.

nelle Entwicklung seines Herrschaftssystems, mit kluger Berechnung natürlich, aber auch aus taktischen Gründen: Auf diese Weise vermied und umging er Probleme, die sich im Grunde als unlösbar erwiesen. Die Restauration der Monarchie hätte zum Beispiel seine Beziehungen zur Falange und zum Karlismus erschwert; den Staat der Falange in die Hände zu geben, wie es Serrano 1939–1942 gewollt hatte und wie es Arrese 1957 vorhatte, hätte ihn in Gegensatz zu Monarchisten, Katholiken (darunter Artajo, der als weiteres Ziel in sein Programm die Entfalangisierung des Regimes aufgenommen hatte), Traditionalisten, vielen Militärs und sogar zu Carrero Blanco gebracht. Francos Untätigkeit, die nach dem Volksentscheid von 1947 immer offenkundiger wurde, hatte zweifellos System: Sie verstärkte seine Rolle als Schiedsrichter und als wesentliche, zentrale Achse der Machtstruktur seines Regimes. Dies genügte denen als Begründung, die der Ansicht waren, daß Franco kein anderes politisches Programm habe, als das Bestreben, an der Macht zu bleiben; in dem Maß aber, in dem sich seine Untätigkeit und seine berechnende Art in die Länge zogen, konnte man erkennen, daß Franco es nicht verstanden hatte, seine Regime rechtzeitig zu institutionalisieren (es fehlte nicht an Leuten, die meinten, daß er es nicht verstanden habe, rechtzeitig zurückzutreten, und die dies auch äußerten).

In einem aber ließ ihn sein geduldiger Weitblick als »Hirte« das, was sich am Horizont abzeichnete, nicht klar sehen: Hier zeigte sich die Kehrseite des unbestreitbaren politischen Geschicks, das er an den Tag legte. Am 14. Dezember 1946, zwei Tage, nachdem die UNO die Resolution zur Verurteilung seines Regimes verabschiedet hatte, publizierte Franco in ›Arriba‹ unter dem Pseudonym Jakim Boor den ersten aus einer Serie von 49 Artikeln, die in der Folgezeit bis zum 3. Mai 1951 erschienen; er nahm sie in sein drittes Buch auf, das den Titel ›Masonería‹ (›Die Freimaurerei‹) trug und 1952 veröffentlicht wurde. ›Masonería‹ war ein überraschendes, unbegreifliches Buch. Der Staatschef eines modernen Landes, ein brillanter Militär und vorsichtiger Staatsmann, erklärte darin seine Sicht von der Welt und der internationalen Politik, die sich auf einen ungeheuren und von Besessenheit gekennzeichneten Selbstbetrug gründete, nämlich die Vorstellung, daß die ganze jüngste Geschichte nichts anderes sei als das Ergebnis einer gigantischen Freimaurerverschwörung (deren bevorzugtes Objekt Spanien war).

›Masonería‹ variierte das immer gleiche Thema: die Freimaurerei und der Kommunismus, die Geschichte der Freimaurerverschwörungen, die Ursprünge, die Anzahl und die Rituale der Logen, die Freimaurerei und Spanien, die internationale Freimaurerei und Spanien, die internationale Freimaurerei usw. Franco behauptete in der Einleitung, er habe eines der in der Geschichte am wenigsten untersuchten Geheimnisse, »ein abstoßendes Mysterium«, wie er schrieb, untersucht (er muß viele Stunden damit verbracht haben, denn seine Artikel wiesen einen nicht zu unterschätzenden Grad an Belesenheit auf). Seine große »Enthüllung« war, daß fast alle Politiker, die irgendwann einmal etwas gegen sein Regime gesagt oder getan hatten (Roosevelt, Churchill, Truman, Blum und der Norweger Trygve Lie, Generalsekretär der Vereinten Nationen und Zielscheibe der Beschimpfungen des Caudillo) Freimaurer gewesen seien; daß die gesamte Politik Großbritanniens und Frankreichs seit dem 18. Jahrhundert von der Freimaurerei diktiert worden sei; daß die Freimaurerei seit Philip Wharton (neben Trygve Lie der andere Alptraum für den Verfasser des Buches), der sie 1728 eingeführt hatte, den Niedergang Spaniens betrieb und daß auf ihr Wirken alles zurückzuführen sei, was sich in Spanien seither ereignet habe: Die Meuterei gegen Esquilache, die Vertreibung der Jesuiten, der Verlust des Imperiums, die Revolutionen und Bürgerkriege, die Ferrer-Affäre von 1909, der Sturz Mauras, die politischen Verbrechen usw.

Diesem Produkt seiner Wahnphantasien, an das Franco wahrscheinlich glaubte, lag dennoch eine politische Absicht zugrunde: es sollte die internationale Ablehnung seines Regimes erklären. Er schrieb unter anderem: »Das ganze Geheimnis der gegen Spanien entfesselten Kampagnen liegt in diesen zwei Worten: Freimaurertum und Kommunismus.«[6] Der Grund dafür schien Franco klar, war doch Spanien das Land, das im Bürgerkrieg den Kommunismus niedergeworfen und mit seinem Katholizismus und seiner Loyalität zur Kirche das Krebsgeschwür der Freimaurerei besiegt hatte.

[6] Jakim Boor, Masonería, Madrid 1952, S. 11.

Aber das war noch nicht alles. Am 19. August 1949 schrieb Franco, daß »die Verschwörungen« gegen Spanien nur ein Beispiel dafür seien, daß die Welt »unter der Diktatur des Freimaurertums« lebe (als ein anderes erschien ihm die Schaffung des Staates Israel). Die Thesen Francos waren teilweise schlicht irrsinnig; so behauptete er, daß seit den Jahren des Ersten Weltkrieges eine Freimaurerverschwörung als Antwort auf den Aufstieg der Massen im modernen Leben existiere, die in den zwanziger Jahren den Völkerbund erobert habe, aber von Hitler und Mussolini eingedämmt worden sei (eine Vorstellung, die in dem Buch mehr als einmal auftaucht) und ihre ganze Stärke mit deren Sturz und der Schaffung der UNO im Jahr 1945 wiedergewonnen habe. Zu diesem Zeitpunkt war Franco zufolge »der ernsteste und kritischste Punkt des gesamten internationalen Lebens« erreicht, den nur er erkannt habe. Am 2. Juli 1950 schrieb er: »So berühmte Freimaurer wie Roosevelt und Churchill paktierten in Jalta, Teheran und Potsdam.« Der Schluß daraus schien ihm evident zu sein: Freimaurertum und Kommunismus – der Franco nichtsdestoweniger am gefährlichsten erschien – stellten die große Bedrohung der zeitgenössischen Welt dar.

Diese unsinnige Darlegung grenzte ans Pathologische und verstieg sich manchmal bis zur Beleidigung, so wenn er formulierte, daß Eleanor Roosevelt nicht nur eine »Freimaurerin« sei, sondern einen Typ verkörpere, »den wir in Spanien steriles, lesbisches Mannweib nennen würden«[7]. Glücklicherweise war das Buch nur im Inland verbreitet und hatte keinen Einfluß auf die franquistische Diplomatie (es ist sogar wahrscheinlich, daß sich außer einigen frommen Gemütern und Carrero Blanco niemand mit den Thesen von J. Boor ernsthaft befaßte).

Das Ziel der spanischen Diplomatie war seit 1946 die Durchbrechung der internationalen Isolierung Spaniens, eine Notwendigkeit, die schließlich die Außenpolitik Spaniens verändern sollte. Es handelte sich dabei eher um die Antwort auf eine bestimmte politische Lage als um die Reaktion auf den Ablauf einer vorher bewußt beabsichtigten internationalen Aktion. Franco selbst benannte am 17. Mai 1952 vor den

[7] Ebenda, S. 74.

Cortes als die neuen Ziele seiner Politik den Iberischen Pakt mit Portugal, die Bindungen zu Lateinamerika, die Freundschaft zu den arabischen Völkern und die Sicherheitsabkommen mit den Vereinigten Staaten (über die damals verhandelt wurde). Der Wandel war beachtlich: Franco sprach nicht mehr von den »Forderungen« Spaniens, jenem maßlosen Anspruch auf ein Imperium in Nordafrika, den das franquistische Regime 1940 gestellt hatte, und auch nicht mehr von Gibraltar, auf das er zwar nicht verzichtete, das aber bis zu den sechziger Jahren keine zentrale Rolle mehr in seiner Politik spielte (persönlich beharrte er nie mit großem Nachdruck darauf, denn er glaubte, die Wiedereingliederung Gibraltars sei eine Frage der Zeit und des geduldigen Wartens).

Einige dieser Ziele ergaben sich aus der Logik der Sache: Mit der portugiesischen Diktatur hatte der Franquismus von Anfang an das bestmögliche Einvernehmen hergestellt, offenkundige Bindungen existierten zu den lateinamerikanischen Ländern, von denen einige, insbesondere das Argentinien Peróns, die verurteilende Resolution der UNO von 1946 nicht befolgt hatten.

Die Beziehungen zu den arabischen Ländern waren jedoch nicht so logisch. Franco und seine Repräsentanten hatten immer von der Freundschaft Spaniens zu diesen Ländern gesprochen, worin freilich ein Paradox lag. Die Geschichte Spaniens war teilweise von der Reconquista der christlichen Königreiche gegen den Islam bestimmt gewesen. Überdies war Franco selbst, aber auch sein modernes Heer durch den Kampf gegen moslemische Aufständische in Marokko stark geprägt worden. Das Spanien Francos hatte 1948 jedoch den Staat Israel nicht anerkennen wollen, teilweise auch deshalb, weil es sich nach der vatikanischen Diplomatie richtete, und hatte die Araber in dem damals im Nahen Osten ausgebrochenen Krieg unterstützt. Im September 1949 empfing Franco in Meirás König Abdullah von Jordanien, das erste Staatsoberhaupt, das Spanien seit 1936 besuchte. Franco erhielt seine Belohnung: Die internationale Isolierung begann schwächer zu werden[8].

In den Beziehungen zu den Vereinigten Staaten, dem

[8] Zur Außenpolitik Francos siehe José Mario Armero, La política exterior de Franco, Barcelona 1978.

Land, das 1945 und 1946 wahrscheinlich Franco am feindseligsten gegenüberstand, ging die Initiative nicht von ihm, sondern von den Amerikanern aus; die internationale politische Lage der Nachkriegszeit veranlaßte die Vereinigten Staaten, eine Annäherung an das spanische Regime in die Wege zu leiten. Franco gelangte bald zu einer ziemlich treffenden Einschätzung der neuen Weltordnung, die der Zweite Weltkrieg hervorgebracht hatte. Gegenüber ›Le Figaro‹ erklärte er am 14. Juni 1948: »Vor dem letzten Weltkrieg herrschte die Ära der nationalen Rivalitäten ... Auf den heiligen Egoismus der Nationen ist der heilige Egoismus der verschiedenen Lager der Nationen gefolgt. Auf die Ära der nationalen Rivalitäten die der Rivalitäten zwischen den verschiedenen Lagern der Nationen, zwischen den Blöcken.«

Franco fand seinen Platz in einem der Blöcke mittels zweiseitiger Abkommen mit den Vereinigten Staaten im Jahre 1953. Es bedurfte dazu keiner Berichtigung, Umstellung oder Anpassung. »Im Antikommunismus liegt der Schlüssel unserer Politik«, hatte er am 17. Juli 1943 vor dem Nationalrat der Bewegung geäußert, womit er recht hatte. Denn der Kampf gegen den Kommunismus war stets eines der Hauptargumente für die Rechtfertigung der Erhebung von 1936 gewesen. Er lieferte überdies eine Begründung, hinter der Franco tatsächlich stand und an die er tief in seinem Inneren glaubte, unabhängig davon, daß im Juli 1936 die kommunistische Partei in Spanien völlig unbedeutend war und es nicht wirklich festgestanden hatte, ob die extremistischen Elemente der Volksfront eine kommunistische Revolution vorbereiteten, wie es die Aufständischen behauptet hatten (eher das Gegenteil war der Fall; die Volkserhebung hatte die Revolution der Arbeiterklasse entfesselt, die Spanien nach dem 18. Juli erlebte und die der kommunistischen Partei den Aufstieg zur Macht ermöglichte). Es ging auch nicht allein um Spanien. Franco stellte die Bewegung von 1936 als einen Akt der Verteidigung der westlichen Zivilisation dar. »Mit unserem Kampf gegen den Kommunismus glauben wir Europa einen Dienst zu leisten, da ja der Kommunismus eine universale Gefahr ist«, betonte er im Dezember 1938 gegenüber ›Le Journal de Genève‹. Die These vom »Wächter des Abendlandes« war aber bereits in der Kreuzzugstheorie enthalten.

Das war der Grund dafür, daß Franco schließlich doch in den westlichen Block aufgenommen werden konnte (obwohl es derselbe Block war, der ihn im Dezember 1946 ohne Abstriche verurteilt hatte und ihn auch weiterhin in Quarantäne hielt). Der Antikommunismus Francos harmonierte durchaus mit der Politik der Eindämmung des Kommunismus, zu der sich der neue amerikanische Präsident Truman im Mai 1947 entschieden hatte. Sie sollte auch die uneingeschränkte Unterstützung eines Europa erlangen, das mehr als begierig darauf war, daß die Vereinigten Staaten die Führung und den Schutz der freien Welt übernahmen. Franco konnte schließlich angesichts der ungeheuren Expansion der Sowjetmacht zwischen 1945 und 1950 geltend machen, daß die Tatsachen seine Argumente nur bestätigt hätten.

Franco reihte sich in die Antikommunistische Front im Kalten Krieg nicht aus Überlebensnot oder aus bloßem Opportunismus ein: Er war schon vorher ein Mann des Kalten Krieges gewesen. In seiner Silvesterbotschaft zum Jahresende 1954 konnte er mit Recht behaupten, er habe 20 Jahre lang verfochten, daß gegenüber dem sowjetischen Kommunismus lediglich Vorbeugung und Verteidigung möglich seien. Er akzeptierte weder die friedliche Koexistenz der fünfziger Jahre noch die darauffolgende Entspannung. Weit davon entfernt, irgendwelche Abstriche zu machen, wurde sein Antikommunismus mit den Jahren nur noch härter; in den sechziger Jahren beschäftigte er sich in vielen seiner Reden sehr eindringlich damit. Er verließ seinen Wächterposten niemals und beklagte oft, daß der Wohlstand und die Säkularisierung (oder in seinen Worten der Materialismus und der Verlust des Glaubens) die Widerstandskraft der westlichen Welt gegenüber der Sowjetunion geschwächt hätten.

In den Jahren des Kalten Krieges spielte Franco deshalb seit 1947 die Karte aus, die am besten zu seiner Mentalität und seinen innersten Überzeugungen paßte: den Antikommunismus. Er hatte das außerordentliche Glück, daß die international angespannte Lage die Vereinigten Staaten veranlaßte, die strategischen Gründe der Verteidigung des Westens jeder möglichen anderen Erwägung politischer oder ideologischer Art überzuordnen, daß also die Vereinigten Staaten die Rolle, die Francos Spanien in ihrer militärischen

Strategie spielen konnte, für wichtiger hielten, als den antidemokratischen Charakter des Regimes.

Francos Geschick lag darin, daß er sich darüber im klaren war; er verantwortete es, die Anerkennung seines Regimes anderen Erwägungen überzuordnen (und machte deshalb in den Abkommen mit den Vereinigten Staaten, die 1953 unterzeichnet wurden, entscheidende Zugeständnisse).

Das spanisch-nordamerikanische Tauwetter begann 1947/48. Dafür hatte es offenbar zwei Signale gegeben: zum einen die Denkschrift, die der nordamerikanische Diplomat George F. Kennan, einer der Verfasser der Truman-Doktrin, im Oktober 1947 für das Außenministerium erarbeitet hatte, worin er empfahl, daß sein Land die bisher verfolgte Politik gegenüber Franco revidieren solle, zum anderen den Sonderbesuch, den Admiral Forrest Sherman, der Chef der nordamerikanischen Flotte im Pazifik, Madrid im Februar 1948 abstattete und der zur Grundlage einer sicherlich wichtigen Beziehung zwischen Sherman und Carrero Blanco wurde. Zwischen diesen beiden Ereignissen hatten die Vereinigten Staaten am 17. November 1947, als die UNO mit 29 Stimmen gegen 16 bei einer Reihe von Enthaltungen einen polnischen Antrag gegen das spanische Regime ablehnte, zum erstenmal zugunsten Spaniens gestimmt.

Bis 1950 mündeten die Beziehungen aber dennoch nicht in die endgültige, gerade Bahn der Verständigung ein. Spanien blieb auf diese Weise 1948 vom Marshall-Plan, dem nordamerikanischen Hilfsprogramm für den Wiederaufbau des demokratischen Europa, ausgeschlossen. Der Grund dafür lag in eben der undemokratischen Natur von Francos Regime (das nicht einmal die Ausnutzung eines Teils der Vorteile des Plans erreichen konnte, weil Franco die Bedingung Präsident Trumans ablehnte, die Hindernisse zu beseitigen, die der Ausübung nicht-katholischer Religionen in Spanien in den Weg gelegt wurden).

Diese Entwicklung beschleunigte sich 1950, seit ein Brief, den Außenminister Acheson an Senator Tom Conally geschrieben hatte, am 18. Januar in der ›New York Times‹ erschienen war, in dem angekündigt wurde, daß der nordamerikanische Botschafter bald nach Madrid zurückkehren werde – obwohl die UNO die Resolution von 1946 noch nicht aufgehoben hatte – und daß es keine Alternative zu

Franco gebe. Bereits in diesem Jahr gab es eine Reihe von Mitgliedern des State Department und des Pentagon, die sich entweder zugunsten der Gewährung von Krediten und Hilfsleistungen für Spanien aussprachen oder die Betonung auf seine strategisch wertvolle Lage für die Verteidigung der westlichen Welt legten (obwohl Spanien der im April 1949 geschaffenen NATO nicht beigetreten war).

Die eingetretene Veränderung fand Eingang in die Entscheidung des nordamerikanischen Kongresses vom 1. August 1958, mit der Präsident Truman ermächtigt wurde, seine Zustimmung zu einem durch die Import-Export Bank bereitgestellten Kredit an Spanien im Wert von 62,5 Millionen Dollar zu geben. Es war zwar weniger als die 100 Millionen, die die Verfechter des von Senator Patrick Mac Carran eingebrachten Antrags befürwortet hatten, aber es war das erste Mal, daß die nordamerikanische Regierung Franco Wirtschaftshilfe bewilligte (die Hilfsleistungen wurden später erneut gewährt, stets auf Betreiben Mac Carrans)[9].

Das Blatt hatte sich also gewendet, und nicht nur, was die Vereinigten Staaten betraf. Im Februar 1948 hatte sich die französische Regierung zur Wiederöffnung der Grenze entschieden (die seit 1946 geschlossen war). Auf dem Treffen der UNO in Paris im September 1948 hatten 15 lateinamerikanische Länder einen ersten Antrag zugunsten der Aufnahme Spaniens eingebracht, der nicht zur Abstimmung gelangte. Im Mai 1949 billigte die Vollversammlung einen Antrag Brasiliens, Boliviens, Kolumbiens und Perus, der den Mitgliedern der UNO das Verhalten in Bezug auf Spanien freistellte, obwohl die Vorlage nicht die für ihre Gültigkeit notwendige Zweidrittelmehrheit erhielt.

Von da an schien die Anerkennung Francos unausweichlich zu sein; der bereits erwähnte Besuch König Abdullahs war dafür gewiß symptomatisch. Costa Rica und Kolumbien entsandten unter Bruch der UNO-Resolution Anfang 1950 Botschafter. Als im Herbst dieses Jahres der »Fall« Spanien in den Vereinten Nationen wiederum zur Sprache kam, war

[9] Zu den spanisch-nordamerikanischen Beziehungen siehe Angel Viñas, Autarquía y política exterior en el primer franquismo (1939–1959), in: Revista de Estudios Internacionales 1 (1980), S. 61–92, und Los pactos secretos de Franco con Estados Unidos. Bases, ayuda económica, recortes de soberanía, Barcelona 1979; Luis Suárez Fernández, Franco, Bd. 4.

das Ergebnis schon so gut wie klar. Die für Spanien günstige Resolution wurde vor ihrer Behandlung durch die Vollversammlung zuerst in den verschiedenen Unterausschüssen und Ausschüssen gebilligt. Die Spanien verurteilende Resolution vom 4. November 1950 wurde widerrufen, wofür alle lateinamerikanischen Länder stimmten, mit Ausnahme Mexikos, Uruguays und Guatemalas (Cuba enthielt sich), die arabischen Länder, die Vereinigten Staaten und einige europäische Länder (wobei sich Frankreich und Großbritannien enthielten); mit Nein stimmten die Ostblockländer, Israel und die drei genannten lateinamerikanischen Staaten[10].

Franco konnte dem Korrespondenten eines nordamerikanischen Radio- und Fernsehkonzerns erklären, daß er glaube, ein Recht darauf zu haben, daß die Irrtümer, die man gegenüber Spanien begangen habe, korrigiert würden. Die Botschafter waren inzwischen nach Madrid zurückgekehrt. Spanien war immer noch nicht Mitglied der UNO, was es bis 1955 nicht sein sollte, trat aber automatisch den verschiedenen internationalen Organisationen bei.

Die Aufhebung der internationalen Verurteilung des Franco-Regimes gab grünes Licht für das Abkommen zwischen den Vereinigten Staaten und Spanien. Die Frage hatte natürlich spätestens seit der Schaffung der NATO im Jahre 1949 angestanden. Damals – und auch vorher – war deutlich geworden, daß Spanien eine unbestreitbare Bedeutung für die strategischen Planungen der westlichen Welt besaß. In den Vereinigten Staaten hatte man spekulative Überlegungen über eine Integration Spaniens in die Atlantische Allianz oder über ein gegenseitiges Militärbündnis angestellt. Trotzdem war bald klar, daß verschiedene europäische Länder gegen die erste Möglichkeit ihr Veto einlegen würden. Franco selbst tat kund, daß er den Weg eines zweiseitigen Abkommens vorziehen würde. Und er wiederholte es in dieser Zeit bei verschiedenen Gelegenheiten; er wie seine Berater, und vor allem Carrero Blanco sahen darin stets die größeren materiellen Vorteile und geringeren politischen Verwicklungen als in einem Beitritt zur NATO. Wichtig war, daß die Vereinigten Staaten Spanien zu ihren Verbündeten zählen wollten.

[10] Luis Suárez Fernández, Franco, Bd. 4, S. 417–449.

Dies war der entscheidende Punkt. Franco beschränkte sich darauf, aus dem nordamerikanischen Interesse Kapital zu schlagen und tat dies, ohne sich überstürzt auf Verhandlungen einzulassen und zunächst auch ohne eine übertriebene Begeisterung zur Schau zu stellen. Für ihn zählte vor allem die internationale Anerkennung seines Regimes. Es gab zweifellos vorherige Fühlungnahmen, doch der entscheidende Schritt ergab sich als Folge der Unterredung Francos mit Admiral Sherman und Botschafter Griffis am 16. Juli 1951: Es wurde bereits offen die Frage der möglichen Errichtung nordamerikanischer Militärstützpunkte in Spanien aufgeworfen.

Noch sollte es einige Male zu Irritationen kommen, so etwa als Präsident Truman im Februar 1952 feststellte, daß er General Franco nicht leiden könne. Aber mit der Wahl des neuen nordamerikanischen Präsidenten im November dieses Jahres, General Eisenhower, der 1951 als Chef der NATO bereits sein Interesse an Spanien gezeigt hatte, machten auch die von den Generälen Kissner und Juan Vigón geführten Verhandlungen entscheidende Fortschritte. Das Abkommen kam schon im April 1953 zustande. Die Unterzeichnung verzögerte sich trotzdem bis zum September: Spanien wollte zuvor erst noch das Konkordat mit dem Heiligen Stuhl unter Dach und Fach bringen[11].

Das am 27. August 1953 in Rom vom spanischen Innenminister Artajo und dem vatikanischen Staatssekretär, Monsignore Tardini, unterzeichnete Konkordat war, wie bereits erwähnt, die zweite Säule, auf der der endgültige Sieg Francos, seine internationale Anerkennung, ruhte. Das Konkordat erschien im Grunde als eine ganz natürliche Sache, weil es ein Abkommen zwischen der Kirche und einem Staat war, der aus einem »Kreuzzug für Gott und für Spanien« hervorgegangen war, der sich als »katholisches Königreich« bezeichnete und dessen Sozial- und Erziehungsgesetzgebung von den Lehren der Kirche inspiriert war. Franco hatte recht, als er in seiner Silvesterbotschaft 1954 sagte, daß in Spanien ein »katholischer« Staat errichtet worden sei (er füg-

[11] Außer dem bereits weiter oben angeführten Buch von Viñas (Los pactos secretos) empfiehlt sich die Lektüre von Band 5 des bereits mehrfach genannten Werks von Luis Suárez Fernández.

te auch »sozialer und repräsentativer« hinzu, aber dies war zumindest anfechtbar).

Seit 1936 hatte ein Prozeß intensiver religiöser Restauration eingesetzt, der sich noch verstärkte, als die Kirche in der kritischen Lage des Jahres 1945 eine Hauptrolle in der internationalen Rückendeckung für das Franco-Regime übernahm. Daß der britische Schriftsteller Brenan, als er Spanien in der Karwoche des Jahres 1950 besuchte, die Frauen als Büßerinnen in langem Satinrock, mit Mantille, Rosenkranz und dem Gebetbuch in der Hand ausstaffiert sah, war dafür symptomatisch. Franco hatte der Kirche das Erziehungsmonopol und eine außerordentliche Macht bei der Zensur von Schauspielen, Büchern, der allgemeinen Sitten und öffentlichen Moral gegeben. Francos erster Regierungsakt nach der Siegesparade 1939 war ein feierliches Tedeum in der Kirche Santa Bárbara in Madrid: Franco und Kardinal Gomá, der Primas der spanischen Kirche, weihten Spanien der katholischen Sache.

Franco beehrte jede Art von religiösen Akten mit seiner Teilnahme: Prozessionen in der Karwoche, Krönungen der Heiligen Jungfrau, Jubiläen, Dankopfer für den Schutzheiligen Jakob (ein Bild, das ihn bei dem Akt der Überführung von Reliquien in die Santa Cámara von Oviedo am 5. September 1942 in der Uniform des Soldaten und vor dem Kreuz kniend zeigt, verkörpert dies auf eingängige Weise). Die religiösen Feiertage – Karwoche, Weihnachten, Fronleichnam, Christi Himmelfahrt usw. – wurden nun in Spanien mit ungekannter Intensität gefeiert. Das Kreuz wurde in der Universität feierlich inthronisiert, das Heilige Jahr von 1950 und die Verkündung des Dogmas von der Himmelfahrt Mariä im gleichen Jahr wurden in Spanien offiziell begangen; Franco selbst präsidierte in Barcelona bei einem spektakulären eucharistischen Kongreß, und 1954 wurde ganz Spanien dem unbefleckten Herzen Mariä geweiht. Seit dem Ende des Bürgerkrieges hatte es eine wahre Explosion geistlicher Berufungen gegeben. Die katholische Kultur, personifiziert in dem Bischof Angel Herrera Oria, hatte durch die Aktivitäten des Verlags La Editorial Católica einerseits und das Opus Dei, die Zeitschrift ›Arbor‹ und die neointegristischen Theorien Rafael Calvo Serers andererseits zwischen 1950 und 1955 eine intellektuelle Hegemonie erreicht, die sie vielleicht ein Jahrhundert zuvor einmal besessen hatte.

Unter diesen Bedingungen waren die Beziehungen zwischen Kirche und Staat gewiß ideal, wie dies Monsignore Eijo Garay in der Zeitschrift ›Ya‹ am 12. Februar 1950 äußerte. Sicher hatte es auch Konflikte gegeben, wie etwa 1939, als man die Verbreitung eines Hirtenbriefs des Kardinals Gomá verboten hatte, in dem er die Versöhnung der Spanier forderte. Die integristischen Ausfälle des zornigen Erzbischofs von Sevilla, Kardinal Segura, riefen in den fünfziger Jahren mehr als einmal eine Verstimmung zwischen dem Regime und der kirchlichen Hierarchie hervor. Franco meinte dazu, daß er sie trage, wie man ein Kreuz trage. Es gab sogar Augenblicke, in denen die Beziehungen nicht so ideal waren, wie sie Bischof Eijo 1950 sah; insbesondere in den Jahren 1945 bis 1948 konnte man hinter der rein franquistischen Fassade der spanischen Kirchenhierarchie und des spanischen Katholizismus einen Rückschlag wahrnehmen.

Der Abschluß eines Konkordats erwies sich als dringend notwendig. Der spanische Botschafter beim Heiligen Stuhl, Joaquín Ruiz-Giménez, ergriff im Oktober 1949 die Initiative (mit der leicht skeptischen Zustimmung Francos und Artajos). Giménez sah darin für beide Seiten einen Nutzen: Zum einen wurde die Stellung der Kirche in Spanien gefestigt, zum anderen wurde Spanien endgültig das volle Vertrauen des Vatikans gesichert.

Der Vatikan war dem Gedanken eines Abkommens mit Spanien seit Februar 1950 nähergetreten. Die langwierigen Verhandlungen wurden mit größtmöglicher Geheimhaltung geführt und waren nicht frei von Schwierigkeiten – ein Ausdruck der Vorbehalte, die gewisse Aspekte des Franco-Regimes in der Sicht der vatikanischen Diplomatie immer noch verdienten. Aber schließlich gelangte man zu einer Verständigung und das Konkordat, bei dessen Abfassung spanischerseits Fernando María Castiella, spanischer Botschafter am Heiligen Stuhl seit 1951, entscheidend beteiligt war, wurde am 17. August 1953 unterzeichnet.

Franco nahm das Konkordat mit größter Genugtuung entgegen, wie er in seiner Botschaft zum Jahresende kundtat. Das Konkordat war für ihn weder unverzichtbar noch entscheidend, da es lediglich die bereits bestehenden Realitäten sanktionierte: die guten Beziehungen zwischen Kirche und Staat; die internationale »Einkreisung« Spaniens war schon vorher, 1950/51, durchbrochen worden. Das Konkordat konnte freilich auch nicht alle Probleme, die zwischen beiden Seiten aufkamen, lösen: 1955, um ein einziges Beispiel zu nennen, spielten Informationsminister Arias Salgado persönlich und Bischof Herrera Oria die Hauptrolle in einem zwar außerordentlich höflich geführten, aber bezeichnenden Streit um die Pressefreiheit, die die Kirche anerkannt wissen wollte. Aber dies änderte nichts daran, daß das Konkordat für Franco und sein Regime einen außerordentlichen Wert besaß: Endgültig und offiziell waren damit die katholische Bedeutung der Erhebung von 1936 und der katholische Charakter des Regimes und der Bewegung anerkannt worden.

Franco machte der Kirche zahllose Zugeständnisse; das Konkordat verwandelte den Staat und die spanische Gesellschaft tatsächlich in einen Staat und eine Gesellschaft, die von Rechts wegen katholisch waren. Gewiß, Franco behielt sich dafür das Recht der Ernennung von Bischöfen vor (und eines Vetos gegen ihre Einsetzung). Dieses Recht war ihm jedoch bereits in dem am 7. Juni 1941 geschlossenen Abkommen zugestanden worden. Außerdem konnte man es mittels eines Umwegs umgehen. Man ließ die Stühle für eine unbestimmte Zeit vakant und ernannte von Rom aus Weihbischöfe, wie es in den sechziger Jahren häufiger geschah. Das Vorschlagsrecht war also kein Zugeständnis von seiten des Heiligen Stuhls; es war der spanische Staat, der die größeren Konzessionen machte. Franco machte sie sogar gern, nicht nur, weil das Konkordat der größte diplomatische Erfolg war, den er bis dahin erreicht hatte – von viel größerem Wert als die Abstimmung in der UNO vom 4. November 1950 –, sondern auch, weil er überdies tief religiös war; in Fragen der Religion war er ein Integrist (daraus erklärt sich sein 1952 erschienenes Buch ›Masonería‹). Das Konkordat brachte ihm außerdem einige persönliche Ehrungen, wie er sie am meisten liebte: Papst Pius XII. verlieh die Privilegien Philipps IV. erneut an Franco, womit dieser neben anderen pittoresken Würden die eines Domherrn von San Liberato erhielt; später ernannte ihn der

Papst noch zum Ritter vom Orden Christi, die höchste vom Vatikan verliehene Auszeichnung[12].

Einen Monat später, am 26. September 1953, erreichte Franco mit der Unterzeichnung der ›Abkommen‹ zwischen Spanien und den Vereinigten Staaten durch Minister Artajo und Botschafter James Dunn die Erfüllung seiner Außenpolitik, wie er es selbst formulierte (es handelte sich dabei explizit nicht um »Verträge« und auch nicht um ein »Bündnis«). Das war ein Dreifachabkommen über Verteidigung, über gegenseitigen Verteidigungsbeistand und über Wirtschaftshilfe, an dem das Wesentliche sofort erkennbar war: die Nutzung der in Torrejón, Saragossa, Morón und Rota zu errichtenden »gemeinsamen« Basen für eine – verlängerbare – Periode von zehn Jahren durch die Vereinigten Staaten und das Zugeständnis substantieller Wirtschaftshilfe für Spanien (sie wurde anfangs auf 226 Millionen Dollar beziffert, belief sich dann aber schließlich auf insgesamt 1,183 Milliarden Dollar).

Den Abkommen kam ersichtlich weitreichende Bedeutung zu: Sie beendeten die isolationistische Politik, die Spanien mit zum Teil unheilvollen Ergebnissen seit dem letzten Drittel des 19. Jahrhunderts beibehalten hatte, verbanden es mit der westlichen Welt, zu der es auf Grund seiner Geographie und Geschichte ohnehin zugehören schien, und ermöglichten ihm – und deshalb seiner Armee – eine ernst zu nehmende Politik der äußeren Verteidigung.

Es lag in der politischen Natur von Francos Regime, daß Spanien von einer ersichtlich schwächeren Position aus verhandelte, so daß die spanischen Unterhändler, um sich die nordamerikanische Anerkennung zu sichern, Abkommen akzeptierten, in denen Spanien Konzessionen im Hinblick auf seine Souveränität machte (obwohl man sie nicht als solche wahrnahm, denn nordamerikanische Militärstützpunkte gab es in allen demokratischen westlichen Ländern, und niemand sah in ihnen neokoloniale Abtretungen, sondern nur die Garantie der nationalen und internationalen Verteidigung). Es wurden in der Tat vier ausländische Basen auf

[12] Die beste Arbeit über Franco und die Katholiken – und deshalb auch über das Konkordat – ist das schon genannte Buch Javier Tusells mit dem gleichen Titel; siehe überdies Luis Suárez Fernández, Franco, Bd., 4; S. 79–100.

spanischem Gebiet geschaffen, auch wenn ihre Nutzung gemeinsam erfolgen sollte (eine im übrigen zweifelhafte Formulierung, da eine Geheimklausel vorsah, daß die Vereinigten Staaten die Stützpunkte im Falle einer »kommunistischen Aggression, die die Sicherheit des Westens bedrohte«, einseitig nutzen durften, und dies nur unter der Bedingung, daß die spanische Regierung informiert werden müsse, nicht unter der einer vorherigen Konsultation).

Es ist wahrscheinlich, daß Franco, der es 1940 abgelehnt hatte, dem Dritten Reich Stützpunkte einzuräumen, aus diesem Grund nicht sonderlich zufrieden war. Zumindest versuchte er auf diplomatischem Wege, die Bedingungen in den Verhandlungen zu verbessern, die der Verlängerung der Abkommen vorausgingen, und zu einem echten Bündnis unter Gleichen zu gelangen, denn das war die Übereinkunft von 1953 in keiner Weise. Auch wenn Franco bei dieser Gelegenheit keinerlei Auszeichnungen erhielt, wurde dies einige Jahre später, im Dezember 1959, durch den Besuch Präsident Eisenhowers vollkommen aufgewogen. Es war das erste Oberhaupt eines demokratischen Staates – des mächtigsten von allen –, das offiziell den Mann besuchte, von dem Hitler gesagt hatte, sein Schicksal sei durch den härtesten Zwang der Geschichte an das seine gebunden[13].

1959 war Francos Spanien bereits ein vollberechtigtes Mitglied der internationalen Gemeinschaft. Die Erfolge der franquistischen Diplomatie des Jahres 1953 – denn um solche handelte es sich, wenn auch um den eben genannten Preis – erfuhren ihre logische Fortsetzung. Im Januar 1955 forderten die Vereinten Nationen Spanien auf, einen Beobachter zu entsenden; im August wurde Francos Spanien in die Interparlamentarische Union aufgenommen; am 1. November besuchte der nordamerikanische Staatssekretär John Foster Dulles Franco im Pardo-Palast, am 15. Dezember billigte die Generalversammlung der UNO mit 55 Ja-Stimmen bei Stimmenthaltung Belgiens und Mexikos endgültig die Aufnahme Spaniens in die Vereinten Nationen. »Endlich habe ich den spanischen Krieg gewonnen«, soll Franco am 26. September 1953 gesagt haben, nachdem die Abkommen

[13] Siehe oben, Anm. 9 und 11.

mit den Vereinigten Staaten unterzeichnet waren[14]. Dies erkannte auch die UNO mit ihrer Entscheidung vom Dezember 1955 an, was Franco anscheinend mit Gleichgültigkeit aufnahm – mit der gleichen Unerschütterlichkeit, mit der er stets auf entscheidende Nachrichten reagierte.

Franco konnte sich seines Sieges sicher sein. Er war es sogar schon vor den Pakten von 1953 und dem Beitritt zur UNO im Jahr 1955, und zwar derart, daß er es bereits 1951 beim Regierungswechsel gewagt hatte, dem Posten des Generalsekretärs der Bewegung, der einen offenkundig falangistischen Beigeschmack hatte, wiederum Ministerrang zu verleihen und einen der historischen Männer der Falange, Raimundo Fernández-Cuesta, an die Spitze dieses Ministeriums zu stellen. Mehr noch, im Oktober 1953 gestattete Franco der Falange, ihren ersten Kongreß nach 20 Jahren abzuhalten; im September 1955 betonte er in La Coruña, daß die Falange »die nationalen Sorgen am aufrichtigsten zum Ausdruck bringe«.

Aber das bedeutete nicht die Rückkehr der Falange als einziger Partei (überdies handelte es sich um eine gezähmte Falange, die bereit war, in der Bewegung aufzugehen). Auf die Regierung von 1951 traf wirklich zu, was Franco unter der Bewegung verstand (jenes »Gestirn von Männern, die niemals von Kleinmut befallen wurden«, wie er sie in seiner Silvesterbotschaft 1954 nannte). Franco ließ die Falange zurückkehren, um auf diese Weise die Legitimität des Staates des 18. Juli gegenüber einer Welt zu bekräftigen, die ihn 1946 verurteilt hatte und ihn 1950 wieder akzeptierte.

1951 kehrte also die Falange in die Regierung zurück: Sie erhielt neben dem Ministerium der Bewegung das für Arbeit (Girón) und konnte auf den Heeresminister (Muñoz Grandes), den Landwirtschaftsminister (Cabestany) und sogar den Handelsminister (Arburúa) zählen. Aber auch die Vertreter des politischen Katholizismus gewannen an Gewicht (Artajo blieb weiter im Außenministerium; Ruiz-Jiménez übernahm das Erziehungsministerium); weiterhin blieben der Traditionalismus (Iturmendi im Justizministerium) und der Monarchismus (Vallelano im Ministerium für öffentliche

[14] Zitiert bei George Hills, Franco: The Man and his Nation, London 1967, S. 416.

Arbeiten) vertreten, und auch die Fachminister und die reinen Franquisten blieben erhalten, von denen Carrero Blanco jetzt Staatsminister im Amt des Regierungschefs (ministro de la Presidencia) wurde. Es war eine Regierung der Bewegung, bei der die falangistischen und katholischen Repräsentanten augenscheinlich am herausragendsten wirkten. (Deshalb schlug 1953 der intellektuelle Kopf des Opus Dei, Rafael Calvo Serer, »einen dritten Weg« vor, den er mit der Formel von der sozialen und repräsentativen – das heißt weder liberalen noch parlamentarischen – Monarchie bezeichnete, die den ideologischen Grundsätzen des integristischen Katholizismus entsprach).

Franco brachte in verschiedenen Reden des Jahres 1952 erneut seine Theorie von der »organischen Demokratie« ins Spiel (so zum Beispiel bei der Eröffnung der Cortes am 17. Mai, zehn Tage darauf in Valencia, und er wiederholte sie erneut am 4. Dezember in Pamplona); diese »Demokratie« war natürlich ein Zerrbild der Zweiten Republik, die Franco am 17. April 1953 in Sevilla als »Betrug am spanischen Volk« und »Betrügerei an den rechtschaffenen Menschen« abqualifizierte und die, wie er es auch wendete, eine »Demokratie« war, die die politischen Parteien ausschloß. »Wir verabscheuen die politischen Parteien«, hatte er im Dezember 1952 in Pamplona gesagt, in seiner Neujahrsbotschaft vom 31. Dezember 1955 sprach er von »der unglücklichen und künstlichen Mißgeburt der Parteien« und machte sie wieder einmal für das historische Unglück Spaniens verantwortlich.

»Nationale Bewegung, organische Demokratie, katholischer, sozialer und repräsentativer Staat« – das waren die von Franco in den fünfziger Jahren am häufigsten wiederholten Formeln. Konstant blieb auch die Unsicherheit in der Frage der Nachfolge. Der Karlismus – oder zumindest die Familie Bourbon-Parma, deren Oberhaupt, Don Javier, seit 1936 der Prätendent der Karlisten war – hatte seit Beginn der fünfziger Jahre seine Ungeduld zunehmend öffentlich verlauten lassen. Eine monarchistische Gruppierung mit deutlich liberaler Prägung hatte sich an den Kommunalwahlen vom November 1954 beteiligt. (Zur Charakterisierung ihrer Richtung genügt es zu sagen, daß ihr Joaquín Satrústegui angehörte.) Einen Monat später, am 14. Dezember, traf sich Franco wieder mit Don Juan auf dem Landsitz des Grafen

Ruiseñada in Navalmoral de la Mata (Cáceres), des führenden Vertreters der Monarchisten, der sowohl Franco als auch Don Juan loyal gesinnt war. Erneut wurde die Erziehung des Prinzen Juan Carlos verhandelt und vereinbart, daß er in Spanien studieren und in die Militärakademie von Saragossa eintreten solle. Das Ergebnis befriedigte Franco sehr, der wahrscheinlich bereits an den Prinzen als seinen möglichen Nachfolger dachte.

Dazu trug natürlich die Jugend des Prinzen bei. Da Juan Carlos 1955 erst 16 Jahre alt war, blieben Franco, falls er ihn als Nachfolger in Erwägung zog, gemäß dem Gesetz über die Nachfolge bis zu seiner Ernennung noch 14 Jahre (bis 1969). Franco selbst war 1955 62 Jahre alt und bei glänzender Gesundheit. Er verstand sein Amt als lebenslanges, wenn man seine eigenen Erklärungen vom 27. Februar des gleichen Jahres gegenüber ›Arriba‹ aufgreift, und es war zu erwarten, daß ihm noch viele Jahre blieben. Für den Fall, daß jemand Zweifel haben sollte, was nach ihm kommen würde, oder daß jemand in seiner Unterredung mit Don Juan einen Schritt zur Restauration der liberalen Monarchie erblicken könnte, gab Franco in seiner Silvesterbotschaft vom 31. Dezember 1954 eine bemerkenswerte Erklärung über die Nachfolge ab: »Am Ende der Nationalen Bewegung steht die Nationale Bewegung selbst.«

Spanien befand sich nicht in einem Übergangsstadium. Franco war sich dessen sicherer denn je, und er hatte allen Grund dazu. »Er will nichts anderes, als sich ewig an der Macht halten. Er ist eingebildet und hochmütig. Er denkt, er weiß alles und setzt voll Risikofreude auf die internationale Karte«, so die Meinung des Herzogs von Alba, seines Vertreters in London, über ihn im Mai 1945[15]. Dieses Urteil war sehr hart und man wird nie wissen, ob es wirklich so gemeint oder der Ausdruck einer Mißstimmung des Herzogs war. Zehn Jahre später schien jedoch eines sicher: Franco hatte mit seinem Vertrauen in die internationale Karte recht gehabt. Ihr verdankte er letztlich die endgültige Festigung seines Regimes.

[15] Zitiert nach Javier Tusell, Franco, S. 60.

Fünftes Kapitel
»Hautwechsel«

»Ich bin der Wächter, der niemals abgelöst wird, der die undankbaren Telegramme erhält, der über die Lösung der Probleme entscheidet und der wacht, während die anderen schlafen.« Diese Worte, von Franco am 7. März 1946 im Heeresmuseum ausgesprochen, stellten Luis de Galinsoga und General Franco Salgado Araújo an den Anfang der Biographie des Caudillo, die sie 1956 veröffentlichten.

Offenbar muß aber dieser umsichtige und aufmerksame Wächter seine Wache irgendwann einmal vernachlässigt haben. Denn in ebendiesem Jahr 1956, genau zu dem Zeitpunkt, als seine Politik ihren Höhepunkt erreicht hatte, schien das ganze komplizierte Gebäude, das er unter so vielen Schwierigkeiten errichtet hatte, zusammenzufallen. Es kam zu Straßenunruhen, nachdem es wiederholt geheißen hatte, daß der soziale Friede Francos großer Sieg sei. Im gleichen Jahr mußte er Marokko die Unabhängigkeit zugestehen, dem Gebiet, um das es einen Krieg gegeben hatte, der den von seinen Afrikaerfahrungen bestimmten Horizont des Caudillo geprägt hatte. In den folgenden zwei Jahren sollte das Gespenst des Streiks wieder in Spanien umgehen, und dies unter einem Regime, das behauptete, mit den vertikalen Syndikaten die Formel zur Abschaffung des Klassenkampfs gefunden zu haben. Doch 1957/58 war das Franco-Regime am Rande des Bankrotts und kurz vor der Einstellung seiner internationalen Zahlungsverpflichtungen, während sein Repräsentant eben noch geäußert hatte, daß er in zehn Jahren mehr geleistet habe als die anderen spanischen Regierungen in einem halben Jahrhundert.

Überdies hatte der »Wächter« anscheinend an Standfestigkeit verloren. Unter Franco hatte es in den elf Jahren von 1945 bis 1956 nur zwei Regierungen gegeben, nun mußte er aber in nur zwei Jahren (1956 und 1957) zwei weitere ernennen. Außerdem wurde die unklare Linie seiner Politik zunehmend sichtbar. 1956 schien er auf eine Institutionalisierung seines Regimes auf der Grundlage der Falange zu setzen und gab entsprechenden Plänen des Ministers Arrese grünes Licht; im Jahr darauf, 1957, ließ er die Falange offiziell zu (was er 1945 entgegen jeder Logik nicht hatte tun wollen); 1958 erließ er dann aber das Gesetz über die Grundsätze der Bewegung (Ley de Principios del Movimiento Nacional), das das Regime in jeder Hinsicht »entfalangisierte« (es definierte die Bewegung als Gemeinschaft aller politischen Kräfte, die eine falangistische Hegemonie ausschloß).

Und das war noch nicht alles: Zwischen 1957 und 1959 stimmte er einer radikalen Veränderung seiner Wirtschaftspolitik zu. Bald sollte sich zeigen, daß dieser Wandel eine Überwindung der Krise und die Einleitung der spektakulären Entwicklung der sechziger Jahre ermöglichte; auch wenn Franco es hartnäckig ignorierte. Die Voraussetzung dafür war die Aufgabe der nationalsyndikalistischen Ideale, auf die sich die Wirtschafts- und Sozialpolitik des Regimes seit 1939 gegründet hatte.

Der nationalsyndikalistische Staat des 18. Juli hatte sich für eine Wirtschafts- und Sozialpolitik entschieden, die ganz klar vom faschistischen Modell Italien inspiriert war, das man unter dem Schlüsselwort Autarkie zusammenfassen kann. Franco war nicht darauf vorbereitet, als er 1936 an die Macht gelangte, und es fehlten ihm die wirtschaftlichen Kenntnisse. Wahrscheinlich dachte er einfach an eine ähnliche Wirtschaftspolitik, wie Primo de Rivera sie in der Zeit von 1923 bis 1930 verfolgt hatte, die von nationalistischen Vorstellungen geprägt war: Ankurbelung der nationalen Produktion mit Hilfe der Förderung umfangreicher öffentlicher Arbeiten durch den Staat. Gegenüber dem Journalisten Manuel Aznar bemerkte Franco am 1. Januar 1939, seine Wirtschafts- und Handelspolitik gründeten sich auf den »Patriotismus«, und bat ihn um Entschuldigung, daß er sich über diesen Punkt nicht weiter auslassen wolle; der wirtschaftlichen Zukunft sehe er mit völliger Gelassenheit entgegen[1]. Aber er gab keine Begründung für seinen Optimismus, der vielleicht der Tatsache zu verdanken war, daß man in der nationalen Zone während des Bürgerkrieges keine wirklichen wirtschaftlichen Probleme gekannt hatte.

[1] Palabras del Caudillo. 19 de abril 1937–31 de diciembre 1938, 2. Aufl. 1939, S. 310.

Der Devisenmangel, die hohe Auslandsverschuldung, die Inflation, die Rohstoff- und Lebensmittelknappheit, das Handelsdefizit usw. wurden für Franco erst sichtbar, als der Kampf zu Ende war. Die sich auf den Patriotismus gründende Wirtschafts- und Handelspolitik war für ihn in einigen einfachen Grundideen verkörpert: Ersatz für die Importe, Aufrechterhaltung einer starken Währung, Erhöhung der Industrie- und Agrarproduktion, Zusammenarbeit von Arbeitgebern und Arbeitnehmern am Werk des Wiederaufbaus der nationalen Wirtschaft, Verwirklichung umfangreicher Maßnahmen zum Ausbau der Infrastruktur, Wiederherstellung der im Krieg verwüsteten Gebiete und zerstörten Sachwerte und Ähnliches. Es handelte sich um Ansätze, die mit den Denkschriften seiner Berater im Einklang standen, die bereits in den Monaten unmittelbar vor dem Ende des Krieges von Autarkie sprachen.

Die Autarkie wurde Spanien nicht in erster Linie oder nicht ausschließlich durch die durch den Zweiten Weltkrieg (und später durch die internationale Isolierung) geschaffenen Umstände auferlegt. Es handelte sich vielmehr grundsätzlich um ein ideologisches – überdies in sich außerordentlich logisches – Projekt zur Verwirklichung der neuen wirtschaftlichen, sozialen und syndikalistischen Ordnung, die das alte liberale System ersetzen sollte.

Autarkie und Staatswirtschaft sollten einander ergänzen. Ganz in diesem Sinn baute Franco auf ein Wirtschaftssystem, das die Charta der Arbeit (Fuero del Trabajo) von 1938 selbst als »totalitär« definierte, das sich demzufolge gegen den »liberalen Kapitalismus« ebenso wie den »marxistischen Materialismus« richtete und sich auf die Grundsätze der wirtschaftlichen Selbstversorgung, der vertikalen Syndikatsorganisation und der Unterordnung der Wirtschaft unter den Staat stützte[2].

[2] Zu der in diesem Kapitel behandelten Wirtschaftspolitik des Franquismus siehe: Manuel Jesús González, La economía política del franquismo (1940–1970), Madrid 1979; J. Ros Hombravella u. a., Capitalismo Español: de la autarquía a la estabilización (1939–1959), Madrid 1973; Angel Viñas u.a., Política comercial exterior en España (1931–1975), Madrid 1979; José A. Biescas und Manuel Tuñón de Lara, España bajo la dictadura franquista (1939–1975), Barcelona 1980; J. L. García-Delgado, El intervencionismo económico del primer franquismo en su perspectiva histórica, in: España bajo el franquismo (Coloquio), Valencia 1984.

Franco sorgte sich stets so sehr um soziale Fragen, daß man seine Sorge für echt halten muß. Er war ein Mann aus der Mittelschicht, der sich im Umgang mit der traditionellen Aristokratie nie wohl fühlte (obwohl er ihre Privilegien respektierte). Er teilte den Populismus der Falange, wenn auch aus einer sehr gemäßigten und konservativen Sicht. In seiner programmatischen Rede vom 1. Oktober 1936 versprach er, die Stabilität der Löhne zu gewährleisten und alle Errungenschaften der Arbeiterklasse zu respektieren. Er hatte vom ersten Moment an stets wiederholt, daß die militärische Bewegung keine Klassenbewegung sei: Im Januar 1939 betonte er gegenüber Manuel Aznar: »Ich möchte, daß meine Politik den durch und durch populären Charakter hat, wie ihn die Politik in der Geschichte zur Zeit von Spaniens Größe stets hatte.« In einem vom ›Corriere della Sera‹ gedruckten Kapitel eines seiner unveröffentlichten Bücher wies er die Auffassung zurück, daß ihn nur die privilegierten Klassen stützten und erinnerte daran, daß die Bauern Navarras, die sich mit ihm erhoben hätten, zum Volk gehörten. »Wir bemühen uns insbesondere um die Verbesserung der Lage der Arbeiterklasse und derer, die ohne Schuld gelitten haben«, sagte er bei einer früheren Gelegenheit.

Im Jahr des Kriegsendes erinnerte er daran, daß er bereits Maßnahmen wie die Arbeitslosenunterstützung, die Befreiung der Arbeitslosen von den Zahlungen für Mieten, Wasser und Strom, die Errichtung von Familiensparkassen zur Schaffung eines Familiengehalts, die Schaffung der Wohnungsbehörde (die Fiscalía de la Vivienda, um die er sich ständig kümmerte), den Fonds zur Bekämpfung der Tuberkulose und vieles andere eingeführt habe; indem er als erstes Grundgesetz die Charta der Arbeit (Fuero del Trabajo) schuf, wollte er eben diesen sozialen Charakter der Bewegung unterstreichen.

Aber Franco verband diesen sozial-katholischen Paternalismus mit einer autoritären Vorstellung vom sozialen Frieden. Als er bei seiner ersten wichtigen Presseerklärung gegenüber ›Abc‹ am 19. Juli 1937 über die sozialen Komponenten des Programms des neuen Staates befragt wurde, antwortete er: »Vor allem absolute Unterdrückung des Klassenkampfes; Verschwinden der Streiks und der Aussperrungen; Beibehaltung des Schlichtungsverfahrens, wie es bisher den gemischt zusammengesetzten Arbeitsgerichten (jurados mixtos) anvertraut war ...«[3] Franco betrachtete den Streik nie als ein Recht: »Der Streik ist ein Delikt«, betonte er am 12. Mai 1951 (und er wurde unter seinem Regime bis zum Ende seiner Herrschaft als solches behandelt). Das soziale System Francos verband eine umfassende Gesetzgebung zur Unterstützung und zum Schutz der Arbeiterklasse mit der Verweigerung der gewerkschaftlichen Organisationsfreiheit und der Unterdrückung aller Aktionen zur Durchsetzung entsprechender Forderungen.

Das drückte sich in der Schaffung einer Vielzahl von staatlichen Einrichtungen und in wichtigen Entscheidungen auf sozialem und wirtschaftlichem Gebiet aus, von denen einige bereits erwähnt wurden. Darüber hinaus wurde im Oktober 1939 das Nationale Institut zur Förderung der inneren Kolonisation (Instituto Nacional de Colonización) mit dem Ziel geschaffen, schlecht oder gar nicht genutzte Ländereien zu kultivieren, die Verpachtung zu intensivieren und die Steigerung der Ernteerträge und der Viehproduktion zu fördern (aber ohne eine Agrarreform durchzuführen). Im Dezember 1940 kam die Syndikatsorganisation in Gang, im September 1941 schuf man das Nationale Institut für Industrie (Instituto Nacional de Industria, INI) als ein Instrument, mittels dessen der Staat direkt und in großem Umfang an dem autarkistischen Industrialisierungsprozeß des neuen Regimes partizipierte.

Unter anderem errichtete der Staat eine totale Kontrolle der Versorgungsgüter, der Preise und der Löhne (die vom Ministerium für Arbeit festgesetzt wurden), er übernahm gleichermaßen die Kontrolle über die Errichtung und den Ausbau von Industrien, setzte Quoten und Kontingente fest und operierte mit einem System multipler Wechselkurse, womit den Einfuhren wie dem Außenhandel starke Beschränkungen auferlegt wurden. Im sozialen Bereich wurden die Arbeitsgerichte (Magistratura de Trabajo) zur Ausübung der Schlichtungsfunktion geschaffen, von der Franco gesprochen hatte; Streiks wurden verboten, aber die Stabilität der Arbeitsplätze garantiert; die obligatorische Alters-

[3] Alle hier zitierten Stellen in: Palabras del Caudillo, 19 de abril 1937–31 de diciembre 1938, S. 25, 168, 174, 286 und 302.

und Invaliditätsversicherung wurde eingeführt, die Familienfürsorgeunterstützung, die Pflichtversicherung gegen Krankheit, die Familienzulage (bereits in den vierziger Jahren mit den Lohnberechnungsgrundlagen für Zuschläge, sogenannte *puntos*), und (ebenfalls in diesem Jahrzehnt) die genossenschaftlichen Rentenkassen (*mutualismo laboral*) zur Regelung der Zahlung von Renten und anderer Leistungen, sowie viele andere Regelungen gleicher Natur[4].

Das Ergebnis all dieser Anstrengungen war dennoch mehr als kläglich und völlig unzureichend. Die Agrarpolitik allein war eine Katastrophe. Schon seit 1939 fiel die Gesamtproduktion steil ab: Franco stellte am 17. Juli 1944 fest, daß es seit dem Bürgerkrieg keine gute Ernte mehr gegeben habe (von diesem Jahr an bis zum Jahr 1951 sollte eine »hartnäckige Dürreperiode« die Dinge weiter verschlimmern). Bereits 1944 kam es zu ernst zu nehmenden Hinterziehungen der Ablieferung, und ein Schwarzmarkt entstand (weil man die Landwirte verpflichtete, zu offiziellen Preisen zu erzeugen und zu verkaufen); Spanien mußte zu massiven Getreideimporten (vor allem aus Argentinien) Zuflucht nehmen. 1950 lag die Produktion immer noch unter dem Niveau von 1936.

Das gleiche sollte im industriellen Bereich der Fall sein. Franco unterlag wie Primo de Rivera oder der Sozialist Prieto dem Trugbild öffentlicher Arbeiten; er konnte in seiner Silvesterbotschaft zum Jahresende 1950 sagen, daß sein Regime in einem Jahrzehnt große Talsperren, (etwa 30) Stauseen und (etwa 40) große Wärmekraftwerke errichtet, Aluminium- und Nitratfabriken, chemische, pharmazeutische, Maschinenbau- und Lastwagenindustrie (Pegaso), ferner Werften (die Bazán-Werft) und Erdölraffinerien (Escombreras) und anderes – und all dies dank des INI – geschaffen habe. Die Zahlen stimmten, und es stimmte auch, daß 1944/45 der Wiederaufbau nach den Zerstörungen des Bürgerkrieges abgeschlossen war. Aber all das war mit immensen Kosten verbunden, mit einer sehr geringen Rentabilität, mit einer sehr niedrigen Produktivität und unter Inkaufnahme einer sehr hohen Inflation. Man begünstigte die Tendenz zu Monopolen; die Importbeschränkung führte dazu, daß

[4] Joaquim Verdes, La Seguridad Social española y sus cuentas, Barcelona 1976.

schlechtes Material verwendet wurde und die Industrieanlagen veralteten. Nur die Steigerung der Stromerzeugung war eine dauerhaft spürbare Errungenschaft.

Die Jahre von 1940 bis 1951 waren eine Periode des wirtschaftlichen Stillstands und des Mangels, der natürlich durch die Schwierigkeiten bei der Lieferung von Erdöl und Lebensmitteln während des Zweiten Weltkriegs noch verschlimmert wurde (so daß in dieser Hinsicht der Gegensatz zu dem überwältigenden Zuwachs an Wohlstand, der unter der liberalen Monarchie durch die Politik der Neutralität im Ersten Weltkrieg bewirkt worden war, nicht offenkundiger hätte sein können). Die staatliche Kontrolle über Industriekonzessionen und Importquoten begünstigte Korruption und Vetternwirtschaft. Die Löhne lagen ständig unter dem Preisniveau, und die Jahre von 1939 bis 1942 waren echte Hungerjahre. Die im Mai 1939 eingeführte Rationierung konnte bis 1951 nicht aufgegeben werden; bis dahin blühten Schwarzhandel und Schwarzmarkt. Erst dann übertraf das Nationaleinkommen das Niveau von 1936, und es dauerte noch einmal zwei Jahre, bis 1953 das Pro-Kopf-Einkommen das Vorkriegsniveau übertraf. 1951 kam es zu den ersten sozialen Unruhen größeren Ausmaßes in der Nachkriegszeit, zu einem Straßenbahnboykott in Barcelona in der ersten Märzwoche und bald danach zu einer Reihe von Streiks gegen die hohen Lebenshaltungskosten, wieder in Barcelona, aber auch im Baskenland und in Madrid.

Franco konnte nicht ignorieren, was geschah. Nach dem Memorandum, das ihm Carrero Blanco am 4. April überreichte, war der Regierungswechsel von 1951 eine Folge der Notwendigkeit, in der Wirtschaftspolitik Veränderungen herbeizuführen, die vor allem zu einer Liberalisierung des Außenhandels und zur Freigabe der Preise führen sollten. Franco stimmte zu und betonte fortan in seinen Reden zwischen 1951 und 1955 viel stärker als bisher die Wirtschaftsfragen und vor allem auch die Industrialisierungspolitik.

Tatsächlich leitete die Regierung von 1951 (d.h. insbesondere der Handelsminister Manuel Arburúa) die Liberalisierung des Marktes ein, vereinfachte das System der Wechselkurse, begünstigte die Importe, weitete die Kreditvergabe an den privaten Sektor aus und förderte die Kapitalinvestitionen. Der INI erhielt die Aufgabe, den privaten Sektor zu ergänzen, und sollte nicht mehr länger eine Alternative zu ihm bieten.

Die Konjunkturwende setzte praktisch sofort ein. Zumindest bis 1954 deuteten alle Indikatoren auf hochgradig positive Bilanzen. Das Regime verwirklichte in den fünfziger Jahren einige seiner wichtigsten Leistungen. So ging in Asturien das große schwerindustrielle Unternehmen Ensidesa in Betrieb; in Barcelona entstand Seat, das 1953 seine ersten Automobile auf den Markt brachte; 1952 begann man mit dem Badajoz-Plan, der die Bewässerung von etwa 100000 Hektar Land, die Schaffung von Stauseen und Elektrizitätswerken, die Einführung des Baumwolle- und Tabakanbaus und die Errichtung landwirtschaftlicher Industrien vorsah.

Aber der Regierungswechsel von 1951 und seine Folgen reichten nicht aus. Das Jahr 1954 erwies sich als eine Katastrophe für die Landwirtschaft, und der Staat mußte mehr als eine Million Tonnen Weizen einführen. Die öffentlichen Ausgaben waren für ein Land mit deutlich rückläufigen Steuereinnahmen und ohne eine wirkliche Geld- und Haushaltspolitik weit überzogen und inflationär, die Investitionen verringerten sich seit 1953, und die Inflation stieg seit 1954 plötzlich an. Die gesamte Sozialpolitik des Regimes wurde seit 1941 mit dem Arbeitsminister und Falangistenführer José Antonio Girón de Velasco identifiziert. Im Dezember 1954 erhöhte er per Dekret die Löhne, womit er jedoch nur die Beschleunigung des Inflationsprozesses erreichte. Die Importe waren viel stärker angestiegen, als man erwartet hatte, und das Defizit in der Zahlungsbilanz sowie der Verlust an Deviseneinnahmen erreichten ebenfalls, wie wir noch sehen werden, eine ungekannte Höhe[5].

Alles in allem war Spanien 1960 mit einem Pro-Kopf-Einkommen von unter 300 Dollar 20 Jahre nach dem Ende des Bürgerkrieges gemeinsam mit seinem Nachbarn Portugal das ärmste Land Europas. Diesen Platz nahm es trotz des offenkundig erreichten industriellen Fortschritts ein, trotz der seit 1950 zu verzeichnenden Steigerung des Lebensstandards (und obwohl die spanische Gesellschaft trotz dieses Einkommensstandards eine unleugbare Lebenskraft an den Tag legte: Ortega y Gasset, der 1946 aus dem Exil zurück-

[5] Siehe oben, Anm. 2.

kehrte, war überrascht von der »schamlosen Gesundheit«, deren Zurschaustellung man in Spanien offenbar beobachten konnte)[6].

Es war deutlich erkennbar, daß das Franco-Regime beträchtliche Anstrengungen unternommen hatte. Franco selbst begeisterten speziell die Leistungen der Staatsholding INI. Es war aber auch offensichtlich, daß Spaniens Konsum- und Wohlstandsniveau, die Kapazität seiner Unternehmungen und die Qualität seiner Industrieproduktion, ganz zu schweigen von den Erträgen der Landwirtschaft, im Vergleich zu anderen Ländern sehr mangelhaft waren. Das Spanien der vierziger und fünfziger Jahre war immer noch das unterentwickelte Spanien. 1950 hatten nur 33,7 Prozent der Wohnungen fließendes Wasser (obwohl 79,5 Prozent elektrischen Strom hatten); nur 1,4 Prozent der Bevölkerung zwischen 18 und 25 Jahren ging auf eine Universität[7].

Franco selbst sollte auf seinen zahlreichen Reisen durch Spanien verärgert feststellen, daß in den sechziger Jahren Armut und Elend noch immer in weitem Maß verbreitet waren und daß es noch immer Elendsquartiere gab, von ihm selbst als eine Schande bezeichnet, die es auszurotten gelte[8].

Obendrein konnte auch dieses relativ niedrige Entwicklungsniveau nur durch die härtesten Arbeits- und Sparanstrengungen der Mittelschicht, der Kleinbürger und der Arbeiterklasse gehalten werden. Franco freilich hielt seine Arbeitsgesetzgebung, wie er 1961 zu seinem Cousin Franco Salgado sagte, noch immer für die fortschrittlichste auf der ganzen Welt[9]. Nicht nur, daß dies ein offensichtlicher Irrtum war, es war ihm wahrscheinlich auch entgangen, daß die »Nationalsyndikalistische Revolution« seit 1960 nur drei Dinge hervorgebracht hatte: 1. eine endgültige Verlagerung der wirtschaftlichen Macht von der aristokratischen Grundbesitzeroligarchie auf die Finanz-, Industrie- und Unterneh-

[6] Zum Wiederaufleben der Volkskultur in der Nachkriegszeit siehe Fernando Vizcaíno Casas, La España de la posguerra 1939–1953, Barcelona 1975, und Manuel Vázquez Montalbán, Crońica sentimental de España, Barcelona 1971.

[7] V. Fernández Vargas, La resistencia interior en España de Franco, Madrid 1981, S. 210f.

[8] Generalleutnant Francisco Franco Salgado Araújo, Mis conversaciones privadas con Franco, Barcelona 1976, S. 317 und 319.

[9] Ebenda, S. 308.

merkreise; 2. die Eingliederung zahlreicher Mitglieder der Mittelklasse in den bürokratischen Staatsapparat (»die Falange«, schrieb Brenan, »ist nichts als die Partei der unteren Mittelklasse in Spanien«)[10]; 3. eine gewisse soziale Mobilität zwischen der Mittelklasse und der unteren Mittelklasse, die unter großen Anstrengungen und Schwierigkeiten erreicht wurde. Auf jeden Fall konnte der soziale Paternalismus Francos nur schlecht eine Arbeiterklasse entschädigen, die sich in der Krise der Jahre 1957 bis 1959 dem jahrhundertealten Elend einer zurückgebliebenen Landwirtschaft mit fehlenden Investitionen und der Abwanderung in die Vororte der großen Städte ohne Zukunftsperspektive ausgesetzt sah.

Spanien änderte sich in den sechziger Jahren, wie wir noch sehen werden. Franco brauchte 20 Jahre, um einzusehen, daß sein System nicht funktionierte und die Lösung in einer liberalen, marktwirtschaftlich orientierten Wirtschaftspolitik lag, die er so sehr kritisiert hatte. Aber es mußte viel geschehen, bis er davon überzeugt war. Schließlich veranlaßte ihn, wie bereits zu Beginn des Kapitels gezeigt wurde, die seit 1956 unübersehbar gewordene Massierung der Konflikte dazu, Veränderungen in die Wege zu leiten. Chronologisch betrachtet waren die ernsten Vorfälle des 9. Februar 1956 im Zentrum Madrids das erste Warnsignal, als es zu einem Zusammenstoß zwischen Studenten und jungen Falangisten kam, von denen einer, Miguel Álvarez, durch einen Kopfschuß verletzt wurde. Das Problem waren nicht nur diese Vorfälle, so ernst sie auch waren, sondern die wachsende Unruhe, die seit 1954/55 in der Universität Madrid zu erkennen war und die sich auf verschiedene Weise Luft machte. Am wichtigsten waren gewiß die Kundgebungen zum Tode Ortega y Gassets (im Oktober 1955) und die Versuche, einen Kongreß junger Schriftsteller und einen freien Studentenkongreß abzuhalten.

Die politische Bedeutung dieser Ereignisse lag darin, daß die Vertretungsbefugnis des Verbands der Universitätsstudenten (Sindicato de Estudiante Universitarios, SEU), der falangistischen Ursprungs war und dem alle Studenten angehören mußten, und sogar seine Existenz in Frage gestellt

[10] Gerald Brenan, The Face of Spain, London 1950, S. 110.

wurden. Hinzu kam, daß die Falken des Regimes in den Studentenaktivitäten die Folge des vorsichtigen Öffnungsprozesses sahen, den der Erziehungsminister Ruiz-Jiménez und seine Mitarbeiter 1951 eingeleitet hatten. Der Minister hatte zuvor heftigste Kritik hervorgerufen, doch Franco hatte ihn auf Grund der Selbständigkeit, die er seinem Kabinett ließ, gewähren lassen, die Ereignisse jedoch mit wachsender Beunruhigung verfolgt.

Die Vorfälle vom 9. Februar waren der Höhepunkt einer Reihe von Zwischenfällen, die sich über mehrere Tage hinzogen, und sie lösten blankes Entsetzen in der Öffentlichkeit aus, die zum ersten Mal, wenn auch auf skandalös manipulierte Weise, über allgemeine Unruhen und Verstimmungen in den falangistischen Kreisen informiert wurde. Man fürchtete schließlich sogar, daß die Falange für den Fall, daß der durch eine verirrte Polizeikugel Verwundete sterben sollte, eine »Nacht der langen Messer« organisieren würde.

Francos Reaktion erfolgte blitzartig und energisch. Am 10. Februar verhängte die Regierung den Ausnahmezustand über das ganze Land, am Tag darauf wurden Dionisio Ridruejo, ein alter Falangist, enger Mitarbeiter Serrano Súñers und Mitglied der Blauen Division, der schon Jahre zuvor mit dem Regime gebrochen hatte, und eine Reihe von jungen Schriftstellern und Intellektuellen verhaftet und machte ihnen als Anführern der Studentenrevolte den Prozeß (u.a. Tamames, Sánchez Mazas, Enrique Múgica, Javier Pradera, Ruiz Gallardón, einige Tage später u.a. auch Sánchez Dragó, José Luis Abellán und López Pacheco). Die Universität Madrid wurde für einige Tage geschlossen.

Franco verlor keinen Moment die Fassung, was freilich nicht für die Mitglieder seiner Regierung zutraf. Die Sitzung des Ministerrats am 10. Februar verlief in äußerst gespannter Atmosphäre; lediglich Artajo unterstützte Erziehungsminister Ruiz-Jiménez. Franco tat, was für ihn typisch war, er handelte salomonisch. Am 16. enthob er den Minister für die Bewegung, Raimundo Fernández Cuesta, der nicht in Spanien gewesen war, als sich die Zwischenfälle ereignet hatten, seines Amtes, ebenso dessen stellvertretenden Generalsekretär, Tomás Romojaro, aber eben auch den Erziehungsminister und seine Mitarbeiter (u.a. Laín Entralgo, Rektor der

Universität Madrid, und Antonio Tovar, der das gleiche Amt in Salamanca innehatte)[11].

Damit sollte es genug sein. Franco maß den Studentenunruhen nicht allzuviel Bedeutung bei, die sie wahrscheinlich auch tatsächlich nicht hatten; die angespannte Lage war nicht wegen der Revolte entstanden, die sicherlich nur von einer Minderheit ausgegangen war, sondern hatte ihren Ursprung in der Überreaktion der Falangisten auf den Vorfall um Miguel Álvarez, der, entgegen anfänglichen Berichten, doch nicht gestorben war.

Franco hatte die tiefer liegende Bedeutung dieser Revolte einfach nicht verstanden. Er glaubte, es handele sich um einen von den Kommunisten inszenierten Studentenkrawall. Es war jedoch viel mehr als das. Einerseits kam darin die wachsende Entfremdung zwischen den jüngeren Generationen von Anhängern und dem Regime, eine Art kultureller Rebellion zum Ausdruck, die sich gegen jene »träge Langeweile« richtete, von der Serrano Súñer gesprochen hatte und zu der die am 18. Juli eingeleitete Verbindung von religiöser Restauration und Nationalsyndikalismus geführt hatte. Andererseits bedeutete die Revolte die Entstehung einer neuen Opposition, die zwar noch sehr in den Anfängen steckte und ideologisch verschwommen war, aber eine im Land selbst entstandene Opposition darstellte, die weder mit dem republikanischen Erbe des Exils noch mit dem Monarchismus um Don Juan in Estoril etwas zu tun hatte.

Das zweite Warnsignal kam aus Marokko und erreichte Franco und sein Regime ebenso wie das vorherige völlig unvorbereitet. Es war nicht so, daß Franco unbekannt gewesen wäre, was in Marokko vorging. Er wußte, daß in der französischen Zone des Protektorats seit dem Zweiten Weltkrieg eine ernstzunehmende Unabhängigkeitsbewegung auf den Plan getreten war, die schließlich von Sultan Mohammed V. selbst angeführt wurde. Die Lage dort war 1952

[11] Siehe Luis Suárez Fernández, Francisco Franco y su tiempo, Madrid 1984, Bd. 5, S. 211–261; Javier Tusell, Franco y los católicos. La política interior española entre 1945 y 1957, Madrid, 1984, S. 367–384; Fernando Jáuregui und Pedro Vega, Crónica del antifranquismo, Barcelona 1983, Bd. 1, S. 186f.; José Luis Abellán u. a., Nace la oposición interna, in: Historia del franquismo (Diario 16, Kapitel 25).

sogar in der UNO zur Debatte gelangt. Aber Franco, der für das Amt des Hochkommissars in Marokko angesehene Generäle aufstellte (Asensio, Orgaz, Varela, García Valiño, letzterer wurde am 31. März 1951 ernannt), vertraute darauf, daß seine wohlmeinende Protektoratspolitik ihm alle Probleme ersparen würde. Die marokkanische Wirtschaft erreichte einen gewissen Entwicklungsstand, und Franco betonte stets die Freundschaft mit den arabischen Ländern (Spanien hatte Israel nicht anerkannt). Nach seinen Gesprächen mit Salgado Araújo zu urteilen, dachte Franco, daß die Unabhängigkeit Marokkos auf lange Sicht unvermeidlich sei, aber er trat für einen allmählichen Übergang zur Unabhängigkeit ein – innerhalb von 25 Jahren, wie er gegenüber seinem Cousin meinte[12]; zuvor wollte er noch eine umfassende antikommunistische Aktion durchführen und dachte an ein zukünftiges Marokko ohne politische Parteien, wie er gegenüber dem Direktor der Nachrichtenagentur Efe am 15. Dezember 1955 verlauten ließ.

Auf jeden Fall hatte das Regime, seit die nationalistischen Unruhen sich 1952/53 verschärft hatten, eine klar antifranzösische Politik betrieben und den marokkanischen Nationalismus sogar toleriert. Dem vorsichtigen Franco hätte eine Haltung besser zugesagt, die diesem Nationalismus weniger Entgegenkommen gezeigt hätte, als es der Hochkommissar García Valiño tat, aber er unterstützte dennoch dessen Politik. Als Frankreich am 20. August 1953 Mohammed V. absetzte, weigerte sich Spanien, die neuen, von Frankreich aufgezwungenen Autoritäten anzuerkennen: Franco selbst nannte den neuen Sultan (Muley Arafa) »Sultan Quisling«, nach dem norwegischen Politiker, dessen Name im politischen Sprachgebrauch gleichbedeutend mit Verrat und Kollaboration geworden war. Als das französische Heer im Oktober 1955 gegen die Kabylen in der spanischen Zone vorgehen wollte, schloß Spanien die Grenze seines Protektorats, obwohl es dabei militärische Spannungen riskierte.

Möglicherweise war das Motiv für diese Politik in Francos Wunsch zu suchen, die arabische Unterstützung für die Aufhebung der internationalen Isolierung zu gewinnen, die er

[12] Francisco Franco Salgado-Araújo, Conversaciones, S. 158, 172, 176 und passim; zu Marokko siehe V. Lezcano Morales, España y el norte de Africa: el Protectorado en Marruecos (1912–1956), Madrid 1984, S. 197ff.

schließlich auch erhielt. Die damals in Marokko verfolgte Politik war vielleicht keine intelligente Politik, aber doch eine, die zumindest angesichts der vorgegebenen Möglichkeiten besser als jede andere war. Fehlgegangen war man in der eigenen Einschätzung der Lage. Man hatte darauf vertraut, daß der marokkanische Nationalismus sich erst später gegen Spanien wenden werde. Deshalb blieb Spanien keine Wahl, als Frankreich Marokko am 2. März 1956 unerwartet und einseitig die Unabhängigkeit zugestand, nachdem es kurz zuvor Mohammed V. wieder eingesetzt hatte. Franco, den die Umstellung der französischen Politik völlig überraschend traf, wollte »eine friedliche Einigung«. In weniger als einem Monat war die Angelegenheit erledigt; und am 7. April 1956 unterzeichnete man trotz eines gewissen Unbehagens in Spanien das Protokoll, das die Unabhängigkeit Marokkos anerkannte. Es wurde dann offiziell durch einen Vertrag ratifiziert, den Franco und Mohammed V. am 12. Februar 1957 im Pardo-Palast unterzeichneten.

Damals trat die mangelnde Voraussicht – und manchmal auch die Inkonsequenz der spanischen Politik hervor. Denn es gab nicht nur kein »friedliches Abkommen«, sondern Ende November 1957 kam es in Afrika erneut zum Krieg. Irreguläre marokkanische Truppen griffen überraschend die spanischen Stellungen in Ifni und in der Nordsahara an. Wieder waren die spanischen Behörden vollkommen unvorbereitet, und überstürzt mußte ein Kontingent von 8000 Soldaten entsendet und Frankreich um Hilfe ersucht werden, um die Offensive aufzuhalten. Erst nach einem im Januar 1958 erfolgten harten Gegenangriff der Legion kehrte wieder Ruhe ein, doch mußte Spanien später die Nordzone von Ifni an Marokko abtreten.

Die Logik der Situation hatte sich vollständig umgekehrt. Ein vom Vorgehen Marokkos enttäuschter Franco erlebte, wie Spanien zur Zielscheibe des nationalistischen marokkanischen Irredentismus wurde, worin er wie immer nur die Hand Rußlands erblicken wollte, und daß sich die Beziehungen der beiden Länder unumstößlich trübten. Seit dieser Zeit war er überzeugt, daß Marokko alle spanischen Gebiete verlangen werde, ohne irgendeine Art von Zugeständnissen zu machen. Franco war entschieden für einen Widerstand gegen die marokkanischen Forderungen, aber dagegen, in einen Krieg hineingezogen zu werden. Am 4. Januar 1969 sollte er Ifni abtreten. Bis in seine letzten Tage sollte die Lösung des Streits um Spanisch-Sahara noch ausstehen.

Die Ironie war eine doppelte. Nicht nur trat jetzt, wie gesagt, einer der bedeutendsten Offiziere im spanischen Heer, dessen Aufstieg in Afrika begonnen hatte, überstürzt die Zone seines Protektorats ab, das Spanien seit 1912 innegehabt hatte. Überdies sah sich das Regime, das die Freundschaft mit den arabischen Nationen zu einer Schlüsselfunktion seiner Diplomatie gemachte hatte, damit konfrontiert, daß eines dieser Länder, Marokko, sich in das Hauptproblem seiner Außenpolitik verwandelte.

Doch damit waren Francos Probleme noch nicht zu Ende, der am 1. Oktober 1956 das zwanzigjährige Jubliläum seiner Ernennung zum Staatschef feierte; er traf sich dazu in Salamanca mit den wenigen, die von denen, die ihn ernannt hatten, noch lebten (Saliquet, Dávila und Moreno Calderón; bezeichnenderweise nahm der monarchistische General Kindelán nicht teil, der damals die Kandidatur Francos vorgeschlagen hatte). 1956 waren die Wirtschaftskrise und das soziale Unbehagen nicht mehr zu verleugnen. Arbeitsminister Girón wollte der Unzufriedenheit mit neuen Lohnerhöhungen begegnen. Am 3. März 1956 erreichte er einen positiven Beschluß der Regierung: 20 Prozent Lohnerhöhung gab es sofort und weitere 10 Prozent im Herbst. Die Maßnahme schuf eine unhaltbare Lage. In zwei Jahren sollten die Lebenshaltungskosten um fast 40 Prozent steigen. Die Devisenreserven sanken überdies von 220 Millionen Dollar im Jahr 1955 auf 57 Millionen im Jahr 1958, und das Außenhandelsdefizit erreichte 1957 die Rekordziffer von 387 Millionen Dollar. Im Januar 1957 kam es zu Streiks in Barcelona und in Madrid – in Barcelona speziell gegen die Erhöhung der Fahrpreise.

Die Situation machte deutlich, daß die 1951 eingesetzte Regierung verbraucht war. Zur Wirtschaftskrise gesellte sich 1956 die politische Krise. Franco hatte sich im Februar nicht mit der totalen Krise seiner Regierung auseinandersetzen wollen, um nicht den Eindruck zu erwecken, daß er auf die Zwischenfälle mit den Studenten reagiere. Statt dessen ermächtigte er den neuen Minister für die Bewegung, José Luis de Arrese, einen Entwurf von »Grundgesetzen« (Leyes Fundamentales) vorzubereiten, die dem Regime die »Verfassung« geben sollte, die es noch immer nicht hatte und die einer in weiten Kreisen empfundenen Notwendigkeit entsprach. Einen Augenblick schien es, als ob Franco sich ganz bewußt stärker auf die Falange stützen werde (und man spekulierte sogar über die Möglichkeit einer rein falangistischen Regierung). Aber die Reaktion, die die Entwürfe Arreses auslösten, machte diese Möglichkeit zunichte. Es ist ohnehin nicht sicher, ob Franco sie tatsächlich ernsthaft in Erwägung gezogen hatte, da er eigentlich nach den Vorfällen vom Februar nur die Falange hatte beruhigen wollen.

Arrese legte drei Vorentwürfe für ein Gesetz vor, und zwar über die Grundsätze der Nationalen Bewegung (Principios del Movimiento Nacional), über die Funktion der Regierung (Ordenación del Gobierno) und für ein Gesetz der Bewegung (Ley Orgánica del Movimiento). Dadurch wurden zwei wesentliche Fragen aufgeworfen: Mit keinem Wort wurde in den Vorentwürfen auf die Institution der Monarchie oder den zukünftigen König verwiesen, und sie sahen außerdem einen Staat vor, in dem die wirkliche Macht in den Händen der Nationalen Bewegung und ihres Nationalrats blieb (und in dem das eindeutige Übergewicht der Falange auch künftig fortdauern sollte). Die Entwürfe Arreses bedeuteten also eine »Refalangisierung« des Regimes. Wie Außenminister Martín Artajo, der den Entwürfen total ablehnend gegenüberstand, feststellte, brachten sie das Regime in die Nähe eines totalitären Systems und gestanden der Falange auf unbegrenzte Zeit die Kontrolle der Regierung zu.

Die Reaktion auf die Entwürfe Arreses war für Franco ausschlaggebend. Wenigstens zeigten der Präsident der Cortes (Esteban Bilbao), die Minister für Justiz, Äußeres, Öffentliche Arbeiten, Finanzen und Erziehung (Iturmendi, Artajo, Vallellano, Gómez de Llano und Jesús Rubio, der Ruiz-Jiménez ersetzt hatte), sowie Carrero Blanco und die Kardinäle Quiroga, Arriba y Castro und Pla y Deniel Franco deutlich ihre frontale Gegnerschaft gegen Arrese und seine Pläne.

Franco entschied sich daraufhin, sich der Krise zu stellen, die Regierung auszuwechseln und die Vorentwürfe des Ministers für die Bewegung zu den Akten zu legen[13]. Im Februar 1957 war es soweit: Es gab spektakuläre Veränderungen wie die Entlassung Alberto Martín Artajos, der nach zwölf Jahren Amtszeit im Außenministerium, in denen es ihm gelungen war, der internationalen Isolierung des Franquismus ein Ende zu machen und die Grundelemente seiner Außenpolitik zu definieren, durch Fernando María Castiella ersetzt wurde; ähnlich spektakulär war die ebenfalls nach zwölf Amtsjahren erfolgende Entlassung des Innenministers Blas Pérez, den der energische General Camilo Alonso Vega ersetzte, ein Freund Francos seit der Zeit an der Militärakademie und langjähriger Chef der Guardia Civil.

Am einschneidendsten war jedoch die Ablösung der Falange und der Eintritt der Männer des Opus Dei in die für die Wirtschaft wichtigen Ministerien. Girón trat als Arbeitsminister nach 16 Jahren zurück, und Arrese wurde ins Wohnungsministerium abgeschoben (Franco hatte ihn nicht ablösen wollen, sondern ihn vorher in einem anderen Amt »kaltstellen«, wie er sich ausdrückte; 1960 schied Arrese aus der Regierung aus). Sein Nachfolger José Solís Ruiz sollte mehr Nachdruck auf die Idee der Bewegung als Verkörperung der Syndikatsorganisation und weniger auf die historische Falange legen. Die zwei Minister des Opus Dei (die »Technokraten«, wie man sie bald wegen ihrer strikt fachlichen Orientierung nennen sollte) traten in das Finanz- und das Handelsministerium ein: Mariano Navarro Rubio und Alberto Ullastres hatten jedoch beide gute Verbindungen zu einem dritten Opus Dei-Mitglied in der Regierungsadministration, nämlich zu Laureano López Rodó, einem engen Vertrauten Carrero Blancos, der ihn 1956 zum Abteilungsleiter für Geschäftsordnung und Koordination im Amt des Regierungschefs (secretario general técnico de la Presidencia del Gobierno) ernannt hatte[14].

Die Entwürfe Arreses wurden endgültig verworfen und an ihre Stelle trat der politische Entwurf von Carrero Blanco

[13] Siehe Arreses eigene Version in seinem Buch Una etapa constituyente, Barcelona 1982, sowie Javier Tusell, Franco, S. 387–453 und Laureano López Rodó, La larga marcha hacia la Monarquía, Barcelona 1977, S. 120–135.

[14] Zu der neuen Regierung siehe neben den in der vorhergehenden Anmerkung bereits angeführten Büchern Ricardo de la Cierva, Historia del franquismo, Barcelona 1978, Bd. 2, S. 153ff.

und López Rodó, der sich schließlich auch durchsetzte: traditionelle Monarchie im Sinne des 18. Juli, Verwaltungsreform im Staat und Nachfolge des Prinzen Juan Charlos. Dies war vermutlich der Entwurf, den der immer unerforschliche Franco selbst favorisierte, aber auf Grund der nach seinem Willen erfolgten Verzögerung wurde die Durchführung dieses Programms für einen Zeitraum von weiteren zwölf Jahren hinausgeschoben.

Auf jeden Fall wies das Verhalten des Caudillo in der Krise von 1956/57 gewisse Inkonsequenzen auf. Franco hatte zunächst Entwürfen zugestimmt, an die er nicht wirklich glaubte; zu Arrese selbst sagte er schließlich, daß er sogar mit der liberalen Verfassung von 1876 regieren würde (bald danach äußerte er sich gegenüber dem Botschafter Garriques in dem Sinn, daß die Bewegung für ihn lediglich die Aufgabe von Claqueuren habe[15].

Darüber hinaus hatte Franco Arreses Pläne nicht deshalb abgehalftert, weil sie ihm schlecht oder totalitär erschienen – gegenüber Kardinal Pla y Deniel hatte er sie sogar verteidigt –, sondern er hatte sie vielmehr fallengelassen, weil sie die Feindschaft nahezu aller nicht-falangistischen Kreise des Regimes erregten.

Wie dem auch sei, Franco schien erleichtert über die neue Regierung und war optimistisch. Daß die Krise ernst und der Wandel bemerkenswert gewesen waren, wurde an der ungewöhnlichen Zahl von Erklärungen sichtbar, die Franco abzugeben sich verpflichtet glaubte. 1957 gewährte er bedeutenden Informationsmedien (u.a. ›New York Times‹, ›Abc‹, Nachrichtenagentur Efe) ausführliche Interviews, in denen er eine zweifache Botschaft vermitteln wollte: daß es um die Stabilität und die Verwurzelung seines Regimes bestens bestellt und daß dessen Fortdauer eben durch die »Gesetze der Bewegung« gesichert sei.

Franco spielte die Krise von 1957 stark herunter, wie er es bei allen späteren Krisen tun sollte und es bei den vorhergehenden getan hatte. Er stellte sie als eine Folge »logischer Abnutzung« der Regierungsarbeit dar und erklärte, daß eine Ablösung erfolgt sei, die den normalen Ablauf des Regimes nicht störe. Und er leugnete, daß der Regierungswechsel

[15] Zitiert bei Javier Tusell, Franco, S. 403.

eine Korrektur seiner Politik bedeutet habe, wie er es stets getan hatte. Seine Besessenheit, die Legitimität des 18. Juli, die Einheit seines Systems und die Wirksamkeit seines Regimes zu bekräftigen, veranlaßte ihn, alle Ministerwechsel und alle politischen Entscheidungen, so widersprüchlich sie auch sein mochten, als schlüssige und in sich zusammenhängende Entwicklung seiner intelligenten und richtigen Überlegungen in einem vollkommenen System darzustellen, und zu behaupten, daß er seit 1936 alles vorhergesehen habe.

Die neue Regierung, die sich schon nach wenigen Monaten mit dem Krieg in Ifni und danach im März 1958 mit schweren Streiks in den Bergwerken Asturiens auseinandersetzen mußte, nahm sich sofort der drei dringendsten Fragen an: des Prozesses der Institutionalisierung, der Wirtschaftskrise und der Normalisierung der Außenpolitik.

Am 19. Mai 1958 präsentierte Franco den Cortes das Gesetz über die Grundsätze der Bewegung (Ley de Principios del Movimiento), das das Gespann Carrero Blanco-López Rodó für ihn vorbereitet hatte. Die Wichtigkeit des Gesetzes erläuterte Franco in einer langen Rede, die er zu diesem Anlaß hielt; sie war gleichzeitig eine selbstgefällige Zusammenfassung und eine Definition dessen, was er für sein Werk und sein Regime hielt. Die Hauptpunkte waren a) das Kräftepotential der von der Nationalen Bewegung vollzogenen »nationalen Revolution« im Vergleich zu den westlichen Demokratien, das sich aus der vierfachen Einheit herleite, der politischen, religiösen, nationalen und sozialen; b) die historische Bedeutung der Bewegung, wie sie die in 20 Jahren gewonnenen Wirtschaftsschlachten und das industrielle und agrarische Wachstum zeigten; c) die Rechtfertigung der Außenpolitik des Regimes und ihre antikommunistische Untermauerung; d) die Definition des Regimes als »traditionelle, katholische, soziale und repräsentative Monarchie«.

Wesentlich war dieser letzte Punkt. Unter den Ovationen der Abgeordneten hatte Franco gerufen: »Unser System lebt aus sich selbst, erwartet alles nur von sich selbst und folgt auf sich selbst; eine andere Nachfolge wird nicht vorbereitet. Wir sind weder eine Zwischenlösung noch eine Übergangsdiktatur ...« Er akzeptierte als Nachfolge nur eine Monarchie, die sich mit den Grundsätzen des 18. Juli identifizierte; der zukünftige König müsse auf die Grundsätze der Bewegung schwören und sie wahren, und zwar so, wie man sie jetzt verabschiedet und als »dauerhaft und unabänderlich« definiert hatte (darauf sollten auch alle einen Eid ablegen müssen, die ein öffentliches Amt ausüben wollten).

Diese zwölf Grundsätze, die an die Stelle des Programms der Falange als Grundelemente der Ideologie des Franquismus traten, faßten knapp und klar zusammen, was die offizielle Rhetorik seit 1936 verkündet hatte: Spanien als universale Schicksalsgemeinschaft (»unidad de destino en lo universal«, die bekannte Formel der Falange), Wahrung des göttlichen Gesetzes, unverbrüchliche Einheit unter den Menschen und Ländern Spaniens; Familie, Gemeinde und Syndikat als Grundstrukturen der Gemeinschaft und Schiene der politischen Teilhabe, Recht auf Gerechtigkeit und auf Arbeit. Die neue, bereits erwähnte Formel dafür lautete »traditionelle, katholische, soziale und repräsentative Monarchie«.

Franco hatte damit seinem Regime die endgültige Identität gegeben. In den folgenden Jahren legte er weitere, ergänzende Entwürfe, die Carrero Blanco und López Rodó – und nicht nur sie – für notwendig hielten, auf Eis: ein Staatsgrundgesetz und die Ernennung des Nachfolgers. Aber das Wesentliche war getan. Wie wir sehen werden, korrigierte Franco die Grundsätze der Bewegung nicht mehr. Im Gegenteil, er erläuterte und bestätigte sie zumindest kurzfristig bei zahlreichen Repräsentationsveranstaltungen (Reden, Reisen, Einweihungen, Presseerklärungen, Silvesterbotschaften usw.), die wie zuvor und danach auch in den Jahren von 1958–1961 sein politisches Leben in Anspruch nahmen. Bei all diesen Anlässen verlieh er seinen unverrückbar gleichen Grundgedanken Ausdruck: die Legitimität des Ursprungs und der Ausübung seiner Herrschaft; der kommunistische Angriff auf Spanien seit 1934; der Bruch der Legalität im Jahre 1936; die Kritik der politischen Parteien und des Liberalismus; die Verteidigung seines Regimes als eines politisch-sozialen Rechtssystems; die Einheit als Schlüssel seiner Politik, des Wiederaufstiegs Spaniens und seiner Zukunft, das Soziale als bestimmendes Element des Kreuzzugs usw. Es war insgesamt gesehen eine nahezu permanente Rechtfertigung der militärischen Erhebung und die beständige selbstgefällige Wiederholung der Leistungen seines Regimes und seiner nationalen und katholischen (antidemokratischen und überdies extrem antikommunistischen) Ideale.

Francos Leben war weiterhin durch die Rituale einer intensiven und vielfältigen offiziellen Aktivität bestimmt. Am 30. Oktober 1958 leitete Franco die Gedächtnisfeier der Falange; am 18. Februar 1959 den ersten Nationalkongreß der Spanischen Familie. Am 1. April dieses Jahres weihte er das Valle de los Caídos ein (wohin die sterblichen Überreste José Antonio Primo de Riveras überführt wurden). Am 1. Mai 1960 stand er an der Spitze der Syndikatsdemonstration in Barcelona; am 13. Juli weihte er in Madrid das Denkmal für Calvo Sotelo ein. Im März des folgenden Jahres führte er beim ersten Syndikatskongreß den Vorsitz. Am 17. Juli 1961 führte er den Marsch zum Gedenken des 25. Jahrestages des Sieges an (an dem 25000 Veteranen teilnahmen); im September leitete er den Eucharistischen Kongreß in Saragossa, und am 1. Oktober beging er in Burgos in aller Feierlichkeit sein Jubiläum, den 25. Jahrestag seiner Ernennung zum Staatschef, wie die übliche Formulierung lautete. Es gab logischerweise noch viele andere Repräsentationsveranstaltungen. Die diplomatischen Aktivitäten Francos wuchsen in einem solchen Maß, daß Minister Castiella, der die Arbeit Artajos fortführte, schaffte, was er sich vorgenommen hatte: die Normalisierung der auswärtigen Beziehungen. Die Zahl der Staatsoberhäupter und Minister, die Madrid und den Pardo-Palast besuchten, stieg seit Ende der fünfziger, Anfang der sechziger Jahre beträchtlich. Kein Besuch verschaffte Franco freilich soviel Genugtuung wie der von Präsident Eisenhower am 21. Dezemer 1959, der wie gesagt zu einem wahren Triumph der franquistischen Diplomatie wurde: Eine Million Menschen in den Straßen Madrids waren ein Beweis für die Genugtuung, mit der die öffentliche Meinung die Beendigung der außenpolitischen Isolierung aufnahm, und erschien Franco als ein Plebiszit für seine Politik.

Das 1957 ernannte Kabinett hatte auch das Problem der Wirtschaftslage angegangen, und zwar in zwei Phasen. Zwischen 1957 und 1959 versuchten Ullastres und Navarro Rubio zuerst das landesweite wirtschaftliche Chaos in Ordnung zu bringen und die Umstellung der spanischen Wirtschaft auf eine mögliche Integration in die Europäische Wirtschaftsgemeinschaft in die Wege zu leiten, die am 1. Januar 1959 in Kraft treten sollte. Der Wechselkurs wurde vereinheitlicht (man legte ihn auf 42 Peseten je Dollar fest) und die Diskontsätze erhöht. Im Dezember 1957 führte Navarro Rubio eine Steuerreform durch, die die Steuereinnahmen spürbar erhöhte, im Januar darauf präsentierte er dann einen Haushalt, der die Staatsausgaben reduzierte und mit einem Überschuß abschloß, Exportanreize wurden gegeben und dem Auslandskapital schüchtern die Tür geöffnet. In der zweiten Phase präsentierte Ullastres am 20. Juli 1959 den Stabilisierungsplan (im Einklang mit den Empfehlungen der Europäischen Organisation für wirtschaftliche Zusammenarbeit), der sich als erstes zum Ziel setzte, die Inflation unter Kontrolle zu bringen und sofort die Wirtschaft zu liberalisieren und zu rationalisieren, die auf einer sanierten Grundlage wieder angekurbelt werden sollte. Man wertete die Pesete ab, verminderte den Geldumlauf, hob die Zinsen an, liberalisierte den Import; ferner setzte der Regierungshaushalt den Staatsausgaben Grenzen[16].

Die Ergebnisse waren beeindruckend. Die Preise blieben trotz der Abwertung in den nächsten vier Jahren praktisch stabil. Spanien, das Anfang 1958 zu den großen europäischen Wirtschaftsinstituten Zugang erhielt, nahm 1959 Auslandskredite im Wert von 400 Millionen Peseten auf; die ausländischen Investitionen stiegen spektakulär (von 12 Millionen Dollar 1958 auf 82,6 Millionen Dollar 1960). Am Ende des Sommers 1959 hatte Spanien in seiner Zahlungsbilanz bereits einen Überschuß von 81 Millionen Dollar; die Devisenreserven stiegen im Mai 1960 auf 300 Millionen Dollar; die Abwertung begünstigte eine wirklich spektakuläre Zunahme des Tourismus (1960 kamen 6 Millionen Touristen, doppelt so viele wie 1958).

Die sozialen Kosten des Plans waren gewiß hoch. Im Laufe von eineinhalb Jahren erfaßte die Rezession fast alle Bereiche der Wirtschaft, und die Löhne waren von 1957 bis 1961 praktisch eingefroren, was der Grund für die bereits erwähnten Streiks von 1958 war (die Alonso Vega mit einer Härte und Unbeugsamkeit unterdrückte, die sogar Franco

[16] Vgl. Anm. 2.

überzogen erschien); es gab schätzungsweise rund 150000–200000 Arbeitslose, so daß 1960 der massive Exodus von spanischen Arbeitern in andere europäische Länder begann. Aber um die Mitte des Jahres 1960 sollte die Wirtschaft bereits unzweifelhafte Zeichen der Erholung zeigen. Die Operation war ein wirklicher Erfolg, und wahrscheinlich handelte es sich um die beste Wirtschaftspolitik in der gesamten Geschichte des Franquismus.

Technisch betrachtet, handelte es sich bei dem Sanierungsplan um die Anwendung eines orthodoxen Stabilisierungsmodells: Man setzte auf die neokapitalistische Liberalisierung der spanischen Wirtschaft. Seine historische Bedeutung lag darin, daß es sich genau um das Modell handelte, das die franquistischen Autoritäten stets hartnäckig und zum Nachteil der spanischen Gesellschaft abgelehnt hatten (die Kreise, die der Bewegung und der Syndikatsorganisation verbunden waren, betrachteten es auch noch 1957 mit Antipathie). Das änderte freilich nichts daran, daß in den Jahren 1957–1959 die Wirtschaftsideale des Nationalsyndikalismus aufgegeben wurden.

Man muß bezweifeln, ob Franco dies so erkannte, wenn man an sein Bestreben denkt, die Diskontinuitäten in seiner Politik zu leugnen und zu behaupten, daß sich alles gemäß den Grundlinien entwickelt habe, die er von Beginn an vorgezeichnet hatte (wie er in der Rede zu seinem Jubiläum am 2. Oktober 1961 in Burgos wiederholte).

Das Wort Liberalisierung gefiel ihm nicht einmal in seiner wirtschaftlichen Bedeutung: »Ich bin drauf und dran, Kommunist zu werden«, sagte er oft zu den für die Wirtschaft zuständigen Ministern, die auf der Liberalisierung beharrten. Aber er akzeptierte alles, was seine Minister verlangten, und gewährte wie üblich vertrauensvoll einen sehr großen Spielraum. Schließlich ließ er sich von der Notwendigkeit einer Stabilisierung überzeugen. In seiner Silvesterbotschaft zum Jahresende 1959 sprach er bereits davon, daß man in der Lage sei, einen ehrgeizigen nationalen Entwicklungsplan in Angriff zu nehmen. Gegenüber seinem Vetter Franco Salgado stellte er am 11. Juni 1960 fest, ohne die Politik der Stabilisierung »wären wir in den Bankrott und der Vorherrschaft der Spekulanten in die Arme getrieben worden, die die Lebenshaltungskosten verteuert und jede

Art von Geschäften gemacht hätten, ohne das Kapital dafür zu haben«[17].

Aber damals übernahm er ganz unmißverständlich die Verteidigung der Maßnahmen von Ullastres und Navarro Rubio in der Öffentlichkeit. Speziell in Barcelona bezog er sich am 7. Mai 1960 auf die Stabilisierung als »ein vorrangiges Ziel«. Bald darauf versicherte er am 18. Juli in Madrid, daß es sich um einen Ausgangspunkt handle, von dem aus »wir in die internationale Welt eintreten und unseren Unternehmern eine feste Grundlage zur Errichtung von Unternehmen geben können«. Mit selbstgefälliger Zufriedenheit kündigte er Ende desselben Jahres an, daß der Stabilisierungsplan die begehrten Früchte, und zwar reichlich, gebracht habe, wobei er darauf bestand, daß der Plan dank einer Vorbereitung von vier vorausgegangenen Fünfjahresperioden möglich geworden sei.

Die Reden Francos in den Jahren 1960 und 1961 belegen seine wachsende Beschäftigung mit wirtschaftlichen Themen, bei denen er allmählich die Betonung von den Konzepten für die Stabilisierung und für die Erholung der Wirtschaft auf die für das Wachstum und für die Entwicklung verlagerte. Franco überschüttete die Fernsehzuschauer, die seine Silvesterbotschaft 1961 verfolgten, geradezu mit Zahlen und blieb auch bei unzähligen anderen Gelegenheiten dabei, obwohl er selbst hinsichtlich der Aufmerksamkeit, die man ihm schenkte, sehr skeptisch war. Als er sich einmal bei der Aufzeichnung seiner Silvesterbotschaft in einer Ziffer geirrt hatte und der Informationsminister Arias Salgado darauf bestand, die Aufnahme zu wiederholen, sagte er: »Machen Sie sich keine Sorgen, das macht nichts. Der Botschaft hört ohnehin niemand zu.«[18]

Die politische Sprache Francos und des Franquismus machte seit den sechziger Jahren einen radikalen Wandel durch: Die faschistisch geprägte Rhetorik des Nationalsyndikalismus wich – außer bei dem Minister Solís, einer Vollblutnatur – einer trockenen und dürren Sprache, die von

[17] Francisco Franco Salgado-Araújo, Conversaciones, S. 194. Der Satz »Ich bin drauf und dran, Kommunist zu werden« bei Manuel Fraga Iribarne, Memoria breve de una vida pública, Barcelona 1980, S. 106.

[18] Rogelio Baón, La cara humana de un Caudillo, Madrid 1975, S. 81.

wirtschaftlichen und technischen Begriffen nur so wimmelte. Der Wirtschaftsförderung und ihren Folgen – dem materiellen Wohlstand und dem Frieden – kamen nun für die Legitimierung des Franquismus Schlüsselfunktionen zu: Wachstum und Entwicklung wurden zur offiziellen Staatsphilosophie. Am 26. Februar 1962 wurde Laureano López Rodó zum Kommissar für Wirtschaftsentwicklung ernannt; bald darauf wurde ein im Lauf des vorhergehenden Jahres erstellter Bericht der Weltbank veröffentlicht, der bestätigte, daß die optimale Situation der Devisenreserven, in der sich Spanien dank der Stabilisierungspolitik und des Tourismus befand, es erlaube, eine große Wachstumsanstrengung zu verwirklichen.

Franco identifizierte sich sehr stark mit der Entwicklungsideologie. Er sah in ihr ein weiteres Mal den Höhepunkt der Bemühung um den nationalen Wiederaufstieg, den er seit 1936 beharrlich vorangetrieben habe, bestritt aber stets, daß es einen dramatischen Wechsel von der Autarkie »zum Wettbewerb« gegeben habe, so etwa in seiner Rede vor dem Nationalrat vom 9. September 1963. In seiner Silvesterbotschaft desselben Jahres behauptete er sogar: »Der Entwicklungsplan ist für unsere Nation nichts Neues.« Er war es wohl, auch wenn Franco glauben wollte, daß das, was zwischen 1939 und 1957 verwirklicht wurde, ein »Notstands«-Entwicklungsplan gewesen sei. Er machte sich auch auf intelligente Weise das politische Potential zunutze, das die positive Wirtschaftsentwicklung bot. Ein anderes seiner ständigen Argumente bestand darin, daß die Wirtschaftsentwicklung nichts als die Folge der politischen Entwicklung sei und daß man ohne die Bewegung nie die Grundlage für das Wachstum hätte schaffen können (wie er zum Beispiel gegenüber ›Abc‹ am 1. April 1964 äußerte).

In Wirklichkeit war es, wie wir wissen, gerade umgekehrt: Die wirtschaftliche Entwicklung war erst möglich geworden, als das Regime die orthodoxen und neoliberalen Wirtschaftsideen übernommen hatte, die die Bewegung bis 1957 aus ideologischen und doktrinären Gründen abgelehnt hatte. Aber das spielte keine Rolle, denn der Erfolg der Entwicklung sollte, wie wir im folgenden Kapitel noch sehen werden, schließlich unser Argument unwiderlegbar machen.

Am 1. Oktober 1961 feierte Franco sein 25jähriges Jubiläum als Staatschef. Er war 68 Jahre alt und erfreute sich weiterhin bester Gesundheit. Er war auf dem Gipfel seiner Macht. Alles deutete darauf hin, daß in Spanien eine lange Etappe des Wachstums begonnen hatte: »Er wird das große Werk unseres Zeitalters darstellen«, sollte Franco später über den Entwicklungsplan sagen.

Die Streiks in Asturien im Jahr 1958 waren zwar wichtig gewesen, aber die energische Reaktion Alonso Vegas, der den Ausnahmezustand in der Region erklärt hatte, genügte, um sie unter Kontrolle zu bringen. 1960 hatte es nationalistische Unruhen in Katalonien gegeben, und zwar ausgerechnet während eines Besuchs von Franco (die dort Verhafteten Jordi Pujol, Francesc Pizón und andere waren zu harten Gefängnisstrafen verurteilt worden). Im Jahr davor hatte sich im Baskenland die ETA (Euskadi ta Askatasuna = »Baskenland und Freiheit«) gegründet, die revolutionäre Organisation der baskischen Unabhängigkeitsbewegung, die bald den bewaffneten Kampf führen, das heißt Gewalt und Terrorakte verüben sollte. Im darauffolgenden Jahr hatten 339 baskische Priester einen offenen Brief geschrieben, der die Folter- und Unterdrückungsmaßnahmen verurteilte und demokratische Freiheiten für Spanien und das baskische Volk forderte.

Aber weder in Katalonien noch im Baskenland war es über einen ersten zusammenhanglosen und von einer sehr kleinen Minderheit getragenen Protest hinausgegangen, der noch Jahre brauchen sollte, bis er richtig zum Ausbruch kam. Weder im Baskenland noch in Katalonien oder in Asturien konnte man von einem kollektiven Bruch mit dem Franquismus sprechen; mit Ausnahme einiger vereinzelter Konflikte hatten sich diese Regionen bequem im System eingerichtet. Der friedliche, 24 Stunden dauernde Generalstreik wegen der Wirtschaftslage und gegen das Regime, zu dem die Kommunistische Partei am 18. Juni 1959 aufgerufen hatte, war ein totales Fiasko. Als eine intelligente Vertreterin der Italienischen Kommunistischen Partei, Rossana Rossanda, Spanien 1962 heimlich besuchte, sah sie weder den vorhergesagten Zerfall des Franquismus noch irgendeine Art von revolutionärer Situation; im Gegenteil, sie fand eine zutiefst entpolitisierte Gesellschaft und eine Opposition im Untergrund vor, die sich aus ihren eigenen Phantasien speiste. Sie erinnerte sich später: »Es war nicht eine zum Verstummen gebrachte politische Gesellschaft, sondern eine, sämtlichen Indizien zufolge, unpolitische Gesellschaft, nicht geknebelt, sondern entweder sprachlos oder in fremden Sprachen redend.«[19]

Das Franco-Regime hatte nach wie vor hinsichtlich seiner Legitimität ein krankhaft schlechtes Gewissen (sosehr es auch auf der Legitimität seiner Machtausübung beharren sollte). Am 7. und 8. Juni 1962 trafen sich in München insgesamt 118 Oppositionelle (38 aus dem Exil, 80 aus dem Inland), und zwar Vertreter aller politischen Schattierungen: Christdemokraten (Gil Robles, Álvarez de Miranda, Cavero usw.), liberale Monarchisten (Satrústegui, Senillosa usw.), Sozialdemokraten (Ridruejo), Sozialisten, baskische Nationalisten und Republikaner (und Unabhängige wie Salvador de Madariaga) unterzeichneten eine Resolution, die vor der europäischen Öffentlichkeit indirekt den antidemokratischen und repressiven Charakter des Franquismus bloßstellte. Das Regime reagierte mit einer an Hysterie grenzenden Heftigkeit. Das Grundgesetz (Fuero de los Españoles) wurde außer Kraft gesetzt, verschiedene Teilnehmer wurden zur Verbannung verurteilt und andere gingen ins Exil. Die Presse entfesselte auf Befehl des Ministers Arias Salgado eine Diffamierungskampagne gegen das »Schmachbündnis« von München, so die offizielle Lesart[20].

Das Ironische daran war, daß all dies unnötig (und für das Regime selbst kontraproduktiv) war. Gegenüber Rossana Rossanda äußerten alle Mitglieder der Opposition, mit denen sie gleich nach ihrer Ankunft in Barcelona Kontakt aufnahm, die gleiche Meinung, »daß Franco-Regime und Fortschritt miteinander unverträglich waren«[21]. Franco glaubte genau das Gegenteil und damit hatte er, wie wir sehen werden, völlig recht.

Aber es traf nicht zu, daß er in seiner untrüglichen Voraussicht alles vorhergesehen hatte. Im Gegenteil, seine Verzögerungsstrategie hatte Mitte des Jahres 1960 ein erhebli-

[19] Rossana Rossanda, Vergebliche Reise oder Politik als Education sentimentale, Frankfurt am Main 1982, S. 25.

[20] J. Tusell, La oposición democratica al franquismo, Barcelona 1977, S. 138 ff.

[21] Rossana Rossanda, Reise, S. 32.

ches Machtvakuum innerhalb des Regimes entstehen lassen, das sogar sein Fortdauern in Frage stellen konnte. Am 24. Dezember 1961 machte ein Jagdunfall deutlich, wie labil die Lage war. Francos Flinte explodierte, was verschiedene Verletzungen an seiner linken Hand zur Folge hatte. Eine Notoperation war erforderlich, die Doktor Garaizábal in einem Madrider Militärkrankenhaus durchführte. Der Unfall war nicht schwer, obwohl sich Franco bis Juni 1962 täglichen Sitzungen für seine Rehabilitationstherapie unterziehen mußte, die die Ärzte Soriano, Epeldegui und Dávila durchführten. Aber der Vorfall genügte, den institutionellen Improvisationszustand hervorzuheben, in dem das Regime lebte. Der Jagdunfall von 1961 machte deutlich, daß niemand wußte, was geschehen würde, wenn Franco sterben sollte.

Sechstes Kapitel
Was kommt nach Franco?

›Was kommt nach Franco?‹ war der Titel einer Broschüre, die der Kommunistenführer Santiago Carillo Mitte der sechziger Jahre im Exil veröffentlichte. Die Frage des Titels bedeutete kaum etwas Neues; es war genau die Frage, die sich alle politisch interessierten Spanier stellten, ob sie nun unter dem Regime oder außerhalb seiner Reichweite lebten. Der Grund dafür war nicht zuletzt der Jagdunfall des Caudillo im Dezember 1961. Aus Francos Perspektive hätte die Frage natürlich anders lauten und anstelle von »was« »wer« stehen müssen. Denn Franco hatte zumindest drei Dinge völlig klargestellt, daß Spanien ein Königreich war, daß die Monarchie, die ihm nachfolgen würde, nicht mit der liberalen und parlamentarischen Monarchie verwechselt werden dürfe (deshalb wurde von »Einsetzung« *(instauración)* und nicht von »Restauration« gesprochen) und daß die völlige Identifikation der Person des Königs mit der Bewegung die unverzichtbare Voraussetzung für die Nachfolge bildete[1].

Die Ernennung eines Nachfolgers war deshalb eine politische Frage, weil deren Inhalt in gewisser Weise das Wesen der Monarchie bestimmte, die auf Franco folgen sollte. Franco selbst hatte eine fast abstrakte Vorstellung von der Monarchie: Er glaubte an sie, weil er glauben wollte, daß das Königreich die historische Wesensform Spaniens sei. Die dynastische Frage an sich war ihm nicht allzu wichtig. Er hatte dabei auch nicht eine Monarchie vor Augen, die von den Ritualen des Palasts und der höfischen Aristokratie bestimmt war, zu der er nie gehört hatte, obwohl Alfons XIII. ihn verschiedentlich ausgezeichnet hatte. Er glaubte, daß es in Spanien nur eine Königsdynastie gebe, die der Bourbonen. Aber die These von der Einsetzung, die ihm so sehr zusagte, weil sie eine Monarchie neuer Art schuf, bedeutete fast per definitionem die Verletzung der Erbgesetze dieses Hauses (und auch jedes anderen).

[1] Vgl. zum Beispiel seine Erklärung gegenüber ›Arriba‹ am 22. Januar und 27. Februar 1955.

Aus dem Grund bestand das eigentliche Problem Francos bei dieser Frage in den unverzichtbaren Thronansprüchen Don Juans. Die anderen möglichen Kandidaturen bildeten wahrscheinlich nie ernsthaft einen Bestandteil seiner Pläne. Zwar hatte die traditionelle, katholische, soziale und repräsentative Monarchie, von der er sprach, offenkundig karlistische Anklänge. Auch hatte der Karlismus die Erhebung von 1936 begeistert unterstützt (Franco gewährte Navarra das Lorbeerkreuz des heiligen Ferdinand). Überdies nahm Franco in seine Regierungen bis 1973 stets Männer mit traditionalistischem Hintergrund auf. Trotz alledem bezog der Generalissimus niemals Javier de Borbón-Parma und noch viel weniger dessen Sohn Hugo (später Carlos-Hugo), in seine Pläne mit ein.

Franco billigte dem traditionalistischen Zweig keine historische Legitimität zu; Don Javier und Carlos-Hugo hielt er obendrein, wie er bereits in einigen Erklärungen gegenüber ›Arriba‹ im Februar 1955 gesagt hatte, für »ausländische Prinzen«. Er verweigerte ihnen sogar die spanische Nationalität, als sie in den sechziger Jahren darum nachsuchten. Der von Carlos-Hugo seit 1957 entfaltete politische Aktivismus, der überdies eine deutlich antifranquistische Tendenz und überraschenderweise einen linken Einschlag aufwies, verärgerte ihn zutiefst. Am 26. November 1964 versammelte Franco vier seiner Minister – Iturmendi, Alonso Vega, Solís und Fraga Iribarne – und sagte ihnen ganz klar seine Meinung über den karlistischen Prinzen: »Ich kann zwar die endgültigen Entscheidungen noch immer nicht treffen, aber ich muß die bereits getroffenen klar machen. Dieser Herr [Carlos-Hugo] kommt überhaupt nicht in Frage. Ich bitte Sie, dies zur Kenntnis zu nehmen und jeweils in Ihrem Ressortbereich das Ihnen Mögliche zu tun, um dies klarzustellen.«[2] 1968 verbannte er, wie wir noch sehen werden, die ganze Familie Borbón-Parma aus Spanien. Die übrigen Kandidaten hatten noch weniger Bestand: In den fünfziger Jahren kehrte Alfonso de Borbón-Dampierre, wie Don Juan Carlos ein Enkel Alfons XIII., nach Spanien zurück. Seine Rechte waren problematisch, da sein Vater, der Infant Jaime,

[2] Manuel Fraga Iribarne, Memoria breve de una vida pública, Barcelona 1980, S. 124.

der Bruder Don Juans, auf sie verzichtet hatte. Franco hielt ihn sich für den Fall in Reserve, daß sich keine Lösung mit der Linie von Don Juan und Don Juan Carlos erreichen lassen sollte. Dies wurde dadurch noch bekräftigt, daß Don Alfonso 1972 die älteste Enkelin des Caudillo, María Carmen Martínez Bordiú, heiratete.

Das Problem war Don Juan. Seit Franco und er in ihren Gesprächen von 1948 und 1954 zu einer Übereinkunft über die Erziehung des Prinzen Juan Carlos gelangt waren, wurde es trotz Francos Schweigen immer klarer, daß der Caudillo in diesem Prinzen die Lösung des Problems sah: Don Juan Carlos war die Person, in der die Theorie von der Einsetzung einer neuen Monarchie mit den Grundsätzen der dynastischen Legitimität zusammenfallen konnte. Aber dies erforderte, daß Don Juan entweder auf seine Rechte verzichtete oder daß Franco sie ignorierte; ersteres äußerte Franco oft in seinen privaten Gesprächen, und López Rodó teilte Don Juan selbst schließlich in einer Unterhaltung am 17. September 1957 in Estoril mit, daß Franco mit diesem Gedanken spiele[3].

Franco hatte sicherlich schon sehr früh eine Kandidatur Don Juans ausgeschlossen. Er hatte das Lausanner Manifest von 1945 nicht vergessen und verziehen; er wiederholte, daß Don Juan sich seitdem gegen das Regime gestellt habe (und änderte seine Auffassung auch nicht, als Don Juan 1957 die Grundsätze der Traditionalistischen Gemeinschaft (Comunión Traditionalista) übernahm und damit einen großen Schritt auf das Franco-Regime zuging). Franco hielt ihn für einen schwachen und schlecht beratenen Mann und glaubte, daß einige seiner nächsten Ratgeber Freimaurer seien (wie Pedro Sainz Rodríguez, den Franco seit den zwanziger Jahren kannte und der 1938/39 immerhin sein Erziehungsminister gewesen war)[4].

Es gab darüber hinaus jedoch tiefer liegende Gründe für Francos Ablehnung Don Juans. Erstens hätte seine Ernennung jene Restauration der Monarchie bedeutet, die Franco

[3] Laureano López Rodó, La larga marcha hacia la Monarquía, Barcelona 1977, S. 145–148.

[4] Generalleutnant Francisco Franco Salgado-Araújo, Mis conversaciones privadas con Franco, Barcelona 1976, S. 40, 52, 106, 156, 208, 214 und an vielen anderen Stellen.

zumindest seit seinen Erklärungen gegenüber ›Abc‹ in Sevilla im Juli 1937 ausgeschlossen hatte. Zweitens war er geradezu krankhaft von Don Juans Ruf als eines Liberalen besessen, auf Grund dessen er annehmen mußte, daß die von Don Juan verkörperte Monarchie ein konstitutionelles und parlamentarisches Regierungssystem sein werde und als solche grundsätzlich verschieden von der im Sinne des 18. Juli, wie Franco sie wollte (und wie sie seine Gesetze verankert hatten).

Daraus ergab sich die Unmöglichkeit einer Verständigung Francos mit Don Juan. Sie war nicht einmal dann möglich, als es 1954 den Anschein hatte, Don Juan akzeptiere die Linie der Kollaboration *(colaboracionista)* des Grafen Ruiseñada. Die theoretische Grundlage dieser Linie war ein Artikel Ruiseñadas selbst, der am 11. Juni 1957 in ›Abc‹ unter dem Titel ›Loyalität, Kontinuität und die Gestaltung der Zukunft‹ erschien, und zu dem dritten Gespräch zwischen Franco und Don Juan führte, das am selben Ort wie das vorhergehende, auf dem Landgut Las Cabezas in Cáceres, stattfand. Daraus ergab sich eine neue Übereinkunft über die Erziehung von Don Juan Carlos, der bereits seine militärische Ausbildung abgeschlossen hatte, die ganz den Wünschen Francos entsprach: Der Prinz sollte unter der Obhut eines Ausschusses von Lehrstuhlinhabern, die sich mit dem Regime identifizierten (u.a. Torcuato Fernández Miranda, Antonio Fontán), verschiedene Studiengänge an der Universität Madrid durchlaufen – und nicht in Salamanca studieren, wie Don Juan es vorgeschlagen hatte. Im Gegenzug stellte das offizielle Kommuniqué über die Unterredung fest, daß die zukünftige Anwesenheit von Don Juan Carlos in Madrid die Frage der Nachfolge nicht präjudiziere (dies erschien als Bestätigung der dynastischen Rechte Don Juans)[5]. Don Juan Carlos ließ sich dann ab Oktober 1960 im Madrider Zarzuela-Palast nieder.

Zwar verlief die Begegnung herzlich, und die Beziehungen waren gut, so daß Don Juan im November 1961 sogar feststellte, sie zeichneten sich durch »vollkommene Herzlichkeit« aus, doch Franco war nicht zufrieden. Er glaubte, daß man nicht besonders vorangekommen sei, und dachte wei-

[5] Laureano López Rodó, Marcha, S. 166–184.

terhin, daß die Politik Don Juans zum Kommunismus (oder Ähnlichem) führen werde. Zweifelsohne gefiel es ihm nicht, daß die Heirat von Don Juan Carlos mit Prinzessin Sofia von Griechenland hinter seinem Rücken zustande kam, ohne daß man zuvor die protokollarische Billigung seiner Cortes eingeholt hatte; allerdings reagierte er äußerst korrekt und entsandte zu der Hochzeit, die am 14. Mai 1962 in Athen gefeiert wurde, eine hochrangige Vertretung seines Staates. Und natürlich entfremdete ihn die Anwesenheit wichtiger Politiker aus Don Juans Gefolge (Gil Robles, Joaquín Satrústegui u.a.) auf dem bereits erwähnten Treffen von München im Jahr 1962 noch mehr von Don Juan, sosehr dieser auch öffentlich darauf hinweisen mochte, daß er damit absolut nichts zu tun habe und Gil Robles einige Tage danach, am 20. Juni, als sein persönlicher Berater zurücktrat[6].

Tatsächlich befand sich das Problem der Nachfolge in einer Sackgasse, aus der es nahezu keinen Ausweg gab. Weder ließ sich Franco darüber aus, noch akzeptierte Don Juan die Formel von der Monarchie der nationalen Bewegung, trotz aller Herzlichkeit ihrer Beziehungen. Je mehr Franco begann, ihn mit Gunstbezeugungen zu überhäufen, desto mehr geriet Juan Carlos in eine unmögliche Lage: Franco zwang ihn, sich entweder für die Rechte seines Vaters zu entscheiden, was aller Wahrscheinlichkeit nach den Verzicht auf die Restauration der Monarchie bedeutet hätte, oder deren Neueinsetzung in seiner Person zu den von Franco gestellten Bedingungen zu akzeptieren, worauf es letztlich hinauslief. Franco selbst sagte ihm am 1. März 1962 klar und deutlich: »Eure Hoheit haben mehr Aussichten, König zu werden, als Ihr Vater.«[7] Franco hatte ihm schon seit 1960 einen herausragenden Platz im offiziellen Protokoll eingeräumt: 1964 ließ er sich von ihm auf die Tribüne begleiten, von der aus er die Siegesparade in Madrid abnahm (er hätte dies bereits 1963 getan, aber damals mußte wegen des Todes von Papst Johannes XXIII. die Parade unterbleiben).

Aber Franco sollte die Ernennung eines Nachfolgers noch weitere fünf Jahre hinauszögern, obwohl von verschiedenen Seiten wiederholt Druck auf ihn ausgeübt wurde, insbeson-

[6] Ebenda, S. 186ff.
[7] Ebenda, S. 202.

dere durch Carrero Blanco, López Rodó und die Minister Iturmendi (Justizminister von 1957 bis 1965) und Alonso Vega, die sich alle um eine Lösung in der Person von Juan Carlos bemühten. Seine einzige Maßnahme war die Ernennung eines stellvertretenden Ministerpräsidenten, des Generalkapitäns Muñoz Grandes, aus Anlaß des Regierungswechsels im Jahr 1962; dieser konnte für den Fall der Wiederholung einer Situation, wie sie 1961 durch Francos Jagdunfall entstanden war, die Regierung übernehmen.

Nicht nur die Lösung der Nachfolgefrage wurde in den Jahren 1960 bis 1965 durch Francos willentliche Verzögerung aufgehalten, sondern auch der ganze institutionelle Prozeß – seit 1957/58 in Gang gekommen und von Arrese als die Zeit der »Verfassungsgebung« bezeichnet – war zum Stillstand gekommen. Franco war in dieser Beziehung noch heftigeren Angriffen ausgesetzt als in der Frage der Nachfolge. Der Erzbischof von Madrid, Monsignore Morcillo, suchte ihn im Mai 1965 als Vertreter der Kirchenhierachie aus dem gleichen Grund auf, das heißt, um die Meinung der Bischöfe zum Ausdruck zu bringen, die eine baldige Institutionalisierung des Regimes befürwortete. Franco sagte zu ihm, daß er »einen ganzen Koffer voller Entwürfe und Vorentwürfe«[8] habe.

So muß es tatsächlich gewesen sein. Bis zu diesem Tag waren ihm zumindest Entwürfe für ein Verfassungsgesetz (Ley orgánica) oder eine Verfassung seitens der Minister Solís (und Herrero Tejedor, eines der angesehensten Politiker der Bewegung), Fraga Iribarne und Carrero Blanco (dessen Entwurf López Rodó verfaßt hatte) zugegangen. Carrero, Alonso Vega, der Botschafter Garrigues, Justizminister Oriol (1965–1973), Lora Tamayo, Erziehungsminister (1962–1968), und andere Persönlichkeiten hatten ihn auf die eine oder andere Art bedrängt, endlich den institutionellen Prozeß voranzutreiben. Fraga schrie es ihm in einer Ministerratssitzung am 2. April 1965 fast zu, was Franco, wie bereits erwähnt, zum Anlaß nahm, dem Minister schroff das Wort abzuschneiden, indem er ihn fragte, ob er ihn für einen Zirkusclown halte, der nichts begreife[9].

[8] Ebenda, S. 232.

[9] Manuel Fraga Iribarne, Memoria, S. 135.

Bis zum 13. Juni 1966 teilte Franco keinem seiner Mitarbeiter – nicht einmal Carrero – mit, daß er bereits eine Entscheidung getroffen hatte. Das war nicht nur Verzögerungsstrategie, und vermutlich nicht einmal in erster Linie. Franco hatte große Zweifel: Er machte sich um die Zukunft Sorgen und fand es, wie er im März 1965 gegenüber Lora Tamayo äußerte, schwierig, die Lösung zu finden[10].

Die politischen Schwierigkeiten Francos waren also nicht nur das Ergebnis seiner mehr oder weniger großen Kompetenz im Bereich des Verfassungsrechts, sondern vor allem Ausdruck der Widersprüche und Beschränkungen des politischen Systems, das er selbst errichtet hatte. Franco wollte einem Regime eine konstitutionelle Form (und repräsentative, parlamentarische Institutionen) geben, das weder konstitutionell, noch repräsentativ, noch parlamentarisch war, und das, wie er selbst klargestellt hatte, aus seiner persönlichen Herrschaft bestand. Das war unmöglich. Die Probleme, die ihn am meisten beunruhigten, zeigen das sehr gut. Franco war zum Beispiel unsicher, ob die Bestimmung seines Nachfolgers einem Volksentscheid unterbreitet werden sollte oder nicht; wenn ja, würde das Regime immer dann, wenn sich die Frage der Nachfolge stellte, am Rand des Zusammenbruchs stehen. Da er kein echtes Parteiensystem und keine freien Wahlen zulassen wollte, spekulierte er mit der ungewöhnlichen Idee, den Regierungschef durch Wahl zu bestimmen, aber durch eine Wahl, die auf ein vom Reichsrat vorgeschlagenes Triumvirat beschränkt sein sollte.

Das heißt, daß Franco jetzt auf unlösbare Probleme stieß, die sich zwangsläufig ergeben mußten, wenn man die auf Familie, Gemeinde und Syndikat gegründete »organische Demokratie« als modernen Rechtsstaat strukturieren wollte. »Wir sind auf dem Weg in die politische Moderne«, hatte Franco am 18. September 1962 in León behauptet. Gerade weil das eben nicht der Fall war, sah er sich jenen Problemen gegenüber, die innerhalb eines modernen Regierungssystems ohne weiteres lösbar sind. Am 9. März 1963 stellte er in Madrid fest: »Wir sind nicht statt totalitär liberal geworden, weil wir keines von beidem sind.« Liberal war man natürlich nicht; totalitär in Reinform (zumindest seit 1945) jedoch

[10] Laureano López Rodó, Marcha, S. 228.

auch nicht. Man wußte nicht mehr ganz genau, was der Franquismus eigentlich war. Er war keine originelle Lösung, wie Franco behauptete, sondern überhaupt keine Lösung. Die Demokratie, gegen die er argumentierte, kannte keine verschiedenen Formen, und die »organische« Demokratie war überhaupt keine Demokratie. Deshalb konnte Franco unmöglich die Quadratur des institutionellen Kreises gelingen.

Nachdem Franco sich entschieden hatte, den Cortes den Entwurf für ein Gesetz über die Pressefreiheit (ley de Prensa) zuzuleiten, für das Fraga Iribarne, von 1962 bis 1969 Minister für Information und Tourismus, seit seinem Amtsantritt gekämpft hatte, sagte er zu ihm am 13. August 1965: »Ich glaube nicht an diese Freiheit, aber es handelt sich um etwas, wozu uns viele wichtige Gründe verpflichten.«[11] Diese Haltung erklärt wahrscheinlich viele der von Franco zu verantwortenden Verzögerungen in den sechziger Jahren. Er war hellsichtig genug, um zu verstehen, daß die Realitäten ihn zu Veränderungen zwangen, die auf eine Liberalisierung seines Regimes hinausliefen, aber er glaubte nicht nur nicht, sondern konnte auch nicht an die Freiheiten glauben, die die Wirklichkeit erforderte.

Mehr noch, das Alter hatte ihn in seinen Überzeugungen, Ängsten und Befürchtungen bestätigt. Was einst möglicherweise Beunruhigung und Sorge wegen der vermeintlichen Krise der christlichen Werte in der westlichen Welt und der vermeintlichen Schwäche des Westens gegenüber dem sowjetischen Kommunismus war, dessen Aktionen er hinter jedem internationalen Problem argwöhnte, war in den sechziger Jahren bereits zu einer echten und fast monomanischen Besessenheit geworden. Die Ausdehnung des Kommunismus über mehr als die Hälfte des Erdballs schien ihm, wie er am 9. April 1964 vor dem Nationalrat sagte, das Grundphänomen seiner Zeit zu sein. Er sah den Kommunismus im permanenten Kriegszustand gegen die Gesellschaft und gegen alle Konfessionen (wie er bald darauf, am 8. Juli, in den Cortes erklärte). Seiner Ansicht nach war die ganze Welt einem beständigen subversiven Propagandaprozeß ausgesetzt, den die Sowjetunion von dem Augenblick an in Gang

[11] Manuel Fraga Iribarne, Memoria, S. 135.

gesetzt hatte, als man dort erkannt hatte, daß das Haupthindernis für die Ausdehnung des Kommunismus der religiöse Glaube war (so Franco in den Cortes bei derselben Gelegenheit).

Von daher betrachtet war für Franco der Zusammenhang von kommunistischer Bedrohung und Freiheit des Gewissens und des Handelns eine klare Tatsache. »Die religiöse Gleichgültigkeit«, »die Erschlaffung der Sitten«, »das Schmachbündnis mit dem Bösen«, »der Schiffbruch der Tugenden«, »die starke Entchristlichung« – all diese Ausdrücke benutzte er in seiner Rede vom 8. Juli 1964 – liefen alle auf das gleiche hinaus, nämlich auf eine »systematische und destruktive Aktion zur vermehrten Versklavung der Gesellschaft«. Die westliche Welt erschien ihm als eine Welt des Zerfalls, ohne Glauben und Ideale, beherrscht von Atheismus und Materialismus.

Für einen Mann, der sich in solchen Wendungen ausdrückte, mußte es freilich schwierig sein, an die Idee der Freiheit zu glauben. Vor einem Treffen ehemaliger Kämpfer, die sich am 27. Mai 1962 auf dem Hügel von Garabitas in Madrid versammelt hatten, warnte er: »Der Liberalismus ist eine der Hauptpforten, durch die der Kommunismus eindringt.« Er betrachtete Spanien, wie er zu den Versammelten sagte, »als die wichtigste Schlüsselstellung für den Widerstand der westlichen Politik«. Wenn Franco unter diesen Umständen von politischer Entwicklung, von Erneuerung, von politischer Vervollkommnung sprach, wie er es in den Jahren 1962 bis 1964 tat, wenn er sogar in seiner Silvesterbotschaft 1964 behauptete, daß die beständige politische Haltung, für die er stehe, »auf keine Weise die Unbeweglichkeit verteidige«, so konnte dies nur als blanker Euphemismus erscheinen. Franco hielt die politische Entwicklung auf. Erstens, weil er über alle seine politischen Entschlüsse lange nachdachte und sehr viel grübelte, und zweitens, weil er ihre Folgen fürchtete.

Bis zu einem gewissen Punkt konnte sich Franco allerdings die doppelte Unentschlossenheit, die seine Herrschaft hinsichtlich der Nachfolge und der institutionellen Regelung bis 1965 charakterisierte, auch erlauben, und zwar aus zwei Gründen: Erstens, weil unter der Amtsführung Castiellas die völlige Normalisierung der internationalen Beziehungen des Regimes gelungen war, und zweitens wegen des unleugbaren Erfolgs der von 1957 bis 1959 betriebenen neuen Wirtschaftspolitik.

Castiella (Außenminister von 1957 bis 1969) konnte tatsächlich auf eine erfolgreiche Bilanz verweisen, obwohl er mit zweien seiner Hauptanstrengungen scheiterte: mit der Integration Spaniens in die Europäische Wirtschaftsgemeinschaft und der Wiedergewinnung Gibraltars. 1963 wurden die Abkommen mit den Vereinigten Staaten neu verhandelt; was 1953 bloße Regierungsbündnisse gewesen waren, zeichnete sich jetzt als eine Quasi-Allianz ab, die die Stellung Spaniens spürbar verbesserte (dies sollte unter anderem auch den Beginn eines ehrgeizigen Modernisierungsplans für die Streitkräfte ermöglichen, der 1964 eingeleitet wurde). Mit Marokko erreichte man eine gewisse Entspannung, die schließlich ihren Höhepunkt in der Wiederabtretung Ifnis im Jahr 1969 finden sollte. (Es blieb die Frage von Spanisch-Sahara: Franco sagte klar, daß er es nie abtreten werde. Spanien verfolgte deshalb seit 1964 eine Politik gegen Marokko, die darauf abzielte, die Saharauis in ihrer ethnischen und kulturellen Besonderheit zu bestärken. Sie wurde erst 1975 in letzter Stunde aufgegeben, als Franco schon im Sterben lag.)

Die Politik der freundschaftlichen Beziehungen zu den arabischen Ländern dauerte an, trotz der revolutionären Veränderungen, die sich in einer Reihe dieser Staaten vollzogen hatten. Gegenüber Schwarzafrika entwickelte Castiella seit 1964 eine eigene Politik, die zwar zu spät kam und fehlerhaft war, aber immerhin auch die Entkolonisierung von Äquatorialguinea in die Wege leitete, das 1968 in die Unabhängigkeit entlassen wurde.

1962 suchte Spanien um Aufnahme in die Europäische Wirtschaftsgemeinschaft nach, erhielt jedoch keine positive Antwort. Fünf Jahre später begannen die Verhandlungen um die Unterzeichnung eines Assoziierungsvertrages, die 1970 ihren Abschluß fanden. Franco war von der Integration in die Europäische Wirtschaftsgemeinschaft ohnehin nicht besonders begeistert (natürlich war er zu einem Beitritt nur bereit, wenn er keine Veränderungen für »unsere innere Gesundheit« bedeutete, wie er am 18. Juni 1962 in Valencia betonte). Er bevorzugte vielmehr die von General de Gaulle lancierte Idee des »Europa der Vaterländer«.

Spanien war es seit 1960 gelungen, beste bilaterale Beziehungen zu Frankreich und der Bundesrepublik Deutschland herzustellen. Ebenso hätten sie auch zu Großbritannien bleiben können, wenn Spanien nicht 1964 die Frage Gibraltars vor die UNO gebracht hätte, worauf das Verhältnis zwischen beiden Ländern empfindlich gestört war. Trotzdem brachte die Gibraltarfrage dem Franco-Regime einen seiner größten internationalen Erfolge ein: Im Dezember 1967 kam die Generalversammlung der Vereinten Nationen überein, den spanischen Argumenten recht zu geben und verabschiedete eine Resolution über die Entkolonisalisierung dieses Gebiets (etwas anderes war es, daß Spanien angesichts der ablehnenden britischen Haltung von 1968 an Grenzbeschränkungen verhängte und wirtschaftlichen Druck auf Gibraltar ausübte, was nur dazu diente, die probritischen Gefühle der Bewohner Gibraltars zu verstärken).

Insgesamt gesehen hatte Castiella die endgültige und unumkehrbare Legitimität des Franco-Regimes gegenüber dem Ausland gefestigt und erweitert (1967 wurden sogar Handelsbeziehungen zu den Ländern des Ostens aufgenommen)[12].

Die Jahre 1960 bis 1964 waren eine außergewöhnlich gute Zeit für die spanische Wirtschaft. Die jährliche Zuwachsrate lag in diesen fünf Jahren bei 8,7 Prozent, die Preiserhöhung lag etwa zwischen 5 und 9 Prozent, die Reallöhne stiegen jährlich etwa zwischen 8 und 11 Prozent. Die Erzeugung von elektrischem Strom stieg von 18,614 Milliarden Kilowattstunden im Jahr 1960 auf 31,650 Milliarden im Jahr 1964, die von Stahl von 1,9 Millionen Tonnen auf 3,5 Millionen, die von Automobilen von 39732 im Jahr 1960 auf 112672 im Jahr 1964; das Importvolumen verdreifachte sich, das der Exporte verdoppelte sich, die Devisenreserven wurden 1964 auf 1,5 Milliarden Dollar beziffert, die Deviseneinnahmen aus dem Tourismus erreichten 1965, dem Jahr, in dem die Zahl der Touristen die 14 Millionen überschritt, 1,105 Milliarden Dollar[13].

[12] Siehe u.a. Fernando María Castiella, España ante las Naciones Unidas, Madrid 1968; P. García, España – Mercado Común. Una integración problemática, Barcelona 1977; J. C. Pereira, Introdución al estudio de la política exterior de España (siglos XIX y XX), Madrid 1983.

[13] Siehe Kap. 5, Anm. 2.

1964 trat der erste von López Rodó ausgearbeitete Entwicklungsplan in Kraft, 1968 der zweite und 1972 der dritte. Die Entwicklungsplanung war so zur Politik der letzten 15 Jahre des Franquismus geworden (der längst endgültig die von José Antonio Primo de Rivera entwickelten Ideale des Nationalsyndikalismus hinter sich gelassen hatte). Für die Ideologen der Entwicklung – im wesentlichen die sogenannten Technokraten um López Rodó – erforderte die Fortdauer des Regimes die Modernisierung und die wirtschaftliche Expansion des Landes, so daß Wachstum und Prosperität den öffentlichen Frieden garantieren und die Risiken von sozialen Spannungen und Zusammenstößen ausschalten konnten[14].

So waren Franco lediglich die letzten beiden großen Schlagworte seiner langen Herrschaftszeit verblieben: der Friede, dessen 1964 anläßlich des 25jährigen Jubiläums des Regimes mit besonderem Prunk gedacht wurde, und der »Staat der Arbeit« (Estado de obras, ein von Gonzalo Fernández de la Mora, Minister für öffentliche Arbeiten von 1970 bis 1973, geprägter Ausdruck); gemeint war damit, daß die radikale Umwandlung, die die spanische Infrastruktur unter dem Franquismus erfahren hatte, eine unanfechtbare Demonstration der Leistungsfähigkeit des Regimes und der Führerschaft Francos sei[15].

Die Transformation Spaniens in dem Jahrzehnt der Entwicklungspläne war tatsächlich radikal. Die bereits genannten Zahlen sollen noch ergänzt werden: Zwischen 1966 und 1971 betrug die jährliche Zuwachsrate der Wirtschaft 5,6 Prozent. Die Erzeugung von elektrischem Strom erreichte 1970 56,484 Milliarden Kilowattstunden; die Stahlerzeugung überstieg im selben Jahr 7 Millionen Tonnen, die Automobilproduktion die Zahl von 450000 Fahrzeugen. 21 Millionen Touristen bereisten das Land; die Reallöhne in der Industrie nahmen zwischen 1965 und 1972 jährlich um 7,9 Prozent zu; das Pro-Kopf-Einkommen erreichte 1970 900 Dollar und 1972 1239 Dollar.

Nicht alles war jedoch so glänzend, wie es die offizielle

[14] Siehe das Buch von López Rodó selbst, Política y desarollo, Madrid 1971.

[15] ›El estado de obras‹ war der Titel eines Artikels, den Fernández de la Mora am 1. April 1973 in ›Abc‹ veröffentlichte.

Propaganda behauptete. Es wurde sogar gesagt – und zwar von Julián Marías –, daß Spanien ein entwickeltes, aber ein schlecht entwickeltes Land sei. Seit 1965 war das spanische Wachstum von Inflation begleitet, die schließlich einen Anstieg von nahezu 14 Prozent jährlich zu verzeichnen hatte; 1966 wurde ein Mindestmaß an Stabilisierung erforderlich, um das Preiswachstum aufzuhalten (die Pesete wurde im November 1967 abgewertet und die Löhne für einige Monate eingefroren). Für die spanische Wirtschaft begann eine Periode des abwechselnden Vorpreschens und Abbremsens, ohne daß sie zu wachsen aufhörte – was bis zum zweiten Halbjahr 1974 der Fall war. Dabei wechselten sich Phasen des Wachstums (und der Inflation) und solche der Stabilisierung und der Krise ab (zum Beispiel 1966/67 und 1970/71). Seit 1965 gab es ein wahres Wechselbad von jeweils zweijährigen Zyklen der Expansion und der Rezession (da ja nach 1964 praktisch keine Strukturreformen mehr stattfanden).

Die Lage war aber noch schlimmer. Der spanischen Entwicklung waren große Beschränkungen auferlegt, von denen die drei wichtigsten die Stagnation in der Landwirtschaft, die starken regionalen Ungleichgewichte und die zunehmende Abwanderung vom Land waren (fast 4 Millionen Menschen verließen zwischen 1960 und 1970 ihre ländliche Umgebung, wobei fast die Hälfte in europäische Länder abwanderte). Andere einschneidende Mängel waren der Rückgang der Steuereinnahmen, steigender Protektionismus, ineffizienter und defizitärer öffentlicher Sektor (z.B. der INI; der Franco so sehr gefiel), ernstzunehmende Unzulänglichkeiten im Sozialwesen und im Fürsorgebereich (Wohnungs-, Gesundheits- und Erziehungswesen), Spekulation mit den städtischen Bodenpreisen, Scheußlichkeiten im Städtebau (in den Touristengebieten und in den Großstädten) und ökologische Katastrophen (zum Beispiel in den von der Industrie genützten Flüssen).

Aber Spanien hatte die Barriere der Unterentwicklung überwunden. Es war kein ländlich-agrarisches Land mehr, sondern stellte bereits eine urbanisierte moderne Industriegesellschaft mit hohem Wohlstands- und Konsumniveau dar. Die in der Landwirtschaft tätige Bevölkerung, die 1960 42 Prozent der gesamten arbeitenden Bevölkerung betrug, machte 1970 nur mehr 25 Prozent aus. 1960 lebten 27,7 Prozent der spanischen Bevölkerung in Städten mit mehr als 100 000 Einwohnern, 1975 waren es 50 Prozent. Mehr als 1,5 Millionen Personen gliederten sich zwischen 1960 und 1970 dem industriellen Arbeitsbereich ein; allein die Metallindustrie beschäftigte anstatt einer halben Million Menschen wie im Jahr 1950 im Jahr 1970 mehr als 2 Millionen. Im industriellen Sektor waren im gleichen Jahr 37 Prozent der gesamten arbeitenden Bevölkerung beschäftigt, im Dienstleistungsbereich 38 Prozent. Die Landstraßen, Flughäfen, Fluglinien und Eisenbahnen hatten sich innerhalb eines Jahrzehnts verwandelt. Das führende spanische Unternehmen war 1969/70 ein Automobilkonzern (SEAT); der Export von Schiffen nahm anstelle der traditionellen Produkte Orangen, Olivenöl und Wein die erste Stelle in der Exportstatistik ein. 1960 hatten nur 1 Prozent der spanischen Haushalte Fernsehen, nur lediglich 4 Prozent verfügten über einen Kühlschrank und ein Auto; 1969 hatten dagegen bereits 62 Prozent der Haushalte Fernsehen, 63 Prozent einen Kühlschrank und 24 Prozent ein Auto (Zahlen, die bis 1975 einen weiteren spektakulären Sprung nach oben machen sollten).

Diese Wirklichkeit erlaubte es dem Regime 1964, die 25 Jahre des Friedens zu feiern. Damals war die positive Wirtschaftsentwicklung bereits deutlich spürbar und der Optimismus über die wirtschaftliche Zukunft auf dem Höhepunkt angelangt. Die Feier geriet daher zu einer wahrhaft orgiastischen Verklärung der Person Francos. Der Kult um seine Person, der schon unglaubliche Ausmaße angenommen hatte (man hatte ihn »den Helden der irdischen und himmlischen Heerscharen«, den »Caudillo-Priester«, den »höchsten Wundertäter«, den »Cäsar und Pontifex«, den »gottgesandten Caudillo«, das »Schwert des Allerhöchsten«, die »bronzene Stimme mit diamantener Harmonie«, den »Gesandten Gottes« und den »unnahbaren Halbgott« genannt[16]), überschritt nun alles bisher Dagewesene: Auf Franco regneten Ehrenbekundungen aus dem Volk, Auszeichnungen, Gedenkmedaillen, Ehrenernennungen, Lobsprüche, Huldigungsbesuche usw. nur so herab. Im Novem-

[16] Siehe die Zusammenstellung dieser dithyrambischen Sprüche bei C. Fernández, El general Franco, Barcelona 1983, S. 311–324.

ber wurde ein Film mit dem Titel ›Franco, ese hombre‹ (›Franco, was für ein Mann‹) zu seinen Ehren uraufgeführt (der Regisseur bemerkte, daß Franco »der beste Schauspieler sei, mit dem ich je gedreht habe«); sogar im Sport sah es so aus, als ob ihm persönlich gehuldigt werden sollte: Spanien besiegte in Anwesenheit Francos die Sowjetunion, und zwar als die spanische Mannschaft Fußball-Europameister wurde, in einer Sportart also, die Franco besonders gefiel. Es überraschte nicht, daß Franco schließlich endgültig an seine eigene Messiasrolle glaubte (schon 1941 hatte Marschall Pétain nach ihrer Unterredung in Montpellier am 13. Februar spöttisch bemerkt, daß sich Franco wohl für den Vetter der Jungfrau Maria halte).

Und dennoch sollte gerade damals, als das Franco-Regime sein 25. Friedensjahr feierte, besonders deutlich werden, daß es trotz seiner spektakulären Leistungen weit davon entfernt war, die Probleme Spaniens gelöst zu haben. Die Entwicklung hatte eine Reihe widersprüchlicher Ergebnisse. Einerseits nahm der Grad der Anpassung der spanischen Gesellschaft an ein Regime außerordentlich zu, das ihr Wohlstand und Chancen für soziale Mobilität verschaffte, andererseits entstand ein außerordentliches Konfliktpotential, das den Frieden Francos in Verruf brachte.

Es kam zu vielfachen Auseinandersetzungen in der Arbeiterschaft, bei den Studenten, in den Regionen – spezieller gesagt, im Baskenland – und innerhalb der Kirche. Es handelte sich also weder um allgemeine Unruhen, noch wurden sie koordiniert, und sie besaßen auch nicht immer die gleiche Intensität. Sie sprengten zwar nicht die weitreichende Anpassung der spanischen Gesellschaft an den Franquismus (die sich in einigen Fällen sogar ausgesprochen gegen die sozialen Gruppen wandte, die wie Studenten und Priester die Hauptrolle in den Konflikten spielten), sie traten auch nicht mit größerer Intensität als in anderen westlichen Ländern auf, aber sie waren von ernstzunehmendem Ausmaß und ihre bloße Existenz beschädigte bereits empfindlich die Legitimität des Franquismus.

In der Chronologie der Ereignisse waren die ersten bedeutenden Auseinandersetzungen Streiks von Arbeitern. Nach einer breiten Streikbewegung im Frühjahr 1962, die ihren Schwerpunkt in Asturien hatte, sich aber auf andere Provinzen ausdehnte, stieg die Zahl der Arbeitskämpfe, zu denen es hauptsächlich wegen der Frage der Erneuerung der Tarifabkommen kam, immer höher: Offiziell gezählt und damit anerkannt wurden 1963 777 Arbeitsauseinandersetzungen – und dies in einem Land, in dem der Streik bis 1975 verboten war –, und 484 weitere im Jahr 1965; ähnliche Zahlen gab es für die vorhergehenden Jahre, wobei 1970 die Rekordzahl von 1595 Streiks erreicht wurde. Katalonien, Asturien, das Baskenland und die Bergwerks-, Metall- und Baubranche waren anfänglich die am stärksten betroffenen Regionen bzw. Sektoren; danach, gegen Ende der sechziger, Anfang der siebziger Jahre weiteten sich die Streiks regional, branchenmäßig und auch sozial aus: Sie griffen auch auf Regionen ohne konfliktträchtige Tradition über, wie Galizien (Vigo, El Ferrol) und Navarra, auf neue Branchen wie die Automobilindustrie und auf Berufsgruppen des Mittelstandes wie Bankangestellte, Lehrer oder Ärzte.

1963/64 kam es an den Universitäten erneut zu Konflikten. Die Rebellion an den Universitäten entstand ursprünglich wegen der Forderung nach demokratischen Studentenvertretungen. Aber ihre Reichweite ging weit darüber hinaus; die Studenten verlangten die Demokratisierung der Universität und der gesamten spanischen Gesellschaft.

Die Studentenunruhen waren anfänglich nur in Madrid und Barcelona von Bedeutung. Im Februar 1965 kam es in Madrid zu zahlreichen Zwischenfällen, die ihren Höhepunkt in einer Massendemonstration von Studenten fanden, an der die Lehrstuhlinhaber Aranguren, García Calvo, Montero Díaz, García Vercher, Tierno Galván und Aguilar Navarro teilnahmen bzw. sich anschlossen. Im Jahr darauf riefen Studentenvertreter der Universität Barcelona, die im Kloster der Kapuziner von Sarría in Klausur tagten, in offener Herausforderung der offiziellen Verbände eine demokratische Studentenvertretung ins Leben. Aber danach und bis zur Erklärung des Ausnahmezustandes im Februar 1969 wurden die Kundgebungen, Streiks und Aufstände auf fast jedem Campus des Landes zum Dauerzustand (das Ereignis, das am meisten Verärgerung bei den Machthabern hervorrief, war die Erstürmung des Rektorats der Universität Barcelona im Januar 1969, bei der eine Franco-Büste zerstört wurde).

Das Wiederauftauchen des Regionalismus sowohl im Baskenland als auch in Katalonien ließ klar erkennen, daß das Bewußtsein nationaler Identität in diesen Regionen nach 30 Jahren obligatorischer Hispanisierung und kultureller Assimilation nicht verschwunden war. Das katalanische Nationalbewußtsein wurde durch die lebendige katalanische Sprache und die katalanische Kultur aufrechterhalten; dies war möglich, weil Schriftsteller, Intellektuelle, Sänger (etwa die Bewegung des *nova cançó* der siebziger Jahre), die Kirche (vor allem die Abtei von Montserrat) und sogar eine sportliche Organisation wie der Fußballklub von Barcelona als Bewahrer eines starken Gefühls einer eigenen, von der spanischen verschiedenen Identität auftraten. Weder der Pujol-Prozeß von 1960 noch eine Protestkampagne des Vorjahres oder die Verbannung des Abts von Montserrat, Aureli Escarré, im Jahr 1965 (er hatte zwei Jahre zuvor eine Reihe klarer, antifranquistischer Erklärungen gegenüber der Zeitung ›Le Monde‹ abgegeben) führten zu heftigen Konflikten, aber die Stärke, mit der das Bewußtsein der katalanischen Eigenständigkeit in einer breiten Mehrheit der katalanischen Bevölkerung verwurzelt war, wurde immerhin sichtbar. Gerade die Konflikte an der Universität Barcelona sollten dies verdeutlichen.

Im Baskenland war das Nationalbewußtsein wahrscheinlich radikaler, aber weniger verbreitet als bei den Katalanen. Bei den Basken nahm der regionale Protest besonders gewaltsame Formen an; der Grund dafür lag darin, daß er sich auf eine Minderheitenkultur und -sprache stützte und daß die pluralistische Haltung und die Gespaltenheit der Basken gegenüber der Frage der spanischen Nation größer waren. Der gewaltsame Protest tauchte mit der ETA und ihrer Strategie des bewaffneten Kampfs und des Terrorismus auf. Zunächst beschränkte sich die ETA auf unblutige Aktionen: Überfälle, Anschläge auf Symbole des Franquismus, Hissen baskischer Fahnen, Beschriftung von Wänden usw. 1968 starben ein Mitglied der Guardia Civil und ein Polizist bei Attentaten und einer der Führer der Organisation, X. Etxebarrieta, bei einem Zusammenstoß mit der Guardia Civil. Bis 1975 starben 47 Personen als Opfer von Anschlägen der ETA (darunter der spanische Ministerpräsident, Carrero Blanco) und 27 ETA-Mitglieder. Die ETA hatte überdies verschiedene spektakuläre Entführungen inszeniert, und das Baskenland erlebte zahllose Massenaktionen.

Und schließlich mußte das Franco-Regime auch erfahren, daß eine offensichtliche Entfremdung von der Kirche eintrat, die ihm im wesentlichen die Legitimierung dazu verliehen hatte, den Bürgerkrieg von 1936 bis 1939 als Kreuzzug zu definieren, und die in den Jahren 1945 bis 1953 eine besonders wichtige Rolle für seine internationale Rückendekkung gespielt hatte. Im Mai 1960 kam es zu dem bereits erwähnten Brief von 339 baskischen Priestern, der die fehlenden Freiheiten anprangerte; 1963 gab der Abt von Montserrat seine kritischen Erklärungen gegenüber ›Le Monde‹ ab; im Zusammenhang damit kritisierten auch einige Bischöfe, die mit der geheimen katholischen Arbeiterbewegung sympathisierten, die Syndikatsorganisation.

Weitere Reibungen gab es, als die spanische Zensur einige fortschrittliche Texte der Päpste Johannes XXIII. und Paul VI. verbot. Letzterer hatte als Kardinal von Mailand bei verschiedenen Gelegenheiten den Zorn des Regimes erweckt, ganz besonders als er sich 1963 für die Schonung des Lebens des Kommunistenführers Julián Grimau verwandte, der zum Tode verurteilt und hingerichtet wurde. Franco betrachtete die Ernennung dieses Papstes als »einen Guß kalten Wassers«. Einige spanische Theologen zeigten sich für einen Dialog mit dem Marxismus aufgeschlossen, baskische Priester unterstützten die ETA, andere die Arbeiterorganisationen im Untergrund und die Studenten (zum Beispiel gingen im Mai 1966 etwa 130 Priester zum Entsetzen der gesamten Öffentlichkeit in Spanien auf die Straßen Barcelonas, um gegen die üble Behandlung zu protestieren, die einem verhafteten Studentenführer widerfahren war).

1971 verabschiedete die Bischofsversammlung einen Beschluß gegen den »Kreuzzugsgeist« und bat öffentlich um Verzeihung für die Parteilichkeit der Kirche im Bürgerkrieg, zwei Jahre später veröffentlichten die Bischöfe ein Dokument, in dem sie sich für die Trennung von Kirche und Staat aussprachen.

Der Konflikt mit der Kirche hatte einen eindeutigen Anlaß: Der von den Nuntien Riberi und Dardaglio vorangetriebene Erneuerungsprozeß hatte eine neue und fortschrittliche Kirche geschaffen, die mit den Grundsätzen und Werten des

Staates des 18. Juli zusammenstoßen mußte, was allerdings zu spät und nicht wirklich umfassend geschah. Die Kirchenführung stand praktisch bis zur Ernennung des Kardinals Vicente Enrique y Tarancón zum Primas von Spanien im Jahr 1969 auf Seiten Francos[17].

Franco befand sich in einer konfliktgeladenen Situation, die umfassende und tiefgreifende Bedeutung hatte. Die Streiks der Arbeiter ließen Zweifel aufkommen, ob die Syndikatsorganisation, eine der Säulen des Franquismus, als Instrument zur Integration der Arbeiterschaft in das Herrschaftssystem und als wirksamer Rahmen zum Ausgleich von Kapital und Arbeit dienen konnte. Die Arbeiterkommissionen (Comisiones Obreras, CC OO) – gleichsam der Nerv der Arbeiteropposition und die Keimzelle der zukünftigen kommunistischen Gewerkschaften – entstanden speziell als Arbeiterausschüsse zum Aushandeln von Tarifabkommen außerhalb der offiziellen Syndikate. Die Studentenunruhen enthüllten die Scheidung der Elite der neuen Generation von dem autoritären und konservativen System und den Widerspruch zwischen den Erfordernissen eines neuen und modernen Spanien und einem gealterten und anachronistischen System. Die regionalen Separationsbestrebungen machten das Scheitern des Modells eines ultranationalistischen Einheitsstaates offenkundig, das der 18. Juli mit der Parole des einen, großen und freien Spanien (»la España una, grande, y libre«) geprägt hatte. Die Entfremdung von der Kirche brachte die gesamte katholische Legitimität des Regimes in Gefahr.

Damals wurde Francos wohl größte Begrenztheit als Führungsfigur deutlich: seine Unfähigkeit, die Institutionen seines Regimes rechtzeitig zu modernisieren und den Veränderungen der spanischen Gesellschaft anzupassen. Damals zeigten sich die politischen Risiken, die eben jene Untätig-

[17] Zu diesen Auseinandersetzungen siehe Paul Preston, Spain in Crisis. The Evolution and Decline of the Franco Regime, London 1976; J. Tusell, La oposición democrática al franquismo, Madrid 1977; G. Jáuregui, Ideología y estrategia política de ETA. Análisis de su evolución entre 1959 y 1968, Madrid 1981; José A. Biescas und M. Tuñón de Lara, España bajo la dictadura franquista (1939–1975), Barcelona 1980; Fernando Jáurequi und Pedro Vega, Crónica del antifranquismo, 2 Bde, Barcelona 1983; F. Urbina u. a., Iglesia y sociedad en España 1939–1975, Madrid 1977.

keit und berechnende Klugheit zur Folge haben konnten, die seine Politik kennzeichneten (obwohl er damit in vielen Fällen offensichtlich Erfolg gehabt hatte). Franco antwortete auf die Konflikte mit Unterdrückungsmaßnahmen oder unzureichenden oder verspäteten Reformen.

Repression gab es, und nicht zu wenig: Im April 1963 wurde, wie bereits erwähnt, der Kommunistenführer Julián Grimau hingerichtet, und im August desselben Jahres die Anarchisten Delgado und Granados, die beschuldigt wurden, in Madrid Bomben gelegt zu haben; ihr Fall rief allerdings keinen internationalen Skandal hervor wie der Tod Grimaus.

Im selben Jahr schuf man das Zentralgericht für öffentliche Ordnung, das von nun an für die Verfahren gegen zahlreiche Personen zuständig war, die wegen Vergehen politischer Art angeklagt wurden. Hunderte von Studenten und Arbeitern – unter ihnen die führenden Vertreter der Arbeiterkommissionen – wurden verhaftet, bestraft und disziplinarrechtlich verfolgt. Dies galt auch für ziemlich viele Professoren, unter ihnen diejenigen, die in die Geschehnisse vom Februar 1965 verwickelt waren. Es gab kaum eine Universität, die nicht von einem Augenblick auf den anderen für eine gewisse Zeit geschlossen wurde. Von 1968 bis 1973 standen die Universitäten unter Polizeiüberwachung.

Der Ausnahmezustand, der bestimmte Artikel des Grundgesetzes der Spanier (Fuero de los Españoles) aufhob, wurde zwischen 1962 und 1975 neunmal verhängt, dreimal im ganzen Land und die übrigen Male im Baskenland. Ende 1968 gab es bereits 189 baskische Gefangene und etwa dreißig Exilierte (im folgenden Jahr sollten es 200 sein)[18]. Auf aufmüpfige Priester hagelte es seit Ende der sechziger Jahre Geldstrafen bzw. Verfahren jeglicher Art. Allein zwischen 1970 und 1973 starben elf Personen bei Zusammenstößen mit der Staatsgewalt auf Grund von Streiks.

Der 1970 gegen eine Reihe von Mitgliedern der ETA abgehaltene Prozeß von Burgos und der Prozeß 1001 im Jahr

[18] S. Vilar, La oposición a la dictadura franquista (1959–1976), in: Historia de España, Bd. 13, S. 82 (Sondernummer 25 von Historia 16). Siehe außerdem Jorge de Esteban und L. López Guerra, La crisis del Estado franquista, Barcelona 1977, S. 139–148.

1973 gegen die führenden Mitglieder der Arbeiterkommissionen (u.a. Marcelino Camacho, Julián Ariza, Nicolás Sartorius) wurden neben den Exekutionen von 1975, die noch zu behandeln sein werden, zu Symbolen der repressiven Verhärtung des Franco-Regimes als Reaktion auf das Wiedererwachen und Erstarken von politischen Auseinandersetzungen, die die wirtschaftliche Entwicklung des Landes begleiteten.

Franco schien von dem Potential der Konflikte nicht besonders beunruhigt, zumindest anfänglich nicht. Als 1962 die Streiks in Asturien ausbrachen, sagte er zu seinem Cousin Franco Salgado: »Meine Absicht ist es, ohne Gewalt vorzugehen, und ich bin entschlossen, die Lohnerhöhungen zuzugestehen, die möglich sind, ohne daß es der nationalen Wirtschaft schadet.«[19] Er setzte weder in diesem Fall noch in späteren Konflikten die Armee ein, war aber selbstverständlich der Ansicht, daß die Regierung energisch handeln und jede Art von Vergehen gegen die öffentliche Ordnung ahnden müsse, gleichwohl sollte sie im Rahmen der Gesetze und mit Gelassenheit vorgehen: »Niemals werden wir zu Unterdrückungsmaßnahmen greifen, die nicht durch gültige Gesetze autorisiert sind«, behauptete er gegenüber seinem Cousin anläßlich der Studentenunruhen von 1965. Er wollte nicht, daß es »unschuldige Opfer« gebe[20]. Als man seine Regierung wegen ihres Verhaltens bei den Ausschreitungen an der Universität Barcelona der Schwäche zieh, legte er – stets nur in privaten Unterhaltungen mit seinem Cousin – dar, daß die Regierung sich weder auf das Töten von Studenten einlassen, noch sich zum Feind des Klerus erklären könne. Die Politik zur Erhaltung der öffentlichen Ordnung, die ihm wünschenswert erschien, sollte in einer Verbindung aus Energie, Gelassenheit und Erfüllung der gültigen Rechtsnormen bestehen (an deren rigoroser Anwendung er festhielt, auch wenn er Hinrichtungen oder äußerst schwere Gefängnisstrafen verhängen ließ). Er glaubte stets, daß seine Politik zugleich hart und gerecht sei und daß dies genüge, um mit den Konflikten fertig zu werden. Aber er zögerte nicht, auf härtere Maßnahmen wie die Verhängung des Ausnahmezu-

[19] Generalleutnant Francisco Franco Salgado-Araújo, Conversaciones, S. 340.
[20] Ebenda, S. 446.

standes zurückzugreifen, als die Auseinandersetzungen 1968/69 größere Ausmaße annahmen. Dies tat er nicht, weil er glaubte, daß sein Regime tatsächlich in Gefahr sei, sondern weil er nicht der Schwäche geziehen werden wollte.

Die vorher aufgezeigten tieferen Ursachen des Protestes verstand er nie. Er zeigte ohnedies immer mehr Verständnis für die Arbeitskämpfe und immer größere Verachtung für die Konflikte mit den Studenten, die ihm als jugendliche Krawalle erschienen, die von rebellischen Minderheiten im Dienste der Kommunisten provoziert wurden. Gegenüber den Basken zeigte er zunehmend Härte, und über die Konflikte mit der Kirche war er mehr und mehr enttäuscht. Franco war überzeugt, daß er mehr als jeder andere für die Kirche getan habe, und das mit einigem Recht; er glaubte deshalb, die Kritik und die Angriffe der aufmüpfigen Priester und in katholischen Veröffentlichungen nicht zu verdienen und entrüstete sich über die wachsende Politisierung der Kirche. Dabei versuchte er stets der Konfrontation mit ihr aus dem Weg zu gehen.

Es verärgerte und verbitterte ihn zutiefst, als Papst Paul VI. ihn am 29. April 1968 ersuchte, auf seine Rechte bei der Ernennung von Bischöfen zu verzichten, die ihm das Konkordat von 1953 zuerkannte, hatte er doch von diesem Vorrecht stets einen äußerst klugen und auf die Wünsche Roms eingehenden Gebrauch gemacht. In dem Entwurf des Briefs, den er dem Papst schrieb, waren Wendungen enthalten, die seine Reaktion enthüllten, und die er dann strich: »Spanien fühlt sich von Rom nicht geliebt«, »die Intrigen unserer Feinde triumphieren in Rom«, »die Haltung Roms gegenüber dem offiziellen Spanien ist bedauerlich« usw.[21] In dem offiziellen, vom 13. Juli 1968 datierten Antwortschreiben war Francos Verärgerung gedämpft: Er verweigerte sich der Forderung des Papstes nicht, schlug ihm aber eine umfassende Neuverhandlung über das Konkordat von 1953 vor, die eine Revision der Vorrechte zur Folge hatte, die darin beiden Seiten, sowohl dem spanischen Staat als auch der Kirche (und die, wie bereits gezeigt, außerordentlich waren), zuerkannt worden waren. Franco konnte die Krise der Kirche einfach nicht nachvollziehen.

[21] Luis Suárez Fernández, Francisco Franco y su tiempo, Madrid 1984, Bd. 8, S. 41 f.

Franco glaubte stets, daß die Erhaltung der institutionellen Ordnung seines Regimes genügte, um die Proteste einzudämmen und zu kanalisieren. Deshalb betrachtete er es auch nicht als notwendig, Veränderungen einzuleiten. Die wirtschaftliche Liberalisierung der Jahre 1957 bis 1960 war nicht von einer politischen begleitet, wie man anläßlich der Regierungsbildung des Jahres 1962 gehofft hatte. In dieser Hinsicht gab es lediglich zwei spürbare Ergebnisse: das Pressegesetz des Ministers Fraga Iribarne von 1962 und das Gesetz über die Religionsfreiheit von 1967, das der Minister Castiella jahrelang zäh gegen den Widerstand vieler seiner Regierungskollegen (aus dem integristischen Lager, das sich um Carrero Blanco gruppierte) verteidigte, wobei letzteres in einem einheitlich katholischen Land kaum eine soziale Erschütterung auslöste.

Das Pressegesetz dagegen veränderte das Informationsniveau des Landes wesentlich. Es war vergleichsweise restriktiv, so daß auch bei zurückhaltender Anwendung viele Publikationen in den Jahren von 1966 bis 1975 mit Strafen geahndet wurden. Franco, der im Juli 1965 zu Fraga gesagt hatte, daß die Presse »sehr zügellos«[22] sei, akzeptierte, wie wir gesehen haben, dessenungeachtet die neue Gesetzgebung. Aber er machte in seinen Anmerkungen zu verschiedenen Entwürfen, die ihm der Minister vorlegte, die Unterordnung der Pressefreiheit unter ihm unabänderlich erscheinende Grundsätze – vor allem solche moralischer Art – zur Auflage; außerdem stempelte er zahllose Verhaltensweisen zu Vergehen (Angriffe auf die Kirche und die Bewegung, Eintreten für den Kommunismus, Verbreitung unmoralischer Dinge, Aufstachelung zu Unzufriedenheit und zivilem Ungehorsam, Werbeanzeigen, die die »Förderung des Lasters« beinhalteten, usw.). Er verteidigte Fraga, als die Angriffe auf ihn innerhalb der extremistischen Kreise des Regimes und auch im Ministerrat selbst zunahmen. Anlaß dafür war der neue kritische Stil, den die Presse seit dem Inkrafttreten des neuen Gesetzes angenommen hatte. Aber bald wurde auch Franco von der Atmosphäre der Ungeduld und Unruhe angesteckt. Am 4. November 1966 meinte er zu Fraga: »Ich bin es langsam überdrüssig, daß die Presse sich

[22] Manuel Fraga Iribarne, Memoria, S. 141.

jeden Morgen nach dem Aufstehen fragt: ›Was kritisieren wir heute?‹«[23]

Andere Gesetze kamen entweder zu spät, wie das Erziehungsgesetz von 1970, das das Erziehungswesen auf allen Ebenen reorganisierte und den allgemeinen Grundschulunterricht wesentlich erweiterte, oder sie waren restriktiv, wie das Syndikatsgesetz von 1971. Auf jeden Fall gelang es nicht, den Konflikten Einhalt zu gebieten. Während der sechziger Jahre hatte Franco zudem sein Vertrauen in Carrero Blanco gesetzt und seine Entscheidungen in fortschreitendem Maß von dessen Ratschlag abhängig gemacht, von einem äußerst konservativen und extrem religiösen Mann also, der von bedingungsloser und absoluter Loyalität gegenüber dem Caudillo erfüllt war. Er stand jeder Idee einer Öffnung oder Liberalisierung feindlich gegenüber und war darum bemüht, die Fortdauer des Regimes uneingeschränkt zu gewährleisten. Carrero stützte sich auf López Rodó und die Technokraten des Opus Dei, deren Liberalismus freilich meist strikt wirtschaftlicher Natur war. Carrero Blanco entfaltete seine Strategie der Kontinuität mit der Perspektive des konservativen, entwicklungsbereiten und entideologisierten Franquismus, an den er glaubte: Fraga Iribarne, der gemeinsam mit Castiella einer der reformfreudigsten Minister der Periode von 1962 bis 1969 war, erschien die Regierung von 1965, die konservativer als die von 1962 war, als ein »perfektes Verbrechen« von López Rodó.

Franco war überdies überzeugt, daß er auf die Zustimmung des überwiegenden Teils der spanischen Gesellschaft rechnen könne, so jedenfalls nahm er es auf den Reisen wahr, die er durch ganz Spanien machte, um die Nähe der Menge zu verspüren. Einige seiner Besuche erfüllten ihn ganz besonders mit Genugtuung, so z. B. in Valencia im Juni 1962, in Bilbao im Juni 1964 und in Barcelona im Juli 1966. Gegenüber seinem Cousin bemerkte er anschließend: »Jetzt wird niemand mehr vergessen können, daß Valencia ja zu meiner Politik gesagt und meine Stellung als Staatschef wirklich gebilligt hat.« »Es war berauschend; etwas, woran ich mich immer erinnern und wofür ich stets sehr dankbar sein

[23] Manuel Fraga Iribarne, Memoria; vgl. auch die persönlichen Anmerkungen Francos, bei Luis Suárez Fernández, Franco, Bd. 7, S. 228f.

werde«, sagte er zu ihm nach seiner Rückkehr aus Bilbao im Juni 1964. »Das Volk von Bilbao hat gezeigt, daß es auf meiner Seite steht ...«[24]

Franco war davon überzeugt, daß die Spanier unter seinem Regime gut lebten und natürlich viel besser als je zuvor. Er sagte, er habe 90 Prozent des Landes auf seiner Seite. Gegenüber der Tageszeitung ›Arriba‹ erklärte er am 1. April 1969, sein Regime habe seit 1939 von der »Zustimmung« gelebt. Ohne freie Wahlen war es schwierig, solche Behauptungen zu überprüfen. Aber Franco hatte zweifelsohne die bedingungslose Zustimmung vieler Spanier (wie ihn zweifellos ebenso viele aus tiefstem Herzen ablehnten, es aber nicht zum Ausdruck bringen konnten). Vor allem rechnete Franco darauf, daß sich der übergroße Teil der spanischen Gesellschaft unter seinem Regime bequem eingerichtet hatte. Dabei handelte es sich um den Teil der Bevölkerung, der nicht der franquistischen Ideologie anhing und in seinen Überzeugungen, seinen Werten und seinem Lebensstil bereits eine moderne Mentalität hatte, auf den aber Francos Werte des Friedens, der Ordnung, der Arbeit und der Entpolitisierung ihre Wirkung taten.

Mit der Regierungsbildung von 1965 ging Franco endlich die zwei Hauptfragen hinsichtlich der Fortdauer seines Herrschaftssystems an: die der Abfassung eines Staatsgrundgesetzes (ley orgánica del Estado) und die der Ernennung des Nachfolgers. Franco gefiel es nicht, daß man ihn mit diesen Themen bedrängte, und er wollte nicht, daß man Angelegenheiten dieser Art – von allgemein politischem Charakter – in seinem Kabinett aufwarf, bis er sich schließlich doch von der Notwendigkeit überzeugt hatte, sie in Angriff zu nehmen. Zweifelsohne gaben die erwachenden Auseinandersetzungen denen Argumente an die Hand, die der Ansicht waren, daß beide Maßnahmen unaufschiebbar seien, um dem Franquismus ein komplettes institutionelles Rückgrat zu geben und sein Weiterleben nach Franco zu gewährleisten.

Am 14. Juni 1966 versammelte Franco eine Reihe seiner Minister und übergab ihnen den Text für den Entwurf für

[24] Generalleutnant Francisco Franco Salgado-Araújo, Conversaciones, S. 342 und 426.

das Staatsgrundgesetz, den er, inspiriert von zahllosen Vorentwürfen, die ihm, wie wir gesehen haben, in den vorausgehenden Jahren vorgelegt worden waren, ausgearbeitet hatte. Der Entwurf stimmte mit dem Carrero Blancos überein, den López Rodó erarbeitet hatte. Nachdem die endgültige Fassung im Laufe des Sommers abgeschlossen worden war, beschloß Franco Ende Oktober, den Gesetzentwurf den Cortes zuzuleiten, trotz des Widerstands der Männer der Bewegung gegen diesen Text (sie waren im Kabinett durch Solís und auch noch durch den stellvertretenden Ministerpräsidenten Muñoz Grandes vertreten).

Franco präsentierte das Grundgesetz am 22. November 1966 den Cortes. Seine nicht übermäßig lange Rede rekapitulierte die Leistungen seines Regimes im Laufe der letzten 30 Jahre und stellte Überlegungen über dessen Zukunft an. Von den Leistungen hob Franco vor allem drei Dinge hervor, den Frieden und die Ordnung, die er wie üblich der Anarchie und dem Chaos der Jahre vor 1936 gegenüberstellte, sowie die Tatsache des spektakulären wirtschaftlichen und gesellschaftlichen Wandels in Spanien (zu dem er Zahlen im Überfluß anführte). Er definierte die Errungenschaften seines Regimes als eine »nationale Revolution«; in einer Reihe von Passagen unterstrich er, daß sie seiner persönlichen Hingabe zu verdanken seien. Er wies jegliche Gleichsetzung der Bewegung und ihres Kreuzzugs mit Rückschritt und Unbeweglichkeit zurück.

Die Zukunft seines Werkes betrachtete er auf Grund der gewaltigen Leistungen als gesichert; im Hinblick darauf präsentierte Franco das Staatsgrundgesetz als Höhepunkt und Systematisierung der neuen politischen Ordnung, die er seit 1938/39 errichtet hatte (und deren grundlegende Gesetze er kurz kommentierte). Auf gewisse Weise zeigte sich in den Worten Francos dennoch das schlechte politische Gewissen des Franquismus: Er hielt sich damit auf, die politischen Realitäten seines Regimes gegenüber den ideologischen Lippenbekenntnissen der Demokratien zu verteidigen, die Leistungsfähigkeit seiner »organischen Demokratie« im Vergleich zur liberalen Demokratie zu bekräftigen und zu demonstrieren, daß Parteien für die Demokratie nicht wesentlich seien.

Zusammengefaßt hatte Franco also gesagt, daß sein Regime trotz allem ein offener und anpassungsfähiger Rechtsstaat sei, dessen institutionelles Gebäude mit dem Staatsgrundgesetz vollendet sei. Unter diesen Voraussetzungen und unter Aufbietung seines ganzen Prestiges, das er zugunsten seines Angebots in die Waagschale warf, ersuchte er die Cortes um den Beschluß über das Gesetz, »im vollen Bewußtsein meiner Verantwortung vor Gott und der Geschichte«, wie er sagte. Er kündigte dabei an, daß es einem Volksentscheid unterbreitet werden sollte.

Und so geschah es. Am 14. Dezember wurde das Staatsgrundgesetz einem Plebiszit unterbreitet, dem zweiten Volksentscheid, den das Regime in den 30 Jahren seiner Existenz durchführte. Ihm ging eine erdrückende offizielle Kampagne voraus, die der Informationsminister, Manuel Fraga, leitete, wobei die Regierung genau wie 1947 kein Druckmittel ausließ. Das Fernsehen, der Rundfunk und die Presse nebelten mit ihrer Propaganda die öffentliche Meinung ein; keine Form von Gegenkampagne war erlaubt, ganz Spanien wurde bis in den letzten Winkel mit Plakaten, Broschüren und Fotografien – alle mit Francos Bild – überschwemmt, die das Publikum zum Abstimmen aufforderten; man übte Druck auf die Wähler aus (die Beamten, Angestellten und Arbeiter mußten die Abstimmungsbescheinigung vorlegen, um ihr Dezembergehalt in Empfang nehmen zu können), was im übrigen völlig überflüssig war. Denn die Frage in dem Volksentscheid war so formuliert, daß die Abstimmung mit Ja bedeutete, zugunsten des Staatsgrundgesetzes zu stimmen – das heißt, für die Fortdauer des Regimes –; die Abstimmung mit Nein bedeutete, alles so zu belassen, wie es war – das heißt zugunsten eben desselben Regimes zu stimmen.

Die Kampagne wurde so geschickt geführt, daß die öffentliche Meinung schließlich davon überzeugt war, daß man, wenn man für Franco stimmte, auch für den Wandel stimmte. Die Kampagne war ganz auf Franco zugeschnitten, der den Volksentscheid zu einem Plebiszit über seine eigene Person machte. Am 12. Dezember wandte er sich über das Fernsehen an seine Landsleute. Sein kurzer, emotionaler und wirksamer Appell enthielt lediglich einen Gedanken, daß es nur gerecht sei, wenn die Nation ihre Stimme dem Manne gebe, der sich unter Verzicht auf sein eigenes Leben 30 Jahre für Spanien geopfert habe: »... Hier stehe ich Gewehr bei Fuß, erfüllt vom selben Geist des Dienens wie in meinen Jugendjahren, um mein Leben in eurem Dienst einzusetzen, solange ich noch Nützliches leisten kann.« Und er fragte: »Ist es zuviel verlangt, wenn ich euch meinerseits um die Unterstützung für die Gesetze bitte, die zu eurem ausschließlichen Nutzen und zu dem der Nation dem Volksentscheid unterbreitet werden?«

Eine große Mehrheit der Spanier glaubte, daß dies nicht zuviel verlangt sei. Auf alle Fälle blähte man die Ziffern auf, obwohl die Regierung dies bestritt, und bot ein unanfechtbares Ergebnis an. Fast 89 Prozent von insgesamt 19 Millionen Stimmberechtigten hatten abgestimmt; fast 95 Prozent der gültigen Stimmen wurden zugunsten des Staatsgrundgesetzes abgegeben. Franco war ganz außerordentlich zufrieden und angesichts des Ergebnisses sogar entschlossen, noch weitere Reformen in Angriff zu nehmen. In seiner Weihnachtsbotschaft in diesem Jahr sprach ein euphorischer Franco von der »grandiosen demokratischen Leistung«, die der 14. Dezember darstelle; er dankte dem spanischen Volk für das, was er als »die edle und wirklich beispiellose Art« bezeichnete, »mit der ihr mir frei und lautstark eure Zustimmung und euer Vertrauen kundgetan habt«; er versicherte, daß das Staatsgrundgesetz nur der Anfang einer neuen und besseren politischen Ära sein werde: »In der Politik hat Unbeweglichkeit keinen Platz.«

Franco glaubte das tatsächlich. Und dennoch war das Staatsgrundgesetz nicht die »umfassende Demokratisierung«, von der er gesprochen hatte, als er das Gesetz den Cortes präsentierte. Es war schlicht und einfach eine verfassungsmäßige Regelung für die Gesamtheit der Institutionen des Regimes, das zwar den Anstoß zu einem gewissen Wandel geben konnte, aber nicht zu demokratischen Veränderungen, weil keine der Neuerungen, die es einführte, demokratisch war.

Das Prinzip der Familien-Repräsentation in den Cortes, das durch hundert von »Familienoberhäuptern« und verheirateten Frauen gewählte Mitglieder zum Ausdruck kam, war eine Parodie einer parlamentarischen demokratischen Vertretung. Obwohl das Staatsgrundgesetz das Recht zu »gegensätzlichen Meinungen« über das politische Handeln anerkannte, autorisierte es keine politischen Parteien, im Gegenteil, es machte die Bewegung und ihren Nationalrat, dessen Mitglieder direkt oder indirekt durch den Staatschef ernannt wurden, zur einzigen Schiene für die politische Exekutive. Es vertraute der Bewegung die Überwachung der Unversehrtheit der Grundsätze des Regimes an (man hätte ebensogut sagen können, daß Politik nur in ihrem Rahmen geduldet wurde). Obwohl es die Ämter des Staats- und des Regierungschefs trennte, beließ das Gesetz ersterem weiterhin eindrucksvolle Befugnisse; die neu geschaffene Möglichkeit der Verfassungsbeschwerde *(recurso de contrafuero)* räumte den Cortes, deren Mitglieder in der Mehrheit weiterhin ernannt wurden, ein bescheidenes Fragerecht gegenüber der Regierung ein, soweit es um die Legitimität von Gesetzen und Verfügungen ging. In keinem Fall hatten sie aber das Recht, die Akte der Regierungsgewalt zu überprüfen und zu kontrollieren. Das Staatsgrundgesetz war nicht, wie Franco sagte, der Anfang einer neuen Ära, sondern lediglich eine politische Schönheitsoperation.

Das Staatsgrundgesetz ratifizierte die Monarchie als politische Form des spanischen Staates. Aber es sagte nichts über die Frage des Nachfolgers aus, wiewohl dies das konfliktträchtigste und intrigenumwobenste Thema innerhalb und auch außerhalb des Regimes war. Davon hing die entscheidende Frage ab: »Was kommt nach Franco?« An die Beantwortung dieser Frage ging man bald nach der Verabschiedung des Staatsgrundgesetzes heran. Und so wie dieses erst nach dreißigjähriger Dauer des Regimes verabschiedet wurde, schien der undurchdringliche Franco warten zu wollen, bis Prinz Juan Carlos 30 Jahre alt geworden war, um ihn gemäß dem Gesetz über die Nachfolge zu ernennen, was 1969 endlich der Fall war. Bis dahin überschüttete Franco ihn ständig öffentlich mit Gunstbeweisen.

Auf jeden Fall entfesselten im November 1965 einige Erklärungen des Informationsministers Fraga Iribarne gegenüber der Londoner Zeitung ›The Times‹ die letzte politische Schlacht um die Nachfolgefrage. Fraga stellte die Ernennung von Don Juan Carlos als sicher hin. Damals war bereits klar, daß Alternativen zur Monarchie – eine Regentschaft oder ein Präsidialsystem – keine Aussicht hatten; daran hatten die Männer gedacht, die den populistischen und »blauen« Kreisen der Bewegung, das heißt denen falangistischer Herkunft, verbunden waren (sie wurden mehr oder weniger von dem Minister Solís Ruiz angeführt).

Es war überdies offensichtlich, daß sogar diese Kreise das tun würden, was Franco sagte. Zum Beispiel vertrat Emilio Romero, einer ihrer repräsentativsten und schärfsten Anhänger, in seinem 1964 erschienenen Buch ›Cartas al príncipe‹ (Briefe an den Prinzen) die These, daß der falangistische Populismus der Monarchie huldigen werde, wenn der Prinz die Ideologie der Bewegung akzeptiere, die allerdings in irgendeiner Weise in der zukünftigen Monarchie institutionalisiert werden müsse, z. B. nach Art des mexikanischen PRI (Partido Revolucionario Institucional, Partei der institutionalisierten Revolution). Diese These wurde auch von dem Staatsrechtsprofessor Jesús Fueyo gestützt, der von einer ähnlichen Position her argumentierte, als er sagte, daß nach Franco die Institutionen kommen würden.

Darin lag auch der Grund, daß die Schwierigkeiten nicht versiegten, die aus Estoril, das heißt von Don Juan de Borbón, kamen. Denn Don Juan war wahrscheinlich auch überzeugt, daß die Wahl Francos zugunsten von Don Juan Carlos entschieden sei. Seit 1966 betrieb er seine letzte Offensive zur Behauptung seiner Rechte und zur Verteidigung seiner Vorstellung von einer liberalen Monarchie der Aussöhnung. Dazu trug die Aufnahme José María de Areilzas, Ex-Botschafter Francos in Buenos Aires, Washington und Paris, in seinen persönlichen Beraterstab wesentlich bei. Areilza hatte seine Entfremdung vom Franquismus schon seit 1964 deutlich gezeigt und in seinen Schriften der Jahre 1964 bis 1968 die Meinung vertreten, daß die Zukunft Spaniens ihren Weg nicht über die Bewegung, sondern über die Schaffung eines demokratischen und pluralistischen Staates nehmen werde[25].

Am 5. März 1966 veranstaltete man in Estoril einen Huldigungsakt zum Gedenken an Alfons XIII., der eine erneute, entschiedene und unzweideutige Bekräftigung der Rechtsstellung Don Juans als Oberhaupt des Hauses Borbón und seiner Legitimität als Erbe der Krone war. Am 21. Juli 1966 beschlagnahmten die Behörden die monarchistische Tageszeitung ›Abc‹, damals die einflußreichste Spaniens, weil sie

[25] Siehe José María de Areilza, Escritos políticos, Madrid 1968, S. 182 ff.

einen Artikel von Luis María Anson mit dem Titel ›La monarquía de todos‹ (Die Monarchie für alle) veröffentlicht hatte. Anson war ein junger Monarchist, der Don Juan sehr nahestand; in dem Artikel trat er für eine europäische, demokratische und (bei allen) populäre Monarchie in der Person Don Juans ein. Ende Januar 1968 wurde der Infant Felipe, der Sohn von Don Juan Carlos, geboren; bei der Taufe, die in Madrid am 8. Februar stattfand, waren die Königin Victoria Eugenia, die Witwe Alfons XIII., die seit 1931 nie mehr nach Spanien zurückgekehrt war, und Don Juan selbst anwesend.

Franco mißfiel die Reaktivierung des Monarchismus, der für Don Juan eintrat. Privat hatte er deshalb einen scharfen Wortwechsel mit Areilza. Dennoch war seine Reaktion ungewöhnlich. Der Artikel Ansons erschien ihm als »tendenziös, unangebracht und taktlos«[26]; Don Juans Auftreten in Madrid, wo dieser Persönlichkeiten und Vertreter von Institutionen empfing, als ob er bereits das Staatsoberhaupt sei, kränkte ihn.

Diese politische Situation nutzten Leute wie Carrero Blanco, López Rodó, Alonso Vega, Oriol, Silva usw., die aus der Perspektive der Regierung in der Einsetzung der Monarchie in der Person von Don Juan Carlos die einzige Möglichkeit einer Fortdauer des Franquismus nach Franco erblickten; sie wollten eine Monarchie, die entsprechend den Grundsätzen des Regimes traditionell, katholisch, sozial und repräsentativ sein sollte. Im Juli 1967 setzte Franco den stellvertretenden Ministerpräsidenten der Regierung, Generalkapitän Muñoz Grandes, ab, einen angesehenen Militär und Mann von anerkannter Ehrenhaftigkeit, der einen gewissen Einfluß auf ihn besessen hatte. Muñoz Grandes war gewiß mehr für eine Öffnung als Franco, hatte aber wenig mit Carrero und den Technokraten gemeinsam; in ihm hatten die Anhänger einer Regentschaft einen möglichen Nachfolger Francos als Alternative zur monarchischen Lösung gesehen. Wahrscheinlich setzte ihn Franco nicht deshalb ab. Mu-

[26] Generalleutnant Francisco Franco Salgado-Araújo, Conversaciones, S. 478f. Für alles, was mit dem »langen Marsch zur Monarchie« zusammenhängt, ist das wiederholt genannte Buch von Laureano López Rodó gleichen Titels unverzichtbar.

ñoz Grandes war sehr krank und sollte bald danach sterben. Seine Ersetzung durch Carrero Blanco sollte jedoch die Verfechter dessen stärken, was als »Operación Príncipe« (Operation Prinz) bezeichnet wurde.

Zwei Dokumente, die Franco von der »Prinzen-Fraktion« erhielt, waren entscheidend. Eines datierte vom 2. Oktober 1968 und wurde ihm von Oriol übergeben, das andere vom 21. desselben Monats übergab Carrero Blanco; beide beruhten auf Memoranden von López Rodó. Als Franco den Vermerk Carreros erhielt, in dem dieser die Kandidaten Don Juan, Alfonso de Borbón-Dampierre und Don Carlos Hugo verwarf und ihm darlegte, daß Don Juan Carlos die einzige Persönlichkeit der Dynastie mit dem richtigen Werdegang und den Eigenschaften sei, um die Nachfolge antreten zu können, entschied sich Franco und sagte zu ihm: »Ich bin mit allem einverstanden.«[27] Bald darauf verbannte er die Familie Borbón-Parma aus Spanien, zuerst Don Carlos-Hugo und dann Don Javier und die übrigen Mitglieder. Damit war ein dynastischer Streit beendet, der bis auf das Jahr 1833 zurückging und mehrere Bürgerkriege hervorgerufen hatte.

Es gab nichts, was Don Juan tun konnte, außer seinem Sohn zu verbieten, die Nachfolge anzutreten. Freilich konnte er selbst die Monarchie nicht einführen, weshalb der Verzicht von Don Juan Carlos die Ablehnung jeder Möglichkeit einer Restauration bedeutet hätte. Am 7. Januar 1969 gab Don Juan Carlos einen sehr stark beachteten, von Fraga Iribarne inspirierten Kommentar gegenüber der Tageszeitung ›Pueblo‹ ab: Darin erkannte er die Gültigkeit der grundlegenden Gesetze des Regimes an, zeigte sich entschlossen, sie zu beachten und ließ den Willen erkennen, Spanien zu dienen, welche Opfer es auch kosten möge. Die Bedeutung dieser Erklärungen war klar. Don Juan Carlos war entschlossen, die Ernennung zu akzeptieren; er stellte die Wiedererlangung der Institution der Monarchie über den Grundsatz der dynastischen Legitimität, weil er zu Recht der Auffassung war, daß dies unter den vom Franquismus geschaffenen Umständen die einzige vertretbare und logische Lösung sei.

Franco war über diese Erklärung sehr zufrieden. Bald dar-

[27] Laureano López Rodó, Marcha, S. 279.

auf, am 15. Januar, sprach er selbst mit Don Juan Carlos: »Ich bin ganz beruhigt, Hoheit«, sagte er zu ihm. »Lassen Sie sich jetzt durch nichts verlocken. Alles ist schon beschlossene Sache.«[28] Offensichtlich hatte Franco seine Entscheidung getroffen. Es fehlte nur noch die Festlegung des Termins.

Dies war das letzte Ziel der »Operación Príncipe« im Frühjahr 1969, nachdem die Regierung am 21. März den Ausnahmezustand vorzeitig aufgehoben hatte, den sie im Januar angesichts der Unruhen an den Universitäten und der Gewaltaktionen im Baskenland für die Dauer von drei Monaten verhängt hatte. Ausschlaggebend war anscheinend eine lange Unterredung, die am 28. Mai zwischen Franco und seinem Freund und Innenminister, Generalleutnant Alonso Vega, anläßlich von dessen 80. Geburtstag stattfand. Franco überzeugte wohl letztlich der Hinweis auf sein Alter – er war 76 Jahre alt. Am folgenden Tag teilte er Carrero Blanco mit, daß er noch vor dem Sommer seinen Nachfolger ernennen werde.

Dies geschah am 22. Juli 1969 vor dem Plenum der Cortes. Eine Woche zuvor, am 14. Juli, hatte Franco Don Juan einen kurzen Brief geschrieben, in dem er ihm seine Entscheidung mitteilte und seiner Hoffnung Ausdruck gab, es werde ihm gelingen zu verstehen, daß die Ernennung von Don Juan Carlos die beste Lösung für Spanien sei. Don Juan veröffentlichte am 19. Juli eine Erklärung, in der er sich von der kurz bevorstehenden Einsetzung distanzierte; er erinnerte mit vollem Recht daran, daß seine Mission im Verlauf der letzten 30 Jahre nur darin bestanden habe, eine Monarchie zu definieren und zu bewahren, die sich als liberale und demokratische Institution verstand. Die Erklärung resümierte einen politischen Lebensweg von unzweifelhaft demokratischem Gehalt. Für Franco jedoch stellte sie den letzten Beweis dar, daß Don Juan »unbrauchbar« sei, wie er gegenüber seinen Ministern in einer am 21. Juli abgehaltenen Ministerratssitzung äußerte[29].

Franco präsentierte den Cortes die Ernennung von Don Juan Carlos am darauffolgenden Tag. Seine Rede war kurz

[28] Ebenda, S. 291–301.
[29] Ebenda, S. 363 und S. 316–386.

und klar und gründete sich auf drei Punkte: daß der als Königreich konstituierte spanische Staat erst am 18. Juli 1936 und nicht vorher entstanden sei; daß die Ernennung von Don Juan Carlos die Einheit und die Fortdauer der Nationalen Bewegung sichere, und daß die vorgeschlagene Lösung eine Einsetzung und keine Restauration sei.

Franco hatte endlich die Frage beantwortet, die sich die Politiker seit Jahren gestellt hatten. Was er vorschlug, war das, was er seit 1947 stets wiederholt hatte: eine Monarchie, die sich auf die Legitimität des 18. Juli gründete. Mit der Billigung der Ernennung des Prinzen Juan Carlos als Nachfolger mit dem Königstitel, die mit 491 Ja-, 19 Neinstimmen und 9 Enthaltungen erfolgte, hatte Franco die Sicherheit, daß alles für die Zukunft »geregelt, und zwar gut geregelt« sei.

Und im übrigen war er selbst immer noch da. Die Ernennung sah die Nachfolge nur für den Fall seines Todes oder seiner Untauglichkeit vor. Falls Zweifel an seiner Entschlossenheit bestanden haben sollten, zerstreute er sie in seiner Silvesterbotschaft zum Jahresende 1969: »Solange Gott mir das Leben schenkt, werde ich mit euch sein und für das Vaterland arbeiten.« Gott schenkte ihm noch weitere sechs Lebensjahre.

Siebtes Kapitel
»Der Herbst des Patriarchen«

»Ich habe selbst zugesehen, wie Franco angelte, wanderte, über Stock und Stein sprang und einen neun Kilo schweren Lachs aus dem Wasser zog.« So der damalige Direktor der Nachrichtenagentur Efe Ende Mai 1964, in einem Bericht über die Urlaubstage, die Franco in Asturien verbracht und seiner Lieblingsbeschäftigung gewidmet hatte. Franco war zu diesem Zeitpunkt 71 Jahre alt, ein Alter, in dem es weder üblich noch besonders vernünftig ist, über Stock und Stein zu springen.

Und dennoch wurden Feststellungen dieser Art reichlich verbreitet. Mit einer gewissen Regelmäßigkeit teilte Vicente Gil, Francos Arzt, den Medien mit, daß Francos Gesundheit großartig sei; das Fernsehen zeigte den Caudillo zusammen mit Joaquín Guimarens beim Golfspiel in La Zapateira, in La Coruña oder eben 1964 beim Angeln in Asturien, wobei er bis zum Gürtel im Wasser stand (er ging bis 1973 weiterhin regelmäßig zum Angeln und bis zum Winter 1974/75, wenige Monate vor seinem Tod, sogar noch auf die Jagd).

Solche Feststellungen über Francos Gesundheit waren mehr als verdächtig. Sie sollten den immer hartnäckigeren Gerüchten über angebliche Krankheiten des Caudillo begegnen, die hauptsächlich auf dem seit 1964/65 immer stärker sichtbaren Alterungsprozeß basierten sowie auf gewissen eindeutigen Verfallserscheinungen.

Franco hatte bis dahin stets eine ausgezeichnete Gesundheit besessen. Er hatte in seinem Leben drei Unfälle erlitten: 1916 die Verwundung in El Biutz, 1935 einen Autounfall in der Provinz Salamanca und 1961 den schon erwähnten Jagdunfall. Bei dem Unfall in Salamanca überfuhr das Auto, in dem er und seine Gattin saßen (Franco selbst saß nie am Steuer), zwei Radfahrer und überschlug sich – einer der Radfahrer starb dabei, Carmen Polo wurde leicht verwundet. Franco hatte auch keine schweren Krankheiten. Von 1939 bis 1974 mußte er kaum ein halbes Dutzend Mal das Bett hüten, wegen starker Grippe und weniger Gravierendem wie Zahnschmerzen und Zähnen, die ihm gezogen wurden. Er wurde von seinem Freund, Doktor Iveas (bis 1961 von Doktor Jacobo Chermant) behandelt; außerdem hatte er einmal eine Lebensmittelvergiftung und bereits 1973 eine Darmentzündung, während derer er von seinem Leibarzt, Vicente Gil, behandelt wurde[1].

Franco meinte zu seinem Vetter Franco Salgado am 5. Mai 1966: »Die einzige Krankheit, die ich habe, sind meine 73 Jahre.«[2] Wahrscheinlich war dies längst nicht so sicher, auch wenn er es vielleicht nicht wissen wollte. Franco litt schon damals, obwohl es bis 1974 offiziell bestritten wurde, an der Parkinsonschen Krankheit, einem durch das Alter bewirkten allmählichen Verfall des Gehirns, für den Muskelzittern, Starre und allgemeine Schwäche symptomatisch sind. Die Krankheit ist mit einer normalen Tätigkeit verhältnismäßig gut vereinbar, aber sie verringert das Reaktionsvermögen des Kranken und begünstigt die Neigung zu Selbstbezogenheit und zu geistiger Starrheit. Dies widerfuhr offenbar auch Franco. Er hatte zumindest alle äußeren Symptome von Parkinson: ausdrucksloses Gesicht, schwache und monotone Stimme (seine war freilich von Natur aus so), Zittern der Hände, starrer Blick, steife Körperhaltung, leichtes Vorbeugen des Körpers usw., die die Spekulationen über seine Gesundheit nährten[3].

Seit 1964/65 hatte Franco zunehmend das Aussehen eines schwachen und gebrechlichen alten Mannes. Zusammen mit seiner Liebenswürdigkeit und seiner Höflichkeit gab dies seiner Person eine Aura der Milde und sogar der Freundlichkeit, die nicht zu der autoritären und repressiven Wirklichkeit seiner Macht zu passen schien (die sich bis zu seinem Tod weiterhin als hart und unversöhnlich erwies, wie wir noch sehen werden).

Franco war ein kranker Mann, immer weniger klarsichtig und mit immer geringerem Reaktionsvermögen. Sicher konnte er immer noch fischen und jagen und es auch eineinhalb Stunden im starken Regen aushalten wie bei der Siegesparade von 1966. Aber sogar seine Minister bemerkten an

[1] Zu Francos Gesundheit siehe E. Salgado, Radiografía de Franco, Barcelona 1985, S. 208ff. und Vicente Gil, Cuarenta años junto a Franco, Barcelona 1981.

[2] Generalleutnant Francisco Franco Salgado-Araújo, Mis conversaciones privadas con Franco, Barcelona 1976, S. 469.

[3] E. Salgado, Radiografía, S. 220ff.

ihm wachsende Zeichen der Erschöpfung. Die Ministerratssitzungen wurden kürzer, und am 6. Dezember 1968 stand er zum ersten Mal in dreißig Jahren vorzeitig auf. Nicht selten schlief er auch dabei ein und sprach kaum etwas. Auf Grund seiner außerordentlichen Disziplin gelang es ihm jedoch immer noch, sich aus einer Ministerratssitzung am 12. Mai 1972 zu entfernen, um sich in 20 Minuten zwei Backenzähne reißen zu lassen und danach wieder seinen Platz einzunehmen, ohne daß irgend jemand etwas bemerkt hätte. Aber im selben Jahr, genau eine Woche danach, erwies es sich als notwendig, heimlich einen Jagdstuhl für ihn aufzustellen, damit er die Siegesparade abnehmen konnte. Seine Minister fürchteten die von Franco abgehaltenen Audienzen; sie hatten Angst, daß die Effekte des Parkinson zu einer lächerlichen oder mitleiderregenden Situation führen könnten[4].

Das so offenkundige Altern Francos symbolisierte die institutionelle Sklerose seines Regimes. Es erschien widersinnig, daß dieser Mann mit kleinem und eingeschrumpftem Körper, unregelmäßigem Puls, ausdruckslosem Blick und kaum hörbarer Stimme eine so dynamische Gesellschaft regieren sollte, wie es die spanische Ende der sechziger und Anfang der siebziger Jahre geworden war.

Franco hatte oft gesagt, daß sein Regime entstanden sei, um die katholische Religion gegen den modernen Atheismus und Materialismus zu verteidigen. Er hatte eine wahrhaft christliche Vorstellung vom Leben und von der Gesellschaft. Die Familie war für ihn das Fundament allen sozialen Lebens, und in seiner Regierungsarbeit hatte er dafür sichtbare Beweise geliefert (diese Auffassung war auch der Grund für die Repräsentation der Familien in den Cortes, um nur ein Beispiel zu nennen).

Nun hatte aber die *Entwicklung*, die letzte gültige politische Philosophie des Franquismus, in einem Jahrzehnt schwindelerregender Veränderungen aus Spanien ein säkularisiertes Land gemacht, das von einer Lebensauffassung geprägt war, die sich auf das Vergnügen, die Permissivität und

[4] Zu Franco in seinen letzten Jahren siehe Franco visto por sus ministros, Barcelona 1981, und die in den vorhergehenden Kapiteln genannten Bücher von López Rodó und Fraga Iribarne.

den Konsum gründete. Natürlich war der Wandel weder endgültig noch allgemein noch unmittelbar noch leicht, auch traditionelle Gebräuche, Gewohnheiten und Mentalitäten bestanden weiter. Dennoch war der Wandel real und unumkehrbar.

Spanien erreichte 1975, im Jahr von Francos Tod, ein Pro-Kopf-Einkommen von 2486 Dollar. Der Anteil der Bevölkerung, der in Städten mit mehr als 100000 Einwohnern lebte, näherte sich der 75-Prozent-Marke. Zwischen 35 und 40 Prozent der Haushalte hatten ein Auto; im durchschnittlichen Familienhaushalt waren die Ausgaben für Sonstiges und Urlaub ein Posten, der fast so groß war, wie der für Ernährung; etwa fünf Millionen Spanier reisten als Touristen ins außerspanische Ausland[5].

Industrielle und urbane Entwicklung, Eingliederung der Frau in die Arbeitswelt, Massentourismus, wirtschaftlicher Wohlstand, dramatischer Rückgang der Religionsausübung (und der Zahl derer, die sich zum Priesteramt berufen fühlten): All dies und vieles mehr verkörperte ein neues Spanien, gefördert durch die Öffentlichkeitswirkung des Fernsehens, das in 85 Prozent der Haushalte installiert war und die Spanier zum Konsum stimulierte (das vom Staat voll kontrollierte Fernsehen setzte Wohlstand mit Autos, Ferien in der Sonne, Reisen, elektrischen Haushaltsgeräten, internationalen Aperitifs und Luxusparfümerieartikeln gleich). Die Prozessionen und die anderen Rituale der Karwoche waren praktisch zu einem Teil des nationalen Touristikangebots geworden. Was man jetzt während dieser Zeit sah, waren Strände voll von jungen Menschen in Bikinis und Shorts.

Es war ein im Grunde unmöglicher Zustand, daß ein Mann von 80 Jahren über diese Gesellschaft regieren sollte, der aufrichtig religiös und mit moralischen Werten erzogen war, die all dem radikal entgegengesetzt waren. Auf eine gewisse Weise lag dieser Widerspruch der gesamten Autoritäts- und politischen Krise zugrunde, die das Franco-Regime während der letzten Jahre seiner Existenz durchmachte. Es war schon mehr als paradox, daß das Regime Francos

[5] José Félix Tezanos, Cambio social y modernización en el España actual, in: Revista Española de Investigación Social 28, 1984.

zum Opfer eben des sozialen Veränderungsprozesses wurde, den es selbst hervorgebracht hatte, oder mit anderen Worten: Die neue Dynamik der spanischen Gesellschaft erforderte politische Veränderungen, die weder Franco noch sein Regime in Angriff nehmen wollten oder konnten.

Die Konflikte nahmen zwischen 1969 und 1975 weiter zu und wirkten in der Krise sicherlich katalysierend. Aber die Krise war hauptsächlich eine Krise des Franquismus, die um die Frage seiner möglichen Fortdauer und die Notwendigkeit seiner institutionellen Neugestaltung nach Francos Tod entstanden war. Es ändert nichts an dieser Aussage, daß sich in diese Krise auch Machtkämpfe und sogar die Frage des Nachfolgers mischten. Blas Piñar, der Führer der extrem rechten, 1967 geschaffenen Fuerza Nueva, sagte zu Recht: »In Spanien machen wir eine Identitätskrise unseres eigenen Staates durch.«[6]

Diese Krise zeigte sich deutlich seit 1967: Sie strafte die Behauptung Francos Lügen, derzufolge alles »geregelt, und zwar gut geregelt« sei, und entwickelte sich mehr oder weniger auf zwei Ebenen. Die eine Ebene war der Kampf um die politische Macht zwischen Carrero und López Rodó einerseits und den »blauen« Kreisen der Bewegung andererseits (dieser Kampf fand verdeckt und nicht offen statt und sollte die Zusammenarbeit beider Kreise nicht behindern); die zweite Ebene war die der Konfrontation zwischen den Anhängern einer Öffnung und den Unbeweglichen; dabei ging es um die Weiterentwicklung des Staatsgrundgesetzes (und noch spezieller um die Frage der politischen Verbände der Bewegung).

Dieser Kampf um die Kontrolle der politischen Macht wurde seit dem Aufstieg Carrero Blancos, López Rodós und der »Technokraten« im Lauf der sechziger Jahre geführt und hatte sich zum Beispiel in vereinzelten Ausbrüchen von An-

[6] Zitiert in Ya, 10. Oktober 1967. Ich habe mich in dem Buch Spain from Dictatorship to Democracy, London 1981 (zuerst spanisch, Barcelona 1979), das ich in Zusammenarbeit mit Raymond Carr geschrieben habe, ebenso wie in der Arbeit La década desarrollista (1959–1969), in: Historia de España, Bd. 13, S. 11–60 (Sondernummer 25 von Historia 16), mit der Schlußphase des Franquismus beschäftigt. In beiden kann man die Quellen und die bibliographischen Verweise finden, auf die sich die Argumentation zur politischen Geschichte dieses und des folgenden Kapitels stützt.

tipathie gegen das Opus Dei in der Presse der Bewegung geäußert.

Carrero Blanco und López Rodó verfolgten zweifelsohne ein klares politisches Ziel: starke Regierung, Abschluß des institutionellen Prozesses, Wirtschaftsentwicklung, Verwaltungsreform, Monarchie im Sinne des 18. Juli mit Don Juan Carlos als Nachfolger – all dies sollte die Grundlage eines kontrollierten und klug geplanten Weiterentwicklungsprozesses sein.

Das Interesse der Bewegung, deren Sprecher in der Regierung Solís war, war ein anderes, nämlich aus der Bewegung die einzige Form der politischen Repräsentation des Systems zu machen (wobei man, falls es nötig sein sollte, in diesem Rahmen politische Verbände zulassen wollte), und zwar in der Form, daß der Nationalrat der Bewegung in ein (sogar den Cortes) übergeordnetes Organ mit Befugnissen zur Überprüfung und Kontrolle der Regierung verwandelt werden sollte. Mit anderen Worten wollte man eine Nachbildung des mexikanischen PRI schaffen, in der die Institutionen (im spanischen Fall die Bewegung und ihr Nationalrat) die Grundlage der Kontinuität und der politischen Macht sein sollten.

In gewisser Weise wurde der Kampf zwischen diesen beiden Optionen, der 1969 ausbrach, von dem anderen Bruch, der sich im Franquismus auftun sollte, überlagert, also der Frage nach der Öffnung oder Erstarrung des Herrschaftssystems (hinzu kam noch die Nachfolgefrage – es sei daran erinnert, daß die Männer der Bewegung eine Regentschaft oder das Präsidialsystem der Monarchie vorgezogen hätten).

Für die Erstarrung stand die extreme Rechte des Regimes, die aus verschiedenen Kreisen zusammengesetzt war: Zu ihnen zählten die alten Garde der Falange, die Veteranen um Girón de Velascos, die neofaschistischen Zellen Blas Piñars, einige Elemente der Armee, die eine harte Haltung verkörperten (»blaue« Militärs, wie die Generäle García Rebull, Iniesta Cano und Pérez Viñeta), und konservative katholische und traditionalistische Gruppen. Viele von ihnen waren sehr bekannt und hielten wichtige Positionen in den Vorhöfen der franquistischen Macht und ihren Institutionen; sie hatten Einfluß in den engeren Kreisen um Franco und monopolisierten die emotionale Loyalität gegenüber dem Caudillo. Für diejenigen, die starr am System festhielten, war der Franquismus eine in sich geschlossene und vollkommene Struktur, deren geringste Abwandlung in ihren Augen einen Prozeß des Wandels hervorrufen konnte, der das System zerstört hätte. Sie waren der Auffassung, daß man dies in den sechziger Jahren bereits gesehen habe; sie schrieben der Schwäche der Regierungen von 1962 und 1965 und der in diesen Jahren (zum Beispiel mit dem Pressegesetz) durchgeführten Liberalisierung die Welle der Konflikte und Unruhen zu, die das Land seit 1965/66 erlebt hatte.

Für die Verfechter der Öffnung war gerade die Konfliktträchtigkeit der Beweis für die Notwendigkeit der Schaffung eines gesetzlich und politisch offenen Rahmens; er sollte eine geordnete Lösung des Gegensatzes der Meinungen und der Konflikte erleichtern, die in der spanischen Gesellschaft parallel zu ihrer eigenen Entwicklung aufgetaucht waren. Die Öffnungsbewegung war zum großen Teil eine Generationserscheinung; in ihr spielte die »dritte Generation« des Systems die Hauptrolle, die »Generation des Prinzen« (das heißt der um 1930 bis 1940 Geborenen) – eine dialogbereite und europafreudige Generation, die am Bürgerkrieg nicht mehr beteiligt gewesen und überzeugt war, daß die neue spanische Gesellschaft auch ein neues politisches System brauchte, das überdies eine Brücke zu irgendeiner Form von Demokratie schlagen müsse.

Daß das politische Leben von diesen Spannungen geprägt war, war in der öffentlichen Meinung dank der Liberalisierung der Presse seit 1966 wohlbekannt. Es gab in den letzten Jahren der Existenz des Franco-Regimes eine vorher nicht dagewesene politische Lebendigkeit (die überdies noch durch die Zunahme der Konflikte in der Arbeitswelt, an den Universitäten, mit den Basken und in der Kirche gesteigert wurde).

Die Ergebnisse liefen dennoch allen Erwartungen einer Liberalisierung zuwider, die das Staatsgrundgesetz von 1966 geweckt hatte. (Sie stützten sich zum Teil auf Francos eigene Äußerungen wie die vom 30. Dezember 1968: »Die Unbeweglichkeit ist in unserer Epoche nicht mehr vertretbar.«)

Die Erstarrung gewann jedoch alle politischen Schlachten, die um die Weiterentwicklung des Staatsgrundgesetzes entfesselt worden waren. Das Gesetz über die Religionsfreiheit, das am 28. Juni 1967 erlassen wurde, war auf eine äußerst heftige Gegenoffensive der Rechten im Regime gestoßen. Man bewilligte zwar die Duldung nichtkatholischer Religionen (aber nicht ihre Freiheit); die katholische Konfessionalität Spaniens und seines Systems wurde überdies bestätigt. Im Gesetz über die Bewegung, das am gleichen Tag und nach noch leidenschaftlicheren Debatten erlassen wurde, war die Abriegelung noch stärker. Die Bewegung wurde wiederum als »Organisation« und nicht als »Gemeinschaft« (wie im Staatsgrundgesetz) definiert; dies verankerte die Macht des enormen bürokratischen Apparats der Bewegung und der Syndikate und verschloß auch die Tür vor einem noch so begrenzten Pluralismus, den die Idee der Bewegung als Gemeinschaft bedeuten hätte können (dabei hätte es sich wirklich nur um einen strikt begrenzten und im Rahmen des Systems angesiedelten Pluralismus gehandelt).

Das Gesetz über die Repräsentation der Familie (Ley de Representación Familiar), das ebenfalls am 28. Juni 1967 vorgelegt wurde, bedeutete im Vergleich zum Staatsgrundgesetz ebenfalls einen Rückschritt. Es enthielt Beschränkungen hinsichtlich der Zahl der Abgeordneten pro Provinz, hinsichtlich des Stimmrechts usw., die die echte Repräsentation schwächten. Überdies errang die Bewegung als Organisation die Sitze der Familienabgeordneten praktisch für sich allein, als im November 1967 Wahlen abgehalten wurden. Sicher gelangten einige unabhängige Familienabgeordnete in die Cortes, die wenigstens einen Hauch von Kritik in die Debatten und Sitzungen brachten. Im Jahr darauf verbot jedoch Innenminister Alonso Vega jedes weitere Treffen einer kleinen Gruppe dieser Abgeordneten, die unter der Bezeichnung »die Wanderherden« *(transhumantes)* bekannt waren und für die Koordinierung ihres parlamentarischen Vorgehens Sorge hatten tragen wollen.

Die Statuten der Bewegung (vom Dezember 1968) und der Verbände (vom Juli 1969), die beide auf Initiative des Ministers Solís zustande kamen, waren entgegen den Verlautbarungen weit davon entfernt, dem politischen Verbandswesen im Rahmen des Systems die Tür zu öffnen. Gewiß, es wurden Verbände als Verkörperung der öffentlichen Meinung zugelassen, aber der Begriff »politische Verbände« wurde nicht akzeptiert. Eine Mindestzahl von 25 000 Mitgliedern war erforderlich, und die Zulassung war Sache des Nationalrats der Bewegung (und zum Beispiel nicht Gegenstand einfacher Gesetze).

Als Reflex auf die Erschöpfung des Reformimpulses wurde auch die Außenpolitik in den Jahren 1967 bis 1970 immer starrer und erfolgloser. Gibraltar monopolisierte schließlich die Aufmerksamkeit der Regierung oder zumindest ihres Außenministers Castiella. Am 4. Mai 1968 schloß, wie bereits erwähnt, die spanische Regierung angesichts der negativen britischen Haltung in den Verhandlungen über eine Entkolonialisierung die Grenze zur Provinz La Linea de la Concepción. Diese Maßnahme war kontraproduktiv: Sie bewirkte die endgültige Entfremdung der Bevölkerung Gibraltars von Spanien und erreichte nichts. In den Verhandlungen mit den Vereinigten Staaten im September 1968 wegen der Erneuerung der beidseitigen Abkommen geschah etwas Ähnliches: Die Forderungen Castiellas – 1 Milliarde Dollar Militärhilfe und nordamerikanische Unterstützung in der Gibraltarfrage –, denen Franco anscheinend ganz gern zustimmte, schufen Schwierigkeiten. Es kam keine Übereinkunft zustande: Die Abkommen wurden (bis September 1970) verlängert, ohne daß es auf seiten Washingtons Zugeständnisse gegeben hätte.

Eine neue Welle von Konflikten brach los (die ersten tödlichen Attentate der ETA im Jahr 1968; große Arbeiterdemonstrationen anläßlich der Feiern zum 1. Mai 1967 und 1968; neue Unruhen an den Universitäten, deren Höhepunkt der Tod des Studenten Enrique Ruano in Madrid im Januar 1969 war, und einige Tage danach der Sturm auf das Rektorat der Universität von Barcelona), die die Regierung im Februar 1969 nur mit der Verhängung des Ausnahmezustandes zu beantworten wußte. Die rückschrittliche Korrektur des 1966 eingeleiteten institutionellen Reformprozesses war also an allen Fronten sichtbar.

Franco hatte in Wirklichkeit nie Anlaß für übermäßige Erwartungen gegeben. Äußerungen von ihm wie die eben zitierte vom 30. Dezember 1968 machte er eher zufällig: Die Öffnungsbewegung nährte sich stärker von ihren eigenen Wünschen und Illusionen als von festen und klaren Versprechungen Francos.

Franco betrog niemand. Seit man angefangen hatte, von

politischer Entwicklung, Liberalisierung und Öffnung zu reden, sprach er von »Institutionalisierung«. Worte wie Liberalisierung und Öffnung verwendete er selbst kaum jemals. Die Institutionalisierung verstand er als einen langsamen Entwicklungsprozeß, der das System den Notwendigkeiten und Umständen der Stunde anpassen, aber in der Substanz alles gleich lassen sollte.

Die Substanz war nach Franco – laut seiner beiden langen Reden vom 17. und 28. November 1967 bei der jeweiligen Eröffnungssitzung der 9. Legislaturperiode der Cortes und des 11. Nationalrats der Bewegung – die Bewegung, ihre Ideologie, ihre Grundsätze und ihre institutionelle Organisation. In der Rede vom 28. November sagte er: »Diese Bewegung war, ist und wird die Grundlage unserer rechtlichen und politischen Ordnung sein«; zur Einheit hatte er am 17. gesagt: »Ich werde nicht rasten, in den wesentlichen Fragen zum Wohle unseres Spanien die Einheit zu fordern ...«; zur Frage der Autorität verkündete er bei derselben Gelegenheit: »Keine Veränderung darf freilich die Aufrechterhaltung des Grundsatzes der Autorität beeinträchtigen.« In diesem Grundsatz lag für Franco der Schlüssel zu Frieden, Ordnung und Recht; hinzu kam die Ablehnung der politischen Parteien. Hier warnte er: »Es irren sich die, die glauben, daß ein Institutionalisierungsprozeß von einer vorherigen Zersplitterung der sozialen Einheit in zahllose politische Parteien ausgehen muß.« Darüber hatte er sich auch kurz zuvor, am 27. April, in Sevilla ausgelassen: »Wenn man die gegensätzlichen Meinungen als Vorwand für politische Parteien nehmen will, so seien Sie versichert, daß es niemals soweit kommen wird.«

Für Franco hatte Spanien bereits ein »Rückgrat« bekommen; das institutionelle Gerüst seines Staats sei fertig und habe das Land mit soliden und effizienten Strukturen ausgestattet. Er war der Auffassung, daß die Institutionalisierung mit der Ernennung seines Nachfolgers im Juli 1969 ihr Ende gefunden habe. In seiner Botschaft vom 30. Dezember 1969 verkündete er: »Die unabänderliche Beständigkeit der Grundsätze der Bewegung, die Festigkeit des institutionellen Systems des Staates und die Ernennung des Prinzen von Spanien, der im Übermaß Beweise seiner Loyalität und Vaterlandsliebe gegeben hat, sowie der von ihm geleistete

Eid sind eine feste Garantie für die Fortdauer unseres Werks.«

Institutionalisierung und Kontinuität: Das war Francos Antwort auf die Debatte, die sich innerhalb seines Regimes aufgetan hatte. Franco entschied sich für das, woran er aus seiner pragmatisch-klugen Sicht immer geglaubt hatte: für die institutionelle Kontinuität des Franquismus. Er war nicht extrem unbeweglich, jedenfalls nicht in der Form wie diejenigen, die man damals als den »Bunker« im Regime zu bezeichnen begann, aber noch viel weniger war er ein Verfechter der Öffnung. Angesichts des Dilemmas in der Frage der Erstarrung oder der Öffnung war er für die Beibehaltung eines Gleichgewichts, das teilweise zugunsten des ersteren korrigiert wurde.

Dies sah man an den Regierungswechseln, die Franco seit 1969 verfügte. Als er sich entschied, die Leitung der Regierung zu delegieren, übertrug er sie erfahrenen, loyalen, unverdächtigen Männern der harten Linie wie Carrero Blanco und Carlos Arias Navarro; Carrero Blanco war von 1969 bis Juni 1973 stellvertretender Ministerpräsident der Regierung und von Juni bis Dezember 1973 Ministerpräsident (obwohl er de facto während dieser ganzen Zeit als Ministerpräsident fungiert hatte); Arias Navarro wurde nach dem Tode Carreros zum Ministerpräsidenten ernannt.

Die Bildung einer neuen Regierung im Oktober 1969 schien logisch und zwingend geboten; die Regierung von 1965 war durch das Pressegesetz, das Staatsgrundgesetz, die Streiks, den Ausnahmezustand, die Ernennung des Nachfolgers und anderes mehr verbraucht und gespalten. Franco und Carrero, dem wieder einmal die Schlüsselstellung bei der Durchführung des Wechsels zukam, hatten schon seit geraumer Zeit über die Krise nachgedacht.

Aber noch während man versuchte, die Krise zu bereinigen, traten neue Schwierigkeiten auf, deren Besonderheiten das Bild der Verschlimmerung und des Verfalls verstärkten, das das Franco-Regime in seinen letzten Jahren bot. Es handelte sich um einen ungeheuerlichen Finanzskandal. Die Regierung mußte am 10. August 1969 zugeben, daß die Kredite, die dem Unternehmen Matesa in Höhe der für die damalige Zeit außerordentlichen Summe von 10 Milliarden Peseten für den Export von Textilmaschinen gewährt worden waren, unkorrekt verwendet worden waren. Verschiedene leitende Angestellte, von denen man vermutete, daß sie dem Opus Dei verbunden waren, wurden verhaftet und vor Gericht gestellt. Der Finanzminister, Juan José Espinosa San Martín, und der Handelsminister, Faustino García Moncó, beide Mitglieder des Opus Dei, erschienen schwer belastet.

Der Matesa-Skandal hatte zweifelsohne eine erhebliche Beeinträchtigung des öffentlichen Ansehens des Franco-Regimes zur Folge. Das Gespenst der Korruption, das schon bei verschiedenen Gelegenheiten aufgetaucht war, trat jetzt ins volle Licht der Öffentlichkeit. Es entstand der Eindruck, daß sich das gesamte System und der Staat in einer Krise befänden. Francos Reaktion trug sehr wenig dazu bei, Verdächtigungen zu zerstreuen und Gerüchte zum Schweigen zu bringen. Er wollte nicht akzeptieren, daß die Angelegenheit hohe Mitglieder der Regierung oder der Staatsverwaltung in den Schmutz hatte ziehen können. Er blieb zum Beispiel ungerührt, als in seinen eigenen Cortes am 30. Juni 1970 der Bericht des mit der Untersuchung des Falles beauftragten Ausschusses verlesen wurde, der die Träger bedeutender Ämter mit hineinzog. Er erledigte die Angelegenheit, indem er Espinosa San Martín und García Moncó als Nutznießer in den Straferlaß aufnahm, der am 1. Oktober 1971 gewährt worden war, wodurch sie von sämtlicher Verantwortung entlastet wurden, die sie möglicherweise hatten[7].

Franco mißfiel die politische Instrumentalisierung der Matesa-Affäre durch die Presse der Bewegung; dies erschien ihm als ein Manöver dieser Kreise, um die Technokraten des Opus Dei aus der Regierung herauszuschießen. Der Versuch, wenn es denn einen solchen gegeben hatte, hatte keinen Erfolg. Franco behandelte die Krise, wie es ihm Carrero Blanco vorschlug: Alle in die Matesa-Affäre verwickelten Minister sollten aus der Regierung verschwinden, aber auch andere, die man hinter dem politischen Manöver gegen das Opus Dei vermutete, wie Solís, oder von denen man sagte, daß sie ihm zugestimmt hätten, wie der für die Presse verantwortliche Fraga Iribarne.

[7] Zum Matesa-Skandal siehe D. Sueiro und B. Díaz Nosty, Las corrupciones del poder. Historia del franquismo Bd. 2, Barcelona 1985, S. 276–283 und L. López Rodó, La larga marcha hacia la Monarquía, Barcelona 1977, S. 403f.

Am 29. Oktober 1969 führte Franco die umfassendste Regierungsumbildung seiner schon sehr langen Herrschaft durch. In die Regierung traten 13 neue Minister von insgesamt 18 ein. Von den bis dahin gebildeten schien sie am ehesten eine einseitig ausgerichtete Regierung zu sein (obwohl sie es nicht war). Carrero Blanco wurde der eigentliche Regierungschef, obwohl er dem Namen nach stellvertretender Ministerpräsident war; Franco sollte in Zukunft praktisch allein als Staatschef agieren (was er in Wirklichkeit stets getan hatte). Seine Ministerratssitzungen waren mit äußerst seltenen Ausnahmen mehr denn je bloße Verwaltungsratssitzungen, bei denen kaum über große Themen der nationalen Politik gesprochen wurde. Wenigstens zwölf Minister konnte man als der konservativ-technokratischen Linie Carrero Blancos und López Rodós zugehörig betrachten. Deshalb sprach man in einem Wortspiel vom »copus«[8].

Nachdem der institutionelle Prozeß abgeschlossen war und sich das Dilemma zwischen Erstarrung oder Öffnung gezeigt hatte, war die Integrationsfähigkeit des Systems ernsthaft in Frage gestellt, und der gesamte franquistische Staat befand sich in einer Identitätskrise. In dieser Situation setzte Franco auf den ganzheitlich-umfassenden, entwicklungsbereiten, konservativen und entideologisierten Franquismus Carrero Blancos.

Carreros Hauptsorge galt der Wiederherstellung der Autorität der Regierung über alle staatlichen Institutionen. Dies kam in der Formel von »der Einheit der Gewalt und der Koordinierung der Funktionen« zum Ausdruck, die gemäß einer offiziellen Erklärung die Politik der neuen Regierung inspirieren sollte. Carrero glaubte, daß er mit einem homogenen Kabinett die Verwirklichung eines umfassenden politischen Programms in Angriff nehmen könne; es sollte die Autoritätskrise des Staates beenden und den Weg für einen Übergang zur Nach-Franco-Ära bereiten, die man immer näher rücken sah. Sein Programm beinhaltete als zentrale Punkte die Reform des Erziehungswesens, ein neues Syndikatsgesetz, die Wiederbelebung der Wirtschaft (nach der Rezession von 1967–1969), einen Neuanstoß für die Außenpo-

[8] Vermutlich eine Kombination der Wörter *copar*, d.h. alles für sich in Anspruch nehmen, und Opus (Dei); Anm. d. Übers.

litik und die Neuordnung der Beziehungen von Kirche und Staat[9].

Die Regierung von 1969 hatte nur in der Wirtschafts- und Außenpolitik Erfolg. Das Bruttoinlandsprodukt wuchs 1970 um 4,1, 1971 um 4,9, 1972 um 8,1 und 1973 um 7,8 Prozent (obwohl dies unter Inkaufnahme einer hohen Inflationsrate geschah, die 1971 und 1972 über 8 Prozent lag und 1973 11,4 Prozent erreichte). In der Außenpolitik führte der neue Minister, Gregorio López Bravo, für den Franco eine besondere Schwäche hatte, die spanische Politik aus der Situation der Erstarrung heraus, in der sie Castiella zurückgelassen hatte: 1970 unterzeichnete er ein Vorzugsabkommen mit der Europäischen Wirtschaftsgemeinschaft, im September wurden die Abkommen mit den Vereinigten Staaten erneuert (und es gelang, Präsident Nixon im Oktober zu einem Staatsbesuch nach Spanien zu holen). Die Beziehungen mit den arabischen Ländern erhielten einen neuen Impuls, wobei López Bravo sogar die palästinensische Haltung in der Nahostfrage unterstützte (ohne Zweifel, um den Forderungen Marokkos auf Spanisch-Sahara entgegenzuarbeiten); außerdem leitete er eine Öffnung gegenüber den Ländern des Ostens und China ein, mit dem Spanien formelle diplomatische Beziehungen aufnahm.

Aber in den übrigen Fragen stieß die Regierung auf große Schwierigkeiten: Das Problem war nicht die Regierung, sondern das System. Das Erziehungsgesetz des Ministers Villar Palasí aus dem Jahr 1970, das unter anderen Umständen zweifellos wertvoll gewesen wäre, löste das Universitätsproblem nicht. Nachdem die Konfrontation über mehrere Jahre mehr oder minder stark angedauert hatte, erreichten die Semester-Unruhen an den Universitäten Madrid und Valladolid in den Jahren 1972 und 1973 ihren Höhepunkt und führten zu schweren und weitreichenden Störungen der öffentlichen Ordnung.

Das Syndikatsgesetz von 1971 hielten sogar viele Kreise der Bewegung für rückschrittlich. Francos sozialer Friede zerbrach zu ebendieser Zeit. Man verzeichnete 1970 1547 Streiks, 1971 542 und 1973 853.

[9] Admiral Carrero Blanco, Discursos y escritos. 1943–1973, Madrid 1974, S. 165ff.

Und was noch schwerwiegender war: Das Fehlen eines demokratischen Systems zur Regelung der Beziehungen von Arbeitgebern und Arbeitnehmern hatte zur Folge, daß viele Konflikte zu ernsthaften Zusammenstößen zwischen Polizei und Streikenden ausarteten. Acht Arbeiter starben zwischen 1970 und 1973, drei im Juli 1970 in Granada, einer im September 1971 in Madrid bei einem Bauarbeiterstreik; einer im November in Barcelona, als die Polizei versuchte, die Anlagen der Firma Seat zu räumen, die von rund 7000 im Streik befindlichen Arbeitern besetzt war; zwei im März 1972 in El Ferrol, der Geburtsstadt Francos, und schließlich ein weiterer im folgenden Jahr bei einem Streik in einem Atomkraftwerk, das in der Nähe von Barcelona (in San Adrián del Besós) gebaut wurde.

Im Baskenland standen die Dinge noch schlimmer. Zwischen Juli und September 1970 führte die ETA eine Reihe spektakulärer Überfälle auf Banken, Sparkassen und Unternehmen durch, trotz äußerst harter Unterdrückungsmaßnahmen der Behörden (1953 Verhaftungen im Jahr 1969 und 831 im Jahr 1970); am 18. September erlebte ein verblüffter, wenn auch unerschütterlicher Franco, wie sich ein nationalistischer Veteran, Joseba Elósequi, im Stil der buddhistischen Mönche während eines Pelotaspiels in San Sebastián selbst verbrannte[10].

Bald darauf, im Dezember, sahen sich Franco und seine Regierung dem dramatischsten Ereignis ihrer bisherigen Geschichte gegenüber, dem Prozeß eines Militärgerichts in Burgos gegen 16 Mitglieder der ETA (unter ihnen zwei Priester und drei Frauen), für die insgesamt sechsmal (bzw. neunmal, da sie teilweise zweimal verlangt wurde) die Todesstrafe und 752 Jahre Gefängnis gefordert wurden.

Franco, der für den Prozeß grünes Licht gegeben hatte, und seine Regierung wollten mit einer Demonstration der Stärke auf die baskische Herausforderung antworten und diejenigen im Lager der extremen Rechten zum Schweigen bringen, die die Schwäche des Regimes kritisierten. Das Ergebnis konnte schlimmer nicht sein. Erstens, weil die neue, moderne und entwickelte spanische Gesellschaft keine zulässige Entschuldigung für die repressive Wirklichkeit des

[10] Zu der Konfliktträchtigkeit der letzten Jahre des Franquismus siehe Fernándo Jáuregui und Pedro Vega, Crónica del antifranquismo Bd. 2, Barcelona 1984.

Regimes fand, die sie nicht zur Kenntnis hatte nehmen wollen oder der sie nicht allzuviel Bedeutung beigemessen hatte, als es sich darum handelte, Demonstrationen von Arbeitern und Studenten aufzulösen. Und zweitens, weil der Prozeß internationale Protestreaktionen gegen Franco hervorrief, wie man sie seit 1946 nicht mehr gekannt hatte.

Die Spannungen um den Prozeß in Burgos setzten bereits vor dem auf den 3. Dezember 1971 festgelegten Termin ein, an dem er eröffnet werden sollte. Am 21. November veröffentlichten die baskischen Bischöfe Cirarda und Argaya einen Hirtenbrief, in dem sie die auf die Angeklagten angewandte Gesetzgebung verurteilten und für den Fall Gnade forderten, daß die Todesstrafe verhängt werden würde. Am 30. November demonstrierten einige hundert Personen in Barcelona gegen den Prozeß und gegen Franco. Am 1. Dezember verlangte die Vollversammlung der Bischöfe »größtmögliche Gnade«. Am selben Tag kam es im ganzen Baskenland zu Streiks, Versammlungen und Demonstrationen, die sich über mehrere Tage hinzogen; General García Valiño schlug an diesem Tag dem Militärkommandanten von Burgos, General García Rebull, vor, den Prozeß bis zur Bestätigung der Zuständigkeit der Militärgerichtsbarkeit aufzuschieben; außerdem entführte die ETA am gleichen Tag in einem kühnen Streich in San Sebastián den westdeutschen Konsul Eugen Beihl.

Von da an überstürzten sich die Ereignisse. Die Angeklagten verwandelten den Prozeß in ein herausforderndes Tribunal gegen das Regime und zugunsten der baskischen Sache. Am 4. Dezember wurde über Guipúzcoa der Ausnahmezustand verhängt, am 9. und 10. kam es in verschiedenen Städten Spaniens zu neuen Demonstrationen, am 12. begaben sich etwa 300 bekannte katalanische Intellektuelle (u. a. Miró, Tàpies, Raimon, Serrat, Terenci Moix) in der Abtei Montserrat in Klausur und veröffentlichten ein Manifest, in dem sie den Prozeß von Burgos verurteilten und eine Amnestie und die Wiederherstellung der demokratischen Freiheiten forderten. Nachdem eine Reihe von Militärkommandanten Franco ersucht hatten, hart durchzugreifen, kam die Regierung am 14. Dezember 1970 überein, für sechs Monate den Ausnahmezustand über das ganze Land zu verhängen.

Die Reaktion des Auslands war ebenfalls sehr weitreichend gewesen. Seit Beginn des Prozesses war es in zahlreichen Städten Europas zu Demonstrationen und Versammlungen gekommen, eine Reihe von spanischen Konsulaten und Büros der Iberia wurden mit Steinen beworfen, in einigen Häfen boykottierte man die spanischen Schiffe, die gesamte Presse und die internationalen Medien drückten ihren Abscheu über den Prozeß aus, und sogar das offizielle Organ des Vatikan verlangte Gnade.

Die Antwort des Franquismus glich sehr stark seiner Reaktion von 1946, als das Franco-Regime in der UNO verurteilt worden war: Mobilisierung der öffentlichen Meinung zur Verherrlichung Francos und Appell an den nationalen Chauvinismus gegen die ausländische Feindseligkeit. Am 17. Dezember nahm Franco auf der Plaza de Oriente die Huldigung Hunderttausender Menschen entgegen, die ihm (und dem Heer) Beifall spendeten und gleichzeitig die Züchtigung der ETA und die Hinrichtung der zum Tod Verurteilten verlangten. Ähnliche Demonstrationen wurden an den folgenden Tagen nahezu in ganz Spanien organisiert.

Am 28. Dezember gab das Militärgericht nach zwei Wochen gespannten Wartens auf das Ende des Prozesses und ohne daß mit der Freilassung des westdeutschen Konsuls eine Entspannung eingetreten wäre, seinen Spruch öffentlich bekannt: Sechs der Angeklagten wurden zum Tode verurteilt (Izco de la Iglesia, Uriarte, Gorostidi, Dorronsoro, Larena und Mario Onaindía) und die übrigen zu insgesamt 519 Jahren Gefängnis.

Nachdem der Militärkommandant von Burgos das Urteil bestätigt hatte, versammelte Franco am Tag darauf das Kabinett. Er führte den Vorsitz in der Uniform eines Militärkommandanten, was er noch nie getan hatte. Fast die gesamte Regierung, die sich in der gespannten Atmosphäre, in der der Prozeß stattfand, klug zurückgehalten hatte, entschied zugunsten einer Umwandlung der Todesstrafen.

Franco sprach nicht aus, was er dachte; allerdings glaubten die Minister eine Reaktion der Erleichterung bei dem Caudillo zu bemerken, als er ihre jeweiligen Meinungen erfuhr. (Einer versicherte, Franco habe gesagt: »Vielen Dank, Sie haben eine große Last von mir genommen.«) Am 30. kündigte Franco dem Land in seiner Silvesterbotschaft an, daß er sich entschieden habe, von seinem Begnadigungsrecht Gebrauch zu machen und die Todesstrafen umzuwandeln[11].

Auf diese Weise wurde ein andernfalls irreparabler politischer und moralischer Fehler korrigiert. Dennoch bedeutete der Burgos-Prozeß ein Scheitern des Regimes. Er hatte das düstere Gesicht des Franquismus wieder enthüllt, die Frage seiner Legitimität neu gestellt und die öffentliche Meinung Spaniens polarisiert. Vor allem im Baskenland war der Prozeß ein historischer Wendepunkt, ein Ausbruch des baskischen Nationalbewußtseins, das sich an der breiten Mobilisierung ablesen ließ, die dort bereits während des ganzen Monats Dezember 1970 stattfand. Sie markiert den Beginn eines Prozesses, der nach nur wenigen Jahren des Protestes und seiner Unterdrückung weite Bereiche der baskischen Öffentlichkeit dem Franco-Regime entfremden sollte und mit einem weitverbreiteten Gefühl der Verbitterung und der Verhärtung allein schon gegenüber dem bloßen Gedanken an Spanien endete. Franco konnte dies nicht begreifen. Die Politik, die der Franquismus von 1969 bis 1975 im Baskenland betrieb, war einer der großen historischen Irrtümer in der jüngsten Geschichte des Landes.

Damals zerbrach Francos Friede endgültig. Neben den bereits erwähnten ernsten Zwischenfällen in Granada, bei Seat, in El Ferrol und San Adrián del Besós gab es Generalstreiks in Vigo, Pamplona und anderen Ortschaften, die große Zustimmung fanden und gewalttätig waren, wenn sie auch keine Todesopfer forderten. Es war weniger denn je alles gut geregelt. 1971 stimmte die gemeinsame Versammlung der Bischöfe und Priester von ganz Spanien zugunsten eines Beschlusses, in dem die Kirche um Verzeihung dafür bat, daß sie es nicht verstanden habe, während des Bürgerkrieges eine versöhnende Rolle zu spielen, und nur zwei Jahre danach forderten die Bischöfe die Revision des Konkordats von 1953 und die Trennung von Kirche und Staat.

1971 bis 1973 entfesselte die ETA (bzw. ETA V. Asamblea, ihr harter, nationalistischer und militärischer Flügel),

[11] Zu dem Burgos-Prozeß vgl. Edouard de Blaye, Franco and the Politics of Spain, Harmondsworth, 1976, S. 281–323; das Zeugnis des zitierten Ministers stammt von Licinio de la Fuente, in: Franco visto por sus ministros, Barcelona 1981, S. 239.

unter der Führung von Eustaquio Mendizábal, genannt Txikia, ihre bis dahin heftigste terroristische Gewaltkampagne. Es hagelte Überfälle, Attentate (vier Polizisten und 5 ETA-Mitglieder starben 1972/73), Entführungen (der Industriellen Lorenzo Zabala 1972 und Felipe Huarte 1973) und Sprengstoffanschläge (auf Räume der Syndikate, Denkmäler des Bürgerkriegs, Klubs des Großbürgertums usw.). Damals tauchte die Revolutionäre Antifaschistische Patriotische Front (Frente Revolucionario Antifascista y Patriótico, FRAP) auf, eine aktivistische Gruppe mit maoistischer Ideologie, die für eine gewaltsame Beseitigung des Franquismus eintrat: Am 1. Mai 1973 ermordete sie in Madrid einen Polizisten.

Es schien sogar, als ob Francos Vorkehrungen in der Frage der Nachfolge scheitern könnten. Wegen der möglichen politischen Folgen gefiel es ihm weder, daß Prinz Juan Carlos versuchte, wieder harmonische Beziehungen zu seinem Vater herzustellen, noch daß Reportagen erschienen, wie etwa am 4. Februar 1970 in der ›New York Times‹, in der der Prinz als Hoffnung für ein zukünftiges demokratisches Spanien dargestellt wurde. Als Franco von Don Juan Carlos selbst erfuhr, daß dieser mit José María Areilza, einem der Inspiratoren der liberalen Politik Don Juans, zu Abend gespeist hatte, sagte er zu ihm: »Sie wissen wohl, Hoheit, es geht nur eines: Entweder sind Sie Prinz oder Privatperson.«[12]

Mehr Probleme verursachte aber die Hochzeit eines Vetters von Don Juan Carlos, Alfonso de Borbón-Dampierre, mit der ältesten Enkelin Francos, María del Carmen Martínez Bordiú, die am 8. März 1972 im Pardo-Palast stattfand.

Die Probleme ergaben sich aus dem politischen Hintergrund der Heirat: Aufgrund von Rang und Namen der Eheleute konnten die gegen Don Juan Carlos eingestellten Kreise des Regimes in Alfonso de Borbón eine Alternative sehen, der aus seinen Sympathien für die Bewegung nie ein Hehl gemacht hatte und als Mann der Rechten galt. Diese Auffassung konnte Platz greifen, weil der König noch immer nicht gekrönt worden war und weil deshalb die zukünftige Nachfolgeordnung im Sinne der Primogenitur der direkt von Don

[12] Laureano López Rodó, Marcha, S. 401.

Juan Carlos abstammenden Linie noch nicht festgelegt war; daraus ergab sich die Möglichkeit, daß die Cortes Don Alfonso als nächsten Verwandten in die Nachfolge von Juan Carlos hätten einschließen können, wobei die Tatsache von Bedeutung gewesen wäre, daß Alfonso den Verzicht seines Vaters (Don Jaime) auf die Rechte nicht akzeptiert hatte, die dieser seinerzeit auf die Krone gehabt hatte.

Franco, der ein Mann war, der die Institutionen und die Gesetze zutiefst achtete, hatte wahrscheinlich diese Möglichkeit nie in Erwägung gezogen, und vermutlich ging sie auch bei niemandem über bloße Spekulation hinaus. Alfonso de Borbón selbst erklärte, daß er die Einsetzung von Don Juan Carlos anerkenne (obwohl er auch bekräftigte, daß er nie auf das verzichten werde, was er für seine Rechte hielt).

Aber Franco fühlte sich von den Initiativen aus der Umgebung von Don Juan und von Don Juan Carlos belästigt, die zu vermeiden suchten, daß die Hochzeit den Rang einer staatlichen Hochzeit oder gar königlichen Heirat erhielt; sie wollten außerdem verhindern, daß Don Alfonso den Prinzentitel führte (der ihrer Meinung nach nur Don Juan Carlos gebühren konnte). Als sich am 1. Februar 1972 Justizminister Antonio María Oriol mit Franco wegen der Angelegenheit besprach, verbarg dieser sein Mißbehagen nicht: »Ich möchte wissen, von wem dieses Manöver ausgeht«, sagte er. »Don Alfonso hatte den Prinzentitel bereits, den sie ihm jetzt wegnehmen wollen, weil er meine Enkelin heiratet.«[13]

Obwohl er die ihm gegebenen Erklärungen akzeptierte, war seine Verärgerung deutlich. Die Beziehungen zwischen Franco und Don Juan Carlos kühlten auf Grund neuer Erklärungen liberalen Inhalts weiter ab, die Don Juan am 24. Juni in Estoril gemacht hatte und die mit einem Besuch von Don Juan Carlos zusammenfielen (obwohl es Franco nicht daran hinderte, die Gesetze des 18. Juli zu unterzeichnen, die die Autorität des zukünftigen Königs über die Institutionen verstärkten, sobald er die Nachfolge antreten würde[14].

[13] Ebenda, S. 416. Das Buch von López Rodó analysiert die ganze Angelegenheit zweifellos am besten.

[14] Siehe außer López Rodó Luis Suárez Fernández, Francisco Franco y su tiempo, Madrid 1984, Bd. 8, S. 279.

Franco hatte außerdem nicht darauf verzichtet, Don Alfonso den Titel Prinz von Borbón zu genehmigen, wie er es Carrero Blanco am 16. November 1972 mitteilte; erst nach dem äußerst angespannten Treffen vom 20. November zwischen Don Juan Carlos und Franco nahm der Caudillo davon Abstand und akzeptierte dafür das Zugeständnis des Titels eines Herzogs von Cádiz mit der Anrede als Königliche Hoheit. Diese Anrede sollte gleichermaßen für Francos Enkelin wie für ihre direkten Nachkommen gelten; der Titel selbst freilich unterstrich die Randposition Don Alfonsos in der Nachfolge.

Das Regime fand weiter keine Lösung für seine inneren Probleme. Wie Franco betrachtete Carrero das Verbandswesen mit Argwohn und wiederholte des öfteren, daß die politischen Parteien niemals wiederkehren würden. Damals wurde auch davon gesprochen, die Institution einer »legalen« Opposition wieder in das System einzuführen, was Carrero Blanco jedoch als überflüssig und kontraproduktiv erschien; er räumte den Mitgliedern der Cortes nicht einmal die Möglichkeit ein, parlamentarische Fraktionen zu bilden. Er glaubte, daß das Syndikat, die Familie und die Gemeinde genügten, um jede Art von Kundgebung eines ideologischen Pluralismus zu absorbieren.

Angesichts solcher Vorstellungen konnten die fast unlösbaren Schwierigkeiten nicht überraschen, denen sich der neue Minister für die Bewegung, Torcuato Fernández Miranda, gegenübersah. Bei seinem Eintritt in die Regierung im Dezember 1969 verbot er die Nationale Vertretung der Verbände (Delegación Nacional de Asociaciones), was faktisch das Verschwinden des Statuts für die Verbände bedeutete, das sein Vorgänger Solís erst einige Monate zuvor gebilligt hatte.

Der neue Minister verstand zweifellos die Notwendigkeit, den im Land vorhandenen Pluralismus zu regeln und die Formen der Repräsentation innerhalb des Systems auszuweiten. Er sprach zum Beispiel von der Formenvielfalt *(pluriformismo)* und legte im Mai 1970 einen neuen Gesetzentwurf für die Verbände vor, in dem bereits die »Verbände mit politischer Aktivität« enthalten waren.

Fernández Miranda war ein geschickter und intelligenter Mann, dem es nicht unbekannt war, daß die politischen Verbände nichts anderes als Parteien unter anderem Namen sein würden; aber auch er konnte aus den Verbänden keinen dritten Weg zwischen der Einheitspartei und den politischen Parteien machen. Die neue Regierung fror den Entwurf des Ministers ein und erklärte die Frage des Verbandswesens zur »vorbehaltenen Materie«. Die verbalen Saltos, die Fernández Miranda zur Verteidigung dieser Maßnahme schlagen mußte, waren außerordentlich: »Ja oder nein zu den Verbänden zu sagen«, sagte der Minister im November 1972 in den Cortes »bedeutet nur, auf einen raffinierten Trick hereinzufallen. Es geht darum, zu sehen, ob man, wenn man ja zum politischen Verbändewesen sagt, auch ja oder nein zu den politischen Parteien sagt, oder ob man nicht ja, sondern nein zu ihnen sagt.« Der Schluß, den man aus diesem verworrenen Gerede des Ministers ziehen konnte, lautete, daß es keine Verbände geben werde, falls die Verbände verkleidete Parteien sein würden. Und es gab tatsächlich keine[15].

Es waren freilich die Regierung und das Regime selbst, die auf diesen raffinierten Trick hereinfielen, von dem Fernández Miranda gesprochen hatte. Der Franquismus hatte keine politischen Antworten auf die nationalen Probleme. Dies erkannten sogar die Männer des Systems selbst. 1971 veröffentlichte der Ex-Minister Fraga Iribarne ein vielbeachtetes Buch mit dem Titel ›El desarollo político‹ (Die politische Entwicklung), in dem er aufzeigte, worin die tiefere Wurzel der Krise des Regimes lag: in der Notwendigkeit anderer politischer Institutionen, d.h. eines neuen politischen Systems für eine entwickelte und industrielle Gesellschaft, wie es die spanische der siebziger Jahre war. Fraga dachte sogar bereits an eine Öffnung im Sinne einer Liberalisierung und zugunsten der Verbände sowie an einen breiteren Rahmen der Repräsentation und der demokratischen Legitimität.

Das sagte ein Franquist, dessen Name stets in allen Spekulationen auftauchte, die man angesichts möglicher Regierungswechsel anstellte. Daran war vor allem die Ausweitung, die die politische Debatte innerhalb des Regimes selbst erfahren hatte, bedeutsam. Areilza schrieb zum Beispiel offen in der Presse über den »spanischen Weg zur Demokratie« und erinnerte daran, daß die Demokratie die Volkssou-

[15] Siehe Anm. 6.

veränität, eine verantwortliche Regierung, ein Parlament und politische Parteien voraussetze. Die Anhänger der Öffnung sprachen praktisch bereits die Sprache der demokratischen Opposition im Untergrund.

Der Regierung Carrero Blanco gelang es nicht, ihre eigenen Widersprüche und Dilemmas zu lösen. Auf die Eskalation der Konflikte antwortete sie mit noch härteren Maßnahmen zur Erhaltung der öffentlichen Ordnung. 1971 wurde das Gesetz über die öffentliche Ordnung aus dem Jahr 1959 reformiert und die Zahl der Geld- und Gefängnisstrafen für die von ihm erfaßten Vergehen erhöht. Die Tageszeitung ›Madrid‹, die liberalste der spanischen Zeitungen, wurde von der Regierung 1972 geschlossen (auf ihr Gebäude wurde am 21. April 1973 ein Bombenanschlag verübt, und der Chefredakteur, Rafael Calvo Serer, derselbe Mann, der vorher der Ideologe des katholischen Integrismus gewesen war, mußte ins Exil gehen). Andere Publikationsorgane (Zeitungen, Zeitschriften und Verlage) wurden zeitweilig geschlossen und erhielten Geldstrafen. 1972 wurden die Hauptvertreter der Arbeiterkommissionen verhaftet und im darauffolgenden Jahr vor Gericht gestellt, das sie zu Strafen von bis zu zwanzig Jahren Gefängnis verurteilte[16].

Aber diese Politik hatte sich längst als ohnmächtig erwiesen. Wie wir bereits gesehen haben, hörten die Konflikte mit den Arbeitern, Studenten und Basken nicht auf. Das gleiche war in anderen Bereichen der Fall. Das Verschwinden der Abendzeitung ›Madrid‹ brachte die Presse nicht zum Schweigen, im Gegenteil, sie verwandelte sich in ein »Parlament aus Papier« und wurde zum Ausdruck des politischen Pluralismus, der sich im Lande und im Regime regte (wenn auch die demokratische Opposition nur unter vielen Vorsichtsmaßnahmen und Einschränkungen an die öffentliche Meinung herankam und immer noch unter den Unterdrückungsmaßnahmen zu leiden hatte). In der Tagespresse machte zum Beispiel eine Gruppe hervorragender Karikaturisten (u.a. Mingote, Forges, Chummy Chúmez)

[16] Zur Krise des Regimes siehe: P. Preston (Hrsg.), Spain in Crisis, London 1976; und Jorge de Esteban und Luis López Guerra, La crisis del Estado Franquista, Barcelona 1977.

die Unbeweglichkeit und die traditionelle Rhetorik des Franquismus lächerlich.

Die Regierung selbst war gespalten. Während Carrero Blanco und Fernández de la Mora, der Minister für öffentliche Arbeiten, in der Presse Flagge zeigten und unter ihren Pseudonymen Ginés de Buitrago und Diego Ramírez heftige Schmähungen gegen die Linie der Öffnung und gegen die Parteien veröffentlichten, gaben andere Minister Erklärungen zugunsten politischer Verbände und einer Liberalisierung ab. Der für die öffentliche Ordnung verantwortliche Innenminister, Tomás Garicano Goñi, übergab Franco am 11. September 1972 eine Notiz, worin er ihn darauf aufmerksam machte, daß es notwendig sei, das politische Handeln des Regimes unter Ablehnung der Haltung der Ultras an der Erleichterung des Wandels und der Ablösung auszurichten, für die die junge Generation eintrete. Einige Monate danach, am 7. Mai 1973, prangerte er gegenüber Franco erneut die »maßlose Hysterie« der Ultras an und legte ihm dar, daß er »eine echte Öffnung der Politik« für notwendig halte[17].

Gerade die Reaktion der Rechten des Regimes, der Ultras, von denen Garicano Goñi sprach, ließ die tiefgehende Krise des Regimes sichtbar werden (und trug gleichzeitig dazu bei, sie zu verschlimmern). In den Cortes brachten die extrem rechtsstehenden Abgeordneten energisch ihren tiefen Widerwillen gegen die sichtbaren Anzeichen einer Begünstigung der Öffnung von seiten des Regimes zum Ausdruck; sie wandten sich zum Beispiel gegen López Bravos Öffnung gegenüber dem Osten oder gegen Pläne etwa zur Anerkennung der Kriegsdienstverweigerung.

Seit 1971 gab es auch rechtsextreme Gewalttaten: Rechte Kommandos überfielen Buchhandlungen und Kunstgalerien, die wegen ihrer kulturellen und politischen Linkstendenz bekannt waren. Die Rechte spielte die Hauptrolle bei den massiven Demonstrationen der Zustimmung zu Franco im Jahr 1970 und im Oktober 1971; sie organisierte auch die Kundgebungen zu Ehren der Polizei im Mai 1973, die gleichzeitig einen Protest gegen die Schwäche des Ministers

[17] Die Stellungnahmen Garicano Goñis bei Laureano López Rodó, Marcha, S. 424f. und 441.

Garicano Goñi darstellten. Natürlich lehnte die Rechte des Regimes auch die politischen Verbände ab. Das einzige Zugeständnis war einer Äußerung Girón de Velascos im Mai 1972 zufolge ein Spielraum für »Richtungen«, der natürlich über den Rahmen des Systems nicht hinausgehen durfte. Girón sprach von einer »fortschrittlichen und revolutionären« Richtung, die die Falange verkörpere, von einer »konservativen und traditionellen« (der Katholiken) und von einer dritten »gemäßigten und moderaten«, die nach seiner Ansicht López Rodó vertreten könne.

Allein die bedingungslose emotionale Zustimmung zum Caudillo schien den Franquismus noch zusammenzuhalten. Ein Jahr nach der Massendemonstration vom 17. Dezember 1970 gingen die franquistischen Massen ein weiteres Mal auf die Straße. Am 1. Oktober 1971 ehrten sie wieder einmal auf der Plaza de Oriente in Madrid lautstark ihren Führer. Dieses Mal gab es keinen speziellen Anlaß für die Demonstration, die »einfach nur so« veranstaltet wurde, wie man der äußerst intensiv betriebenen Propaganda entnehmen konnte. Die Verherrlichung der Person Francos in einer neuen Art plebiszitärer Führerschaft, die sich jetzt auf die Weisheit des Alters gründete, war die Antwort des Franquismus auf seine unlösbare Identitätskrise.

Franco hatte inhaltlich bereits nur mehr sehr wenig zu sagen. Trotzdem stürzte er sich weiterhin in Aktivitäten. 1970 reiste er nach Barcelona, Valencia, Saragossa, Cáceres, Jerez und Salamanca und empfing im Pardo-Palast neben anderen Persönlichkeiten den Präsidenten der Vereinigten Staaten, Nixon, und den Portugals, Americo Thomas. Außerdem empfing er zahllose Besucher auf seinen unzähligen Audienzen im Pardo-Palast (und im Sommer in Meirás). In seinen vierzig Jahren als Staatschef hatte er insgesamt 9169 Personen und 5023 Kommissionen (mit 68596 Personen) empfangen[18].

Aber seit 1971 hörten seine Reisen durch Spanien praktisch auf, und die Worte, die er bei offiziellen Gelegenheiten sprach sowie die anderen repräsentativen Akte beschränkten sich bereits auf das strikt Protokollarische.

[18] Die Angaben finden sich bei Vicente Pozuelo Escudero, Los últimos 476 dias de Franco, Barcelona 1980, S. 108.

Franco bewegte sich in denselben Widersprüchen wie sein Regime. Als Fernández Miranda ihm im Dezember 1969 mitteilte, daß er das Verbändestatut verbieten werde, sagte er zu ihm: »Schließen Sie auf jeden Fall die Tür nicht ganz; lassen Sie sie ein wenig auf.«[19] Es war genau diese Zweideutigkeit, die die Krise nährte und verlängerte.

»Man muß abwarten, man muß abwarten, der Mann wird reagieren, er muß es tun. Es gibt keine andere Lösung«, meinte Girón de Velasco zu Francos Arzt, Vicente Gil, am 14. Dezember 1972[20]. Die Hoffnung des Führers der ultrarechten Vereinigung der alten Kämpfer erfüllte sich nicht. Nicht nur reagierte der Mann nicht, er wußte auch keine Lösung.

Franco hielt die beiden letzten politisch bedeutsamen Reden seines Lebens am 18. November 1971 zur Eröffnung der zehnten Legislaturperiode der Cortes und am 31. Januar 1972 zur Eröffnung des zwölften Nationalrates der Bewegung. Aus ihnen wurde wiederum klar, daß nicht alles »geregelt und gut geregelt« war, ein Ausdruck, den Franco in seiner Rede vom 18. November wieder verwendete. Das bewies allein schon die Tatsache, daß Franco sich im Alter von 80 Jahren gezwungen sah, ein weiteres Mal zu definieren, worin sein Herrschaftssystem und dessen Institutionen bestanden.

In der ersten dieser beiden Reden kehrte Franco zu seinen Lieblingsvorstellungen zurück, nachdem er die Arbeit der Cortes seit dem Jahr 1967 noch einmal dargestellt und eine selbstgefällige Bilanz der Entwicklung von 1940 bis 1970 gezogen hatte. Er beharrte auf seiner Behauptung, daß die Entwicklung Spaniens der nationalen Bewegung zu verdanken sei und daß es in Spanien einen »sozialen Rechtsstaat« gebe. Er definierte sein System entsprechend der Formel Carrero Blancos als »Einheit der Gewalt und Koordinierung der Funktionen«. Und er erinnerte die Zuhörer an seine altbekannte Aussage: »Spanien ist als politische Einheit ein sozialer, katholischer und repräsentativer Rechtsstaat, der sich gemäß seiner Tradition als Königreich konstituiert er-

[19] Rogelio Baón, La cara humana de un Caudillo. 401 anécdotas, Madrid 1975, S. 148.

[20] Vicente Gil, Cuarenta años, S. 55.

klärt.« Er sprach von der notwendigen »Vervollkommnung« der Institutionen, aber er lehnte die politischen Parteien offen ab und machte ganz deutlich, daß die Meinungsunterschiede in seinem System nicht mit »von ideologischen Gruppen ersonnenen dogmatischen Schemata«verwechselt werden könnten. Er erinnerte ein weiteres Mal daran, daß die Grundsätze der Bewegung per definitionem »ewig« und »unabänderlich« seien.

Er bestritt nicht, daß es in Spanien Probleme gebe, die er auf das Wirtschaftswachstum als solches und auch auf die »systematische Subversion« seiner Feinde zurückführte. Aber er bekräftigte, daß sich Spanien bester politischer Gesundheit erfreue, daß es bereits eine (»praktikable« und »organische«) Demokratie sei und daß der soziale Rechtsstaat die politische Ordnung darstelle, die die Freiheit und die Gerechtigkeit gewährleiste.

Die Rede vom 31. Januar 1972 war kürzer, hatte aber nicht weniger definitorischen Charakter. Franco wollte die Funktionen des Nationalrates der Bewegung genau definieren und die Aufgabe der Verteidigung der institutionellen Ordnung skizzieren, die ihm oblag. Er umriß seine eigene Rolle als Schiedsrichter des politischen Geschehens und seine Funktion, die politischen Ziele des Regimes abzustecken.

Franco hatte in seinen Reden tatsächlich nichts Neues gesagt. Er hatte nur eine Sache klargemacht, daß es keine Alternative zu seinem Regime gebe, daß die Treue zu den Grundsätzen des 18. Juli unerschütterlich sei und daß es politisches Handeln nur im Rahmen der Bewegung geben könne.

Wahrscheinlich konnte man von einem Mann von 80 Jahren nicht mehr verlangen als diese unerschütterliche Treue zu seinem Lebenswerk. Aber seine Reden waren lediglich abstrakte und feierliche Definitionen, idealisierte Darstellungen der Leistung und der Bedeutung des Regimes. Das Problem bestand jedoch darin, daß eben dieses so definierte System erleben mußte, wie es von der Eigendynamik der spanischen Gesellschaft überflutet wurde. Auch darin zeigte sich, daß es nicht dazu geeignet war, den im ganzen Lande überkochenden Pluralismus der Meinungen in geordnete Bahnen zu lenken, wie die Zunahme der Auseinandersetzungen deutlich machte. Das Regime war nicht die Lösung, das Regime war das Problem.

Die Schaukelpolitik ging weiter und die Unsicherheit dauerte an. Auch zu der von Girón erwarteten Reaktion kam es nicht. Im Gegenteil, in seiner Weihnachtsrede im Jahr 1972 schien Franco eher der Öffnung zuzuneigen: »Wir müssen alles Abschließende und Ausschließende beseitigen; die Verschiedenheit der Meinungen und Richtungen ist nicht nur legitim, sondern notwendig.« Carrero Blanco wandte sich am 1. März 1973 an den Nationalrat der Bewegung und ersuchte ihn, »konkrete Maßnahmen zur Erweiterung der Beteiligung der Spanier an den öffentlichen Aufgaben« zu entwerfen.

Die Hoffnungen der Öffnungsbewegung, die die Weihnachtsbotschaft Francos begeistert aufgenommen hatte, waren verfrüht. Im Mai 1973 ermordete die FRAP einen Polizisten. Außerdem löste der Erzbischof von Madrid, Kardinal Tarancón, einen Streit aus, weil er einer politisch-religiösen Pilgerschaft den Einzug in Madrid verbot, die mit dem Bild der Jungfrau von Fatima durch Spanien zog. Beides diente als Anlaß für eine regelrechte Offensive der Ultrarechten, die ihren Höhepunkt in der Kundgebung zu Ehren der Polizei fand.

Obwohl Carrero Blanco die Situation mit klugem Augenmaß meisterte, war die politische Krise unvermeidlich. Im Juni 1973 bildete Franco die Regierung um. Neu waren die Trennung der Ämter des Staats- und des Regierungschefs, die angesichts von Francos Alter obligatorisch schien, und die Ernennung Carrero Blancos zum Regierungschef (des weiteren wurde das Außenministerium mit López Rodó besetzt, und der als Verfechter einer harten Linie geltende Carlos Arias Navarro trat als Innenminister in die Regierung ein). Aber in politischer Hinsicht waren kaum Veränderungen zu erwarten: Carrero sagte selbst, daß sein Regierungsprogramm darin bestehe, »weiterzumachen«.

Die Regierung vom 11. Juni 1973 bedeutete jedoch auf jeden Fall einen Rechtsruck. Man sah darin die einzige Möglichkeit zur Beruhigung der Ultras, ohne daß man aber deswegen auf eine gemäßigte, von der Regierung gut kontrollierte Öffnung zu verzichten brauchte. Darauf schienen die Reden Carreros in den Cortes vom Juli ebenso hinzudeuten wie die von Fernández Miranda im Oktober angekündigte »institutionelle Offensive«. (Fernández Miranda war in der neuen Regierung in die Stellung des stellvertretenden Ministerpräsidenten aufgerückt.)

Doch die neue Regierung kam nicht zum Zug. Am 20. Dezember 1973, dem Tag, an dem der Prozeß gegen die Führer der Arbeiterkommissionen beginnen sollte, wurde Carrero Blanco durch ein Kommando der ETA ermordet: Eine gewaltige Explosion schleuderte das Auto in die Luft, in dem Carrero Blanco saß, der gerade wie jeden Tag einer Messe in der Jesuitenkirche beigewohnt hatte. Die Explosion war durch drei in einem sieben Meter langen Tunnel angebrachte Sprengladungen bewirkt worden, den man unter dem Pflaster der Calle de Claudio Coello in Madrid gegraben hatte. Der Wagen flog mehr als 30 Meter hoch über ein fünfstöckiges Gebäude, den Sitz der Jesuiten, und fiel in dessen Innenhof: Mit Carrero starben auch der Fahrer des Wagens und der Begleitpolizist.

Franco erhielt die Nachricht gegen zehn Uhr morgens, etwa 20 Minuten nach dem Attentat; Innenminister Arias Navarro teilte sie, nachdem ihn die Polizei informiert hatte, Antonio Galbis mit, einem von Francos Adjutanten. Bis gegen zwölf Uhr mittags ließ man Franco jedoch in dem Glauben, daß Carrero bei einem Unfall ums Leben gekommen sei. Als Fernández Miranda ihm mitteilte, daß es sich um ein Attentat gehandelt hatte, nahm Franco, der an einer starken Grippe litt, die Nachricht verhältnismäßig gelassen auf. Er machte ein paar Schritte und kommentierte: »So etwas kommt vor.« Am folgenden Tag sah man dennoch die Emotion, die das Ereignis in ihm ausgelöst hatte: Er brach in Tränen aus, faßte sich jedoch sofort wieder vor der Ministerratssitzung, die er aus Dringlichkeitsgründen anberaumt hatte (und auf der beschlossen wurde, den ermordeten Ministerpräsidenten zum Herzog von Carrero Blanco zu ernennen)[21].

Franco wohnte der Beerdigung am 21. Dezember nachmittags nicht bei. Prinz Juan Carlos war anwesend inmitten einer zum Zerreißen gespannten Atmosphäre. Die Zeremonie war der Anlaß für eine lautstarke Demonstration der

[21] Zu dem Attentat und den nachfolgenden Ereignissen: EL PAIS. Equipo de investigación (Ismael Fuente, Javier García, Joaquín Prieto), Golpe mortal. Asesinato de Carrero y agonía del franquismo, Madrid 1983.

extremen Rechten, die Hochrufe auf die Guardia Civil ausbrachte und verlangte, daß die Armee die Macht übernehmen solle.

Dagegen nahm Franco an der Totenmesse teil, die am Tag darauf in der Kirche San Francisco el Grande stattfand und von Kardinal Tarancón zelebriert wurde. Er war bei den vorangegangenen Zeremonien die Zielscheibe des Zorns der Ultras gewesen: Die Rufe »Tarancón an die Wand« (»Tarancón, al paredón«) waren ständig zu hören gewesen. Franco war sehr bewegt; er schluchzte und seufzte einige Male während des Trauerakts und weinte ohne Verstellung, als er am Ende die Witwe Carrero Blancos, Carmen Pichot, umarmte.

Der Tod Carrero Blancos war sicher ein sehr harter Schlag für den alten Franco: Carrero war seit 1941 sein loyalster und wertvollster Mitarbeiter, sein Alter ego gewesen; er war gleichsam der Schlußstein im Gebäude des Franquismus gewesen und hatte die Schlüsselfunktion bei der Bildung der Regierungen, bei der Ausarbeitung der Gesetze und bei der Entwicklung der Institutionen gehabt, die ihm auch für die Zukunft des Franquismus nach Franco zugedacht gewesen war.

Wie der Minister für öffentliche Arbeiten, Fernández de la Mora, feststellte, »hätte man der Kontinuität des Staates des 18. Juli keinen härteren Schlag versetzen können«. Man hatte den Eindruck, daß der Tod Carrero Blancos das Ende des Franco-Regimes bedeutete. Wenn dies so war, dann speziell wegen des allgemein verbreiteten Bewußtseins von der Schwere der Krise, in der das Regime in den letzten Jahren steckte und auch wegen der sichtbaren physischen Erschöpfung Francos. Und genau so war es auch.

Spanien war ein katholischer Staat, in dem die Kirche das Regime verurteilte und in dem man auf den Straßen gegen den Erzbischof von Madrid und die »roten Bischöfe« lärmte. Es war ein Staat, der Streiks verbot, in dem sie jedoch tausendfach stattfanden – ein autoritärer Staat, der wegen seines schlechten Gewissens eine Art von demokratischer Legitimität suchte.

Als das Jahr 1973 zu Ende ging, hätte man angesichts des Versagens der Polizei im Fall des Attentats gegen Carrero Blanco und angesichts der Dauerkrise, mit der der Franquismus sich herumschlug, fast einen Ausspruch auf das Regime anwenden können, den der italienische Patriot Guiseppe Mazzini (1805–1872) eineinhalb Jahrhunderte zuvor über die Autoritäten von Genua getan hatte: daß sie über alle Elemente verfügten, um eine Tyrannei auszuüben, außer über die notwendige Fähigkeit dazu.

Achtes Kapitel
Agonie und Tod

»Die politischen Umstände im damaligen Spanien hatten Calomarde unmöglich gemacht«, schrieb 1853 der Historiker Antonio Pirala in seiner ›Historia de la guerra civil‹ (Geschichte des Bürgerkriegs). Er zeigte, daß beim Übergang vom Absolutismus zum Liberalismus nach dem Tode Ferdinands VII. im Jahr 1833 in Spanien die ultramontane und reaktionäre Politik des Ministers Calomarde, der 1832 noch Regierungschef war, unmöglich geworden war. Franco kannte das Urteil Piralas wohl nicht, denn mit der Ernennung von Carlos Arias Navarro als Regierungschef nach dem Tode Carrero Blancos beging er den gleichen Fehler, den Ferdinand VII. eineinhalb Jahrhunderte zuvor mit der Ernennung Calomardes begangen hatte. Dies ging zumindest klar aus den Ereignissen der Zeit vom Januar 1974 bis zum November 1975 hervor, in der Arias mit Franco gemeinsam regierte.

Seine Ernennung kam sogar für Arias Navarro selbst überraschend. Erstens, weil er der Innenminister der vorausgehenden Regierung gewesen und damit für das spektakuläre Versagen der Staatssicherheit bei dem Attentat auf Carrero verantwortlich war. Zweitens, weil Torquato Fernández Miranda als Vizepräsident der Regierung die durch den Tod Carreros entstandene Krise mit großer Gelassenheit und mit Geschick bewältigt hatte. (Die öffentliche Ordnung wurde nicht erschüttert; es gab keine Unterdrückungsmaßnahmen, wie man sie vor allem angesichts der energischen Befehle des Leiters der Guardia Civil, General Iniesta Cano, hätte befürchten können, die jedoch von der Regierung schnell wieder aufgehoben wurden). Es erschien nur logisch, Fernández Miranda für den am besten geeigneten Mann zu halten, an die Stelle Carreros zu treten.

Es kam anders. Gegen Fernández Miranda gab es eine sehr starke Opposition von seiten einflußreicher Persönlichkeiten des Regimes (wie z. B. Girón und Alejandro Rodriguez de Valcárcel, der seit 1970 Präsident der Cortes war). Er war auch kein Mann, der dem Pardo-Palast nahestand; dort übte eine kleine Gruppe von Personen, die aus der Frau Francos, Carmen Polo, seinem Schwiegersohn, dem Marquis von Villaverde, seinem Arzt Vicente Gil, seinem Adjutanten, Kapitän zur See Antonio Urcelay, und dem zweiten Vorsitzenden des Militärkabinetts, General José Ramón Gavilán, bestand, den entscheidenden Einfluß aus. Fernández Miranda strengte sich auch nicht besonders an, das Amt des Regierungschefs zu erhalten, sei es, weil er es nicht wollte (anscheinend stand er unter dem Druck seiner Familie), sei es, weil er glaubte, daß seine Ernennung unter den gegebenen Umständen ohnhin sicher sei.

Franco entschied sich dennoch schnell gegen ihn. Fernández Miranda war ein subtiler und komplizierter Intellektueller, ein Professor für Staatsrecht. Franco hatte Intellektuellen und Professoren stets mißtraut und war der Ansicht, daß ihnen die Befähigung zum Regieren abgehe (das Beispiel Marcelo Caetanos, des Nachfolgers Oliveira Salazars seit 1969 in Portugal schien ihm Recht zu geben). In gewissen politischen Kreisen meinte man, daß Fernández Miranda der Totengräber des Regimes sein werde, und man hielt ihn ohne weiteres für eine Persönlichkeit, die sich besonders dazu eigne, eine allmähliche Evolution des Franquismus in Richtung einer Art von Verfassungsreform zu lenken.

Aber das war nicht das, was Franco wollte. Vier Tage nach dem Attentat auf Carrero, also am 24. Dezember 1973, sondierte Fernández Miranda bei einem Treffen mit dem Caudillo, welche Chancen er hatte. Franco war trotz seines äußerst nervösen Zustandes in den letzten Tagen nach dem Attentat agil, schnitt ihm das Wort ab und fragte ihn: »Wollen Sie mir etwa zu verstehen geben, daß ich Sie in das Triumvirat aufnehmen soll, das mir der Reichsrat präsentiert?« Das genügte. Fernández Miranda sollte nicht einmal diesem Triumvirat angehören (das von Carlos Arias Navarro, José Solís Ruiz und José García Hernández gebildet wurde); ohne diese Mitgliedschaft aber war seine Ernennung unmöglich.

Franco entschied sich erst am 28. Dezember. Er war in diesen Tagen verändert, sichtlich nervös und verdrossen und stand unter dem Druck seiner Vertrauten (Carmen Polo war während der Bewältigung dieser Krise besonders nervös; sie hatte Angst, daß das Regime und sie alle wie Carrero enden würden, außer man entschied sich für einen energischen Ministerpräsidenten); Franco schwankte angesichts der zu treffenden Entscheidung, denn er wußte, daß sie weitreichende Bedeutung hatte, und er hatte kein klares und festes Urteil.

Bis zum 28. neigte er seinem Freund und Ex-Minister, Admiral Pedro Nieto Antúnez zu, der bis dahin auch der Favorit Doña Carmens war. Aber der Druck derer, die den 76jährigen Nieto für einen alten und zaghaften Mann hielten, war stärker. Franco änderte seine Meinung wahrscheinlich erst in letzter Minute, als sogar der Präsident der Cortes und des Reichsrats, Rodríguez Valcárcel, erwartete, daß er ihn mit der Ernennung von Nieto Antúnez beauftragen werde. Die endgültige Meinungsbildung von Antonio Urcelay, seinem Adjutanten, und Doña Carmen Polo zugunsten von Arias Navarro war entscheidend: »Carlos Arias soll in das Triumvirat aufgenommen werden«, befahl Franco Valcárcel am Morgen des 28. in Gegenwart seiner Frau. Am Nachmittag desselben Tages stellte der von diesem einberufene Reichsrat gehorsam das Triumvirat vor, wobei nur wichtig war, daß der Name erschien, den Franco wollte[1].

So ernannte Franco seinen zweiten und letzten Regierungschef – in einer persönlichen und autokratischen Entscheidung, bei der keine weitere Erwägung als die Empfehlung der Kreise zählte, denen er vertraute. Politisch gesehen war die Ernennung trotzdem nicht unlogisch. Arias war offenbar von den dem Pardo-Palast nahestehenden Persönlichkeiten derjenige, der die größte Energie besaß, um das zu tun, was Carrero, der entgegen dem Anschein klug und gemäßigt regiert hatte, nicht zu tun verstanden hatte: die Kontinuität zu wahren.

Die Ernennung von Arias stellte im Grunde nur den »Bunker« des Regimes zufrieden. Für die Anhänger einer Öffnung, die Reformer und die Opposition im Untergrund und für die immer erwartungsvollere öffentliche Meinung war Arias schlicht und einfach der Mann der Repression (wegen der Härte, die er während des Bürgerkriegs in Mála-

[1] Zur Ernennung von Arias Navarro siehe: EL PAIS. Equipo de investigación (Ismael Fuente, Javier García, Joaquín Prieto), Golpe mortal. Asesinato de Carrero y agonía del franquismo, Madrid 1983, S. 281 ff., und Vicente Gil, Cuarenta años junto a Franco, Barcelona 1981, S. 151–163.

ga als Staatsanwalt an den Tag gelegt hatte und wegen der vielen Jahre, die er unter Alonso Vega Chef des Sicherheitsdienstes gewesen war).

Franco hatte sich also für eine autoritäre Politik entschieden. Dies bedeutete nicht, daß er jetzt die klug kontrollierte Politik der Kontinuität verworfen hätte, über die er und Carrero einer Meinung gewesen waren und die bis zu einem gewissen Grad die Anpassung an die neuen Realitäten im Sinne einer Politik der Öffnung nicht ausschlossen. Im Gegenteil, Arias legalisierte zum Beispiel im Dezember 1974 die Verbände und im April 1975 den Streik, wobei ihn Franco sogar unterstützte, der freilich die Behauptung des Grundsatzes der Autorität jeder anderen Erwägung voranstellte. Die rigorose und energische Aufrechterhaltung von Gesetz und Ordnung erschien ihm als Vorbedingung für jede weitergehende Öffnungspolitik.

Arias bildete seine Regierung im Januar 1974. Er behielt acht Minister aus dem Kabinett Carrero Blancos, entledigte sich aber López Rodós und der Technokraten, die seit 1957 an der Macht waren; er nahm in die Regierung Männer der Bewegung mit falangistischer Vergangenheit auf, aber auch eine Reihe von neuen Leuten, die zwar in der Öffentlichkeit wenig bekannt, aber frühere Mitarbeiter von ihm gewesen waren (Antonio Carro, José García Hernández, Valdés y González Roldán, Rodríguez de Miguel); eine Überraschung war die Ernennung eines Gefolgsmannes von Fraga Iribarne, Pío Cabanillas, zum Minister für Information.

Die neue Regierung mußte unmittelbar zwei dringende Probleme in Angriff nehmen: die öffentliche Sicherheit, wie durch das Attentat auf Carrero klargeworden war, und die Wirtschaftskrise, die sich in der zweiten Hälfte des Jahres 1973 in Form einer Inflation von an die 14 Prozent jährlich und einem Handelsdefizit von 4,5 Milliarden Dollar abzuzeichnen begann, obwohl das Bruttoindustrieprodukt in diesem Jahr immer noch um 10,1 Prozent und die Zahl der in der Industrie Beschäftigten um 2,4 Prozent stiegen.

Aber das Hauptproblem, mit dem sich Arias auseinandersetzen mußte, hatte das Regime mindestens seit 1976 mit sich herumgeschleppt: das der politischen Weiterentwicklung. Dazu gesellte sich die zunehmend offen gestellte Frage, ob der gealterte Franco noch zu seinen Lebzeiten die Macht dem Prinzen Juan Carlos abtreten solle, um so den Übergang zu erleichtern, oder nicht. Arias erwies sich unabhängig von den Erfolgen oder Mißerfolgen seines Handelns als Mann mit größerem politischem Instinkt, als man erwartet hatte. Es war ihm ganz klar, wie die Ära Carreros (1967–1973) gezeigt hatte, daß Unbeweglichkeit in Zukunft unmöglich war und daß die Probleme des Landes und vor allem die Kontinuität des Systems eine neue Form des Konsenses erforderten[2].

Die Schwierigkeit lag für Arias darin, daß es ihm nicht gelang, das Gleichgewicht zwischen der vollen Loyalität gegenüber Franco und seinem System (zu dem er sich bekannte) einerseits und der Herstellung dieses Konsenses andererseits zu finden (den er gleichwohl als unvermeidlich betrachtete). So sollten seine zwei Regierungsjahre durch eine Schaukelpolitik von Vorstößen und Rückzügen gekennzeichnet sein, die er überdies nicht erfolgreich dosierte. Er regierte mit einer Kombination von verbaler Öffnungspolitik und realer Unterdrückung, die niemanden zufriedenstellen konnte. Im Gegenteil, er verärgerte den »Bunker«, enttäuschte die Anhänger der Öffnungspolitik, ermunterte die Opposition im Untergrund und begünstigte die Politisierung der spanischen Gesellschaft. Daher schien es zeitweise, wie wir sehen werden, als seien jene, den Spaniern vertrauten Dämonen, die Franco so sehr beunruhigten, aus der Hölle entkommen und bedrängten, wenn auch unter Schwierigkeiten, das Land.

Arias überraschte die Politikerkaste, das Regime und die Öffentlichkeit, als er in seiner ersten Rede vor den Cortes am 12. Februar 1974 ein detailliertes Regierungsprogramm ankündigte (das der junge aus Soria stammende Politiker Gabriel Cisneros ausgearbeitet hatte); es versprach unter Nennung festgelegter Fristen eine echte Öffnung des Regimes. Der Schlüssel zu der Rede lag in dem Versprechen des Regierungschefs, daß sich der nationale Konsens, der sich

[2] Zu den Absichten der Regierung Arias und ihrer Bildung siehe das Zeugnis von Antonio Carro in: Franco visto por sus ministros, Barcelona 1981, S. 312; zur Ära Arias insgesamt siehe Emilio Romero, Prólogo para un Rey, Barcelona 1976; José Oneto, Arias entre dos crisis 1973–1975, Madrid 1975, und Ricardo de la Cierva, Crónicas de transición. De la muerte de Carrero a la proclamación del Rey, Barcelona 1975.

bisher »in Form der Zustimmung« zu Franco ausgedrückt habe, in Zukunft »in Form der Beteiligung« an der Politik kundtun müsse: Das bedeutete die Bildung von Verbänden und die Erweiterung des politischen Spielraums. Das war es im wesentlichen, was man den »Geist des 12. Februar« nannte. Franco muß ebenfalls zu denen gehört haben, die überrascht waren, aber er widersetzte sich nicht. Er beschränkte sich darauf, seinem neuen Regierungschef zur Vorsicht zu raten.

Wie die Meinung im Land wirklich war und wie es um das Land stand, ließ sich daraus indirekt ableiten. Denn die Rede vom 12. Februar bewirkte eine Wiederbelebung des politischen Lebens. Sie erweckte außerordentliches Interesse und große Begeisterung, wie dies bei keinem anderen mit dem offiziellen politischen Leben des Franquismus verbundenen Ereignis in jüngster Zeit der Fall gewesen war. Arias hatte die einmütige Unterstützung aller für die Öffnung eintretenden Kreise und den begeisterten Beifall einer Presse, die von dem liberalen und toleranten Geist des neuen Informationsministers Cabanillas überrascht war.

Tatsächlich erlebte Spanien seit 1974 einen unter dem Franquismus nie gekannten Grad an Pressefreiheit, die einen entscheidenden Beitrag zur Wiedererstehung des politischen (und demokratischen) Bewußtseins im Lande leistete. Der Erfolg einer Publikation wie ›Cambio 16‹ mit fast einer halben Million verkaufter Exemplare pro Woche spiegelte das Erwachen des politischen Interesses eines Teils der spanischen Gesellschaft und seinen Wunsch nach politischer Veränderung wider. Einige Monate nach der Rede von Arias ließ sich Emilio Romero, der Chefredakteur von ›Pueblo‹ (der Zeitung der Syndikatsorganisation) ironisch über den Wandel aus, zu dem es gekommen war. Gleichzeitig drückte er damit die Besorgnis aus, die unter der franquistischen Rechten entstanden war: »... meine sehr verehrten Journalistenkollegen benehmen sich wegen der Öffnung und der Liberalisierung, als ob sie in einem Haschischrausch schwelgten.«[3]

Neben der Öffnung im Informationsbereich durch Cabanillas kam es außerdem zur sogenannten kulturellen Öff-

[3] Emilio Romero, »Luz verde«, in: Pueblo, 19. Juni 1974.

nung, die dem Leiter der Abteilung für Volkskultur, dem Historiker Ricardo de la Cierva, zu verdanken war. Spanien entdeckte die nackte Frau im Kino, im Theater und in der Presse, was den engeren Kreisen um Franco sehr mißfiel (jedoch auch seine ironischen Seiten hatte: Der Lebensstil von Francos Enkeln war zum Beispiel der gleiche wie der der Jugendlichen des Großbürgertums, und als solcher stellte er eine Verleugnung der christlichen Werte dar, die als Grundlage der öffentlichen und privaten Moral vom orthodoxen Franquismus und von Franco selbst angeboten und praktiziert wurden). Die Presse informierte bereits umfassend und wahrheitsgemäß über Streiks, Politik und Terrorismus. Sogar die Meinungen der Führer der demokratischen Opposition, die noch immer im Untergrund existierte, erschienen häufig in Artikeln und Interviews, die in den landesweit verbreiteten Zeitungen und Zeitschriften veröffentlicht wurden.

Gewiß, die Regierung verbot Konferenzen und politische Aktivitäten der Opposition, und die Öffnung durch Cabanillas war noch mit einschneidenden Beschränkungen verbunden (die nach seiner Absetzung im Oktober 1974 und seiner Ersetzung durch León Herrera wieder zunahmen). Aber grundsätzlich wurde die Existenz von gemäßigten (christdemokratischen, liberalen und sozialdemokratischen) Oppositionsgruppen toleriert. Der Journalist Pedro Calvo Hernando konnte im Mai 1975 schreiben, daß die Namen des Sozialisten Felipe González (der auf dem vom PSOE noch immer im französischen Exil abgehaltenen Kongreß im Oktober 1974 zum Generalsekretär seiner Partei gewählt worden war), des Sozialdemokraten Dionisio Ridruejo, der eigentlichen Seele der gesamten Opposition seit den fünfziger Jahren im Innern, und der Christdemokraten Ruiz-Jiménez und Gil Robles unterrichteten Spaniern bereits vertraut seien[4].

Die Pressefreiheit und die Tolerierung der gemäßigten Opposition waren nicht mehr rückgängig zu machen. Aber das war auch schon alles, was von der allmählichen Demokratisierung des Regimes übrigblieb, die Arias am

[4] Pedro Calvo Hernando, »Opinión personal«, in: Gaceta Ilustrada, 11. Mai 1975.

12. Februar versprochen hatte. Seine Politik war ein beständiges Wechselbad von Hoffnung weckenden Reden und enttäuschenden Initiativen, von ermunternden Versprechungen und repressiven Maßnahmen. Auf die Rede vom 12. Februar folgten zwei schwere Krisen: der Hausarrest für den Bischof von Bilbao, Monsignore Añoveros, nachdem er am 24. Februar seine Predigt zugunsten der baskischen Sprache veröffentlicht hatte, und die Hinrichtung des jungen katalanischen Anarchisten Salvador Puig Antich am 2. März, der wegen Beteiligung an der Ermordung eines Polizisten in Barcelona verurteilt worden war.

Der Fall Añoveros verschlechterte die ohnehin schon schlechten Beziehungen von Kirche und Staat noch weiter. Das spanische Episkopat und der Vatikan unterstützten den Bischof von Bilbao. Es hieß, daß Papst Paul VI. die Exkommunikation Francos selbst (das »Schwert des Allerhöchsten« und der »Diener Gottes«, wie ihn Kardinal Herrera Oria früher einmal genannt hatte) und der spanischen Regierung für den Fall vorbereitet habe, daß sie sich zu einer Verbannung des Bischofs aus Spanien entschlössen. Die Hinrichtung Puig Antichs rief eine neue Welle von Demonstrationen und Protesten in ganz Europa und die tiefgreifende Verärgerung einer ohnmächtigen spanischen Opposition hervor.

Franco sorgte dafür, daß Arias in der Frage Añoveros seine Politik korrigierte und verbot ihm buchstäblich, mit der Kirche zu brechen. Er versuchte, die Art von Konflikt zu vermeiden, die er am meisten fürchtete, sosehr ihn auch die Haltung der Kirche gegenüber seinem Regime enttäuschte und verbitterte[5]. Er sagte anscheinend nichts zum Fall Puig Antich. Wie dem auch sei, der Verschleiß der Regierung war enorm: Gabriel Cisneros ging sogar soweit zu sagen, daß die Regierung sich in drei Monaten so verbraucht habe, wie dies unter normalen Umständen in drei Jahren der Fall gewesen wäre.

Dieser Verschleiß war der Grund dafür, daß die Anstrengungen der Regierung, ihre Glaubwürdigkeit wiederherzu-

[5] Luis Suárez Fernández, Francisco Franco y su tiempo, Madrid 1984, Bd. 8, S. 364ff.

stellen, sich als nahezu nutzlos erwiesen. Ihr Höhepunkt war die Rede des Ministers Cabanillas vom 22. April in Barcelona. Der Informationsminister sprach erneut von Erneuerung, Freiheit und Toleranz und davon, daß man dem staatlichen Dirigismus gegenüber der Presse ein Ende bereiten werde (überdies schwenkte der Minister eine *barretina,* die traditionelle katalanische Mütze, was eine bis dahin ungekannte Geste der Anerkennung der katalanischen Eigenart darstellte).

Die Anstrengungen waren vor allem aus zwei Gründen vergeblich. Erstens wegen des Widerstandes des franquistischen »Bunkers« (der zweifelsohne bei Franco selbst auf ein Echo stieß), wo man über die Informationsfreiheit verärgert war. Ereignisse wie die portugiesische Revolution vom April 1974, die Eskalation der Unruhen und des Terrorismus sorgten für weitere Beunruhigung: 1974 gab es 20 Todesopfer des Terrorismus – darunter 12 bei dem Anschlag auf die Cafeteria Rolando in Madrid –, 69 Versammlungen und Demonstrationen mit Gewalttätigkeiten, 96 politische Überfälle, 168 Sabotageakte und 37 Bombenexplosionen. Zweitens, weil Arias im Grunde allzu konservativ und franquistisch war, um eine Demokratisierung des Franquismus durchzuführen. Daraus ergibt sich die Parallelität mit Calomarde, dem Minister unter Ferdinand VII.

Insbesondere die Revolution vom 24. April in Portugal diente als Anlaß für eine Offensive der franquistischen Rechten auf die Regierung, und zwar speziell auf die Informationspolitik von Cabanillas: Franco selbst sollte bald darauf zu López Rodó sagen, daß die Berichterstattung der spanischen Presse über die portugiesischen Ereignisse, die dem Ende von Salazars Diktatur ohne Vorbehalt Beifall spendete, »eine Pressekampagne in verkehrter Richtung« gewesen sei[6].

Am 28. April veröffentlichte Girón in der Tageszeitung ›Arriba‹ ein Manifest, das sogenannte *gironazo,* (Giróns »Kanonendonner«), in dem er die Pressefreiheit anprangerte und warnte, die Rechte werde weder dulden, daß man die Bedeutung des Bürgerkrieges vergesse, noch daß man das

[6] Laureano López Rodó, La larga marcha hacia la Monarquía, Barcelona 1977, S. 469.

Regime und Franco verrate. Tage danach wies Blas Piñar auf die »Zwerge« hin, die das Regime »infiltriert« hätten, um es zu untergraben, worin man eine Anspielung auf Cabanillas erkennen kann, der nicht von übermäßig großer Statur war. Blas Piñar prangerte die »Pressekanaille« an, womit er die Journalisten meinte, die in Paris an einer Pressekonferenz des Sekretärs der kommunistischen Partei, Santiago Carrillo, teilgenommen hatten.

Am 13. Juni wurde der Chef des Großen Generalstabs, General Manuel Díez Alegría, seines Amtes enthoben; er war der angesehenste General des liberalen Flügels im Heer, in dem die Opposition den spanischen Spinola hatte sehen wollen, das heißt einen Militär, der wie der portugiesische General der Diktatur ein Ende bereiten konnte. Zwei Tage später konnte man die Reaktion darauf schon an der Sprache erkennen, die Arias selbst in einer Rede in Barcelona benutzte: Arias korrigierte, was er am 12. Februar gesagt hatte, betonte die zentrale Rolle der Bewegung und verkündete die Identität zwischen ihr und dem Volk. Seine These war klar: Der Geist des 12. Februar konnte weder vom Regime und der Nationalen Bewegung geschieden noch gegen sie gerichtet sein. Wie Emilio Romero, der zum Sprecher des orthodoxen Franquismus geworden war, mit Genugtuung feststellte, sollten die Enthusiasten des 12. Februar diesen Geist ruhig mit einer Kerze unter den Schaukelstühlen suchen.

So standen die Dinge, als die Gesundheit und das Alter Francos in der spanischen Politik die ganze Unsicherheit und die Spannung sichtbar werden ließen, die zu erwarten waren, wenn der Amtsträger in einem so eindeutig von der Person abhängigen System wie dem Franco-Regime nicht präsent war. Der Caudillo erwachte am 5. Juli 1974 mit Beschwerden und einer Entzündung in seinem schwarzblau angelaufenen rechten Bein. Sein Arzt, Vicente Gil, hatte den Verdacht, daß es sich um Thrombophlebitis handele, das heißt um ein Blutgerinnsel in der Vene; es hatte sich wahrscheinlich gebildet, weil Franco viele Stunden vor dem Fernseher sitzend verbracht hatte, um sich die Begegnungen der in der Bundesrepublik Deutschland stattfindenden Fußballweltmeisterschaft anzusehen. Danach entdeckte man, daß der Auslöser für die Thrombophlebitis ein Abszeß gewesen war, der sich unter einer Schwiele an einer Zehe gebildet hatte.[7]

Angesichts des Ernstes der Krankheit veranlaßte Doktor Gil, daß auch die Ärzte Francisco Vaquero, Ricardo Franco Manera und Rivera López Franco untersuchten. Als die Diagnose auch durch deren Untersuchungen bestätigt war, beschlossen die Ärzte nach vorheriger Unterrichtung des Regierungschefs, Franco in eine Klinik einzuweisen. Er wurde am 9. Juli in das Provinzkrankenhaus Francisco Franco in Madrid eingewiesen, nicht ohne einen gewissen Widerstand zu leisten (er hätte es vorgezogen, im Pardo-Palast behandelt zu werden) und erst nachdem Vicente Gil ihm den Ernst seines Leidens mitgeteilt hatte.

Franco wurde im Zimmer 609 des genannten Krankenhauses untergebracht. Carmen Polo belegte das Nebenzimmer. Er wurde von einem umfangreichen Team von Ärzten und Krankenschwestern betreut. Man entschied sich, nicht zu operieren (Franco glaubte, man würde es tun), führte eine Behandlung mit Heparin durch, behandelte ihn auch medikamentös gegen Parkinson, und machte alle möglichen Arten von entsprechenden Analysen und Untersuchungen. Um das Risiko einer Embolie zu verhindern, ordnete der Marquis von Villaverde, der sich am 14. Juli nach einer Reise auf die Philippinen dem Ärzteteam zugesellt hatte, die Aufstellung einer speziellen Apparatur an, die man aus einem anderen Krankenhaus heranschaffte.

Franco nahm seinen Krankenhausaufenthalt und seine Behandlung mit der für ihn charakteristischen Gelassenheit und sogar mit Fügsamkeit hin.

Er empfing nur Arias und den Prinzen Juan Carlos, die ihn täglich besuchten, sowie José Antonio Girón, den intimen Freund Gils, der ihm auch politisch nahestand, und seine Verwandten. Er beklagte sich nie über seine Behandlung und trat denen, die ihn pflegten, mit seiner üblichen Höflichkeit und Liebenswürdigkeit und sogar mit einer Spur von Humor entgegen. Er reagierte gut auf die Medikamente, und seine Werte blieben normal. Die Entzündung klang bald

[7] Vicente Pozuelo Escudero, Los últimos 476 días de Franco, Barcelona 1980, S. 125. Zu Francos Thrombophlebitis, siehe Vicente Gil, Cuarenta años, S. 167–185.

ab, was es Franco erlaubte, auf den Gängen spazierenzugehen, um seinen Blutkreislauf zu aktivieren. Am 16. Juli entschied man sich zur Behandlung mit oralen Antikoagulantien überzugehen; der Optimismus der Ärzte war offenkundig.

Politisch geschah im Grunde nichts. Franco selbst hatte, bevor er in die Klinik ging, den Regierungschef, Arias Navarro, und den Präsidenten der Cortes, Rodríguez de Valcárcel, ersucht, die Verordnung vorzubereiten, durch die kraft Artikel 11 des Staatsgrundgesetzes der Kronprinz die Funktionen des Staatschefs übernahm. Arias stimmte zu und legte die Verordnung Franco zur Unterzeichnung vor. Aber der Prinz selbst widersetzte sich, erstens aus Ehrfurcht vor Franco und zweitens, weil seiner Ansicht nach die Ersatzzuständigkeit einen Regelverstoß bedeutet hätte: Er wäre ein Nachfolger, aber noch nicht König gewesen und hätte nur unklare Funktionen gehabt[8].

Franco nahm an dem Empfang des 18. Juli in La Granja nicht teil; er verbrachte diesen Tag damit, sich im Fernsehen einen Film über sein Leben anzusehen. Der Gefühlsaufruhr, den dies bei ihm hervorrief, führte zusammen mit der Absetzung der Heparin-Behandlung zu einem sehr schweren Rückfall, der dem Optimismus seiner Ärzte ein Ende bereitete. Franco war während des ganzen Tages sehr unruhig, mit hohem Puls und niedrigem Blutdruck; am frühen Morgen des 19. hatte er eine starke Blutung im Magen-Darmtrakt. Diese konnte gestillt werden, aber die Verschlechterung von Francos Zustand warf erneut die Frage auf, ob ein chirurgischer Eingriff angebracht sei oder nicht. Auf Ersuchen Doña Carmens erteilte ihm Pater Bulart für alle Fälle die Letzte Ölung.

Jetzt stellte sich auch wieder die Frage nach der Übergabe der Macht. Trotz des Widerstandes des Marquis von Villaverde legte Arias Franco die Verordnung vor, durch die Prinz Juan Carlos die Funktionen des Staatschefs übernahm. Franco unterzeichnete sie und beschränkte sich darauf zu sagen, daß man das Gesetz erfüllen müsse.

Er wurde schließlich doch nicht operiert. Sein Schwiegersohn, der Marquis von Villaverde, setzte sich mit seiner Auffassung durch; seine Meinungsverschiedenheiten mit Vicente Gil hatten zu stürmischen Szenen zwischen beiden Anlaß

[8] Laureano López Rodó, Marcha, S. 463f.

gegeben, die sich am Rande einer körperlichen Auseinandersetzung bewegten (am 22. kam es noch zu einer weiteren heftigen Szene zwischen dem jähzornigen Gil und dem Regierungschef, da Gil der Ansicht war, daß Arias seine Autorität als Arzt des Caudillo gegen die ihm gegenüber seiner Meinung nach von Villaverde an den Tag gelegte Geringschätzung nicht verteidigt habe. Gil wurde als Francos Arzt bald darauf durch Vicente Pozuelo ersetzt). Neue Konsultationen hatten das Ergebnis, daß von den verschiedenen Risiken, die Franco bedrängten (Blutung, Embolie), das der Operation das größte sei. Man entschied sich deshalb zur Behandlung mit Antikoagulantien, Massagen und Spaziergängen; man führte neue (und unangenehme) Untersuchungen durch, um festzustellen, ob die Blutung eine andere Ursache gehabt haben könnte oder nicht; man war sogar auf Grund bestimmter Ergebnisse der Ansicht, daß Franco einen Tumor im Rektum haben könne.

Aber Franco sprach wieder auf die Behandlung an und überwand die Krise. Am 25. Juli zeigte er sich schon sehr erholt, am Tag darauf erledigte er sogar drei Stunden lang Geschäfte mit dem Kronprinzen, Arias und einer Reihe seiner Minister. Am 30. erlaubte das Ärzteteam, in dem der Einfluß des Marquis von Villaverde offensichtlich war, Franco, die Klinik zu verlassen und in den Pardo-Palast zurückzukehren. Er tat dies gegen 10 Uhr vormittags unter dem Beifall vieler Leute, die sich im Krankenhaus versammelt hatten; er lächelte und wirkte durch den Verlust von vier Kilo Gewicht abgemagert.

Er war jedoch nicht geheilt, und nur wenige Tage nach Verlassen des Krankenhauses kehrten die Schmerzen im Bein zurück. Das aus sieben Ärzten bestehende Team, das ihn behandelte, unterzeichnete den Entlassungsschein nicht vor dem 31. August. Bis zum 2. September hatte Don Juan Carlos weiter das Amt des Staatsoberhauptes inne.

Der neue Leibarzt Francos, Vicente Pozuelo Escudero, trat seine Stelle am 31. Juli 1974 an; er fand seinen Patienten ohne Stimme, sehr schwach, deprimiert und enorm verfallen vor. Diese Depression war vielleicht das größte Problem, das er in Angriff nehmen mußte, um die Wiedergenesung des Kranken zu bewirken.

Pozuelo wendete eine harmlose und wirkungsvolle Psychotherapie an, die angesichts von Francos Autorität und Alter fast wie eine bizarre Entweihung wirkte. Er ließ ihn (bei geschlossener Türe) im Marschschritt zu Militärmusik durch das Zimmer marschieren. Er ließ ihn außerdem Gymnastikübungen machen und eine Gangway der Iberia heranschaffen, die im Garten des Pardo-Palastes aufgestellt wurde, damit Franco darauf üben konnte, bevor er das Flugzeug nahm, um sich auf seinen Sommersitz in Meirás zu begeben, was er am 16. August auch tat.

In Meirás setzte Pozuelo seine Behandlung fort. Franco unterzog sich auch phoniatrischen Sitzungen, um seine Stimme wiederzuerlangen. Am 13. September spielte er Golf, nachdem er am Vortag seine Funktionen wieder aufgenommen hatte. Der Arbeitstag hatte, wie er es gewohnt war, um 8 Uhr 30 begonnen und nach Mitternacht geendet. Francos außerordentliche Willenskraft und Entschlossenheit hatten die Oberhand gewonnen. Er war verhältnismäßig agil, klarsichtig, vollständig über die Innen- und Außenpolitik informiert und erledigte die laufenden Geschäfte mit seinen Adjutanten und Mitarbeitern. Am 9. August hatte im Pardo-Palast eine Ministerratssitzung unter Vorsitz des Prinzen Juan Carlos stattgefunden; es kam zu einer weiteren am 30. in Meirás, ebenfalls unter Vorsitz von Don Juan Carlos. Beide Gelegenheiten nutzte Franco zu einem Empfang der Minister, sprach privat mit dem Ministerpräsidenten und dem Prinzen und schien praktisch genesen, mit Ausnahme seiner immer noch schwachen Stimme[9].

Franco hatte zu seinem Arzt gesagt, daß seine Einweisung in die Klinik wie eine Bombe einschlagen würde. So war es auch. Aber noch größer war die Überraschung, als man am 2. September ankündigte, daß Franco seine Funktionen als Staatsoberhaupt wieder aufgenommen habe. Die Überraschung verwandelte sich in maßloses Erstaunen, als man Einzelheiten erfuhr; anscheinend hatte er am Tag zuvor in Meirás nichts darüber gesagt. Offenbar teilte der Marquis von Villaverde Arias als erster die Nachricht telefonisch mit (auch hieß es, daß Franco sich darauf beschränkt habe, ihm mit seiner fast unhörbaren Stimme zu sagen: »Arias, ich bin schon geheilt«). Den Prinzen erreichte die Nachricht eben-

[9] Zur Wiedergenesung Francos siehe Pozuelo, Los últimos 476 días, S. 29–102.

falls telefonisch, als er am 1. September in Mallorca, seiner Sommerresidenz, ankam.

Gutgemeinte Erklärungen zugunsten Francos sahen in seiner Entscheidung einen Beweis mehr für sein Pflichtgefühl oder eine Demonstration seiner Großzügigkeit, weil er den Prinzen nicht den schweren Problemen des Terrorismus, der Opposition und von Spanisch-Sahara, aussetzen wollte, das Marokko wieder aufgeworfen hatte. Am 30. Juli hatten die kommunistische Partei, einige Politiker und einige, nicht unbedingt repräsentative unabhängige Gruppen (Rafael Calvo Serer, Antonio García Trevijano, die Karlisten, die kleine sozialistische Partei Tierno Galváns, die Arbeiterpartei, Partido del Trabajo, usw.) in Paris eine Demokratische Junta als mögliche Keimzelle einer demokratischen Alternative zum Franco-Regime ins Leben gerufen. Feindlich eingestellte Erklärungen sahen in Francos Wiederaufnahme der Staatsgeschäfte die Krönung seiner langen Herrschaft als Autokrat und den endgültigen Beweis für seinen Ehrgeiz, bis zum Ende an der Macht zu bleiben.

Wahrscheinlich waren viele dieser Gründe richtig und einander nicht so entgegengesetzt, wie es den Anschein haben konnte. Auch die Angst in der Familie Francos muß ihre Wirkung getan haben, wenn man seine Tochter Carmen ausnimmt, die nicht wollte, daß ihr Vater sein Amt wieder aufnahm. Außerdem fürchtete der »Bunker«, daß ein Rückzug Francos die Einleitung eines politischen Entwicklungsprozesses erleichtern werde, der in eine allmähliche Veränderung des Regimes übergehen könne. Aber vor allem war das Wesen des Franco-Regimes selbst entscheidend. Als er ein ums andere Mal gesagt hatte, daß sein Amt als Staatsoberhaupt auf Lebensdauer sei, hatte er dies nicht rein rhetorisch gemeint: Er wollte sagen, daß er das Regime sei und daß das Regime und er gemeinsam sterben würden. Eine duale Konstruktion, bei der Don Juan Carlos zum König ausgerufen worden wäre und Franco sich nach Meirás zurückgezogen hätte, war fast unvorstellbar. Wenn es auch reine Spekulation sein mag, so ist doch sehr wahrscheinlich, daß eine unhaltbare Lage entstanden wäre.

Franco kehrte am 9. September des Jahres 1974 nach Madrid zurück und nahm seine Tätigkeit als Staatsoberhaupt wieder auf (und dies, obwohl er bald darauf seinem Arzt die

Enthüllung machen sollte, der große Wunschtraum seines Lebens bestehe seit zehn Jahren darin, in ein Kartäuserkloster einzutreten[10]). Er machte unter der täglichen Betreuung Doktor Pozuelos weiter, dem eine neue Übung einfiel, um die Stimme und die Reflexe Francos zu verbessern: Er ließ ihn frei gesprochene Reden halten. Franco und sein Arzt übten fingierte Audienzen. Der Caudillo improvisierte kurze Unterredungen, je nachdem, welche Rolle sein Gesprächspartner verkörperte (den Vorsitzenden eines Syndikats, einer wissenschaftlichen Kommission usw.). Franco hatte eine Minute, um zu antworten; die Übung lenkte ihn ab, er sprach frei und geschickt und beendete seine improvisierten Ansprachen wie bei seinen wirklichen Audienzen mit einem »Es lebe Spanien!«[11]

López Rodó, damals Botschafter in Wien, der ihn am 11. September 35 Minuten lang besuchte, fand ihn in gutem Zustand vor, hellsichtig und im Besitz seines wie immer außerordentlichen Gedächtnisses. Fraga, ebenfalls Botschafter (d.h. spanischer Vertreter in London seit November 1973), der ihn am 25. August in Meirás gesehen hatte, hatte ihn entspannt und liebenswürdig, aber »offensichtlich geschwächt« erlebt[12].

Daß Franco einen Teil seiner Kraft wiedererlangt hatte, war unbestreitbar. Am 14. Oktober 1974, seinem Namenstag, begrüßte er zum Beispiel stehend insgesamt 427 Personen. Er nahm seinen gewohnten Rhythmus ziviler und militärischer Audienzen wieder auf (etwa 10 oder 12 täglich), die er jeweils dienstags und mittwochs abhielt. Im Herbst und Winter 1974/75 ging er wieder auf die Jagd und setzte seine Gesundheit durch die Strapazen dieses Sports (Kälte, Ermüdung usw.) aufs Spiel. Im Mai 1975 eröffnete er gemeinsam mit Prinz Juan Carlos die Landwirtschaftsmesse, was er stets besonders gern getan hatte; er nahm auch die Siegesparade ab und empfing am 31. Mai den nordamerikanischen Präsidenten Ford. Außerdem nahm er am Wohltätigkeitsstierkampf und am Endspiel um den Fußballpokal teil. Am

[10] Ebenda, S. 158.
[11] Ebenda, S. 112–116.
[12] Manuel Frage Iribarne, Memoria breve de una vida pública, Barcelona 1980, S. 333; Laureano López Rodó, Marcha, S. 468 ff.

11. Juli eröffnete er das Museum für zeitgenössische Kunst und hielt am 18. Juli den Empfang in La Granja ab (er angelte sogar im See des Landguts). Im August, seinem letzten Sommer in Meirás, spielte er wieder Golf und fischte auf der Jacht ›Azor‹.

Das Hauptproblem lag in der Frage, welche Befähigung zur Machtausübung ein alter Mann von 81 Jahren haben konnte, der an Parkinson erkrankt war, vor kurzem eine schwere Thrombophlebitis überstanden hatte, laufend unter medizinischer Überwachung stand und ständig Rehabilitationsübungen machen mußte. Den Botschafter Fraga überkam seinen eigenen Worten zufolge das »Grauen«, wenn er an das Land dachte, das völlig einer Befehlsgewalt ausgeliefert war, deren Ausübung unmöglich war. Der Historiker de la Cierva, der nach seinem Rücktritt als Abteilungsleiter für Volkskultur im Oktober 1974 Franco besuchte, ging mit der Überzeugung weg, daß der Caudillo »längst nur noch eine von anderen Personen manipulierte Marionette sei«[13].

Eines ist sicher, Spanien befand sich, seit Franco die Macht wieder ausübte, in völliger Unsicherheit und in einem totalen Provisorium. Man erlebte den beschleunigten Zerfall eines Systems, auf den alles hindeutete: die Vermehrung politischer Klubs, das Auftauchen der – bereits nicht mehr niederzuhaltenden – Opposition aus dem Untergrund an die Oberfläche, der Abfall vieler Leute vom Franquismus und das Dahinschlingern der Regierung selbst. Der Franquismus war ein System, das dahintrieb, und Spanien ein Land im Wartezustand, in dem alles vom Tod des Caudillo abhing, der zwar noch nicht angekündigt war, aber natürlich erwartet wurde.

In dieser Situation versuchte Ministerpräsident Arias Navarro den »Geist des 12. Februar« wiederzubeleben. In seiner Erklärung vom 10. September 1974, der ersten die er machte, nachdem Franco die Leitung des Staates wieder übernommen hatte, kündigte Arias unter anderem an, daß es noch vor Januar 1975 politische Verbände geben werde.

[13] Ricardo de la Cierva, Historia del franquismo. Aislamiento, transformación, agonía (1945–1975), Barcelona 1978, S. 415. Das Buch de la Ciervas (S. 415–466) ist unerläßlich, wenn man sich über das letzte Jahr des Franquismus informieren will.

Ein schreckliches Attentat der ETA zerstörte die Initiative von Arias und gab der extremen Rechten im »Bunker« neue Argumente in die Hand; es handelte sich um die Explosion einer Bombe in der Cafeteria Rolando in Madrid, einem von Polizisten frequentierten Ort, die zwölf Menschen das Leben kostete. Blas Piñar, ein Sprecher der extremen Rechten, schrieb in einem berühmt gewordenen Artikel: »Herr Ministerpräsident, wir distanzieren uns von Ihrer Politik ... Wir wollen Ihnen weder gehorchen, noch an Ihrer Seite stehen.«

Arias antwortete mit einem für seine Politik charakteristischen Schachzug: Er bot dem »Bunker« den Kopf von Cabanillas an, der am 29. Oktober mit Billigung und wahrscheinlich auch unter dem Druck Francos zurücktrat. Daraufhin geschah etwas Ungewöhnliches, das ebenfalls als Ausdruck der Krise des Regimes gewertet werden muß: Aus Solidarität traten auch der Finanzminister, Antonio Barrera de Irimo, und eine ganze Reihe von Amtsträgern zurück, die wegen ihrer reformerischen Tendenz Bedeutung hatten (u.a. Marcelino Oreja, Ricardo de la Cierva, Francisco Fernández Ordóñez usw.). Arias forderte für den Rücktritt von Cabanillas als Ausgleich den Ausschluß von zwei »blauen« Ministern (des Ministers für die Bewegung, Utrera Molina, und des Justizministers, Ruiz-Jarabo), aber Franco ließ es nicht zu; er wies Arias darauf hin, daß es sich um sehr loyale Männer handle[14].

Die Krise vom 29. Oktober bedeutete, wie gesagt, das Ende der politischen Linie des 12. Februar. Das Verbandsstatut, das Arias im Dezember 1974 vorlegte und das am 16. des Monats im Nationalrat der Bewegung mit 95 Ja-Stimmen bei nur drei Enthaltungen gebilligt wurde, war in seiner Begrenztheit enttäuschend. Gewiß, es autorisierte die politischen Verbände und sah ihre Beteiligung an Wahlen vor. Aber es verlangte von jedem Verband ein Minimum von 25000 Mitgliedern, die überdies aus mindestens 15 Provinzen kommen mußten; außerdem beließ es die Anerkennung der Verbände in den Händen des Nationalrats der Bewegung. Es handelte sich wieder einmal um Verbände im Rahmen der Bewegung und kam automatisch einem Ausschluß

[14] Nach dem Zeugnis Antonio Carros, in: Franco visto por sus ministros, Barcelona 1981, S. 354ff.

der gesamten demokratischen Opposition gleich. Ohne diese Opposition aber war die Demokratisierung des Systems dazu verurteilt, eine bloße Farce zu bleiben.

Auch für den Fall, daß das Statut von Arias großzügiger gewesen wäre, wäre seine Annahme durch die Opposition mehr als problematisch gewesen. Die von den Kommunisten im Juli 1974 gebildete »Demokratische Junta« verkündete die Notwendigkeit eines »demokratischen Bruchs« als einzig möglichen Weg zur Demokratie. Sie lehnte die zukünftige Monarchie unter Don Juan Carlos ab und trat für die Bildung einer provisorischen Regierung ein, die eine Amnestie gewähren, die Parteien legalisieren und einen Volksentscheid zur endgültigen Bestimmung der Staatsform abhalten sollte.

Die gemäßigte demokratische Opposition war vorsichtiger. Die Sozialisten waren (1974/75) immer noch Republikaner, sozialdemokratische, liberale und christdemokratische Persönlichkeiten suchten jedoch weiterhin Don Juan in Estoril auf, in dem sie die Hoffnung auf eine Monarchie verkörpert sahen, die nach Francos Tod die Demontage des Franquismus vornehmen würde.

Auf jeden Fall war die gemäßigte Opposition, die sich im Juli 1975 auf ein Programm der demokratischen Konvergenz (Plataforma de Convergencia Democrática) einigte, in ihrer Ablehnung einer Mitarbeit an der Öffnungspolitik Arias Navarros nicht weniger entschieden als die demokratische Junta. Zwei Monate bevor Arias sein Verbandsstatut den Cortes zuleitete, hatte sich die Spanische Sozialistische Arbeiterpartei (PSOE) im Oktober 1974 auf ihrem 13. in Frankreich abgehaltenen Kongreß für den »Bruch« entschieden; ihre Forderungen (Amnestie, demokratische Freiheiten, freie Wahlen vor Ablauf eines Jahres) waren für Arias nicht akzeptabel. Die Christdemokraten redeten (auf der im Juni 1975 in Valencia abgehaltenen Versammlung) von »demokratischem Wandel« und von verfassunggebenden Wahlen; Dionisio Ridruejo hatte im April die Notwendigkeit einer Verfassungsreform zur Sprache gebracht.

Arias Navarro hatte jedoch bereits im Februar 1975 die bloße Andeutung einer Reform dieser Art abgelehnt. Weit davon entfernt, eine Amnestie in Betracht zu ziehen, verhängte er im April wieder einmal den Ausnahmezustand im Baskenland, der an unterdrückerischer Härte alles übertraf, was man bisher in den baskischen Provinzen erfahren hatte. Der Dialog Arias' mit der Opposition war nun in jeder Hinsicht unmöglich geworden.

Die wesentliche Frage für die Öffnungspolitik der Regierung bestand in der Haltung, die die Reformer des Regimes einnehmen würden. Und gerade deren Weigerung, das Verbandsstatut von 1974 zu akzeptieren, entschied endgültig über das Scheitern von Arias' Angebot. So betrachtete zum Beispiel die Gruppe Tácito, eine Gruppe junger Katholiken, die seit 1973 in der Tageszeitung ›Ya‹ für die Öffnung des Regimes eintraten, das Statut als »das Statut der Gegner der Verbände«. Einer ihrer Wortführer war Marcelino Oreja, einer der drei, die sich bei der Abstimmung im Nationalrat der Stimme enthielten; ein anderer, Juan Antonio Ortega y Díaz Ambrona, vertrat die These der »demokratischen Evolution«, die freie Wahlen und demokratische Freiheiten forderte und als Alternative zur Kontinuität des Regimes und zur Forderung der Opposition nach einem Bruch gedacht war.

Fraga Iribarne zögerte noch eine Weile. Während er offiziell noch Botschafter in London war, entfaltete er vor allem seit Dezember 1974 in Spanien eine intensive Aktivität mit dem Ziel der Schaffung einer großen Vereinigung der sogenannten »evolutionären und modernen Rechten« (Areilza, Silva Muñoz, die Gruppe Tácito, Cabanillas u.a.); sie sollte mit Hilfe eines Reformprogramms den allmählichen Übergang Spaniens zu einem demokratischen Staat ermöglichen.

Franco selbst legte sein Veto gegen Fragas Plan ein. Offenbar muß der Caudillo, als ihm im Januar 1975 Nieto Antúnez die Verbandsstatuten vorlegen ließ, gefragt haben: »Und für welches Land soll das sein?«[15] Kurz darauf, am 17. Februar, informierte Nieto Fraga, daß die Haltung des Pardo-Palastes zu den Verbänden sich auf zwei ablehnende Antworten beschränke: »Nein zum Wettbewerb« (verschiedener politischer Richtungen) und »Nein zu Fraga«. Am 25. Juli konnte Fraga in Meirás seinen Plan Franco direkt erläutern. Dieser hörte ihm zu, gab ihm aber keine Antwort[16]. Fraga verzichtete danach darauf, eine politische

[15] Ricardo de la Cierva, Historia, S. 423.
[16] Manuel Fraga Iribarne, Memoria, S. 349 und 363.

Vereinigung zu schaffen; stattdessen trat er nun für eine politische Studiengesellschaft (Federación de Estudios Independientes, FEDISA) ein; ab Oktober sollte er in der Tageszeitung ›Abc‹ sein Reformprogramm zur Schaffung demokratischer Legitimität vorlegen.

Arias' Öffnungspolitik war gescheitert. Neun Monate nach der Verabschiedung des Statuts waren erst acht politische Verbände gebildet worden, von denen sechs falangistisch waren, fünf davon eindeutig für die Kontinuität des Regimes eintraten und nur einer, die unbedeutende (von Manuel Cantarero del Castillo) geführte Reforma Social Española (Spanische Soziale Reform), für Reformen eintrat.

Weitaus schwerer wog, daß im Juni 1975 der »blaue« Sektor der Bewegung die Spanische Volksunion (Unión del Pueblo Español, UDPE) geschaffen hatte, die einzige Vereinigung, die mehr als 25000 Mitglieder zählte. Unter dem Vorsitz von Adolfo Suárez, einem engen Mitarbeiter des neuen (im März ernannten) Ministers für die Bewegung, Fernando Herrero Tejedor, stellte sich vermutlich mit dessen Unterstützung und der des Presse- und Rundfunkkonzerns der Bewegung die UDPE als der große Verband der franquistischen Kontinuitätsbewegung dar (ein Gegenstück zum französischen Gaullismus). Praktisch handelte es sich um die Ablehnung der politischen Neutralität, die die Regierung versprochen hatte.

Das politische Verbandswesen war also gescheitert. Überdies hatte sich die Gesamtsituation des Landes ernsthaft verschlechtert. Schon in der zweiten Hälfte des Jahres 1974 war die Wirtschaftskrise sichtbar, der Unmut bei den Beschäftigten deutlich zu Tage getreten. Im Jahr 1974 schlugen die Zahlen der Streiks, der ausgefallenen Arbeitsstunden und der Streikenden alle bisherigen Rekorde; in den beiden ersten Monaten des Jahres 1975 war eine der spektakulärsten Streikwellen in der Geschichte des Franquismus zu verzeichnen.

Franco vertraute trotz allem weiter auf Arias und ermächtigte ihn im März 1975 zu einer erneuten Kabinettsumbildung (allerdings nicht, ohne ihm seine Unzufriedenheit darüber auszudrücken, daß es innerhalb von fünf Monaten schon zur zweiten Regierungskrise gekommen war).

Es schien, als wollte Arias seinem Kabinett etwas blaue

Farbe nehmen: Er wechselte Utrera Molina und Ruiz-Jarabo aus. Man konnte also noch immer vermuten, daß die Regierung nochmals versuchte, den Weg zu einer Öffnung wiederzufinden. Die neuerliche Enttäuschung folgte auf dem Fuß: Herrero Tejedor, der an Utreras Stelle getreten war, starb im Juni bei einem Unfall. Arias nahm auf Veranlassung Francos erneut José Solís Ruiz ins Kabinett auf, ausgerechnet einen der bedeutsamsten Männer aus dem blauen Sektor der Bewegung; seine Ernennung wirkte wie die Rückkehr einer Reliquie der Vergangenheit.

Der Terrorismus dauerte an. Das Jahr 1975 war wahrscheinlich das gewalttätigste seit den Tagen des »Maquis« in der unmittelbaren Nachkriegszeit. Zwischen Januar 1974 und Juli 1975 verbuchte man etwa 200 Gewaltakte. Von März bis Oktober 1975 starben 11 Polizisten und Wachleute bei von der ETA im Baskenland und von der FRAP in Madrid verübten Anschlägen.

Die Begräbnisse der toten Vertreter der öffentlichen Ordnung verwandelten sich in gewalttätige Demonstrationen der Rechtsextremen; in einem Fall wurden sogar die Wagen der anwesenden Minister angegriffen. Bei fast allen schrie man im Chor »Iniesta, Iniesta«, den Namen des Generals und ehemaligen Chefs der Guardia Civil, in den die äußerste Rechte ihr Vertrauen setzte und als den Mann ansah, der das Heer an die Macht bringen werde.

Am 25. April 1975 wurde, wie bereits erwähnt, im Baskenland der Ausnahmezustand verhängt: 2000 Personen wurden in den Tagen unmittelbar danach verhaftet. Gruppen von sogenannten Unkontrollierten verbreiteten Terror unter der Zivilbevölkerung. Verwandte mutmaßlicher ETA-Mitglieder, Personen, die sich zu ihrem Baskentum bekannt hatten, darunter auch ein Priester und Anwälte von Gefangenen, wurden bedroht und angegriffen und Überfälle auf ihr Eigentum verübt. (Ein Ehepaar kam am 14. Mai in Guernica um, als die Guardia Civil bei dem Versuch, einen ETA-Aktivisten zu verhaften, das Feuer eröffnete, wobei er und ein Sergeant der Polizeieinheit außerdem starben; danach kam im September ein Jugendlicher in San Sebastián bei einer Demonstration um.) Am 12. Mai organisierte die Rechte einen lautstarken Akt patriotischer Selbstdarstellung in Bilbao.

Als ob dies noch nicht genüge, gab Don Juan am 14. Juni in Estoril eine Reihe von Erklärungen ab, in denen er verlauten ließ, daß Spanien wie Portugal sich „dem Ende einer Ära der absoluten Macht nähere«. Er formulierte es so: »Als Verwahrer des uralten politischen Schatzes, den die spanische Monarchie darstellt, habe ich mich nicht der persönlichen Macht unterworfen, die ein Mann in so ausgedehntem Maße und so unerschütterlich ausübt, den seine Waffengefährten nur mit der Verwirklichung einer höchst speziellen und von den Umständen abhängigen Mission betraut hatten.«[17] Die persönliche Anspielung auf Franco wirkte explosiv. Die Reaktion erfolgte blitzartig: Am 19. Juni verbot die Regierung Don Juan, dem Rechtsinhaber der Monarchie, dem Vater des seit 1969 designierten zukünftigen Nachfolgers Francos und zukünftigen spanischen Königs, den Zutritt zu jedem spanischen Hafen, Flughafen oder Grenzübergang. Don Juan Carlos erreichte die Nachricht telefonisch und zwar durch den Gouverneur der Balearen, obwohl es ihm korrekterweise Franco oder Arias Navarro hätten mitteilen müssen.

Kurz darauf, am 30. Juli 1975, wurde die Verhaftung von neun Militärs bekanntgegeben (einem Major und acht Hauptleuten), ein im franquistischen System nie dagewesenes Ereignis. Die Militärs wurden beschuldigt, der Demokratischen Militärunion (Unión Militar Democrática, UMD) anzugehören. Diejenigen im Heer, die eine harte Haltung vertraten, wollten in der UMD eine Parallelerscheinung zu der portugiesischen demokratischen Militärbewegung sehen, die ein Jahr zuvor die dortige Diktatur gestürzt hatte. Das vervollständigte den Eindruck des totalen Zerfalls der franquistischen Ordnung.

Die Regierung Arias reagierte mit einem beträchtlichen Ruck in Richtung einer Verhärtung der ihr zur Verfügung stehenden Unterdrückungsmaßnahmen. Am 26. August erließ sie eine Anti-Terror-Notverordnung, die die Todesstrafe für Terroristen und ihre Mithelfer für den Fall vorsah, daß

[17] Laureano López Rodó, Marcha, S. 477. Zu der Ära Arias siehe neben den bereits in Anm. 3 genannten Büchern und neben der ebenfalls genannten Geschichte des Franquismus von Ricardo de la Cierva, Raymond Carr und Juan Pablo Fusi. Spain from Dictatorship to Democracy, London 1981, (zuerst spanisch Barcelona 1979), S. 195–217.

Vertreter der öffentlichen Ordnung und andere Beamte bei einem ihrer Terrorakte umkämen. Drei Tage später wurden bereits zwei Mitglieder der ETA (Angel Otaegui und Juan Antonio Garmendia) zum Tod verurteilt; nach Ablauf eines Monats betrug die Zahl der zum Tod Verurteilten bereits 11 (drei Angehörige der ETA und acht Mitglieder der FRAP), und man erwartete, daß die Zahl auf Grund der spektakulären Erfolge der Polizei gegen die ETA weiter steigen würde; es war der Polizei gelungen, in diesem Sommer zwei der Hauptanführer der Organisation, Pedro Ignacio Pérez Beotegui, genannt »Wilson«, und José Antonio Múgica Arregui, genannt »Ezquerra«, zu verhaften.

Franco sah sich erneut einer Situation gegenüber, wie sie sich im Dezember 1970 anläßlich des Burgos-Prozesses ergeben hatte. Damals sagte das Regierungsmitglied Laureano López Rodó dem stellvertretenden Ministerpräsidenten Carrero Blanco, daß es nicht angebracht sei, Francos Bild vor der Welt und der Geschichte zu verdüstern, indem man ihn in seinem Alter als einen harten und unversöhnlichen Mann erscheinen lasse, der seine Feinde zum Tode verurteile[18]. 1975 hatte man nicht mehr die gleiche Sensibilität und glaubte, daß man der Eskalation des Terrors nur mit gleichen Mitteln begegnen könne: Fünf der elf zum Tode Verurteilten (die ETA-Mitglieder Angel Otaegui und Juan Paredes Manot sowie die FRAP-Mitglieder José Luis Sánchez Bravo, Ramón García Sanz und José Humberto Baena) wurden am 27. September hingerichtet (bei sechs anderen wurde die Todesstrafe umgewandelt).

Franco war natürlich für die harten Maßnahmen gegen den Terrorismus. Als er von dem schrecklichen Attentat der ETA in der Cafeteria Rolando in Madrid erfuhr, meinte er zu seinem Arzt, Vicente Pozuelo: »Sagen Sie mir, warum man die Menschenrechte von Mördern respektieren soll, die auf grausame Weise die ihrer Opfer verletzen? Diesen Zerstörern der Gesellschaft muß man mit größtmöglicher Energie begegnen. Entweder sie erledigen uns oder wir sie.«[19] Wahrscheinlich bestärkte ihn die Eskalation des Terrors von ETA und FRAP im Jahr 1975 in seinen Ansichten: Die Fol-

[18] Laureano López Rodó, Marcha, S. 406.
[19] Vicente Pozuelo Escudero, Los últimos 476 días, S. 112.

gen der Notverordnung vom 26. August, die auf der vier Tage zuvor unter seinem Vorsitz in seinem Familiensitz in Meirás abgehaltenen Ministerratssitzung beschlossen worden war, konnten ihm nicht unbekannt sein.

Aber der Verlauf der Militärgerichtsverhandlungen, die zu den elf Todesurteilen und zu sofortigen internationalen Protestreaktionen geführt hatten, setzten Franco einer ungeheuren emotionalen Belastung aus: Doktor Pozuelo vertrat später die Ansicht, daß die Krankheit, die zu Francos Tod führte, damals einsetzte.

Pozuelo bemerkte, daß Franco in den Tagen vor dem 27. September ein anderer Mann geworden war. Später schrieb er: »Er verlor Tag um Tag an Gewicht. Er war andauernd nervös und fand kaum Schlaf.« Der Druck auf Franco und seine Regierung war äußerst stark: Papst Paul VI. und die spanischen Bischöfe forderten Gnade, und verschiedene Regierungen suchten offiziell um die Umwandlung der Todesstrafen nach. Seit Mitte September machte man in ganz Europa – und im Baskenland – gegen die Urteile mit Streiks, Demonstrationen, Versammlungen, Unterschriftensammlungen, Sitzstreiks, Besetzungen von Gebäuden usw. mobil. Erneut wurden spanische Botschaften, Konsulate und Niederlassungen Ziel der internationalen Entrüstung.

Doch die spanische Regierung wollte dem Druck nicht nachgeben. In der Ministerratssitzung vom Freitag, dem 26. September, entschied man sich für eine salomonische Formel, die fünf der elf Todesurteile bestätigte und die übrigen umwandelte. Franco, der sich praktisch in totales Schweigen gehüllt hatte, unterschrieb die endgültige Entscheidung seiner Regierung. Nach Aussage seines Arztes »war er abgemagert, verlor weiter an Gewicht, aber er machte einen festeren Eindruck als je zuvor«[20].

Die Hinrichtungen vom 27. September 1975 bewirkten einen gewaltigen Ausbruch des Abscheus in ganz Europa (und innerhalb Spaniens in Vizcaya und Guipúzcoa, wo die Arbeitsniederlegungen und die Spannung bis Anfang Oktober andauerten). Es kam in zahlreichen Städten zu tumultartigen Demonstrationen gegen das spanische Regime; verschiedene spanische Botschaften wurden überfallen und angegriffen;

[20] Ebenda, S. 210.

die in Lissabon wurde durch einen von den Demonstranten gelegten Brand zerstört. Eine Reihe von Ländern zog ihre Botschafter aus Madrid ab. Mexiko verlangte den Ausschluß Spaniens aus der UNO. Seit 1947 hatte es keinen größeren Prestigeverlust des Franquismus gegeben. Am 1. Oktober ermordete eine bis dahin unbekannte Gruppe, die Gruppe Revolutionärer Antifaschisten des Ersten Oktober (Grupos Revolucionarios Antifascistas Primero de Octubre, GRAPO), in Madrid drei Polizisten und die ETA am 5. Oktober in Oñate in Guipúzcoa drei Mitglieder der Guardia Civil (Stunden darauf wurde Ignacio Echave, der Bruder eines bekannten ETA-Aktivisten, von »unkontrollierten« Kräften ermordet).

Wie bei anderen Anlässen ging der Franquismus auch diesmal wieder auf die Straße, um seinem Caudillo zu huldigen, der von der internationalen öffentlichen Meinung abgelehnt wurde, die er auch nach vierzig Regierungsjahren nicht hatte überzeugen können. Am 1. Oktober wurde die Plaza de Oriente in Madrid wiederum von Hunderttausenden von Menschen gefüllt, die Franco gegen eine Welt hochleben ließen, die man für feindselig und im Irrtum befindlich hielt. Unter den Rufen »ETA, an die Wand!« und angesichts von Schildern, auf denen zu lesen war »Wir wollen keine Öffnung, wir wollen eine harte Hand«, sprach Franco, ein abgemagerter und zitternder Franco, zum letzten Mal zu den Massen seiner Anhänger. Er enttäuschte sie nicht. Trotz schwacher und stockender Stimme und Artikulationsschwierigkeiten konnte er doch in wenigen Worten ausdrücken, was er über das Geschehen dachte: »Alles gehorcht einer linken Freimaurerverschwörung unter den Politikern, die ein schmähliches Bündnis mit der kommunistisch-terroristischen Subversion in der Gesellschaft eingegangen sind, was uns ehrt und sie der Verachtung preisgibt«, behauptete er, indem er wieder einmal seiner politischen Obsession huldigte.

Franco war am Ende seiner Kräfte: Als er sich vom Balkon des Königspalastes zurückzog, von dem er gesprochen hatte, umarmte er minutenlang weinend und von Rührung überwältigt den Kardinalprimas, Monsignore Marcelo González.[21]

[21] Nach dem Zeugnis von José María Sánchez-Ventura, in: Franco visto por sus ministros, Barcelona 1981, S. 424f.

Einige Tage danach, am 12. Oktober, nachdem er die Feierlichkeiten des Tages der Hispanität geleitet hatte, fühlte Franco sich krank. Anfänglich schien es sich nur um eine Grippe zu handeln. Am frühen Morgen der Nacht vom 14. zum 15. Oktober fuhr er aus dem Schlaf auf und klagte über Schmerzen und eine starke Beklemmung; er hatte einen Infarkt erlitten, wie sein Arzt, Vicente Pozuelo, der sofort in den Pardo-Palast geeilt kam, es befürchtet hatte, und wie es auch die Ärzte Castro Fariñas, Gómez Mantilla, Mínguez, Vital Aza und Francos Schwiegersohn, Cristóbal Martínez Bordiú, der Marquis von Villaverde, bestätigten.

Franco, dessen Zustand trotz des Infarkts anscheinend normal war, wollte die Audienzen für Mittwoch, den 15., nicht ausfallen lassen, obwohl ihm die Ärzte, insbesondere Vital Aza mitteilten, was ihm fehlte, und ihn darauf hinwiesen, daß er absolute Ruhe einhalten müsse. Er sagte ihnen seinerseits, daß er ihrem Verlangen erst nach der Ministerratssitzung am 17. nachkommen werde.

So geschah es. Am 16. erledigte Franco die laufenden Geschäfte mit Regierungschef Arias und Außenminister Pedro Cortina Mauri. Sie erörterten die Lage in Spanisch-Sahara: Marokko hatte im Dezember des Vorjahres die Frage vor die internationalen Gerichtshöfe gebracht, die zugunsten der Selbstbestimmung des Territoriums der Saharaui entschieden hatten. Daraufhin bereitete Marokko eine Art heiligen Marsch (den »grünen Marsch«) vor, um das Gebiet zu annektieren, das sich noch immer unter spanischer Souveränität befand. Franco war entschlossen, nichts abzutreten, aber wahrscheinlich wollte er auch keinen Krieg. Am 8. Oktober hatte er seinen Mitarbeiter, General Gavilán, nach Rabat entsandt und vom marokkanischen König Hassan II. die Versicherung erhalten, daß es zu keinem Krieg kommen werde.

Franco blieb bei seiner Entscheidung, die Ministerratssitzung vom 17. zu leiten. Aber er tat es mit drei an seiner Brust befestigten Elektroden, die mit Kabeln an einen von mehreren Ärzten überwachten Monitor im Nebenzimmer angeschlossen waren. Er wollte weder, daß man die Sitzung in seinem Schlafzimmer abhielt, noch wollte er in einem Rollstuhl zu ihr fahren. Er betonte gegenüber seinen Ärzten:

»Es ist notwendig, daß ich auf meinem Platz sitze.« Die ganze Szene war ein Sinnbild seines starken Willens, den er stets gezeigt hatte, wenn es darum ging, bis zum Ende auf diesem Platz zu bleiben. Er tat es, obwohl er in dieser Sitzung eine Reihe von Herzattacken erlitt.

Franco verbrachte den 18. Oktober dennoch ruhig; wahrscheinlich schrieb er damals sein Testament, das er Tage danach seiner Tochter Carmen übergab. Am Sonntag, dem 19., erlitt er einen weiteren Infarkt. Er war sich sehr bewußt, was geschah. »Es geht zu Ende«, meinte er zu einem seiner Adjutanten. Doch sein Zustand besserte sich nochmals spürbar, so daß er an der Messe teilnehmen und sich am Nachmittag ein Fußballspiel im Fernsehen anschauen konnte.

Am folgenden Tag empfing er Arias Navarro, den Prinzen Juan Carlos und den Präsidenten der Cortes, Rodríguez de Valcárcel, mit denen er versuchte, die Frage des Übergangs der Macht zu behandeln: Don Juan Carlos wollte kein neues Interim, sondern nur einen Übergang für den Fall, daß er nicht mehr rückgängig zu machen war; Arias sagte ihm schließlich, daß er es nicht über sich bringe, Franco zu sagen, daß der endgültige Augenblick gekommen sei und er die Nachfolge vollziehen müsse.

Am 20. Oktober erlitt Franco einen neuerlichen Infarkt, aber wie bei den vorhergehenden erholte er sich am 21. und 22. ohne Zwischenfälle. Am frühen Morgen des 23. verschlechterte sich jedoch sein Zustand plötzlich als Folge einer neuen und starken Koronarinsuffizienz, die sich am Tag darauf wiederholte. Das Wochenende des 25. und 26. Oktober brachte große Unruhe und Beklemmung; zur Herzinsuffizienz, die neue Krisen verursachte, kamen Wasser in der Lunge hinzu, eine Paralyse der Eingeweide, gastrische Blutungen (als Folge der Medikation gegen den Parkinson) und andere Beschwerden, am 27. trat eine Aszites (anomale Anhäufung von Flüssigkeit in der Bauchhöhle) und eine Leberentzündung auf und an einer Stelle, an der man eine Sonde angebracht hatte, trat Blut aus. Die Röntgenaufnahmen schienen auf eine Perforation des Peritoneums hinzuweisen.

Trotz des Ernstes seines Zustands blieb Franco bei Bewußtsein. Er war sich seiner Situation bewußt und sprach mit seiner Familie und den zahlreichen Ärzten, die sich zusätzlich seiner Versorgung widmeten. Der Pardo-Palast hatte sich auf diese Weise in eine Art von Notkrankenhaus verwandelt. Franco schien gelassen. Am 25. Oktober erteilte ihm Pater Bulart die Kommunion und die Letzte Ölung. Franco selbst befahl am 30. zur Anwendung des Artikels 11 des Staatsgrundgesetzes zu schreiten, durch den Don Juan Carlos die Leitung des Staats übernahm; wahrscheinlich war er überzeugt davon, daß dieses Mal die Übertragung der Macht nicht mehr rückgängig zu machen war.

Der Öffentlichkeit gab man erst am 21. Oktober einen klinischen Bericht bekannt; vor dem 24. teilte man keine wissenschaftlich gesicherte Information mit. Von da an gab es keinen Zweifel mehr am Ernst von Francos Zustand. Bis zu diesem Zeitpunkt hatte der Informationsmangel alle möglichen Gerüchte und Latrinenparolen produziert. Auch danach blieben die Spannung und das Informationsbedürfnis sehr stark; die Auslassungen in dem Bericht trafen medizinisch zwar zu, waren aber in politischer Hinsicht spekulativ und manchmal widersinnig, ebenso wie die Berechnungen, die man über das Datum und die Stunde anstellte, zu der man glaubte, daß Franco sterben müsse.

Bis zum 3. November blieb die klinische Situation Francos im Rahmen seines ernsten Zustandes gleich. An diesem Tag erlitt er nachts eine akute Blutung, die ihn an den Rand des Todes brachte. Die Ärzte entschieden sich, ihn auf Leben und Tod in dem im Pardo-Palast eingerichteten Krankenhaus zu operieren.

Franco überlebte die Operation, die Doktor Hidalgo durchführte, aber sein Zustand war aussichtslos. Am 5. mußte man wegen der Probleme mit dem Harnstoff eine Dialyse vornehmen. Als sich die Blutung wiederholte, mußte man ihn als Notfall in die Klinik La Paz in Madrid bringen und eine zweite Operation vornehmen, bei der es wie bei der vorhergehenden um Leben und Tod ging; man operierte ihn vier Stunden lang, nahm eine Transfusion von mehr als sechs Litern Blut vor und entfernte einen Großteil seines Magens.

Franco überlebte auch die zweite Operation. Er litt sehr. Man hörte ihn Sätze murmeln wie »Wie hart das ist!«, »Lassen Sie mich endlich!« und »Mein Gott, wie schwer ist es zu sterben!« Er hatte einen Katheter, wurde mit Schmerzmitteln ruhiggestellt, künstlich beatmet und erhielt täglich zwei Dialysen; seine Bauchhöhle wurde punktiert, um die Aszites zu beseitigen. Am 15. erlitt er eine neue massive Blutung und eine akute Peritonitis: Hidalgo Huerta mußte ihn zum drittenmal operieren.

Franco war in die Endphase seiner langen und qualvollen Agonie eingetreten. Er war kaum mehr bei Bewußtsein und hatte mehr als zwanzig Kilo Gewicht verloren. Ein Teil des Ärzteteams und einige Verwandte – wahrscheinlich seine Tochter Carmen und seine Enkelin Mariola – verlangten, daß man ihn in Ruhe sterben lasse. Am 18. hielt man ihn in einer Unterkühlung von 33 Grad; er war bereits absolut bewußtlos. Sein Abdomen war enorm aufgeschwollen. In dieser Nacht hatte er neue Blutungen und eine erneute Peritonitis; man verzichtete darauf, ihn erneut zu operieren, und nahm nur Bluttransfusionen vor.

Es war das Ende: Franco starb am 20. November 1975 um 5.25 Uhr an Herzstillstand, der von der Peritonitis verursacht worden war. Der letzte medizinische Bericht war erschreckend: Parkinsonsche Krankheit, Myokardinfarkt, Darmgeschwüre mit massiven Blutungen, Peritonitis, akutes Nierenversagen, Thrombophlebitis, Bronchopneumonie, endotoxischer Schock und irreversibler Herzstillstand[22].

Franco starb nur zwei Monate nach dem Skandal und der Krise, die die Hinrichtungen im September 1975 hervorgerufen hatten. Er sah seinem Tod mit vollem Bewußtsein und mit unbezweifelbarer Gelassenheit und Würde entgegen, aber er durchlitt eine qualvolle und vielleicht unnötig verlängerte Agonie.

Es gab jedoch Momente in dieser Agonie, die vielleicht einen Augenblick lang an die Albernheiten von Francos Lieblingsautor im Jahr 1927 erinnerten: das pausenlose Intrigieren von franquistischen Politikern und Honoratioren in den Gängen der Klinik La Paz, die Bittchöre und Schlangen von Büßern, von zweifellos frommen Leuten, die sich

[22] Die Hauptquelle für Francos Agonie ist das bereits genannte Buch von Vicente Pozuelo Escudero (S. 215–253); außerdem Ricardo de la Cierva, Historia, S. 453–466; Yale, Los últimos cien días, Madrid 1975 und José Oneto, Cien días en la muerte de Francisco Franco, Madrid 1975.

vor den Pardo-Palast und der Klinik La Paz aufstellten und hofften, die unmögliche Heilung mit ihren Gebeten und Opfern zu erreichen, die wundertätigen Gegenstände, die man ins Zimmer des Kranken selbst brachte (man hatte Reliquien wie den Arm der heiligen Therese, den Franco seit dem Bürgerkrieg verwahrt hatte, und den Mantel der Heiligen Muttergottes auf dem Pfeiler aus Saragossa zu ihm geschafft). Der Kontrast zwischen dieser irrationalen Gläubigkeit und der hochtechnisierten Medizin, mit der man ihn betreute, war ein Symbol für das Spanien, das Franco regiert hatte: eine moderne Gesellschaft in einem traditionellen katholischen Staat.

Was in Spanisch-Sahara geschah, hatte ebenfalls einen eigenartigen symbolischen Charakter. Die spanische Regierung wollte den Krieg nicht; vermutlich hatte sie sich entschieden, das Territorium der Saharaui der Verwaltung der Vereinten Nationen zu überlassen. Auf jeden Fall bestand der erste Akt von Don Juan Carlos als Staatsoberhaupt darin, sich am 1. November 1975 in El Aaiún, der Hauptstadt von Spanisch-Sahara, zu zeigen, um die spanischen Soldaten zu beruhigen und die spanische Reaktion angesichts des unmittelbar bevorstehenden »grünen Marsches« zu erläutern (der tatsächlich für den 7. November angekündigt worden war). An ebendiesem Tag kam Minister Antonio Carro in Agadir an, der Marokko im Austausch für den Verzicht auf den Marsch Garantien für neu abzuschließende Abkommen gab (man hatte vorher bereits entsprechende Gespräche geführt).

Nachdem die unmittelbare Krise beseitigt war, gab Spanien seiner bis dahin betriebenen Politik der Unterstützung der Selbstbestimmung von Spanisch-Sahara eine radikale Wendung: Am 14. November wurden in Madrid verschiedene Abkommen unterzeichnet, die einer Abtretung dieses Territoriums von seiten Spaniens an Marokko und Mauretanien gleichkamen. Wahrscheinlich war diese Politik angesichts der Lage Spaniens nicht die schlechteste, aber vor dem Hintergrund der Biographie Francos, eines Mannes, der sich selbst ohne Afrika nicht verstehen konnte, schien es, als ob Spanien diesen Kontinent überstürzt verlasse, als ob es sich für immer dieses Afrikas entledigen wolle, wo die Karriere des Militärs ihren Ursprung genommen hatte, der es vierzig Jahre lang seiner Herrschaft unterworfen hatte.

Franco hinterließ ein schriftliches Testament, das letzte Dokument aus seiner Feder; Ministerpräsident Arias Navarro verlas es, nachdem er tief bewegt die Spanier vom Tod des Caudillo unterrichtet hatte. Es war ein kurzes und aufrichtiges Dokument, das mit seinem schlichten Inhalt die Persönlichkeit Francos enthüllte: die Echtheit seines Katholizismus (»Ich wollte als Katholik leben und sterben. Im Namen Christi liegt meine Ehre, und es war mein beständiger Wille, ein treuer Sohn der Kirche zu sein, in deren Schoß ich sterben werde«), seine Vorstellung vom Patriotismus (»... Spanien, das ich bis zum letzten Augenblick meines Lebens liebe, den ich schon sehr nahe weiß«), seinen autokratischen Paternalismus (»Ich bitte euch, in Einheit und Frieden zu verharren«, »Laßt nicht ab, die soziale Gerechtigkeit und die Kultur für alle Spanier zu erreichen, und macht dies zu eurem vorrangigen Ziel«), seine politischen Vereinfachungen und Obsessionen (»Vergeßt nicht, daß die Feinde Spaniens und der christlichen Zivilisation wach sind«, »Bewahrt die Einheit der Länder Spaniens«) und sogar seine Hartnäckigkeit, mit der er den Pluralismus und die politischen Meinungsverschiedenheiten nicht verstehen wollte. Er bat seine Feinde um Verzeihung und verzieh ihnen seinerseits, aber er sagte, er glaube und wünsche, daß er keine anderen gehabt habe, »als die Spaniens«, als ob mit ihm, Franco, nicht übereinzustimmen, gleichbedeutend damit gewesen sei, ein Feind Spaniens zu sein.

Am 17. November 1967 hatte Franco gesagt, daß weder er noch sein Regime eine Übergangserscheinung in der Geschichte Spaniens seien: »Wir sind die Geschichte selbst«, behauptete er. Dies galt bis zum 20. November 1975. Vielleicht könnte man in diesem Zusammenhang, eine Feststellung des jungen italienischen Intellektuellen und Liberalen Piero Gobetti (1901–1926) über den Faschismus in Italien paraphrasierend, sagen, daß Franco und sein Regime viel mehr als einen durchschnittlich interessanten Abschnitt der Geschichte darstellen: Ob es einem gefällt oder nicht, sie verkörpern zumindest aus heutiger Perspektive die Autobiographie Spaniens. Eben deswegen wird die Geschichte für lange Zeit diese Epoche nicht mit »Bewunderung und Respekt« betrachten, wie Franco es am 24. Dezember 1966 prophezeite, sondern mit leidenschaftlichem Interesse und mit geteilten und widerstreitenden Meinungen.

Es kann gar nicht anders sein. Man kann über die Ursachen für die Erhebung des 18. Juli, über die persönlichen Beweggründe Francos dabei und darüber, ob das Wesen seines Regimes totalitär oder autoritär war, diskutieren. Man kann über die Erfolge und Mißerfolge, die Franco als Staats- und Regierungschef hatte, über seine Beziehungen zu Hitler und Mussolini, über sein Verhalten während des Zweiten Weltkriegs, über die Wahl seiner verschiedenen Regierungen und über die Politik dieser Regierungen in bestimmten Bereichen debattieren. Man kann über den Umfang der Unterdrückung oder über den Grad an sozialer Akzeptanz des Franquismus streiten. Man wird sogar die Motive des Franquismus erläutern und verstehen können. Aber über eines wird man nie diskutieren können, daß Franco die längste Diktatur in der spanischen Geschichte des 19. und 20. Jahrhunderts errichtete, eine persönliche Diktatur von 40 Jahren Dauer, deren bloßes Vorhandensein die frontale Ablehnung des liberalen und demokratischen Bewußtseins seiner Zeit hervorrief.

Solange dieses Bewußtsein unsere Sicht der Dinge durchdringt, wird Franco, der sich vor Gott und vor der Geschichte verantwortlich erklärte, ob es einem nun gefällt oder nicht, vor ihrem Gericht mit Mehrheit verurteilt werden.

Biographien

Abd el Krim el Jatabi wurde 1882 in Agadir in Marokko geboren, war Lehrer an der moslemischen Schule, Berater des Büros für Eingeborenenfragen und Kadi bei der arabischen Justizverwaltung, 1914 wurde er zum obersten Richter ernannt, 1915 wegen des Versuchs, ein bewaffnetes Heer zum Kampf gegen die spanischen Kolonialstreitkräfte zu bilden, ins Gefängnis gesperrt. Der Tod seines Vaters bei Tafersit machte ihn zum obersten Führer des marokkanischen Widerstands. Er organisierte einen unabhängigen Staat und weitete den kriegerischen Konflikt auf die französische Zone Marokkos aus. 1947 erlaubte man ihm, die Insel zu verlassen, auf die er deportiert worden war, aber anstatt nach Frankreich zu reisen, ging er in Port Said an Land und erhielt politisches Asyl in Ägypten. Er war Vorsitzender des Befreiungskomitees für Nordafrika. Mohammed V. verlieh ihm den Titel eines Nationalhelden. Er starb 1963 in Kairo.

Alfons XIII., König von Spanien, wurde 1886 geboren, stand bis 1902 unter der Regentschaft seiner Mutter María Cristina. Sein Regime wurde geschwächt durch die katalanische Unabhängigkeitsbewegung, den kirchen- und monarchiefeindlichen Syndikalismus und die Mißerfolge in Marokko. Im Ersten Weltkrieg wahrte er strikte Neutralität. Die Spannungen zwischen Konservativen und Liberalen und die Unzufriedenheit im Heer veranlaßten ihn 1923, den Putsch Primo de Riveras zu unterstützen. Nach dessen Sturz erzwangen seine Gegner freie Wahlen. Als sich bei den Kommunalwahlen 1931 eine deutliche republikanische Mehrheit ergab, ging der König ins Exil (England, Frankreich, Italien). Er starb 1941.

Camilo Alonso Vega wurde am 29. Mai 1889 in El Ferrol geboren, trat 1907 in die Militärakademie der Infanterie in Toledo ein und nahm am Krieg in Marokko teil. Er spielte eine entscheidende Rolle bei der Vorbereitung und Durchführung der militärischen Erhebung im Juli 1936. Während des Bürgerkriegs erlangte er den Generalsrang und war fast an allen Fronten im Einsatz. Nach dem Ende des Bürgerkrieges wurde er zum Nationalrat der FET y de las JONS, zum Unterstaatssekretär für das Heer, zum Chef der Guardia Civil (1943–1955) und zum Abgeordneten in den franquistischen Cortes (1942–1969) ernannt. Er war von 1957 bis 1969 Innenminister. Neben Muñoz Grandes und Franco hatte er als einziger den militärischen Rang eines Generalkapitäns inne und gehörte dem Reichsrat an. Er starb im Juli 1971 in Madrid.

Carlos Arias Navarro wurde am 11. Dezember 1908 in Madrid geboren, war Jurist mit dem Lizentiatenexamen. 1933 schlug er die Laufbahn für Staatsanwälte ein und wurde Staatsanwalt an den Gerichtshöfen (audiencias) in Málaga und Madrid. Während des Bürgerkriegs saß er in der republikanischen Zone im Gefängnis, nach der Einnahme Málagas trat er dem Nationalen Heer bei. 1944 wurde er zum Zivilgouverneur und Chef der Bewegung in León ernannt. Danach hatte er dieses Amt in Santa Cruz de Tenerife und in Navarra inne. Von 1957 bis 1965 war er nach seiner Ernennung durch Camilo Alonso Vega mit der Leitung des Sicherheitswesens beauftragt. Von 1965 bis 1973 war er Oberbürgermeister der Stadt Madrid, Abgeordneter in den Cortes als Vertreter der Kommunen und von Franco ernannter Nationalrat. Am 11. Juni 1973 ernannte ihn Carrero Blanco zum Innenminister, nach dessen Ermordung wurde er Ministerpräsident. Er war der erste Zivilist, der dieses Amt unter dem franquistischen Regime innehatte. Am 11. Dezember 1975 wurde er nach Francos Tod von König Juan Carlos im Amt bestätigt und leitete die erste Regierung der Monarchie. Am 1. Juli 1976 trat er von seinem Amt zurück.

Gabriel Arias Salgado y de Cubas, wurde 1904 in Madrid geboren. 1937 begab er sich in das Lager des nationalistischen Spanien und wurde Chefredakteur der Zeitung ›Libertad‹. Nach dem Ende des Bürgerkriegs wurde er Zivilgouverneur von Salamanca. Danach hatte er die Ämter eines Vizesekretärs für Volksbildung und eines Nationalen Beauftragten für Presse und Propaganda inne. Von 1951 bis 1962 war er Minister für Information und Tourismus. Er starb 1962 in Madrid.

Manuel Azaña Díaz wurde 1880 in Alcalá de Henares geboren, machte 1897 in Saragossa sein Rechtsexamen. 1909 trat er in den Dienst der Abteilung für Zivilstands- und Handelsregisterangelegenheiten und Grundbuch- und Notariatswesen im Justizministerium und ging zwei Jahre darauf nach Paris, um seine Studienkenntnisse zu erweitern. Er war Mitarbeiter von ›El Imparcial‹ und ›El Sol‹ und leitete von 1920 bis 1922 die Literaturzeitschrift ›La Pluma‹, die er mit Cipriano Rivas Cherif gegründet hatte. 1918 beteiligte er sich an der Gründung der Unión Democrática Española, 1924 veröffentlichte er die Broschüre ›Apelación al la República‹ gegen die Diktatur Primo de Riveras. Ein Jahr darauf gründete er die Partei der Acción Republicana. 1930 wurde er Vorsitzender des Ateneo in Madrid. Er war Mitglied des revolutionären Komitees, das zur Gründung der Republik beitragen sollte, in der er Kriegsminister der provisorischen Regierung unter Präsident Alcalá Zamora war, dann Ministerpräsident der provisorischen Regierung und bis zu seinem Rücktritt 1933 Ministerpräsident auf der Basis der neuen Verfassung. 1934 wurde er ins Gefängnis geworfen, der Beteiligung am Aufstand der Generalitat de Catalúnya angeklagt und gründete mit

Marcelino Domingo die Republikanische Linke (Izquierda Republicana). Nach den Wahlen von 1936 wurde er Ministerpräsident der Volksfrontregierung und nach der Absetzung Alcalá Zamoras Präsident der Republik. 1939 floh er nach Frankreich. Er trat von seinem Amt noch vor Kriegsende zurück. Er starb 1940 in Montauban in Frankreich. Aus seinem bedeutenden schriftstellerischen Werk ragen ›Vida de Don Juan Varela‹ heraus, wofür er den Nationalpreis für Literatur erhielt, sowie ›El jardín de los frailes‹ und ›Memorias íntimas‹.

Dámaso Berenguer wurde 1873 geboren, spanischer General, nahm am Marokkokrieg teil, war 1918 Kriegsminister, dann Hochkommissar in Marokko; 1924 wurde er Chef des Königlichen Militärkabinetts, nach dem Sturz Primo de Riveras 1930/31 Ministerpräsident; er starb 1953.

Julián Besteiro Fernández wurde 1870 in Madrid geboren, war Schüler der Institución Libre de Enseñanza und studierte Philosophie und Literatur, 1912 erhielt er den Lehrstuhl für fundamentale Logik an der Zentralen Universität Madrid, 1914 wurde er zum Vizepräsidenten der Gewerkschaft UGT (Unión General de Trabajadores) gewählt, ein Jahr später wurde er für eine vergleichbare Aufgabe im PSOE aufgestellt. Als Mitglied des Komitees, das 1917 den revolutionären Streik ausrief, wurde er verhaftet und von einem Militärgericht zu 30 Jahren Gefängnis verurteilt; 1918 kam er frei, nachdem er zum Abgeordneten für Madrid gewählt worden war. Als Gegner eines revolutionären Bruchs mit der Monarchie trat er 1930 als Vorsitzender des PSOE zurück. Nach der Ausrufung der Republik im Jahr 1931 wurde er zum Präsidenten der verfassunggebenden Cortes gewählt. Auf dem nationalen Kongreß des PSOE unterlag er 1932 in den Wahlen um den Vorsitz der Partei Largo Caballero. Bei den Wahlen 1936 wurde er zum Abgeordneten gewählt. Während des Bürgerkriegs hatte er verschiedene diplomatische Funktionen; 1939 wurde er Mitglied des Nationalen Verteidigungsrats zur Aushandlung einer ehrenhaften Kapitulation. Danach wurde er verhaftet und zu dreißig Jahren Gefängnis verurteilt. Er starb 1940 im Gefängnis von Carmona.

Juan de Borbón wurde am 20. Juni 1913 im La Granja-Palast in Segovia als Sohn König Alfons XIII. und der Königin Victoria Eugenia geboren. Er mußte sein Studium an der Marineschule in San Fernando aufgeben, als sein Vater nach der Ausrufung der Zweiten Republik ins Exil ging. Er schloß sein Studium an der englischen Naval Academy ab. 1932 wurde er Erbe der spanischen Krone, 1935 heiratete er María de las Mercedes von Borbón und Orleans. Er lebte in Rom, wo sein erstgeborener Sohn, Don Juan Carlos, zur Welt kam, und in Portugal, wo er Manifeste zugunsten der Demokratisierung des herrschenden Regimes in Spanien veröffentlichte. Er kam mit Franco zu einer Übereinkunft, derzufolge Don Juan Carlos in Spanien studieren sollte. Nach Francos Tod trat er seine Rechte auf die Nachfolge zugunsten seines Sohnes, Don Juan Carlos, ab.

Juan Carlos de Borbón, Juan Carlos I., König von Spanien, wurde am 5. Januar 1938 als Sohn von Don Juan de Borbón und Battemberg, Grafen von Barcelona und Chef des spanischen Königshauses und der Prinzessin Doña María de las Mercedes von Borbón und Orleans geboren. Er ist der Enkel des letzten spanischen Königs, Alfons XIII. Seinen ersten Unterricht erhielt er in der Schule der Marianisten in Fribourg in der Schweiz. Nach der Übereinkunft zwischen seinem Vater und General Franco kam er erstmals im Oktober 1948 im Alter von 10 Jahren nach Spanien und besuchte das Instituto de San Isidro in Madrid. 1950 ging er nach San Sebastián, wo er vier Jahre lang im Palast von Miramar residierte. 1955 trat er in die Militärakademie von Saragossa ein, an der er im folgenden Jahr den Grad eines Leutnants der Infanterie erhielt. Im gleichen Jahr trat er in die Marineschule in Marín ein, die er 1958 mit dem Titel eines Fregattenleutnants verließ. In der Folgezeit absolvierte er einen Lehrgang an der Luftwaffenakademie in San Javier in Murcia, wo er den Grad eines Leutnants und den Befähigungsnachweis als Militärpilot erwarb. 1959 kam er an die Universität Madrid, wo er bis zum Jahr 1961 einzelne Studienlehrgänge in Recht, Wirtschaft, Politik und Philosophie absolvierte. Am 14. Mai 1962 heiratete er in Athen Prinzessin Sophia von Griechenland, Tochter von König Paul und Königin Friederike. Das Ehepaar ließ sich im Zarzuela-Palast in der Nähe von Madrid nieder. 1963 wurde die Prinzessin Elena, zwei Jahre später die Prinzessin Christina und 1969 Prinz Felipe, Prinz von Asturien, geboren. Am 22. Juli 1969 schlug ihn General Franco vor dem Plenum der spanischen Cortes als seinen Nachfolger als Staatsoberhaupt mit dem Königstitel vor. Die Cortes billigten die Ernennung; Juan Carlos wurde offiziell zum Nachfolger als Staatsoberhaupt proklamiert und erhielt den Titel eines Prinzen von Spanien. Am 24. Juli desselben Jahres wurde er auf Grund einer Verordnung zum Brigadegeneral der Land- und Luftstreitkräfte befördert, erhielt den Titel eines Konteradmirals der Flotte und den militärischen Rang eines Generalkapitäns verliehen. Von diesem Augenblick an nahm er bei allen offiziellen Anlässen den Platz unmittelbar neben dem Staatsoberhaupt ein. Im Juli 1974 übernahm der Prinz angesichts der Thrombophlebitis, an der General Franco litt, die Funktionen des Staatsoberhaupts. Als solches unterzeichnete er die spanisch-nordamerikanische Grundsatzerklärung und leitete am 9. August erstmals eine Ministerratssitzung. Am 3. September 1974 gab er seine Funktionen wieder ab, da Franco die Tätigkeit als Staatsoberhaupt wieder aufnahm. Ein Jahr und drei Monate danach, am 30. Oktober 1975, übernahm Don Juan Carlos angesichts einer neuen, schweren Erkrankung des Generals erneut die Funktionen des Staatsoberhaupts. Am 20. November übernahm nach dem Tod General Francos der Regentschaftsrat die Macht. Am 22. November 1978 wurde Juan Carlos nach Ableistung seines Eides zum König von Spanien mit dem Namen Juan Carlos I. proklamiert und verkündete seine erste Thronbotschaft. Fünf Tage später fand in der Kirche de los Jerónimos in Madrid die Erhebung von Juan Carlos auf den spanischen Thron statt. Seit diesem Tag erwies sich der König als entschlossener Verfechter der Einführung eines demokratischen Systems in Spanien, wie er anläßlich des Putschversuchs im Februar 1981 bewies.

Rafael Calvo Serer wurde 1916 in Valencia geboren, mit 20 Jahren wurde er zum Vorsitzenden des Verbands der katholischen Studenten in Valencia gewählt. Am Vorabend des Bürgerkrieges nahm er in Madrid am Kongreß dieses katholischen Studentenverbandes teil, lernte Monsignore Escrivá kennen und trat dem Opus Dei als Numerarius* bei. 1942 erhielt er den Lehrstuhl für Philosophie und 1946 den für Geschichtsphilosophie an der Universität Madrid. Er gehörte dem persönlichen Rat von Don Juan de Borbón an. Von 1951 bis 1953 war er Chefredakteur der Zeitschrift ›Arbor‹, die der Wissenschaftsrat beim Erziehungsministerium herausgab. Von 1966 bis 1971 brachte er die Tageszeitung ›Madrid‹ wieder in Schwung. Nach dem Verbot der Zeitung ging er ins Exil nach Paris, wo er 1974 zusammen mit Santiago Carillo und anderen Repräsentanten politischer Kräfte die Junta Democrática gründete. 1976 kehrte er nach Spanien zurück, wurde verhaftet und erhielt schließlich bedingte Haftentlassung. Nachdem die ergangenen Urteile die Schließung der Zeitung ›Madrid‹ verworfen hatten, wurde die Verwaltung zur Zahlung des auf etwa 580 Millionen Peseten geschätzten Schadens verurteilt und Calvo Serer bereitete das Wiedererscheinen der Zeitung vor.

José Calvo Sotelo wurde 1893 in Tuy in Pontevedra geboren, studierte Jura und war Vertreter des Staates in Rechtsstreitigkeiten (abogado del estado). Als Mitglied der Partei Mauras wurde er 1919 bis 1922 Cortes-Abgeordneter und 1923 Zivilgouverneur in Valencia. Während der Diktatur Primo de Riveras trat er der Unión Patriotica bei; 1923 erhielt er das Amt des Leiters der Abteilung für Kommunalwesen und wirkte bei der Entmilitarisierung des Primo de Rivera-Regimes durch die Abfassung des Gemeindestatuts im Jahr 1924 mit. Von seiner Tätigkeit als Finanzminister ist die Schaffung des Erdölmonopols hervorzuheben. Als die Republik ausgerufen wurde, ging er nach Portugal und

* Das Opus Dei unterscheidet bei seinen Mitgliedern vier hierarchische Gruppen: Numerarii (Unverheiratete mit akademischer Bildung), Aggregati (Akademiker), Supernumerarii (in Beruf und Familie Stehende) und Cooperatores (dem Opus Nahestehende); Anm. d. Übers.

später nach Frankreich. Trotz seines Exils wurde er Abgeordneter der verfassunggebenden Cortes und der Cortes von 1933. Als 1934 für die Minister der Diktatur eine Amnestie erlassen wurde, kehrte er nach Spanien zurück. Er gründete den Nationalen Block (Blocque Nacional). Am 13. Juli 1936 wurde er ermordet.

El Campesino (Der Bauer); Pseudonym für Valentín González; wurde 1909 geboren; war kommunistischer Guerillakämpfer, wurde während des Bürgerkriegs Divisionsgeneral und hatte entscheidenden Anteil an der Verteidigung Madrids, sowie an den Kämpfen bei Brunete, Belchite und Teruel. Er ging in die UdSSR ins Exil und studierte dort an einer Militärakademie. Danach leitete er von Frankreich aus eine Reihe von Guerillaaktionen gegen das franquistische Spanien. Er starb 1983.

Luis Carrero Blanco wurde 1903 in Santoña in Santander geboren, erhielt an der Militär-Marineschule den Grad eines Leutnants zur See und nahm von 1924 bis 1926 am Krieg in Marokko teil. 1934 wurde er zum Korvettenkapitän befördert und lehrte als Professor für Taktik an der Seekriegsschule. 1936 floh er bei Ausbruch des Bürgerkrieges in die Botschaften Mexikos und Frankreichs bis er 1937 in die nationale Zone gelangen konnte. 1938 wurde ihm das Amt des Chefs des Führungsstabs der Kreuzereinheiten der nationalen Flotte und 1939 das des Chefs der Operationsabteilung des Führungsstabs der Marine anvertraut. 1940 wurde er zum Fregattenkapitän befördert und zum Professor an der Seekriegsschule ernannt, 1949 erhielt er das ständige Recht, diesen Titel zu führen, 1966 wurde er zum Admiral befördert. Er hatte 1941 das Amt des Unterstaatssekretärs im Amt des Regierungschefs, 1951 das des Leiters des Amts des Regierungschefs, 1967 das des stellvertretenden Ministerpräsidenten unter Beibehaltung seines vorherigen Amts und 1973 das des Ministerpräsidenten inne. Er starb am 20. Dezember 1973 als Opfer eines Attentats der Terrororganisation ETA.

Santiago Casares Quiroga wurde 1884 in La Coruña geboren, war Jurist mit Lizentiatenexamen, nahm an der revolutionären republikanischen Bewegung teil und unterzeichnete den Pakt von San Sebastián. In den verfassunggebenden Cortes der Republik repräsentierte er die Republikanische Organisation des Autonomen Galizien (Organización Republicana Gallega Autónoma, ORGA), die sich 1933 mit der Republikanischen Aktion (Acción Republicana) vereinigte, um eine neue Partei, die Republikanische Linke (Izquierda Republicana) zu gründen. Er war 1931 als Marineminister und einige Monate später als Innenminister Mitglied des ersten Kabinetts der Republik, seit Juli 1933 auch Justizminister. 1936 wurde er nach der Wahl Manuel Azañas zum Präsidenten der Republik zum Ministerpräsidenten ernannt, konnte aber die öffentliche Ordnung nicht aufrechterhalten, trat nach dem Tod von Leutnant Castillo und von Calvo Sotelo zurück und trat sein Amt an Martínez Barrio ab. Nach Beginn des Bürgerkriegs ging er nach Frankreich. Er starb 1950 im Exil in Paris.

Fernando María Castiella y Maíz wurde 1907 in Bilbao geboren, erhielt 1933 den Lehrstuhl für internationales Recht an der Universität von La Laguna, war Freiwilliger in der »Blauen Division«, seit 1939 ordentlicher Professor an der Universität Madrid, ständiges Mitglied des Haager Gerichtshofs und Botschafter in einer Reihe spanischer Botschaften im Ausland. 1957 unterzeichnete er das Konkordat und wurde zum Außenminister ernannt, 1963 suchte er um die Aufnahme Spaniens in die EWG nach, die sich 1967 auf den Abschluß eines wirtschaftlichen Präferenzvertrags beschränkte; ferner handelte er die Erneuerung der spanisch-nordamerikanischen Abkommen aus, verweigerte aber 1969 die erneute Unterzeichnung, trat noch im selben Jahr als Minister zurück und begab sich wieder auf seinen Lehrstuhl für internationales Recht. Seit 1974 war er Mitglied der Academia de Ciencias Morales y Políticas. Er starb 1976 in Madrid.

Eva Duarte Perón wurde 1919 geboren, war die Ehefrau des argentinischen Generals und Politikers, hatte großen Einfluß auf seine Sozialreformpolitik und wurde in Argentinien zu einem Mythos des Peronismus. Sie starb 1952.

Raimundo Fernández Cuesta wurde am 5. Oktober 1896 geboren, war Militärrichter der Flotte und Notar. 1934 ernannte ihn José Antonio Primo de Rivera zum Generalsekretär der Falange und Mitglied der Junta Política. Bei den Wahlen 1936 war er falangistischer Kandidat für Madrid und Jaén. Franco ernannte ihn zum Generalsekretär der FET y de las JONS und im Februar 1938 zum Landwirtschaftsminister in seiner ersten Regierung. Er war auch Justizminister und Generalsekretär der Bewegung im Ministerrang, ferner Mitglied im Reichsrat, Mitglied des Nationalrats und Abgeordneter der Cortes in einer Reihe von Legislaturperioden. Nach Bildung der Asociación Frente Nacional Español (Vereinigung der Nationalen Front Spaniens) wurde er zu deren Präsidenten gewählt. Er behielt den Vorsitz, als sich diese zur Falange Español y de las JONS wandelte.

Manuel Fraga Iribarne wurde am 23. November 1922 in Villalba, Lugo, geboren, erwarb den Doktorgrad in den Rechts- und Staatswissenschaften. Er war Diplomat und Lehrstuhlinhaber für Staatsrechtslehre und Verfassungsrecht, ferner Ausschußassistent (Letrado) der Cortes und hatte die Ämter des Abteilungsleiters für Geschäftsordnung und Kommunikation im Erziehungsministerium, eines Abgeordneten für die vom Generalsekretariat der Bewegung kontrollierten Verbände und des Direktors des Instituts für Politische Studien inne. Von 1962 bis 1969 war er Minister für Information und Tourismus, von 1973 bis 1975 Botschafter in London. Nach seiner Rückkehr nach Spanien wurde er zum stellvertretenden Ministerpräsidenten der Regierung für innere Angelegenheiten und zum Innenminister ernannt, 1976 war er Vorsitzender der Demokratischen Reformpartei (Reforma Democrática) und förderte die Gründung der Volksallianz (Alianza Popular). Seit 1976 ist er Abgeordneter für Madrid, war Mitglied des Referentenausschusses zur Erarbeitung der Verfassung und Sprecher der parlamentarischen Fraktion der AP. Ende 1978 schuf er die konservative Wahlplattform der Demokratischen Koalition (Coalición Democrática), auf deren Liste er bei den allgemeinen Wahlen von 1979 und 1982 Spitzenkandidat war. Bis 1986 führte er die Opposition gegen die sozialistische Regierung.

Carmen Franco Polo, Tochter von Francisco Franco, Marquise von Villaverde, Herzogin von Franco. Sie heiratete Cristóbal Martínez Bordiú am 1. August 1950 und bekam sieben Kinder.

Nicolas Franco Bahamonde wurde am 1. Juli 1891 in El Ferrol geboren. Der ältere Bruder Francisco Francos studierte Schiffsbau und wurde Offizier in der Kriegsmarine. Er war Direktor der Technischen Hochschule für Schiffsbauingenieure und dazu Abteilungsleiter für die Handelsflotte. Sein Bruder ernannte ihn zum Cortes-Abgeordneten. Er starb am 15. April 1977.

Pilar Franco Bahamonde, Schwester Francisco Francos, wurde wie dieser in El Ferrol geboren, heiratete Alfonso Jaraiz Jerez, mit dem sie zehn Kinder hatte.

Ramón Franco Bahamonde wurde 1896 als Bruder Francisco Francos in El Ferrol geboren, trat 1911 in die Infanterie-Akademie ein und erlangte 1914 den Offiziersrang. 1921 wurde er nach Marokko abkommandiert. 1926 steuerte er das Wasserflugzeug ›Plus Ultra‹ auf dem Flug von Palos de Moguer nach Buenos Aires, der ihm weltweit große Popularität einbrachte. 1929 versuchte er erfolglos einen weiteren Transatlantikflug (von Los Alcázares nach Washington). Er konspirierte gegen die Monarchie und wurde deshalb beurlaubt und ins Gefängnis verbracht. Nach der Ausrufung der Republik zum obersten Chef für das Militärflugwesen ernannt, wurde er später Abgeordneter für Sevilla und Barcelona. Bei Ausbruch des Bürgerkriegs war er Luftwaffenattaché in Washington; er kehrte nach Spanien zurück, wo er Chef der Luftwaffenbasis auf den Balearen wurde. Er ist seit 1938 verschollen, als er mit einem Flugzeug die Küste Mallorcas ansteuerte.

José María Gil Robles y Quiñones wurde am 17. November 1898 geboren, studierte Rechtswissenschaften an der Universität Salamanca, erhielt 1922 den Lehrstuhl für Staatsrecht an der Universität La Laguna. Er arbeitete an der Schaffung der Confederación Española de Derechas Autónomas (CEDA) mit, zu deren Vorsitzendem er ernannt wurde. Im Mai 1935 übertrug man ihm das Kriegsministerium in der sechsten Regierung Lerroux. Nach dem Triumph der Volksfront gehörte er der Opposition an; im Juli 1936 ging er ins Exil. 1953 kehrte er nach Spanien zurück und gehörte zu den persönlichen Ratgebern von Don Juan de Borbón, bis er 1962 auf Grund seiner Teilnahme an dem Kongreß in München verbannt wurde und bis 1965 ins Exil gehen mußte. Er gründete die Partei der Christlich Sozialen Demokratie (Democracia Social Cristiana). Am 13. März 1975 gründete er die Federación Popular Democrática, zu deren Vorsitzendem er gewählt wurde. In den Wahlen vom Juni 1977 scheiterte die christdemokratische Partei völlig. Gil Robles starb am 14. September 1980 in Madrid.

José Antonio Girón de Velasco wurde am 28. August 1911 in Herrera de Pisuerga in Valencia geboren, ist Jurist mit dem Lizentiatenexamen, wurde im April 1931 Mitglied der Juntas Castellanas de Actuación Hispánica und trat 1932 in die JONS über. Vor dem Bürgerkrieg war er in Valladolid Provinzialvorsitzender der Milizen, danach Mitglied des Nationalrats der FET y de las JONS und Hauptmann der Infanterie ehrenhalber. Er wurde Arbeitsminister, Nationalrat der Bewegung und Abgeordneter der Cortes. Seit 1974 hat er den Vorsitz des Nationalverbands der Veteranen (Confederación Nacional de Excombatientes) inne.

Manuel Goded Llopis wurde 1882 in San Juan de Puerto Rico geboren, trat in die Infanterie-Akademie ein, nahm an den Feldzügen in Marokko teil und erhielt nach der Landung in Alhumceas den Rang eines Generals. Er war Chef des Generalstabs des Afrikaheeres und Unterstaatssekretär für das Heer. Im Gefolge der Erhebung vom 10. August 1932 machte man ihm den Prozeß und versetzte ihn in den Wartestand. Im Ministerium Gil Robles wurde er Generalinspekteur des Heeres und Abteilungschef für Luftfahrt; 1935 ernannte man ihn nach dem Triumph der Volksfront zum Militärbefehlshaber auf den Balearen, um ihn von Madrid fernzuhalten. Er führte die Erhebung des 18. Juli in Palma de Mallorca an und begab sich noch am selben Tag nach Barcelona, um auch dort den Aufstand anzuführen; er scheiterte und wurde verhaftet. Nachdem ihn ein Kriegsgericht zum Tode verurteilt hatte, wurde er am 12. August 1936 in Barcelona erschossen.

Isidro Gomá y Tomás wurde 1869 in La Riba in Tarragona geboren, 1927 Erzbischof von Tarazona, danach Nachfolger von Kardinal Segura als Erzbischof von Toledo. 1935 erhielt er die Kardinalswürde. Die Nachricht von der militärischen Erhebung von 1936 erreichte ihn in Navarra, wo er ihr sofort seine bedingungslose Unterstützung zusicherte. Er verfaßte 1937 auf Anregung von General Franco die »Carta colectiva del episcopado español« (das gemeinsame Schreiben der spanischen Bischöfe) zugunsten der Regierung von Burgos. Er rechtfertigte den Bürgerkrieg theologisch und billigte die Ausrufung des Kreuzzugs. Er starb 1940 in Toledo.

Angel Herrera Oria wurde 1886 in Santander geboren, war Vertreter des Staates in Rechtsstreitigkeiten (abogado del estado), Journalist und katholischer Propagandist. Er leitete die Tageszeitung ›El Debate‹ und gründete den Verlag Editorial Católica, nach der Ausrufung der Republik 1935 die Tageszeitung ›Ya‹. Er organisierte und leitete die Katholische Aktion (Acción Católica), zu deren Gunsten er die Leitung von ›El Debate‹ aufgab. Sein Einfluß auf diese Bewegung und auf die katholische Presse war insbesondere für seine Rolle in der CEDA von Gil Robles entscheidend. 1936 begann er seine kirchliche Laufbahn, wurde 1944 zum Priester geweiht und 1947 zum Erzbischof von Málaga ernannt. 1965 erhielt er die Kardinalswürde. Er starb 1968 in Madrid.

Alfredo Kindelán Duany wurde am 13. März 1879 in Santiago de Cuba geboren. Er kam aus dem Ingenieurkorps, spezialisierte sich auf Luftfahrtfragen und schuf den Flughafen von Cuatro Ventos in der Umgebung von Madrid. Er nahm an der Landung von Alhumceas teil und wurde unter der Monarchie Abteilungsleiter für Luftfahrtwesen. Nach der Ausrufung der Republik ersuchte er um Entlassung aus der Armee und ging ins Exil in die Schweiz. Der Beginn des Bürgerkriegs überraschte ihn in Cádiz, worauf er sich nach Tetuán begab. Er rief General Franco in Salamanca zum Caudillo aus. Die Junta für die Nationale Verteidigung ernannte ihn zum Chef des Luftverkehrswesens. Gegen Ende des Bürgerkrieges wurde er zum Militärbefehlshaber der Balearen und Kataloniens ernannt. Danach entwickelte er monarchistische Neigungen, weshalb er auf die Kanarischen Inseln verbannt wurde. 1944 wurde er rehabilitiert und zum Chef der Heeresakademie ernannt. Er starb am 14. Dezember 1962 in Madrid.

Francisco Largo Caballero wurde 1869 in Madrid geboren, war Mitglied der UGT und des PSOE; wegen seiner Beteiligung an dem Streikkomitee des Jahres 1917 wurde er zu lebenslanger Gefängnisstrafe verurteilt, kam jedoch frei, nachdem er zum Abgeordneten gewählt worden war. Zwanzig Jahre lang war er Generalsekretär der UGT; 1930 wurde er zum Vertreter der UGT im Revolutionskomitee ernannt und stellte sich gegen Besteiro, der gegen eine Mitwirkung des PSOE an der Errichtung einer bürgerlichen Republik war. Nach dem Triumph bei den Wahlen von 1931 wurde er zum Arbeitsminister ernannt, 1932 zum Parteivorsitzenden bestimmt. Seine Entwicklung nach links brachte ihm die Bezeichnung eines »spanischen Lenin« ein. Aus Anlaß des Vorrükkens der Truppen Francos gegen Madrid wurde er Chef einer Konzentrationsregierung der Volksfront und Kriegsminister, bis er unter kommunistischem Druck zurücktrat und aus den leitenden Ämtern in Partei und Gewerkschaft entfernt wurde. Im Januar 1939 ging er nach Frankreich. Die Vichy-Regierung verhaftete ihn, und die Deutschen internierten ihn 1943 im Konzentrationslager Oranienburg. Sowjetische Einheiten befreiten ihn im April 1945, und er starb im März 1946 in Paris, wo er neben den Helden der Kommune von Paris begraben wurde. Seine sterblichen Überreste wurden am 8. April 1978 auf den bürgerlichen Friedhof von Madrid überführt.

Alejandro Lerroux wurde 1864 in La Rambla in Córdoba geboren, war Journalist und wurde Redakteur und Herausgeber der Tageszeitung ›El País‹. Er gründete die Zeitungen ›El Progreso‹, ›El Intransigente‹ und ›El Radical‹. 1901 wurde er als republikanischer Kandidat für Barcelona als Abgeordneter in die Cortes gewählt, 1903 und 1905 wiedergewählt. Er hatte großen Einfluß auf das Proletariat in Barcelona. Er trat für die Einheit der Republikaner ein, verlor seinen Einfluß auf die Katalanen und gründete die Radikale Partei (Partido Radical). Finanzskandale führten zu seiner Verbannung und nach der »Semana Trágica« (Tragischen Woche) nahm er den politischen Kampf als gemäßigter Liberaler wieder auf. In der Republik wurde er Außenminister. Von 1933 bis 1935 war er Ministerpräsident von sechs republikanischen Kabinetten, wobei er von der CEDA (Confederación Española de Derechas Autónomas) unterstützt wurde. Während des Bürgerkrieges ging er nach Portugal ins Exil, von wo aus er General Franco Ergebenheitsadressen schickte. Er kehrte 1947 nach Spanien zurück und starb zwei Jahre später.

Enrique Líster wurde am 21. April 1907 in Ameneiro in La Coruña geboren, emigrierte 1927 mit seinem Vater nach Kuba und trat im selben Jahr der kubanischen Kommunistischen Partei bei. Nach seiner Rückkehr nach Spanien im Jahr 1930 wurde er zum Vorsitzenden des überberuflichen Fachverbandes (Sindicato de Oficios Varios) gewählt. Von 1931 bis 1943 studierte und arbeitete er in Moskau. Nach dem Ausbruch des Bürgerkrieges im Jahr 1936 kehrte er zurück, um gegen die nationalen Streitkräfte zu kämpfen. Er wurde Kommandeur des V. Regiments, das die Bauarbeitergewerkschaft aufstellte; sein Vorgehen in den Schlachten von Teruel, Guadalajara und am Ebro war entscheidend. Bei Kriegsende hatte er den Rang eines Obersten erreicht und kehrte nach der Niederlage nach Moskau zurück, wo er sechs Jahre lebte. Er kämpfte im Heer der Sowjetunion und erhielt den Generalsrang in der sowjetischen, der polnischen und der jugoslawischen Armee. Danach ging er nach Kuba, wo er 1965 als Militärausbilder fungierte. Seit 1935 Mitglied der Kommunistischen Partei Spaniens (Partido Comunista Español, PCE) und seit 1946 Mitglied des Politbüros, wurde er 1970 wegen Differenzen mit dem Zentralkomitee aus der Partei ausgeschlossen. Er gründete 1973 die Kommunistische Arbeiterpartei Spaniens (Partido Comunista Obrero Espãnol, PCOE). Am 7. November 1977 kehrte er nach Spanien zurück.

LAUREANO LÓPEZ RODÓ wurde am 18. November 1920 in Barcelona geboren, war Rechtsanwalt und Lehrstuhlinhaber für Verwaltungsrecht, ist ein prominentes Mitglied des Opus Dei, auf das der wirtschaftliche und soziale Entwicklungsplan zurückging. Er war kommissarischer Minister für diesen Plan, Außenminister, Botschafter Spaniens in Österreich und von General Franco ernanntes Mitglied des Nationalrats, außerdem Abgeordneter der Cortes, in denen er die Parlamentsfraktion der Regionalisten unterstützte und sie 1976 in die politische Partei der Acción Regional umwandelte. Er war Kandidat des Kongresses der Alianza Popular für Barcelona und wurde in den Wahlen vom Juni 1977 zum Abgeordneten gewählt. Am 15. Januar 1979 trat er vom Vorsitz der AP in Katalonien zurück.

GREGORIO MARAÑÓN Y POSADILLO wurde 1887 geboren, war Arzt und Spezialist für Endokrinologie, gleichzeitig als Schriftsteller Verfasser biographischer Werke zur spanischen Geschichte, Literatur und Kunstgeschichte bekannt, starb 1960.

ALBERTO MARTÍN ARTAJO wurde am 2. Oktober 1905 in Madrid geboren, machte an der Universidad Central das Lizentiatenexamen als Jurist. 1931 wurde er Jurist des wissenschaftlichen Dienstes des Staatsrats (letrado del Consejo de Estado). Er war enger Mitarbeiter des Kardinals Herrera Oria und wurde Generalsekretär und später Vorsitzender der Katholischen Aktion. 1945 wurde er zum Außenminister ernannt und hatte dieses Amt zwölf Jahre lang inne. Während seiner Amtszeit wurde die diplomatische Blockade, die die Zahl der in Madrid akkreditierten Botschaften auf drei reduziert hatte, durchbrochen. Seine Politik fand ihren Höhepunkt in dem Vertrag über gegenseitige Hilfe und Zusammenarbeit mit den USA im Jahr 1953, im Konkordat mit dem Heiligen Stuhl vom selben Jahr und in dem Beitritt Spaniens zu den Vereinten Nationen im Jahr 1956. Er war Mitglied des Nationalrats als Beauftragter des Verlags Editorial Católica und Vorsitzender der Asociación Católica Nacional de Propagandistas (des Verbands katholisch-nationaler Propagandisten). Er starb 1979.

Cristóbal Martínez Bordiú, Marquis von Villaverde, wurde am 1. August 1922 geboren, erwarb den Doktorgrad in Medizin und spezialisierte sich in den fünfziger Jahren auf Thorax-Chirurgie. Er heiratete Carmen Franco, die einzige Tochter Francisco Francos. Er machte eine kometenhafte Karriere, wurde Chef der Abteilung für kardiovaskuläre Chirurgie im Krankenhausbezirk von La Paz und führte im Jahr 1968 die ersten Herztransplantationen in Spanien durch. Er war an der Schaffung der Klinik Incosol in Marbella beteiligt.

Antonio Maura y Montaner wurde 1853 geboren, Jurist, zuerst in der liberalen Partei tätig, dann Wechsel zu den Konservativen, deren Vorsitzender er 1906 wurde. 1912 gründete er den Partido Maurista, eine rechtsgerichtete Volksbewegung. Von 1892 bis 1895 war er Kolonial-, 1897 Justizminister, 1902/03 Innenminister und zwischen 1903 und 1922 wiederholt Ministerpräsident. Er starb 1925.

José Miaja Menant wurde 1878 in Oviedo geboren, war Berufsoffizier und wurde nach der Teilnahme an den Feldzügen in Marokko im Jahr 1932 zum General befördert. Obwohl er der Unión Militar Española (UME) angehört hatte, blieb er nach dem Ausbruch des Bürgerkriegs der Republik treu und wurde Kriegsminister im Kabinett Martínez Barrios. Im November übernahm er den Vorsitz der Junta für die Verteidigung von Madrid, die die »Schlacht um Madrid« leitete. Danach wurde er Chef des Heeres in Zentralspanien und Chef der Heeresgruppe in Zentral- und Südspanien. Im März 1939 übernahm er den Vorsitz der Junta Casados und ging kurz darauf ins Exil nach Mexiko, wo er 1958 starb.

José Millán Astray Tereros wurde 1879 in La Coruña geboren, war Berufsoffizier und gründete 1920 die spanische Legion und die Fremdenlegion (Tercio de Estranjeros); er schrieb ein Buch mit dem Titel ›La Legión‹. 1932 wurde er zum General befördert, 1936 trat er der Nationalen Bewegung bei und organisierte das Büro für die Nationalistische Presse und Propaganda in Salamanca. Er starb 1954 in Madrid.

Emilio Mola Vidal wurde 1887 in Placetas in Kuba geboren, studierte an der Militärakademie von Toledo und trat 1909 in das Marokkoheer ein, wo er sich besonders auszeichnete. 1926 wurde er zum Obersten befördert und bald darauf zum General. 1930 wurde er zum Leiter des Sicherheitswesens ernannt, weshalb er beim Sturz der Monarchie verhaftet und angeklagt, schließlich jedoch freigesprochen und aus dem Heer entfernt wurde. Um sein Handeln zu rechtfertigen, schrieb er ›Memorias de mi paso por la Dirección General de Seguridad‹ und ›El pasado, Azaña y el porvenir‹. Nach der Amnestie von 1934 wurde er wieder in die Armee aufgenommen. Nachdem er im März 1936 nach

Pamplona versetzt worden war, wurde er zum Hauptorganisator der militärischen Erhebung. Er war ein herausragendes Mitglied der Junta für die Nationale Verteidigung in Burgos, erreichte die Kontrolle über einen großen Teil der Nordzone des Landes und organisierte die ersten Kolonnen, die auf Madrid vorstießen. Er leitete die Feldzüge im Norden. Am 3. Juni 1937 starb er bei einem Flugzeugunfall.

José Moscardó Ituarte wurde 1878 in Madrid geboren, war zu Beginn des Bürgerkrieges Oberst und Direktor der Escuela Central de Gimnasia de Toledo (Zentralen Sportschule in Toledo). Er verschanzte sich zwei Monate lang mit seinen Truppen im Alcázar von Toledo, bis die nationalen Truppen ankamen. Im Oktober 1936 wurde er Befehlshaber der Division in Soria und 1938 der Armee in Aragón, mit der er den Feldzug gegen Katalonien führte, von wo aus er nach Zentralspanien vorstieß. Nach dem Ende des Bürgerkrieges wurde er Befehlshaber der 4. und der 2. Militärregion und zum Chef des Militärkabinetts des Staatsoberhaupts und nationalen Beauftragten für Sport ernannt. Er starb 1956 in Madrid.

Agustín Muñoz Grandes wurde 1896 in Madrid geboren, war Berufsoffizier und Politiker und zeichnete sich in den Feldzügen in Marokko aus, wo er schwer verwundet wurde. Zu Beginn des Bürgerkrieges begab er sich von Madrid in die nationale Zone und nahm am Feldzug gegen Katalonien teil. 1939 wurde er zum Generalsekretär der Bewegung im Ministerrang ernannt, 1941 befehligte er die »Blaue Division«, und im Jahr darauf wurde er zum Generalleutnant befördert. Er war Heeresminister, Generalkapitän des Heeres und Chef des Großen Generalstabs. Er hatte auch die Ämter eines stellvertretenden Ministerpräsidenten und eines Vizepräsidenten des Reichsrats inne.

Juan Negrín López wurde 1892 in Las Palmas geboren, war Arzt und Politiker. Der herausragende Schüler Ramón y Cajals vollendete sein Medizinstudium in Leipzig, war Lehrstuhlinhaber an der Universität Madrid und schuf eine Schule, zu deren prominentesten Schülern Severo Ochoa und Grande Covián gehörten. 1929, in dem Jahr, in dem er dem PSOE beitrat, vertraute man ihm die Organisation und Leitung des Gremiums für den Bau des neuen Madrider Universitätsviertels an. 1931 wurde er Abgeordneter der Cortes. Er gehörte der Regierung Largo Caballeros als Finanzminister an. Nach dem Rücktritt Prietos als Verteidigungsminister übernahm er dieses Ressort und bildete im April 1938 eine Regierung der nationalen Einheit. Am 6. März 1939 mußte Negrín nach Frankreich gehen, wo er weiterhin Ministerpräsident der republikanischen Regierung blieb. Er starb 1956 im Pariser Exil.

Pedro Nieto Antúnez wurde 1898 in El Ferrol geboren, studierte 1914 an der Marine-Militärschule und wurde 1935 zum Chef der Flottenartillerieschule ernannt. Während des Bürgerkriegs befehligte er die Marinestreitkräfte, die auf der Halbinsel El Morrazo den Kriegszustand erklärten. Er wurde zum Konteradmiral befördert und 1962 zum Marineminister ernannt. Er war Cortes-Abgeordneter und Mitglied des Nationalrats der Bewegung. Er starb 1978 in Madrid.

Carmen Polo y Martínez wurde 1902 geboren, heiratete im Oktober 1923 Francisco Franco. Sie hatten eine Tochter.

Manuel Portela Valladares wurde 1868 in Pontevedra geboren, war Mitglied der Liberalen Partei und wurde Zivilgouverneur von Barcelona und Minister für Ernährung. Nach der Revolution im Oktober 1934 vertraute Lerroux ihm das Amt des Generalgouverneurs von Katalonien an und ernannte ihn danach zum Innenminister. Er bildete zwei aufeinanderfolgende Regierungen mit dem Auftrag, Neuwahlen vorzubereiten und die Bildung einer neuen politischen Kraft der Mitte zu versuchen, eine Aufgabe, an der er scheiterte. Bei Ausbruch des Bürgerkriegs ging er ins Ausland, stellte sich aber 1937 der republikanischen Regierung zur Verfügung. Er starb 1952.

Indalecio Prieto y Tuero wurde am 30. April 1883 in Oviedo geboren. In Bilbao, wohin seine Familie gezogen war, fing er an, in ›La Voz de Vizcaya‹ als Stenograph und später in ›El Liberal‹ als Redakteur zu arbeiten, einer republikanischen Zeitung, deren Eigentümer und Chefredakteur er schließlich wurde. Er trat der Sozialistischen Partei bei und nahm an der Gründung der Sozialistischen Jugendorganisation teil. Er wurde nacheinander zum Abgeordneten des Regionalparlaments in Vizcaja, zum Stadtrat und zum Abgeordneten in den Cortes gewählt. Er unterzeichnete den Pakt von San Sebastián und wurde nach Beginn der Zweiten Republik Minister für Finanzen und Öffentliche Arbeiten. Wegen seiner Verwicklung in die Revolution vom Oktober ging er 1934 ins Exil. Nach dem Sieg der Volksfront kehrte er nach Spanien zurück, trat für die Allianz der Sozialisten mit den Republikanern ein und unterstützte die Ablösung Alcalá-Zamoras durch Azaña. Während des Bürgerkriegs übertrug man ihm das Ministerium für die Marine und die Luftfahrt in der Regierung Largo Caballero und das für Verteidigung in der Regierung Negrín. Er trat wegen des wachsenden Einflusses der Kommunistischen Partei zurück. Nach dem Ende des Bürgerkriegs organisierte er im Exil die Hilfsvereinigung für Spanische Republikaner (Junta de Ayuda a los Republicanes Españoles) und rief in Mexiko die Spanische Befreiungsjunta (Junta Española de Liberación) ins Leben, in der sich Sozialisten und Republikaner zum Ziel einer Wiederherstellung der legalen Republik zusammenschlossen. Er starb 1962 in Mexiko.

José Antonio Primo de Rivera y Sáenz de Heredia wurde 1903 in Madrid geboren, war Jurist mit Lizentiatenexamen. Nach dem Fall der Diktatur übernahm er es, die Politik seines Vaters, des Generals Primo de Rivera, zu verteidigen. 1930 trat er der Unión Monárquica (Monarchistische Union) bei. Er kandidierte erfolglos bei den Wahlen von 1931, und auf Grund seiner Enttäuschung über den parlamentarischen Liberalismus entwickelte sich sein politisches Weltbild in Richtung eines nationalistischen, antiliberalen und antimarxistischen Totalitarismus. 1933 gründete er die Falange Española (spanische Falange). Bei den Wahlen vom November 1933 errang er als Kandidat der Rechten für Cádiz ein Abgeordnetenmandat. Im Februar 1934 fusionierte die Falange Española mit den Juntas de Ofensiva Nacional Sindicalista (JONS). Auf ihrem ersten Kongreß im Oktober desselben Jahres wurden die 27 Punkte der FE y de las JONS verfaßt und José Antonio Primo de Rivera zum Führer der Organisation ernannt. Bei den Wahlen vom Februar 1936 erhielt er kein Abgeordnetenmandat. Einen Monat später wurde er in Madrid verhaftet und in das Provinzgefängnis von Alicante überführt. Von dort aus unterstützte er die militärische Erhebung. Man machte ihm gemeinsam mit seinem Bruder Miguel als Rädelsführer der Rebellion den Prozeß vor einem Volksgericht und verurteilte ihn zum Tode. Er wurde am 20. November in Alicante hingerichtet.

Miguel Primo de Rivera y Orbaneja wurde 1870 in Jerez de la Frontera geboren, trat 1884 in die Militärakademie ein, nahm an den Feldzügen in Melilla, Kuba, auf den Philippinen und in Marokko teil und erlangte den Rang eines Brigadegenerals. Er wurde zum Generalleutnant befördert und Militärbefehlshaber jeweils für Valencia, Neukastilien, Andalusien und Katalonien. Am 13. September 1923 führte er einen Militärputsch an, der von Alfons XIII. gebilligt wurde. Nach seiner Ernennung zum Ministerpräsidenten bildete er ein Militär-Direktorium und unterdrückte die demokratischen Freiheiten. Er vereinigte in seiner Person die exekutive und die legislative Gewalt und griff auch ständig in die Rechtsprechung ein. 1924 schuf er die Unión Patriótica (Patriotische Union), die laufend dem Vorwurf der Korruption ausgesetzt war und keine Unterstützung im Volk fand. Er konnte also nur auf das Militär und die extreme Rechte zählen, und obwohl er versuchte, auch für andere politische Kreise attraktiv zu wirken, brachte ihm sein autoritäres System eine breite Opposition ein. Er sanierte die Wirtschaft, erfüllte sein Versprechen, die Feldzüge in Marokko zu beenden, und ernannte 1925 ein ziviles Direktorium. Die Verschwörungen gegen das Regime nahmen zu, und nachdem schließlich der Versuch gescheitert war, die Unterstützung aller Militärbefehlshaber zu erhalten, mußte er am 28. Februar 1930 zurücktreten. Er ging ins Exil nach Paris, wo er kurz darauf, am 18. März, starb.

Gonzalo Queipo de Llano Sierra wurde 1875 in Tordesillas in Valladolid geboren, schlug die militärische Laufbahn ein und kämpfte in den Feldzügen in Kuba und Marokko. 1928 mußte er wegen seiner Opposition gegen die Diktatur Primo de Riveras in die Verbannung gehen, hatte republikanische Neigungen und nahm an dem Aufstand von Cuatro Vientos im Jahr 1930 teil. Nach der Ausrufung der Zweiten Republik erhielt er das Amt des Befehlshabers der ersten Militärregion und das des Chefs des Militärkabinetts des Präsidenten Alcalá-Zamora. Nach der Absetzung Alcalá-Zamoras wurde er auf ein zweitrangiges Kommando als Chef des Grenzschutzes abgeschoben und näherte sich widerstrebend Mola an. Die Generalsjunta, die die Verschwörung vorbereitete, bestimmte ihn für die Übernahme des Oberbefehls in Andalusien, mit dem er Sevilla in den Machtbereich der Nationalisten brachte. Als Chef des Südheeres nahm er an der Einnahme Málagas teil und wurde durch seine äußerst aggressiven Propagandakampagnen im Rundfunk bekannt. Nach Ende des Krieges wurde er zum Generalleutnant befördert. Er starb 1951 in Sevilla.

Dionisio Ridruejo wurde 1912 in Burgo de Osma in Soria geboren, trat sehr jung in die Falange Española ein und hatte dort hohe Ämter inne: 1937 als Vorsitzender für die Provinz Valladolid und 1938 als Propagandachef. 1940 gründete er die Zeitschrift ›Escorial‹, und reihte sich in die »Blaue Division« ein. Seine kritische Haltung und seine Unzufriedenheit mit der Verfestigung des franquistischen Regimes sollten sich bald zeigen. Der Brief, den er im Juli 1942 an Franco richtete, brachte ihm die Zwangsverbannung nach Ronda und Katalonien ein und entfremdete ihn dem Regime endgültig. Die Krise des Jahres 1956 brachte ihn ins Gefängnis. Während der sechziger Jahre war er Dozent in den Vereinigten Staaten. 1974 gründete er die Unión Social Democráta Española. Er starb 1975 in Madrid. Er war Gewinner des Nationalpreises für Dichtung (Premio Nacional de Poesía) im Jahr 1950; seine wichtigsten poetischen Werke sind: ›Plural‹, ›Poesía en armas‹, ›Cuaderno catalán‹ und ›Casi en prosa‹; er schrieb auch Prosawerke, u. a. ›Escrito en España‹, ›Diario de una tregua‹, ›Entre literatura y política‹ und ›Casi unas memorias‹.

Vicente Rojo Lluch wurde 1894 in Fuente La Higuera in Valencia geboren, trat in die Militärakademie ein und wurde schließlich nach Afrika und dann nach Toledo abkommandiert. Als Major und Generalstabsoffizier stellte er sich 1936 den Befehlen des Heeres der Republik zur Verfügung. Nach dem Vorgehen gegen den Alcázar von Toledo im September 1936 wurde er im Rang eines Oberstleutnants zum Chef des Generalstabs der Verteidigungsjunta für die Operationen zur Verteidigung Madrids ernannt. Ihm oblag die Führung der Feldzüge am Jarama und in Guadalajara und im Mai 1937 übernahm er, von der Regierung

Negrín beauftragt, die Leitung des Zentralen Generalstabs der Streitkräfte. Von dieser Stellung aus leitete er die Reorganisation des Volksheeres der Republik und alle militärischen Operationen. Er wurde im September desselben Jahres zum General befördert und plante die Offensiven von Brunete, Teruel und am Ebro. Nach der Besetzung Kataloniens ging er ins Exil nach Paris, nach Argentinien und schließlich nach Bolivien, wo er als Professor an der Militärakademie von Cochabamba lehrte. 1957 kehrte er nach Madrid zurück, wo er vor ein Kriegsgericht gestellt und zu lebenslänglichem Gefängnis verurteilt wurde. Obwohl das Urteil aufgehoben wurde, blieb er durch Kontrollen und Beschränkungen und eine lange Krankheit bis zu seinem Tod am 15. Juni 1966 isoliert. Er schrieb eine Reihe von Büchern, von denen besonders hervorzuheben sind ›Elementos de arte de la guerra‹, ›España heroica‹, ›Culminación y crisis del imperialismo‹ und ›Así fue la defensa de Madrid‹.

Joaquín Ruiz-Giménez Cortés wurde in Hoyo de Manzanares geboren, studierte Jura an der Universität Madrid und hatte leitende Ämter im katholischen Studentenverband (Confederación de Estudiantes Católicos) inne. Nach Ausbruch des Bürgerkrieges wurde er verhaftet und in das Gefängnis von Madrid eingeliefert, von wo aus es ihm gelang, in die nationale Zone zu entkommen. 1937 trat er in das Heer als Ingenieuroffizier ein und stand unter dem Befehl von Muñoz Grandes. Nach dem Ende des Krieges wurde er Stadtrat in Madrid, zum Vorsitzenden der Internationalen Studentenorganisation Pax Romana (bis 1946) und zum Direktor des Spanischen Kulturinstituts ernannt. Als Mitglied des Instituts für Politische Studien nahm er aktiv an der Abfassung der Grundgesetze (Leyes Fundamentales) teil, 1948 ging er als Botschafter beim Heiligen Stuhl nach Rom mit dem Auftrag, das Konkordat auszuhandeln, 1951 wurde er Erziehungsminister. Seine Politik der Öffnung führte im Februar 1956 zu Zwischenfällen an den Universitäten, deretwegen er zurücktreten mußte. Bald darauf ernannte ihn Franco zum Abgeordneten, entließ ihn aber 1964 nach der Veröffentlichung des Verbandsgesetzes (ley de Asociaciones). Er praktizierte als Rechtsanwalt und lehrte an den Universitäten Salamanca und Madrid. 1963 gründete er die Zeitschrift ›Cuadernos para el Diálogo‹, an der Christdemokraten und Marxisten mitarbeiteten. Nach dem Tod Francos schuf er die Partei der Linken Demokratie (Izquierda Democrática), die in den Wahlen von 1977 gemeinsam mit der Federación Demócrata Cristiana del Estado Español kandidierte, aber kein Mandat errang. Im Dezember 1982 billigten die Cortes seine Ernennung zum Ombudsmann (Defensor del Pueblo).

Pedro Sainz Rodríguez wurde 1897 in Madrid geboren, war als Monarchist Anhänger Alfons XIII. und Lehrstuhlinhaber an den Universitäten Oviedo und Madrid; 1933 wurde er als Abgeordneter für die Acción Española gewählt und gab zu der Schaffung des Nationalen Blocks (Bloque Nacional) den Anstoß. Er spielte bei Beginn des Bürgerkriegs in Burgos als Verbindungsmann Sanjurjos eine herausragende Rolle. Später wurde er von General Mola nach Rom geschickt, um italienische Flugzeuge für den Transport der Truppen von Marokko nach Spanien zu besorgen. In der ersten Regierung Franco war er Erziehungsminister und machte die Gesetzgebung der Republik rückgängig. Nach dem Ende des Kriegs trat er zurück und ging als persönlicher Ratgeber von Don Juan de Borbón nach Lissabon; 1968 kam er nach Spanien zurück und wurde Mitglied der Akademie für Sprache und der Akademie für Geschichte. Von seinen wissenschaftlichen Werken seien genannt ›La evolución política española y el deber de los intelectuales‹, ›Introdución a la historia de la literatura mística en España‹, ›Evolución de las ideas sobre la decadencia de España‹, ›Menéndez y Pelayo, historiador y crítico literario‹, ›La mística española y Siembra mística del cardenal Cisneros y las reformas en la Iglesia‹. Er hat auch seine Memoiren unter dem Titel ›Testimonia y recuerdos‹ veröffentlicht.

Antonio Oliveira Salazar wurde 1889 geboren, Professor für Nationalökonomie und Finanzwissenschaften, als Ministerpräsident autoritärer Diktator Portugals von 1932 bis 1968, zuvor Finanzminister. Er starb 1970.

Rafael Sánchez Mazas wurde 1894 in Madrid geboren, war Jurist mit Lizentiatenexamen und einer der Gründer und ideologischen Väter der Falange Española. 1936 wurde er Korrespondent von ›Abc‹ in Rom und nach dem Ende des Bürgerkriegs zum Minister ohne Geschäftsbereich, zum Mitglied des Nationalrats der Bewegung und zum Cortesabgeordneten ernannt. Von seinem schriftstellerischen Werk seien die Erzählungen ›Pequeñas memorias de Tarín‹, die Romane ›La vida nueva de Pedrito de Andía‹ und ›Lances de boda‹ und der Gedichtband ›Sonetos de un verano antiguo y otros poemas‹ genannt.

José Sanjurjo Sacanell wurde 1872 in Pamplona geboren, schlug die Militärlaufbahn ein und nahm an den Feldzügen in Kuba, Melilla und Marokko teil. Er wurde zum Generalleutnant befördert, 1925 an die Spitze des Hochkommissariats des Afrikaheeres gestellt und drei Jahre später zum Chef der Guardia Civil ernannt. Am 14. April 1931 erkannte er die Legalität der neuen Republik an, erhob sich aber am 10. August 1932 in Sevilla gegen sie; die Bewegung scheiterte sowohl in Madrid als auch in Sevilla. Sanjurjo versuchte zu fliehen, wurde aber in Huelva verhaftet und nach Madrid gebracht, wo er vor ein Kriegsgericht gestellt und wegen militärischer Rebellion zum Tode verurteilt wurde. Das Urteil wurde in lebenslängliches Gefängnis umgewandelt. Zwei Jahre später amnestierte ihn die Regierung Lerroux, und er ging nach Estoril. 1936 billigte er die Pläne General Molas und übernahm die Führung des militärischen Aufstandes, starb aber am 20. Juli, als das Flugzeug, das ihn nach Spanien bringen sollte, in Portugal zerschellte.

Pedro Segura y Sáez wurde 1880 in Carazo in Burgos geboren, 1916 zum Weihbischof in Valladolid ernannt und war später Bischof von Coria und Burgos. Als Erzbischof von Toledo und Primas von Spanien wurde er 1927 zum Kardinal ernannt. Nach der Ausrufung der Republik veröffentlichte er eine Reihe von Hirtenbriefen gegen das neue System und wurde von der provisorischen Regierung im Mai 1931 aus Spanien verbannt. Er residierte daraufhin in Rom, wo er an der Kurie ein Amt erhielt. Auf ihn geht der gemeinsame Hirtenbrief des spanischen Episkopats vom August 1931 zurück, der die »ernsten Mißstände« des republikanischen Verfassungsentwurfs aufzeigte. Im Bürgerkrieg wurde er zum Erzbischof von Sevilla ernannt. Er war für seine konservativen und monarchistischen Vorstellungen bekannt und tat sich in den vierziger Jahren mit Weisungen und Hirtenbriefen zur christlichen Sexualmoral hervor. Er starb 1957 in Madrid.

Ramón Serrano Súñer wurde 1901 in Cartagena in Murcia geboren, schloß sein Rechtsstudium mit dem Lizentiatenexamen ab und gehörte der Körperschaft der Vertreter des öffentlichen Interesses an. Er war Leiter der Jugendorganisation der Acción Popular (Juventudes de Acción Popular, JAP) und Abgeordneter der CEDA in den Cortes der Republik. Er war ein Freund von José Antonio Primo de Rivera und Schwager Francos. Nach dem Ausbruch des Bürgerkriegs entkam er aus Madrid nach Salamanca in die nationale Zone, wo er an der Einigung der politischen Kräfte arbeitete. Er wurde 1939 zum Vorsitzenden der politischen Junta der FET y de las JONS ernannt und hatte von 1938–1940 das Amt des Innenministers* inne. Als Außenminister war er Zeuge der Begegnung Francos und Hitlers in Hendaye. Mit dem Niedergang der Achsenmächte verlor Serrano sein Amt. Er verfaßte ›Entre Hendaye y Gibraltar‹ (›Zwischen Hendaye und Gibraltar‹) und ›Entre el silencio y la propagandea, la Historia como fue. Memorias‹.

José Solís Ruiz wurde 1913 in Cabra in Córdoba geboren, schlug die Juristenlaufbahn ein. Er war von Anfang an an der militärischen Erhebung von 1936 beteiligt, wurde zum stellvertretenden Leiter einer falangistischen Hundertschaft ernannt und gehörte dem ersten Jahrgang der provisorischen Offiziere an. Nach dem Ende des Krieges organisier-

* Ministro del Interior, después de Gobernación. Es handelt sich beide Male um das gleiche Ministerium, das seit dem zweiten Kabinett Franco den neuen Namen erhielt; Anm. d. Übers.

te er als Fachsekretär der vertikalen Syndikate den ersten Nationalkongreß der Arbeiter. Danach war er Zivilgouverneur in Pontevedra und in Guipúzcoa. Er war außerdem Mitglied des Reichsrats und nationaler Abgeordneter der Syndikate, letzteres auch noch, als er zum Generalsekretär der Bewegung im Ministerrang ernannt worden war. Unter Arias Navarro war er erneut Minister für die Bewegung und handelte mit Marokko angesichts des angedrohten »grünen Marsches« kurz vor Francos Tod den spanischen Abzug aus Spanisch-Sahara aus. Nach dem Tode des Diktators war er in der ersten Regierung der Monarchie Arbeitsminister.

Alberto Ullastres Calvo wurde 1914 in Madrid geboren, schloß sein Jurastudium mit dem Linzentiatenexamen ab und wurde Professor für Handelsrecht. Als Mitglied des Opus Dei war er in seiner Jugend Leiter der Katholischen Aktion (Acción Católica), im Bürgerkrieg kämpfte er im Heer Francos. Im Februar 1957 wurde er zum Handelsminister ernannt und entwarf zusammen mit Mariano Navarro Rubio, dem Finanzminister, den Stabilisierungsplan für die spanische Wirtschaft, der die Autarkiepolitik der Nachkriegszeit beendete. Während seiner Ministerära wurden erste Kontakte zur EWG aufgenommen und um Spaniens Beitritt ersucht. Nach seinem Rücktritt im Jahr 1965 war er bis Ende 1976 Botschafter bei der EWG und erreichte im Juli 1970 die Unterzeichnung eines Vorzugsabkommens zwischen Spanien und dem Gemeinsamen Markt.

Juan Yagüe Blanco wurde 1891 in San Leonardo in Soria geboren, machte seine militärische Karriere in Afrika und nahm an der Niederschlagung der Revolution in Asturien im Oktober 1934 teil, wo er die marokkanischen Truppen (Regulares) und die der Legion kommandierte. 1936 war er Oberstleutnant, diente als Verbindungsmann Francos zu Mola und führte in Ceuta die militärische Erhebung gegen die Regierung der Republik an. Danach landete er an der Spitze der Truppen der Legion und der marokkanischen Einheiten im Süden, besetzte Mérida und Badajoz, leitete die Offensive gegen Madrid und unterstützte die Ernennung Francos zum Staatsoberhaupt. 1937 wurde er zum General befördert, agierte an den Fronten in Aragón und in Katalonien als Befehlshaber der marokkanischen Einheiten und nahm Tortosa und Barcelona ein. Er wurde 1939 zum Minister für Luftfahrt und 1943 zum Befehlshaber der sechsten Militärregion ernannt. Er starb 1952 in Burgos.

Glossar

›Abc‹, Rechtskonservative Zeitung, 1903 gegründet, seit 1905 Tageszeitung. Als entschieden monarchistisches Blatt wurde sie vor allem von der konservativen Mittel- und Oberschicht gelesen. Im Bürgerkrieg erschien ›Abc‹ in einer franquistischen Ausgabe in Sevilla und in einer republikanischen in Madrid. Im Gegensatz zu Franco setzte sie sich für eine Restauration der Monarchie unter Don Juan ein. Nach einem starken Auflagenverlust zu Beginn des Übergangs zur Demokratie konnte die Zeitung ihre alte Bedeutung wiedergewinnen. 1988 war sie mit einer Auflage von 267772 Exemplaren die zweitgrößte spanische Tageszeitung mit überregionaler Verbreitung.

›Arriba‹, Madrider Tageszeitung, Organ der Falange bzw. des »Movimiento Nacional«, die die politische Ideologie der Falange verbreitete. Ihre Auflage sank von 100000 (1935) auf 25000 (1968).

Bienio Negro, die »zwei schwarzen Jahre«. Die Geschichte der am 14. April 1931 ausgerufenen spanischen Republik läßt sich in drei Phasen aufteilen: »bienio de reformas«, die beiden Reformjahre (1931–1933), »bienio negro« (1933–1935) und den Bürgerkrieg (1936–1939). Seit den Wahlen von 1933 regierte Lerroux mit den rechten Republikanern, dem Partido Republicano Radical, und ging 1934 eine Koalition mit der CEDA ein. Zur Verhinderung einer »faschistischen Machtergreifung« rief die Linke einen Generalstreik aus. Er weitete sich in Asturien zu einer sozialen Revolution aus, die Franco mit Hilfe des Afrikaheeres und der Fremdenlegion blutig niederwarf. Die in den Jahren zuvor eingeleiteten Reformansätze wurden sämtlich rückgängig gemacht; dies führte zu einer allgemeinen Erhöhung der Spannungen und entsprechenden Radikalisierung.

Capitanía General: Generalkapitanat, spanische Militärregion. Die spanische Halbinsel war in acht solche Regionen unterteilt. Dazu kamen noch die Generalkommandanturen in Melilla, Ceuta, auf den Balearen und den Kanarischen Inseln. Jede dieser Regionen wurde von einem Militärbefehlshaber oder Generalkapitän befehligt. Von dieser Funktion ist der militärische Rang des Generalkapitäns als höchster militärischer Rang in Spanien zu unterscheiden, den der Befehlshaber eines Generalkapitanats nur in seltenen Fällen innehatte.

Ceuta, Melilla, spanische Enklaven in Nordafrika. Ceuta wurde 1415 von Portugal erobert und geriet 1580 mit der Annexion Portugals durch Spanien unter spanische Herrschaft. Melilla wurde 1406 vom Herzog von Medina-Sidonia erobert und fiel 1556 an die spanische Krone. Ein UNO-Beschluß forderte 1960 die Entkolonialisierung Gibraltars, Ceutas und Melillas. Heute dienen die beiden Städte vor allem als spanische Militärstützpunkte und sind Umschlagplätze für Schmuggelwaren und Rauschgift.

Comisiones Obreras (CC.OO.), Arbeiterkommissionen, entstanden 1956 erstmals im Baskenland als ein neuartiges Instrument des Arbeitskampfes unter den Bedingungen der Diktatur. Sie organisierten in den Betrieben Versammlungen, um für konkrete Ziele zu kämpfen, und lösten sich anschließend wieder auf, wodurch sie für die Polizei schwer zu fassen waren; sie sind ihrem Programm zufolge klassengebunden, demokratisch, unabhängig von den Parteien und dem Internationalismus verbunden. Der Einfluß der Kommunisten in ihnen war stets sehr stark. Mehrere ihrer Führer wurden in einem spektakulären Prozeß zu äußerst harten Haftstrafen verurteilt. 1977 wurden sie legalisiert und bilden seitdem die zweitgrößte spanische Gewerkschaft.

Comunión Traditionalista, s. Karlisten

Confederación Española de Derechas Autónomas (CEDA), Spanischer Bund autonomer Rechtsparteien, ging 1933 aus der Fusion der Volksaktion (Acción Popular) und der Regionalen Valencianischen Rechten (Derecha Regional Valenciana) hervor; den Vorsitz hatte Gil Robles. Die Partei setzte sich für die sozialen und ökonomischen Belange der konservativen, wohlhabenden Oberschicht ein. Sie berief sich auf die Soziallehre der katholischen Kirche und bekannte sich zur Republik, jedoch nur aus taktischer Notwendigkeit im Übergang zu einer ständestaatlichen Ordnung. 1933 errang sie 105 von 474 Parlamentsmandaten. Von 1934 bis 1936 war sie der Kern einer Koalition der Monarchisten und der rechten Republikaner. Während des Bürgerkriegs fiel sie dem Parteienverbot Francos zum Opfer.

Consejo de Estado (Staatsrat), wurde 1944 geschaffen als Fachgremium zur Beratung der Regierung im Zusammenhang mit Gesetzen, das auch nach der heutigen Verfassung noch besteht.

Consejo de Regencia (Regentschaftsrat), wurde 1947 durch das Gesetz über die Nachfolge geschaffen, bestand aus dem dienstältesten Militärkommandanten, dem ranghöchsten Kirchenvertreter und dem Präsidenten der Cortes. Im Fall einer Verhinderung oder eines Ausfalls des Staatsoberhaupts übte er übergangsweise die Macht aus. Die Verfassung von 1978 schaffte ihn ab.

Consejo del Reino (Reichsrat), wurde 1947 durch das Gesetz über die Nachfolge errichtet und hatte 17 Mitglieder, von denen 10 durch die Cortes gewählt wurden. Nach dem Staatsgrundgesetz (ley orgánica del Estado) von 1967 schlug er ein Triumvirat vor, aus dem das Staatsoberhaupt jeweils den neuen Ministerpräsidenten bestimmte.

Cortes, wurden unter Franco per Gesetz vom 14. Juli 1942 als Ständeparlament wiedereingeführt, nachdem er sie nach dem Bürgerkrieg zunächst abgeschafft hatte. Sie waren ein beratendes und ein Akklamationsorgan. Von fast 600 Mitgliedern (procuradores) waren 400 ernannt oder gehörten dem Ständeparlament qua Geburt an (Minister, Nationalräte, Universitätsrektoren, Inhaber hoher öffentlicher Ämter, Provinzdelegierte, Gemeindevertreter und Vertreter von Berufskammern). Allein 150 entsandte die Syndikatsorganisation. Seit 1967 durften Familienoberhäupter und verheiratete Frauen 100 Abgeordnete wählen, doch konnten praktisch nur Regimeanhänger gewählt werden. 1976 stimmte dieses Parlament für seine eigene Auflösung und seine Ersetzung durch ein demokratisches Zwei-Kammer-Parlament.

Día de la Hispanidad, 12. Oktober, Jahrestag der Entdeckung Amerikas und Feiertag. Die Betonung der Bedeutung Spaniens als Mutterland der spanischen Kultur, die die ehemaligen spanischen Kolonien verbindet, war ein Bestandteil der franquistischen Außenpolitik.

Entente International Anticommuniste, im März 1924 entstandene Vereinigung mit Sitz in Genf, die bis 1951 existierte.

Estoril, Aufenthaltsort von Don Juan de Borbón in Portugal.

Meuterei gegen Esquilache, Leopoldo de Gregorio, Marquis von Squilace war Italiener und aufgeklärter Reformminister Karls III. Seine Reformen machten ihn bei den unteren Volksschichten in Madrid, bei einem Teil des Klerus und des Adels äußerst unbeliebt. Das Verbot des Tragens traditioneller langer Mäntel und runder Hüte führte 1766 in Madrid zu einem Aufstand, der den Rücktritt des Ministers erzwang.

Zweifarbige Fahne, die Fahne der Zweiten Republik war dreifarbig rot-gelb-violett und waagerecht gestreift, die der Monarchie rot-gelb-rot, ebenfalls waagerecht gestreift.

Falange, entstand 1934 als Zusammenschluß der von José Antonio Primo de Rivera im Jahr zuvor gegründeten Falange Española mit den seit 1931 bestehenden nationalsyndikalistischen Angriffsgruppen (Juntas de Ofensiva Nacional Sindicalista, JONS) zur FE y de las JONS. Das 27 Punkte umfassende Programm war dem italienischen Faschismus und dem deutschen Nationalsozialismus verhaftet. Gefordert wurde die Hegemonialstellung Spaniens in der spanischsprachigen Welt, die Abschaffung der Demokratie, die Erfassung aller Arbeitsfähigen in spanischen Zwangssyndikaten, die Verstaatlichung des Bankwesens und der öffentlichen Dienste, eine radikale Agrarreform, die vormilitärische Erziehung der Jugend und die führende Stellung der Partei im Staat. Während der Republik war ihr Einfluß gering, 1933 erhielt die Falange ein einziges Palamentsmandat. Nach dem Sieg der Volksfront wurde sie verboten und ihr Führungskorps verhaftet. Sie gehörte nicht zu den Initiatoren des Militärputsches, schloß sich jedoch mit ihren Milizen sofort an. 1937 zwang Franco die Falange zum Zusammenschluß mit allen auf seiner Seite stehenden Parteien und Gruppierungen, insbesondere mit den traditionalistischen Karlisten. Die Partei hieß jetzt Falange Española Tradicionalista y de las JONS. Die alten Programmforderungen, insbesondere auch die sozialrevolutionären Elemente, wurden zugunsten konservativer und monarchistischer Vorstellungen aufgegeben, der Führungsanspruch der Partei aus dem Programm gestrichen. Oberstes Gremium wurde der Nationalrat mit Franco als lebenslangem Präsidenten. Der Generalsekretär war Regierungsmitglied mit Ministerrang. Als wichtigstes Einflußgebiet blieben der Falange die Syndikate, die kleinbürgerlich-sozialrevolutionären Elemente wurden zugunsten einer neofalangistisch-traditionalistischen Machtelite verdrängt. 1958 wurde die Partei in Movimiento Nacional umbenannt. Diese Nationale Bewegung wurde 1977 offiziell aufgelöst. Nach Francos Tod zersplitterte sich die Partei und wurde bedeutungslos.

Ferrer-Affäre (»ferrerada«), Francisco Ferrer Guardia, spanischer Anarchist und Pädagoge, wurde 1909 angeklagt, den Aufstand der Semana Trágica mit angezettelt zu haben. Er wurde durch ein Kriegsgericht verurteilt und hingerichtet, was internationale Reaktionen gegen Spanien auslöste.

Generalitat de Catalunya, autonome Regierung Kataloniens während der Zweiten Republik, wurde 1977 wiederhergestellt.

Guardia Civil, 1844 als bewaffnete Landpolizei zur Verteidigung des Großgrundbesitzes gegründet, seit den achtziger Jahren des 19. Jahrhunderts wurde sie auch zur Bekämpfung der anarchistischen Bewegung eingesetzt, wodurch sie als Instrument der politischen Unterdrükkung in Verruf kam. Sie war als Teil der Streitkräfte ins Heer integriert und unterstand dem Kriegsministerium, 1932 wurde sie dem Innenministerium unterstellt, um sie der Kontrolle des Militärs zu entziehen. Sie stellte sich mehrheitlich hinter die aufständischen Generäle, unter Franco wurde sie wieder militarisiert und gegen die bewaffnete Widerstandsbewegung und die Untergrundopposition eingesetzt. Sie zeichnete sich stets durch äußerste Brutalität aus. Heute wird sie vor allem gegen die ETA eingesetzt. Ihr militärischer Charakter wurde nicht angetastet.

Institución Libre de Enseñanza, 1876 gegründete Organisation zur Reform des Erziehungswesens in Spanien im liberal-laizistischen Sinn mit dem Ziel, die Universitäten gemäß den Idealen der Französischen Revolution zu reformieren. Die von ihr gegründeten Schulen mußten bei Ausbruch des Bürgerkriegs schließen. Fast alle bedeutenden Vertreter der Intelligenz aus dieser Zeit waren Mitglieder.

Integrismus s. Karlisten.

Internationale Brigaden, militärische Einheiten von Freiwilligen, die im Spanischen Bürgerkrieg auf seiten der Republik kämpften. Die Organisation erfolgte durch die Komintern, 60 Prozent der Mitglieder waren Kommunisten. Die einzelnen Nationen bildeten jeweils Bataillone. Sie spielten eine entscheidende Rolle bei der Verteidigung Madrids im November 1936. 1938 wurden sie aufgelöst, da die republikanische Regierung hoffte, so auch den Abzug der fremden Truppen auf seiten Francos erreichen zu können.

Interparlamentarische Union, 1888 gegründete Vereinigung von Parlamentariern aus verschiedenen Ländern, deren ursprüngliches Ziel die Durchsetzung einer internationalen Schiedsgerichtsbarkeit war. Danach setzte sie sich für die internationale Zusammenarbeit von Parlamentariern zur Festigung von Frieden und Demokratie ein. Wichtige Organe sind der Interparlamentarische Rat und die Interparlamentarischen Konferenzen.

Justizialismus, Ideologie des Peronismus nach dem Vorbild von italienischem Faschismus und spanischem Falangismus, enthielt keine antisemitische Komponente und verband autoritäres Führertum mit Massenpopulismus. Zu seinen Zielen gehörten die Zerschlagung des Großgrundbesitzes, eine größere Autarkie Argentiniens durch beschleunigte Industrialisierung, die Verbesserung der Lage der Unterschichten durch Sozialgesetzgebung und die Förderung der nationalen Integration des Einwandererlandes. Er besaß eine ständestaatliche Tendenz mit antiparlamentarischer und antiintellektueller Komponente.

Karlisten, ursprünglich Bürgerkriegspartei in den Kämpfen um den spanischen Thron nach 1833, als Ferdinands VII. Bruder Carlos den Thron beanspruchte, den jedoch seine Nichte Isabella bestieg, wodurch Karlistenkriege ausgelöst wurden. Die karlistische Partei nahm 1868 erstmals an Parlamentswahlen teil, bis 1879 hatte sie sich dem revolutionären Aufstand verschrieben mit Hochburgen in den ländlichen Gegenden Navarras und Kataloniens. Sie setzten sich für die historischen Privilegien der Regionen und die Lösung der sozialen Frage in Übereinstimmung mit der katholischen Soziallehre ein. Auch der autoritäre Ständestaat war Teil ihres Programms. 1888 bildete in Katalonien ein Karlistenflügel die Integristische Partei, die stark religiös-klerikal orientiert war und dem militanten Katholizismus zur Macht verhelfen wollte, jedoch keine größere Rolle spielte. 1918/19 bildete sich darüber hinaus die deutschfreundliche Traditionalistische Partei. In den Jahren der Zweiten Republik nannte sich die karlistische Partei Comunión Tradicionalista Carlista (Traditionalistische Karlistische Gemeinschaft), ihr parlamentarischer Einfluß blieb jedoch gering. 1936 schlossen sich die Karlisten Franco an, dem sie ihren eigenen 30000 Mann starken Wehrverband, die Requeté zur Verfügung stellten. 1937 vereinigte sie Franco mit der Falange.

Legion Condor, im spanischen Bürgerkrieg eingesetzte deutsche Streitkräfte, bestand aus Luftwaffeneinheiten, Instrukteuren und einigen Bodenkampfeinheiten, insgesamt umfaßte sie rund 5500 Mann.

›Madrid‹, 1939 gegründete unabhängige Abendzeitung.

Mus, spanisches Kartenspiel.

Opus Dei, 1928 von José María Escrivá de Balaguer gegründete katholische Organisation, die sich die Mobilisierung von Personen aus allen Schichten der Gesellschaft für den Katholizismus zum Ziel gesetzt hat und insbesondere versucht, aus dem Hintergrund heraus zu wirken und Führungspositionen zu besetzen. Die Ideologie des Opus ist von autoritärem Konservatismus geprägt. Mit dem Tod Carrero Blancos verlor die Organisation an politischer Macht, hat jedoch immer noch einen starken gesellschaftlichen Einfluß in der Wirtschaft, der Presse und im Bereich des Erziehungswesens.

Palos de Moguer, nicht mehr existierender Hafen, von dem aus Kolumbus 1492 zu seiner ersten Reise nach Amerika aufbrach.

Partido Communista de España (PCE), Kommunistische Partei Spaniens, 1921 gegründet, linksextreme, schließlich stalinistische Orientierung, strebte eine Sowjetrepublik mit der Diktatur des Proletariats an, unter Primo de Rivera verboten. 1935 mäßigte die Partei auf Einwirkung der Komintern und der Sowjetunion hin ihr Programm, das nun eine Agrarreform, Regionalautonomie und verbesserte Lebensbedingungen für die Arbeiter forderte. Bis zum Beginn des Bürgerkriegs war die Partei, die 1931 keinen Sitz in den Cortes hatte, bedeutungslos. Die Partei hatte erheblichen Einfluß auf den Aufstand in Asturien, gründete

1934 eine eigene Gewerkschaft, die sich aber nicht halten konnte und sich der UGT anschloß. Mit Hilfe der Volksfront konnte sich die Partei aus der Isolierung befreien und 17 Delegierte ins Parlament entsenden. Im Bürgerkrieg traten die spanischen Kommunisten für die Verteidigung der bürgerlich demokratischen Republik ein, wodurch sich ihr Anhang im Bürgertum erweiterte. Die Bedeutung der Partei stieg auch wegen der russischen Waffenlieferungen und der Aufstellung der Internationalen Brigaden. Ab 1937 gab sie den Ausschlag in der Regierung. Sie organisierte später den fehlgeschlagenen Guerrillakrieg und hatte auch Einfluß auf die illegalen Streiks der frühen fünfziger Jahre. Seit ihrer Wiederzulassung 1977 verfolgt die Partei eine eurokommunistische Linie. In den achtziger Jahren kam es zu einer Reihe von Abspaltungen.

Partido Nacionalista Basco (PNV), Baskische Nationalistische Partei, 1895 gegründet, seit 1906 Eintreten für die Wiedereinführung der historischen baskischen Sonderrechte (Fueros). Programmpunkte waren auch Kulturautonomie, Steuerhoheit, Verteidigung der katholischen Kirche und Verbesserung der Lage der Arbeiter. Es handelte sich vor allem um eine bürgerlich-mittelständische Partei mit rassistischen Tendenzen. Diese sind heute zugunsten einer Annäherung an christlich-demokratische Standpunkte aufgegeben. Langfristig wird ein unabhängiger baskischer Staat angestrebt. 1931 hatte die Partei 12 Mandate im Parlament. Während des Bürgerkriegs war sie zeitweise in der republikanischen Regierung vertreten. Im Baskenland stellte sie nach Verabschiedung des Autonomiestatuts 1936 die Regierung. Von 1977 bis 1986 war sie wieder die stärkste politische Kraft im Baskenland.

Partido Republicano Radical, Radikale Republikanische Partei, 1908 von Alejandro Lerroux gegründet, stark antiklerikal ausgerichtet, entwickelte erst 1918 ein eigenes Programm, das die Neutralität des Heeres, Sozialreform, Regionalautonomie und Bildungsreform verlangte; eine eigentliche politische Programmatik hatte die Partei nicht, deren Schwerpunkt in Katalonien lag. Während der Diktatur Primo de Riveras mußte sie in den Untergrund gehen. 1930 wurde ihr Vorsitzender Lerroux Minister, brach jedoch bald mit Ministerpräsident Azaña. Verglichen mit ihren Ursprüngen hatte sich die Partei weit nach rechts entwickelt, was ihr die Koalition mit der CEDA im Jahr 1934 ermöglichte, aber auch zu zwei Abspaltungen führte. Während des Bürgerkriegs fiel sie unter Francos Parteienverbot.

Partido Socialista Obrero Español (PSOE), Spanische Sozialistische Arbeiterpartei, 1879 gegründet, trat für die Diktatur des Proletariats ein, war aber in der Praxis reformistisch. Das Programm forderte u. a. das allgemeine Wahlrecht, Mindestlöhne und den Achtstundentag.

Ihr gewerkschaftlicher Arm war die 1888 gegründete sozialistische Dachgewerkschaft UGT (Unión General de Trabajadores), der sie ihre Massenbasis verdankte. Im Ersten Weltkrieg spaltete sich die Partei über der Frage einer Unterstützung der Mittelmächte oder der Alliierten. 1917 riefen Anarchosyndikalisten und Sozialisten gemeinsam einen Generalstreik aus, das Streikkomitee wurde verhaftet, doch konnten seine Mitglieder, die bei den bald darauf erfolgten Wahlen Abgeordnetenmandate erhielten, bald das Gefängnis verlassen. 1918 hatte der PSOE 6 Abgeordnete im Parlament. Die Partei nahm die Diktatur Primo de Riveras hin und war zeitweilig sogar zu einer Zusammenarbeit bereit. 1931 stellte die Partei 105 von 470 Abgeordneten. 1931 kam es zu einer Koalition mit den Republikanern, die 1933 zerbrach. Von nun an setzte sich die radikale Linie mit einer Annäherung an die Kommunisten durch. Die Partei und ihre Gewerkschaft organisierten 1934 den Arbeiteraufstand in Asturien. 1936 kam es zum Eintritt in die Volksfront. Der Vorsitzende der Partei, Largo Caballero, wurde Ministerpräsident. Auf Druck der Kommunisten wurde er 1937 durch Negrín ersetzt. Das rücksichtslose Verhalten der Kommunisten hatte einen starken Antikommunismus der Exil-Sozialisten zur Folge. 1967 konstituierte sich in Spanien im Untergrund eine Sozialistische Oppositionspartei, die sich schließlich ebenfalls PSOE nannte. Die Exilpartei verlor zunehmend an Bedeutung. 1976 kam es zu einer Wiedervereinigung. 1979 wurde die marxistische Orientierung aus dem Programm gestrichen, nachdem man sich seit 1974 zunehmend an der SPD orientiert hatte, von der der PSOE massiv unterstützt wurde. Seit 1982 ist der PSOE Regierungspartei und tritt für einen liberal-reformistischen Kapitalismus ein.

Neuer Staat, von Salazar 1933 in Portugal, verfassungsmäßig begründeter Ständestaat.

›Pueblo‹, Tageszeitung der vertikalen Syndikate, 1976 von der sozialistischen UGT übernommen.

Renfe (Red Nacional de los Ferrocariles Españoles), 1941 gegründete staatliche spanische Eisenbahngesellschaft.

Pakt von San Sebastián, im Sommer 1930 zwischen Republikanern, der sozialistischen Partei, spanischen Intellektuellen und Vertretern der katalanischen Autonomie zum Ziel der Einführung einer demokratischen Republik geschlossen.

Requeté s. Karlisten

Semana Trágica, tragische Woche, bezeichnet einen Streik in Katalonien, der vom 26. bis zum 31. Juli 1909 aus Anlaß der Verschiffung von Reservisten zum Einsatz in Marokko von Sozialisten und Anarchisten organisiert wurde und der in einen Aufstand umschlug, in dessen Gefolge zahlreiche Kirchen und Klöster niedergebrannt wurden.

Syndikalismus, aus Frankreich stammende Strömung der Arbeiterbewegung, die die praktischen Reformen betonte. Die Wirtschaft sollte durch föderativ verbundene Produktionsgemeinschaften organisiert werden, die nach dem Prinzip der Arbeiterselbstverwaltung arbeiteten, Parlamentarismus und Parteien wurden abgelehnt. Das Schwergewicht zur Erringung der Ziele lag auf der Revolution mit Hilfe des Streiks. In Spanien spielte der Anarcho-Syndikalismus zeitweise eine große Rolle. Der National-Syndikalismus entlehnte teilweise Ideengut aus dem Syndikalismus.

Traditionalisten s. Karlisten

Tresillo, spanisches Kartenspiel

Unión General de Trabajadores (UGT), 1888 gegründete sozialistische Dachgewerkschaft, bis Mitte der dreißiger Jahre gemäßigt reformistisch, demokratisch-parlamentarisch orientiert. Nach der Niederlage des Aufstands vom Oktober 1934 in Asturien radikalisierte sie sich unter der Führung Largo Caballeros und trat für die soziale Revolution ein. 1936 hatte sie nahezu 1,5 Millionen Mitglieder. Unter der Herrschaft Francos bestand sie im Untergrund fort, spielte aber kaum eine Rolle. Nach ihrer Wiederzulassung im Jahr 1977 nahm sie einen großen Aufschwung, in den späten achtziger Jahren geriet sie immer mehr in Gegensatz zum PSOE, wegen dessen Förderung neoliberaler, kapitalistischer Tendenzen.

Unión Militar Española, ging zurück auf den 1931 von monarchistischen Offizieren und Aristokraten in Madrid gebildeten Unabhängigen Monarchistischen Kreis (Círculo Monárquico Independiente) zur Unterminierung der Republik, der die Zeitschrift ›Acción Española‹ herausgab. Anfang 1934 bildete sich die Unión Militar Española heraus, die ebenfalls auf den Sturz der Republik hinarbeitete.

Unión Patriótica, Patriotische Union, von Primo de Rivera nach seinem Staatsstreich von 1924 geschaffene Einheits- und Regierungspartei, organisierte die Volksabstimmungen zugunsten der Regierungspolitik und verschwand mit dem Ende seiner Diktatur.

Wahlen des 12. April, die Kommunalwahlen brachten 1931 eine Niederlage der Anhänger der Monarchie, worauf Alfons XIII. ins Exil ging.

›Ya‹, 1935 gegründete Madrider Tageszeitung. Sie erscheint im Verlag Editorial Católica und gilt als Flaggschiff der katholischen Publizistik in Spanien. Das Blatt stand zumeist dem höheren Klerus nahe und nahm in den Jahren des Franco-Regimes eine überwiegend unkritische Haltung ein. 1978 betrug die Auflage noch 122000 Exemplare, sank aber 1978 auf rund 70000.

Abkürzungen

AP	Alianza Popular, Volksallianz
CEDA	Confederación Española de Derechas Autónomas, Spanischer Bund autonomer Rechtsparteien
CC.OO.	Comisiones Obreras, Arbeiterkommissionen
ETA	Euzkadi ta Askatasuna, Baskenland und Freiheit
EWG	Europäische Wirtschaftsgemeinschaft
FET y de las JONS	Falange Española Tradicionalista y de las Juntas de Ofensiva Nacional-Sindicalista
FRAP	Frente Revolucionario Antifascista Patriótico, Antifaschistische Patriotische Front
GRAPO	Grupo de Resistencia Antifascista Primero de Octubre, Antifaschistische Widerstandsgruppe des Ersten Oktober
INI	Instituto Nacional de Industria, Nationales Industrieinstitut
JAP	Juventudes de Acción Popular, Jugendorganisation der Acción Popular
LOE	Ley Orgánica del Estado, Staatsgrundgesetz, organisches Staatsgesetz
ORGA	Organización Republicana Gallega Autónoma, Republikanische Galizische Autonome Organisation
PCE	Partido Comunista de España, Kommunistische Partei Spaniens
PCOE	Partido Comunista Obrero Español, Kommunistische Arbeiterpartei Spaniens
PRI	Partido Revolucionario Institucional, Partei der Institutionalisierten Revolution
PNV	Partido Nacionalista Basco, Baskische Nationalistische Partei
PSOE	Partido Socialista Obrero Español, Spanische Sozialistische Arbeiterpartei
RENFE	Red Nacional de los Ferrocariles Españoles, Nationale Spanische Eisenbahngesellschaft
SEU	Sindicato de Estudiantes Universitarios, Syndikat der Universitätsstudenten
UDPE	Unión del Pueblo Español, Spanische Volksunion

UGT	Unión General de Trabajadores, Nationale Arbeitergewerkschaft
UMD	Unión Militar Democrática, Demokratische Militärunion
UME	Unión Militar Española, Spanische Militärunion

Bibliographie[*]

Abella, Rafael, La vida cotidiana en España bajo el régimen de Franco, Barcelona 1985

Abellán, José Luis u.a., Nace la oposición interna, in: Historia del franquismo (Diario 16, Kapitel 25)

Adams, Marco Montani, Spaniens »Sonderweg« in den fünfziger Jahren. Ein Gegenbild zur demokratischen Entwicklung in der Bundesrepublik Deutschland, in: Historische Mitteilungen 3, 1990, S. 213–218

Aguilar Olivencia, M., El ejército español durante la Segunda República (Claves de su actuación posterior), Madrid 1986

Akten zur Deutschen Auswärtigen Politik 1918–1945, Göttingen 1969, Serie D, Bd. XII, 1

Alexander, Bill, British Volunteers for Liberty: Spain 1936–1939, London 1986

Alexander, Martin S. und Helen Graham (Hrsg.), The French and Spanish Popular Fronts. Comparative Perspectives, Cambridge 1989

Alférez, A., Cuarto poder en España. La prensa desde la Ley Fraga 1966, Barcelona 1986

Alonso, Antonio, España, en el Mercado Común. Del Acuerdo del 70 a la Comunidad de los Doce, Madrid 1985

Alpert, Michael, La guerra civil española en el mar, Madrid 1987

de Areilza, José María, Escritos políticos, Madrid 1968

Armero, José Mario, La política exterior de Franco, Barcelona 1978

Aróstegui, Julio (Hrsg.), Historia e Memoria de la guerra civil. Encuentro en Castilla y León, 3 Bde., Valladolid 1988

Arrarás, J., Franco, Valladolid 1939

Arrese, José Luis, Una etapa constituyente, Barcelona 1982

Baón, Rogelio, La cara humana de un Caudillo. 401 anécdotas, Madrid 1975

Bastida, F. J., Jueces y Franquismo, Barcelona 1986

Beaulac, Willard, Franco. Silent Ally in World War II, Carbondale (Southern Illinois University Press) 1986

Bernecker, Walther L. (Hrsg.), Gewerkschaftsbewegung und Staatssyndikalismus in Spanien. Quellen und Materialien zu den Arbeitsbeziehungen 1936–1980, Frankfurt am Main 1985

– und Jörg Hallerbach, Anarchismus als Alternative? Die Rolle der Anarchisten im Spanischen Bürgerkrieg. Eine Diskussion, Berlin 1986

[*] Die Bibliographie wurde vom Übersetzer um die wichtigsten neueren Veröffentlichungen ergänzt und er erstellte das Glossar und das Abkürzungsverzeichnis.

–, Der Spanische Bürgerkrieg. Materialien und Quellen, Frankfurt 1986
–, Spaniens »verspäteter« Faschismus und der autoritäre »Neue Staat« Francos, in: Geschichte und Gesellschaft 12, 1986, S. 183–211
–, Spaniens Geschichte seit dem Bürgerkrieg, 2. Aufl., München 1988
–, Gernika 1937 – Kontroversen und deutsche »Vergangenheitsbewältigung«, in: Hispanorama 51 (1989), S. 37–46
– u. a., Spanien-Lexikon. Wirtschaft, Politik, Kultur, Gesellschaft, München 1990
– und Josef Oehrlein (Hrsg.), Spanien heute. Politik, Wirtschaft, Kultur, Frankfurt am Main 1990
–, Sozialgeschichte Spaniens im 19. und 20. Jahrhundert. Vom Ancien Régime zur Parlamentarischen Monarchie, Frankfurt am Main 1990
–, Krieg in Spanien 1936–1939, Darmstadt 1991
Biescas, José A. und Manuel Tuñón de Lara, España bajo la dictadura franquista (1939–1975), Barcelona 1980
de Blaye, Edouard, Franco and the politics of Spain, Harmondsworth 1976
Blinkhorn, Martin (Hrsg.), Spain in conflict 1931–1939. Democracy and its enemies, London 1986
–, Democracy and Civil War in Spain 1931–1939, London 1988
Bolloten, Burnett, La guerra civil española. Revolución y contrarevolución, Madrid 1989
Boor, Jakim, Masonería, Madrid 1952
Borkenau, Franz, Kampfplatz Spanien. Politische und soziale Konflikte im Spanischen Bürgerkrieg. Ein Augenzeugenbericht, Stuttgart 1986
Borrás Llop (Hrsg.), Españoles y franceses en la primera mitad de siglo XX, Madrid 1986
Brenan, Gerald, The face of Spain, London 1950
Buschak, Willy, Bibliographie der deutschsprachigen Veröffentlichungen zum Spanischen Bürgerkrieg, in: Mitteilungsblatt des Instituts zur Erforschung der europäischen Arbeiterbewegung, Bochum 1987, S. 68–109
Busquets, Julio, El militar de carrera en España, Barcelona, Ausgabe von 1971
Calvo Hernando, Pedro, »Opinión personal«, in: Gaceta Ilustrada, 11. Mai 1975
Carr, Raymond und Juan Pablo Fusi, Spain from Dictatorship to Democracy, London 1981
Carrero Blanco, Discursos y escritos. 1943–1973, Madrid 1974
Castiella, Fernando María, España ante las Naciones Unidas, Madrid 1968
Castilla del Pino, Carlos, Psicopatología de un dictador, El Viejo Topo, Sondernr. 1, 1976
de la Cierva, Ricardo, Francisco Franco. Un siglo de España, 2 Bde., Madrid 1973

–, Crónicas de transición. De la muerte de Carrero a la proclamación del Rey, Barcelona 1975
–, Historia del franquismo. Aislamiento, transformación, agonía (1945–1975) 2 Bde., Barcelona 1978
–, Hendaya. Punto final, Barcelona 1981
Comín Comín, F., Hacienda y economía en la España contemporánea (1800–1936), Madrid 1986
Crozier, Brian, Franco. A Biographical History, London 1967
Cruz, Rafael, El partido Comunista de España en la II República, Madrid 1987
Cuenca Toribio, J. M., Relaciones Iglesia-Estado en la España contemporánea (1833–1985), Madrid 1985
Díez, José Emilio, Colección de proclamas y arengas del Excmo. Sr. General D. Francisco Franco, Jefe del Estado y Generalísimo del Ejército Salvador de España, Sevilla 1937
Doussinague, José M., España tenía razón, 1939–1945, Madrid 1949
Dulphy, Anne, La politique de la France a l'égard de l'Espagne Franquiste 1945–1949, in: Revue de Histoire Moderne et Contemporaine 35, 1988, S. 123–140
Egido León, María de los Angeles, El pensamiento político internacional republicano. Reflexiones a posteriori, in: Revista de Estudios internacionales 7, 1986, S. 1107–1131
Ellwood, S., Prietas las filas. Historia de la Falange Española. 1933–1983, Barcelona 1984
Escolar, Hipólito, La cultura durante la guerra civil, Madrid 1987
L' Espagne entre l'isolement et les alliances, in: Relations internationales, 1987, S. 143–277
de Esteban, Jorge und L. López Guerra, La crisis del Estado franquista, Barcelona 1977
Fernández, C., El general Franco, Barcelona 1983
Fernández de la Mora, Gonzalo, El estado de obras, in: Abc, 1. April 1973
Fernández García, Antonio, La Iglesia española y la guerra civil, in: Studia Historia (Salmanca) 2, 1985, 4, S. 37–74
Fernández Vargas, V., La resistencia interior en España de Franco, Madrid 1981
Fontana, Josep L. (Hrsg.), España bajo el franquismo, Barcelona 1986
Fraga Iribarne, Manuel, Memoria breve de una vida pública, Barcelona 1980
Major Franco, Diario de una bandera. Vorwort von Manuel Aznar, Madrid 1976
Palabras del Caudillo. 19 de abril 1937–31 de diciembre 1938, 2. Ausg., Barcelona 1932.
Pensamiento político de Franco, Madrid 1975, Bd. 1
Franco visto por sus ministros, Barcelona 1981

La Voz y la obra de Franciso Franco, Caudillo, Madrid 1989
Fusi, Juan Pablo, La década desarrollista (1959–1969), in: Historia de España, Bd. 13, S. 11–60 (Sondernummer 25 von Historia 16)
Galinsoga L., Centinela de Occidente (Semblanza biográfica de Francisco Franco), Barcelona 1956
Gallego, José Andrés, El Nombre de »Cruzada« y la guerra de España, in: Aportes. Revista de Historia Contemporánea 8, 1988, S. 65–71
– und Luis de Llera Estéban, Hambre y política en la posguerra española, in: Historia 16, 1989, S. 12–16
García, P., España-Mercado Común. Una integración problemática, Barcelona 1977
García-Delgado, J. L., El intervencionismo económico del primer franquismo en su perspectiva histórica, Coloquio: España bajo el franquismo, Valencia 1984
– (Hrsg.), España, 1898–1936: Estructuras y cambio, Madrid 1984
– (Hrsg.), La crisis de la Restauración: España entre la Primera Guerra Mundial y la Segunda República, Madrid 1986
– (Hrsg.), La II República Española. El primer bienio, Madrid 1987
García Durán, J., La guerra civil española: fuentes (Archivos, bibliografía y filmografía), Barcelona 1985
García Queipo de Llano, Genoveva, Los intelectuales y la dictadura de Primo de Rivera, Madrid 1988
Garitaonandía, Carmelo und Jose Luis de la Granja (Hrsg.), La guerra civil en el País Basco. 50 años después, Bilbao 1987
– (Hrsg. u. a.), Comunicación, Cultura y Política durante la II República y la guerra civil, 2 Bde., Bilbao 1990
Garriga, Ramón, La España de Franco, 2 Bde., Barcelona 1976
Gerassi, John, The premature antifascist: North American volunteers in the Spanish Civil War 1936–39: An Oral History, New York 1986
Gil, Vicente, Cuarenta años junto a Franco, Barcelona 1981
Gil Robles, José Maria, No fue posible la paz, Barcelona 1968
Giménez-Arnau, Jimmy, Yo, Jimmy. Mi vida entre los Franco, Barcelona 1981
Girona, Albert, Guerra y Revolució al País Valencia (1936–1939), Valencia 1986
Gómez Molleda, M. D., La Masonería en la crisis española, Madrid 1986
González Calbet, María Teresa, La dictadura de Primo de Rivera, Madrid 1987
Gonzalez de Oleaga, Marisa, La alianza Franco-Perón: Una aproximación crítica desde la perspectiva de la dependencia 1946–1951, in: Hispania 48, 1988, S. 625–689
Graham, Helen, The Spanish Socialist Party in power and the government of Juan Negrín, 1937–1939, in: European Historical Quarterly 18, 1988, S. 175–206

Hayes, Carlton J., Wartime Mission in Spain, New York 1945
Hermet, G., Los católicos en la España Franquista, 2 Bde., Madrid 1986
Hernández Sánchez Barba, M. und M., Alonso Baquer, Las Fuerzas Armadas Españolas. Historia militar y social, 8 Bde., Madrid 1986
Hernández Sánchez Barba, M. u. a., Las fuerzas Armadas españolas: historia e institución social, Madrid 1987
Herrero, J., Los orígines del pensamiento reaccionario español, Madrid 1988
Hills, George, Franco, The Man and his Nation, London 1967
Hoare, Sir Samuel, Gesandter in besonderer Mission, Hamburg 1949
Ibarra, P., La evolución estratégica de ETA 1963–1987, San Sebastián 1988
Italia y la guerra civil española. (Simposio celebrado en la Escuela Española de Historia y Arqueología de Roma), Madrid 1986
Jackson, Gabriel u. a., Octubre 1934. Cincuenta años para la reflexión, Madrid 1985
Jáuregui, Fernando und Pedro Vega, Crónica del antifranquismo, 2 Bde., Barcelona 1983
Jáuregui, G., Ideología y estrategia politica de ETA. Análisis de su evolución entre 1959 y 1968, Madrid 1981
Jesús González, Manuel, La economía política del franquismo (1940–1970), Madrid 1979
Jiménez, Juan C., Las Consecuencias económicas de la guerra civil, in: Revista de Historia Económica 1, 1987, S. 121–130
Juliá, S., El socialismo en España. Desde la fundación del PSOE hasta 1975, Madrid 1986
Kent, Peter C., The Vatican and the Spanish Civil War, in: European Historical Quarterly 16, 1986, S. 441–464
Kühne, H., Krieg in Spanien 1936–1939, Berlin 1986
Kunz, Rudibert und Rolf-Dieter Müller, Giftgas gegen Abd el Krim. Deutschland, Spanien und der Gaskrieg in Marokko 1922–1927, Freiburg i. B. 1990
Lannon, F., Privilege, Persecution, and Prophecy. The Catholic Church in Spain, 1875–1975, Oxford 1987
Leo, Annette, Die ersten Arbeiterkommissionen. Spanische Gewerkschaftsopposition unter dem Franco-Regime, in: Beiträge zur Geschichte der Arbeiterbewegung 28, 1986, S. 588–601
Lezcano Morales, V., España y el norte de Africa: el Protectorado en Marruecos (1912–1956), Madrid 1984
Little, Douglas, Malevolent Neutrality. The United States, Great Britain, and the Origins of the Spanish Civil War, Ithaca 1985
López Garrido, D., El aparato policial en España: historia, sociología e ideología, Barcelona 1987
López Rodó, Laureano, Política y desarollo, Madrid 1971
–, La larga marcha hacia la Monarquía, Barcelona 1977

Lustiger, Arno, Schalom Libertad. Juden im spanischen Bürgerkrieg, Frankfurt am Main 1989
Mac Donald, Nancy, Homage to the Spanish Exiles. Voices from the Spanish Civil War, London 1987
Martín Aceña, P. und L. Prados de la Escosura, La nueva historia económica en España, Madrid 1985
Martínez Bande, M., Monografias de la guerra de España, Madrid o. J.
Martínez Paricio, Jesús I., Los papeles del general Rojo, Madrid 1989
de Miguel, Amando, España cíclica. Ciclos económicos y generaciones demográficas en la sociedad española contemporánea, Madrid 1987
Miranda García, Soledad, La élite ministerial franquista, in: Revista de Estudios Póliticos 57, 1987, S. 107–148
Monteath, Peter und Elke Nicolai, Zur Spanienkriegsliteratur. Die Literatur des Dritten Reiches zum Spanischen Bürgerkrieg. Mit einer Bibliographie zur internationalen Spanienkriegsliteratur, Frankfurt am Main, 1986
Morán, G., Miseria y grandeza del Partido Comunista de España 1939–1985, Barcelona 1986
Moreno Gómez, Francisco, La guerra civil en Córdoba (1936–1939), Madrid 1985
Morodo, Raúl, Los orígines ideológicos del franquismo: Acción Española, Madrid 1985
Nadal, J. u. a. (Hrsg.), La economía española en el siglo XX. Una perspectiva histórica, Barcelona 1987
Nourry, Philippe, Francisco Franco: la conquista del poder, Madrid 1976
Oneto, José, Arias entre dos crisis 1973–1975, Madrid 1975
–, Cien días en la muerte de Francisco Franco, Madrid 1975
EL PAIS. Equipo de investigación (Ismael Fuente, Javier García, Joaquín Prieto), Golpe mortal. Asesinato de Carrero y agonía del franquismo, Madrid 1983
Payne, Stanley G., El Régimen de Franco, Madrid 1987
–, Political Violence During the Spanish Second Republic, in: Journal of Contemporary History 25, 1990, 2/3, S. 269–288
Pereira, J. C., Introducción al estudio de la política exterior de España (siglos XIX y XX), Madrid 1983
Peter, A. (Hrsg.), Österreicher im spanischen Bürgerkrieg. Interbrigadisten berichten über ihre Erlebnisse 1936 bis 1945, Wien 1986
del Pino, D., Ceuta y Melilla, ¿la última guerra con Marruecos?, Madrid 1986
Pollok, B. und G. Hunter (Hrsg.), The Paradox of Spanish Foreign Policy. Spain's International Relations from Franco to Democracy, New York 1987
Pozuelo Escudero, Vicente, Los últimos 476 días de Franco, Barcelona 1980

Prados de la Escosura, L., De imperio a nación. Crecimiento y atraso económico en España (1870–1930), Madrid 1988
Preston, Paul, Dictatorship, Terrorism and Subversion: the Making of Democratic Spain, 1968–1982, London 1985
–, The Spanish Civil War 1936–1939, London 1986
–, Spanien: Der Kampf um die Demokratie, Rheda-Wiedenbrück 1987
–, Las derechas españolas en el siglo XX: autoritarismo, fascismo y régimen de Franco, Madrid 1987
–, The decline and resurgence of the Spanish Socialist Party during the Franco regime, in: European Historical Quarterly 18, 1988, S. 207–224
Prieto, Indalecio, Discursos fundamentales. Vorwort von Edward Malefakis, Madrid 1975
Ramírez, Luis, Francisco Franco. La obsesión de ser, la obsesión de poder, Paris 1976
Reig Tapia, A., Ideología e Historia (Sobre la represión franquista y la Guerra Civil), Madrid 1985
Rial, James H., Revolution from Above. The Primo de Rivera Dictatorship in Spain, 1923–1930, London 1986
Romero, Emilio, »Luz verde«, in: Pueblo, 19. Juni 1974
– Prólogo para un Rey, Barcelona 1976
Ros Hombravella, J. u. a., Capitalismo Español: de la autarquía a la estabilización (1939–1959), Madrid 1973
Rossanda, Rossana, Vergebliche Reise oder Politik als Education sentimentale, Frankfurt am Main 1982
Rubio Cabeza, Manuel, Crónica de la dictadura de Primo de Rivera, Madrid 1986
–, Diccionario de la guerra civil Española, 2 Bde., Barcelona 1987
Ruhl, Klaus-Jörg, Der Spanische Bürgerkrieg. Literaturbericht und Bibliographie Bd. 1, München 1982; Bd. 2, München 1988
Ruiz, D., Insurrección defensiva y revolución obrera. El octubre español de 1934, Barcelona 1988
Salas Larrazábal, Ramón, Los datos exactos de la guerra civil, Madrid 1980
– und Jesús María, Historia general de la guerra de España, Madrid 1986
Salgado, E., Radiografía de Franco, Barcelona 1985
Salgado-Araújo, Francisco, Mis conversaciones privadas con Franco, Barcelona 1976
Sánchez Albornoz, N. (Hrsg.), La modernización económica de España 1830–1930, Madrid 1985
Saz Campos, Ismael, La política exterior de la Segunda República en el primer bienio: Una valoración, in: Revista de Estudios internacionales 6, 1985, S. 843–858
Schmigalle, G. (Hrsg.), Der Spanische Bürgerkrieg. Literatur und Geschichte, Frankfurt am Main 1986

Serrano Suñer, Ramón, Memorias, Barcelona 1977
–, Zwischen Hendaye und Gibraltar. Feststellungen und Betrachtungen angesichts einer Legende über unsere Politik während zweier Kriege, Zürich 1948
Share, Donald, The Franquist regime and the dilemma of succession, in: Review of Politics 48, 1986, S. 549–575
Smyth, Denis, »We are with you«: Solidarity and Selfinterest in Soviet Policy towards Republican Spain 1936–1939, in: Patrick J. Corish (Hrsg.), Radicals, Rebels & Establishments, Belfast 1985, S. 223–237
– The Moor and the Money-Lender: Politics and Profits in Anglo-German Relations with Francoist Spain, 1936–1940, in: Marie-Luise Recker (Hrsg.), Von der Konkurrenz zur Rivalität. Das britisch-deutsche Verhältnis in den Ländern der europäischen Peripherie 1919–1939, Stuttgart 1986, S. 143–174
Solé Tura, Jordi, Nacionalidades y nacionalismos en España: autonomía, federalismo, autodeterminación, Madrid 1985
Soriano, Ramón, La mano izquierda de Franco, Barcelona 1981
Modern Spain. Sonderausgabe des European Historical Quarterly 20, 1990, S. 163–299
Suárez Fernández, Luis, Francisco Franco y su tiempo, 8 Bde., Madrid 1984
Sueiro, Daniel und Bernardo Díaz Nosty, Un imperio en ruinas. Historia del franquismo, Bd. 1, Barcelona 1985
–, Las corrupciones del poder. Historia del franquismo, Bd. 2, Barcelona 1985
Tamames, Ramón (Hrsg.), La guerra civil española. Una reflexión moral 50 años después, Barcelona 1986
Tezanos, José Félix, Cambio social y modernización en el España actual, in: Revista Española de Investigación Social 28, 1984
Thomas, Hugh, The Spanish Civil War, Harmondsworth 1965
Trythall, J. W. D., Franco, London 1970
Tuñón de Lara, Manuel u.a., Historia de España, Bd. VIII, IX, XII, Barcelona 1981–1985
–, Tres claves de la Segunda República. La Cuestión agraria, los aparatos del Estado, Frente Popular, Madrid 1985
– u.a., Der Spanische Bürgerkrieg. Eine Bestandsaufnahme, Frankfurt am Main 1987
Tusell, Javier, Franco y los católicos. La política interior española entre 1945 y 1957, Madrid 1984
– und G. García Queipo de Llano, Franco y Mussolini: las relaciones hispano-italianas en la II Guerra Mundial, in: Revista de Occidente, Oktober 1984, S. 101–117
–, Los hijos de la sangre: La España de 1936 desde 1986, Madrid 1986
–, La Dictadura de Primo de Rivera. El Directorio Militar, Madrid 1987
–, La dictadura de Franco, Madrid 1988

–, Relaciones secretas Franco-D. Juan, in: Actualidad Económica, 4. Mai 1976
–, La oposición democrática al franquismo, Madrid 1977
Urbina, F. u.a., Iglesia y sociedad en España 1939–1975, Madrid 1977
Vázquez Montalbán, Manuel, Crónica sentimental de España, Barcelona 1971
Verdes, Joaquim, La Seguridad Social española y sus cuentas, Barcelona 1976
Vilar, Pierre, Kurze Geschichte zweier Spanien. Der Bürgerkrieg 1936–1939, Berlin 1987
Vilar, S., La oposición a la dictadura franquista (1959–1976), in: Historia de España, Bd. 13, S. 61–88 (Sondernummer 25 von Historia 16)
Viñas, Angel, Los pactos secretos de Franco con Estados Unidos. Bases, ayuda económica, recortes de soberanía, Barcelona 1979
– u.a., Política comercial exterior en España 1931–1975, 2 Bde., Madrid 1979
–, Autarquía y política exterior en el primer franquismo (1939–1959), in: Revista de Estudio Internacionales 1, 1980, S. 61–92
Vizcaíno Casas, Fernando, La España de la posguerra 1939–1953, Barcelona 1975
Waldmann, Peter, Ethnischer Radikalismus. Ursachen und Folgen gewaltsamer Minderheitenkonflikte am Beispiel des Baskenlandes, Nordirlands und Quebecs, Opladen 1989
Whealy, Robert H., Hitler and Spain: the Nazi Role in the Spanish Civil War, 1936–1939, Lexington 1989
Winston, Colin M., Workers and the Right in Spain, Princeton, New Jersey, 1985
Yale, Los últimos cien días, Madrid 1975

Deutsche Geschichte der neuesten Zeit

vom 19. Jahrhundert bis zur Gegenwart

Originalausgaben, herausgegeben von Martin Broszat, Wolfgang Benz und Hermann Graml in Verbindung mit dem Institut für Zeitgeschichte, München

Peter Burg:
Der Wiener Kongreß
Der Deutsche Bund im europäischen Staatensystem
dtv 4501

Wolfgang Hardtwig:
Vormärz
Der monarchische Staat und das Bürgertum
dtv 4502

Hagen Schulze:
Der Weg zum Nationalstaat
Soziale Kräfte und nationale Bewegung
dtv 4503

Michael Stürmer:
Die Reichsgründung
Deutscher Nationalstaat und europäisches Gleichgewicht im Zeitalter Bismarcks
dtv 4504

Wilfried Loth:
Das Kaiserreich
Liberalismus, Feudalismus, Militärstaat
dtv 4505 (i. Vorb.)

Richard H. Tilly:
Vom Zollverein zum Industriestaat
Die wirtschaftlich-soziale Entwicklung Deutschlands 1834 bis 1914
dtv 4506

Helga Grebing:
Arbeiterbewegung
Sozialer Protest und kollektive Interessenvertretung bis 1914
dtv 4507

Hermann Glaser:
Bildungsbürgertum und Nationalismus
Politik und Kultur im Wilhelminischen Deutschland
dtv 4508 (i. Vorb.)

Wolfgang J. Mommsen:
Imperialismus
Deutsche Kolonial- und Weltpolitik 1880 – 1914
dtv 4509 (i. Vorb.)

Gunther Mai:
Das Ende des Kaiserreichs
Politik und Kriegführung im Ersten Weltkrieg
dtv 4510

Klaus Schönhoven:
Reformismus und Radikalismus
Gespaltene Arbeiterbewegung im Weimarer Sozialstaat
dtv 4511

Horst Möller:
Weimar
Die unvollendete Demokratie
dtv 4512

Peter Krüger:
Versailles
Deutsche Außenpolitik zwischen Revisionismus und Friedenssicherung
dtv 4513

Corona Hepp:
Avantgarde
Moderne Kunst, Kulturkritik und Reformbewegungen nach der Jahrhundertwende
dtv 4514